THE ザ・ゲーム GAME

Penetrating the Secret Society of Pickup Artists

ニール・ストラウス[著]
Neil Strauss
田内志文[訳]

退屈な人生を変える究極のナンパバイブル

バー、クラブ、モール、空港、食料品店、地下鉄、
そしてエレベーターで過去二年間会ってきた何千人という人たちに。

もしあなたたちがこの本を読んでくれているのならば、
あなたたちにゲームを仕掛けていたわけではないと伝えたい。
ぼくは真剣だった。本当に。あなたたちは特別だった。

「私は何になることもできはしない」

善にも悪にも、悪漢にも正直者にも、ヒーローにも虫けらにも。

そして今、私は自分の手元に日々をたぐりよせながら、

「知性あるものは真に何者かになることなどできぬのだ」

「何者かになれるのは、愚か者だけなのだ」と、
苦く、永遠に役に立たぬ慰めをしている。

ヒョードル・ドストエフスキー
『地下室の手記』より

未完成の原稿を読んだ人々は、異口同音にこう尋ねてきた。

「これは本当にあったことか?
実際にこのままのことが起こってたのか?
この男たちは実在するのか?」

ゆえに、俺は古い文学から一部引用しなくてはならないと感じた。

以降はすべて、真実の話である。

これは本当の話なのだ。

男は否定し、女は疑うだろう。
だが俺はここに、赤裸々で、非難の的になるであろう、
気分の悪くなるような真実を書こう。
まず始めに、許しを請うておきたい。

プレイヤーを憎まず……ゲームを憎んでほしい。

Contents

Step1 ターゲットを選ぶ —— 9
Step2 近づき、開く —— 27
Step3 価値を見せつける —— 83
Step4 障害を排除する —— 167
Step5 ターゲットを隔離する —— 231
Step6 心のつながりを築く —— 321
Step7 ナンパのロケーションへと連れ出す —— 379

Step8 購買意欲を刺激せよ 407
Step9 肉体関係を持て 487
Step10 最終抵抗を突破せよ 525
Step11 期待感を運用せよ 583
おわりに 655
本書に登場するナンパ用語 661

本書は『ザ・ゲーム――退屈な人生を変える究極のナンパバイブル』
（アーティストハウス／二〇〇六年五月）の新装改訂版です。

Step 1

ターゲットを選ぶ

本当のところ男たちは敵ではない——。
彼らは時代遅れの男性像に支配され、
目の前に殺すべき熊がいないと
なんだか安心できなくなってしまった
犠牲者なのだ。

ベティ・フリーダン
『The Feminine Mystique』より

ミステリーという男

MEET MYSTERY

家の中はひどいありさまだった。

ドアは外れてちょうつがいはどっかに飛んでいき、壁のあちこちが、拳《こぶし》や電話、花瓶などで殴られた跡でへこんでいた。〝ハーバル〟は生命の危機を感じたのかホテルの部屋に雲隠れして、〝ミステリー〟は泣きわめきながらリビングのカーペットの上に崩れ落ちた。彼は二日間ぶっとおしで泣き続けた。

これは、普通に泣き通したんじゃない。普通、涙というのは理解できるものだ。だがミステリーのそれは、とても理解できるものではなかった。彼は正気を失っている。この一週間、ものすごい怒りと暴力的欲求、発作的なイライラ感、それらを洗い流すようなすすり泣きをずっと繰り返していた。そして今、彼は「もしかしたら自分を殺してしまうのではないか」という恐怖に震えている。

その家には、俺たち五人が住んでいた。ハーバル、ミステリー、パパ、プレイボーイ、そして俺だ。世界のあちこちから、世代を問わず多くの男たちが、俺たちと握手をし、一緒に写真を撮り、俺たちから学び、俺たちのようになるためにここを訪れる。彼らは俺のことを「スタイル」と呼んでいた。それが俺の呼び名だ。

俺たちは本名を一切使わずに、偽名で呼び合った。俺たちが住んでいる家もまた、俺たちがサンフランシスコからシドニーに至るまであちこちに所有する家々と同じようにニックネームを持っており、ここは「プロジェクトハリウッド」と呼ばれていた。そして、プロジェクトハリウッドは冒頭のようにひどいありさまになっている。

一段低くなっているリビングルームの床に置かれたソファや装飾用クッションの数々に、男の汗と女の体液が染みつき、色あせ、悪臭を放っている。白かったカーペットもサンセット大通り《ブールヴァード》に毎晩ひっきりなしに集まってくる香水まみれの若者たちのせいで、今ではグレーに変色してしまっている。タバコのフィルターと使用済みのコンドームが、ジャクジーにぷかぷかと浮いている。ここ数日吹き荒れたミステリーの怒りは家の中を破壊し、住人たちを震え上がらせてから、過ぎ去っていった。彼は百九十センチを越える身長を持つ、ヒステリックな男だ。その体は、がくがくと震えていた。

「どんな気持ちかなんて説明できないよ」と、彼はすすり泣きながら声を絞り出した。

「自分が何をしようとしているか分からないんだ。でも、何をするか分からないことは分かってる」

胸の中で膨れ上がる落ち込んだ気持ちをどうにもできなくなったのか、彼は床から伸び上がってソファを殴りつけた。部屋の中に、子供とも動物とも違う、成熟した大人の男の咆哮《ほうこう》が響く。

彼は金色のローブを身に着けていたが、サイズがずいぶん小さいせいで、すそからかさぶたのあるひざがのぞいている。帯はだらりと巻きつけられているだけで、すそも十センチ以上はだけ、つるつるした青白い胸元の下に、たるんだグレーのカルバンクラインのボクサーパンツが顔をのぞかせていた。そのほかに彼が身に着けているものといえば、ぴっちりと頭にかぶさったニットの帽子だけだ。

六月のロサンゼルスでのことだった。

「まったくこいつときたら」彼がまたしゃべりだした。「まったく何がなんだか」

彼はくるりと振り向くと、うるんだ赤い目で俺を見た。

「これはチクタクトー（日本で言うところの○×ゲーム）なんだ。どうがんばっても勝てる見込みのないね。だからいちばん賢いのは、プレイしないことさ」

家には、ほかに誰もいなかった。俺が何とかしなくちゃいけない。彼がぐずるのをやめてまた怒り狂い出す前になだめなくては。感情の波は、どんどん悪い方に向かっている。俺は、彼が何か取り返しのつかないことをしでかすんじゃないかとハラハラしていた。

目の前でミステリーに死なれるわけにはいかない。彼は俺にとって友人以上の存在で、信頼できるよき相談相手だった。これまで数えきれないほどの人々がそうであったように、俺の人生もまた彼によって変えられたのだ。

ジアゼパム、ザナックス、バイコディン、何でもいいから彼に持ってこなくては。俺はアドレス帳をひっつかむと、向精神薬を持ってそうな連中の名前を片っ端から探し回った。ロックミュージシャン、美容整形を受けたばかりの女たち、元子役……。だが電話をかけてみてもほとんどが不在で、つながったとしても、誰も薬を持っていなかった。誰かにやるのが嫌だったのだ。

まだ電話をかけていないのは、一人だけだった。ミステリーを突き落とすきっかけになったあの女。あの売春婦なら、何か持っているに違いない。その女〝カチャ〟は金髪の小柄なロシア人で、スマーフェット（ベルギーの漫画家、ピエール・クリフォールによって産み出されたキャラクター。身長が低く、青い肌、短い尻尾を持つ妖精）のような声とポメラニアンの子犬のようなエネルギーを持ち合わせた女だ。彼女は十分もしないうちにザナックスを手に、心配そうな顔で玄関に現れた。

「入るな」俺は彼女に警告した。「入ったらきっと彼に殺される」

もちろん、彼女がそうされても文句が言えないというわけじゃない。そのときはそう思っただけだ。

俺はミステリーに薬と水の入ったグラスを渡し、彼が少し落ち着いて、むせび泣きがすすり泣きに変わるのを見届けた。それから彼に黒いブーツ、ジーンズ、そしてグレーのTシャツを着せた。ようやく彼は、でっかい赤ん坊みたいにおとなしくなった。

「医者に行ってみたらどうだ?」俺は言った。

俺は彼を自分のさびたコルベットへと引っ張っていくと、狭いフロントシートにその体を押し込んだ。彼はひっきりなしに怒りに震え、その目から涙がこぼれ落ちていた。俺が何とかするまで、彼が自分を保っていられるよう祈るばかりだった。

「格闘技を習いたい」彼が落ち着いた声で言った。「そうすれば、誰かを殺したくなったときだって大丈夫だ」

俺はアクセルを踏み込んだ。

行く先は、ヴァインストリートのハリウッド・メンタルヘルスセンターだ。悪趣味なコンクリートの建物で、周囲には昼夜を問わず、街灯に怒鳴り散らす路上生活者やショッピングカートに生活用品を詰め込んで生活している連中、そして公共設備が使えるあたりにキャンプを張って暮らしている連中があふれている。

俺が思うに、ミステリーにもそんな人間になる素養はあった。ただ彼は人を惹きつけるちょっとしたカリスマと才能を持っていたから、世界から取り残されて孤独にならずにすんだのだ。俺がインタビューしてきたロックスターたちのほぼ全員が持っていた二つの特色を、彼もまた持っていた。それは、狂気と衝動が光るその瞳と、自分のことを何一つできないということだ。

俺は彼を連れてメンタルヘルスセンターのロビーに入ると、受付をすませ、診察が回ってくるのを待った。彼は安物の黒いプラスチックのいすに腰掛け、院内の青い壁を身じろぎ一つせずじっと凝視していた。

一時間が過ぎた。彼がそわそわしはじめた。

二時間が過ぎた。彼の眉間にぎゅっとしわが寄り、表情が曇った。

三時間が過ぎた。涙が流れ出した。

四時間が過ぎた。彼はいすから跳ね起きると待合室を駆け出し、正面玄関から走り出た。

プロジェクトハリウッドまで五キロ近くもあるというのに、彼はまるでどう行けばいいか分かっているような足取りで、しゃきしゃき歩いていく。俺は道を渡って彼を追いかけると、小さなモールの横でつかまえた。俺は彼の腕を取って、くるりと来たほうを向かせると、優しく声をかけながらセンターへと引き返した。

五分。十分。二十分。三十分。彼は俺の手を振り払ってまた逃げ出した。

俺はそのあとを追って走った。ロビーに係員がふたり、だらりと座っている。

「そいつを止めてくれ！」俺は叫んだ。

「それは無理です」片方が言った。「もう敷地外へ出てしまったので」

「じゃあ、あんたはこれから自殺するかもしれない男を放っておくっていうのか？」

だが言い合っている時間はない。「連れて帰って来るかもしれないから、セラピストを一人捕まえといてくれ」

俺は玄関を抜けると右を見た。いない。左を見た。何もない。俺はファウンテンアベニューを目指して北に走り、角のところで彼を見つけると、また引きずり戻した。

到着するとさっきの係員たちが彼を長く暗い廊下へと通し、狭くて息の詰まりそうな、ビニールの床の小部屋へと連れていった。デスクの向こう側には女のセラピストが座っていて、髪の毛をくるくると指に巻きつけていた。

二十代後半くらいのアジア系の女で、頬骨が高く、暗い赤のリップを引き、ピンストライプのパンツスーツを着ている。

ミステリーは、彼女と向き合ったいすにどすんと腰掛けた。

「さて、今日のご気分は？」彼女が笑顔を作りながら尋ねた。

「今日は、何がなんだかまったく分からない」ミステリーが答えた。

その目から、ぼろぼろと涙がこぼれた。

「どうぞ話してください」彼女はノートに何やらさらさらと書きながら言った。こういう患者は、もう見慣れているのだろう。

「遺伝子プールから俺自身をいなくしちまったんだ」彼はむせび泣きながら言った。

彼女は同情を顔に浮かべて彼の目を見つめ、話を聞いていた。彼女にとって彼は、毎日何十人と目にするこの手の連中の一人にすぎない。彼に必要なのが薬か収容かを見極めることだけが、彼女の役目なのだ。

「もう無理だ」ミステリーが続けた。「こんなことをしても意味なんてない」

慣れた手つきで彼女は引き出しを開けると小さなティッシュの箱を取り出して彼に差し出した。それを手に取ろうとしたミステリーと彼女の目が初めて合った。彼は何も言わず、ただ固まったように彼女を見つめた。こんな病院には似つかわしくないほど、可愛らしい女だった。

ミステリーの顔にさっと生気がよぎり、また消えた。

「もし別のときに別の場所で会ってたなら」彼は手の中でティッシュをくしゃくしゃに丸めながら言った。「また違ったろうになあ」

いつもならば堂々と背筋を伸ばしている彼も、いすに座る今の姿は、まるでべちゃっとしたマカロニのようなありさまだった。

「どうすれば君の気を引けるか、ばっちり分かってるんだ」彼は続けた。「全部頭に入ってる。ルールも、手順も、言葉も、何もかも。今は……できないだけなんだ」

彼女が機械的にうなずいてみせた。

「こんなじゃないときに会おう」彼は鼻をすすりながら、ゆっくりと続けた。「世界でもとびきりのイイ女たちとデートをしてきたんだ。違う場所、違う時間、そうすれば、君を俺のものにできるのに」

「ええ」彼女は彼をなだめるように言った。「そう思うわ」

彼女は知らなかった。知るよしもなかった。この、丸めたティッシュを握りしめてぐすぐす泣いている大男が、世界で最高のナンパアーティストだってことを。評価がどうこうということではなく、これは事実だ。この二年、自称最高には腐るほど出会ってきたが、ミステリーは余裕でその上をいっていた。ナンパは彼の趣味であり、情熱であり、使命でもあった。

彼と渡り合える生きた人間は、おそらく一人だけだ。その一人もまた彼女の前に座っている。ミステリーは何者にもなれないクズの集団の中から、俺をスーパースターへと育ててくれた。俺たちは一緒に誘惑の世界を支配してきた。俺たちは自分たちの門下生や生徒たちの疑いのまなざしの前で、星の数にものぼるナンパ師たちを打ち負かしてきた。ロサンゼルス、ニューヨーク、モントリオール、ロンドン、メルボルン、ベオグラード、オデッサ、さらにあちこちで。

そして俺たちは今、混沌の中にいる。

MEET STYLE

「スタイル」としての俺

俺は、けっして魅力的じゃない。

顔のわりに鼻は大きすぎて、かぎ鼻ではないものの、鼻筋に一つこぶがある。ハゲてはいないが「ちょっと薄くなりかけ」かといえば、それもまた控え目すぎる。頭のてっぺんをロゲイン（育毛剤の一種）を吸い上げた髪の毛が、回転草（西部劇でおなじみの草のかたまり）みたいに覆っている。両目は生き生きと光をたたえてはいるが、まるで小さなビーズみたいで、眼鏡の奥に隠れている。額の両側にはくぼみがあって、自分ではそれを個性的だと思って気に入っているが、人から褒められたことは一度もない。

身長は理想よりも低いし、どんなに食べてもまるで栄養失調みたいにガリガリだ。自分の、色白で猫背の体を見下ろすたびに、この体のとなりに寝たり抱きしめたりしたい女などいるはずないだろうなと思う。

そんなわけで、俺が女を引き寄せるには策を弄さなくてはならない。俺は、女たちがバーで色目を使ったり、酔っぱらってわけが分からなくなってお持ち帰りされたくなるような種類の男じゃない。俺には彼女たちに分けてやれるような名声のかけらも、ロックスターのように自慢できるようなことも、ロサンゼルスのたくさんの男たちのようにコカインもマンションも持ってはいない。俺の持ち物といえばこの心がすべてで、誰にも見ることなどできはしないのだ。

ここまでで、俺が自分の性格について何も話していないのに気づいただろうか。それは、俺の性格がまるっきり変わってしまったからだ。俺は「スタイル」というもう一人の自分を創り上げた。そしてこの二年の間に「スタイル」は、俺自身よりもすっかり名が知られるようになった。特に女性の間で。

人格を変えたり、偽りの自分として世界を歩いていくことは、まったく俺の本意ではなかった。実際俺は、自分と自分の人生に満足していたのだ。その俺を、十年以上も関わり続けてきたジャーナリズムの世界よりもさらに風変わりで、興奮に満ちた世界へと誘ったのは、何てことない一本の電話だった（あらゆることは、何てことない一本の電話から始まるものだ）。電話は、編集者のジェレミー・ルビー・ストラウスからだった（俺と名字が同じなのはたまたまだ）。

彼はインターネットで『レイガイド』、つまり女とヤるためのガイド（The How-to-Lay-Girls Guide）に出会ったという。

いわく、ガイドは百五十ページにもわたるアツいもので、何人ものナンパアーティストたちが十年近くにわたってそれぞれの知恵を密かにインターネット掲示板で交換しながら、ナンパ理論を科学の域にまで高めたものだ。だが、それらの情報は書き直しと編集をする必要がある。その適役として、俺に白羽の矢を立てたらしかった。

俺には、よく分からなかった。俺が書きたいのは文学で、下半身でモノを考える若造の手引き書なんて眼中になかった。だがとりあえず、彼に「見るだけ見てみるよ」と伝えたのだった。

読み始めたとたんに、俺の人生は一変した。聖書、『罪と罰』、そして『料理の楽しみ』なんていう本よりも、『レイガイド』は俺の目を開かせてくれた。内容どうこうだけではなく、体を突き抜けたその衝撃が、だ。

十代のころを思い返すと、大きな後悔が一つだけ思い当たる。勉強しなかったことでも、母親の言うことをよく聞かなかったことでも、父親の車でバスに突っ込んでしまったことでもない。女の子たちともっと遊んでおけばよかったという後悔だ。

俺は、一年に三度は楽しみのためにジェイムズ・ジョイスの『ユリシーズ』を読み返すくらいの深みがある人間だ。自分のことを思慮深い人間だと思っている。心根もいいし、人を傷つけたりしないように気をつけている。だが、それ以上の進歩は見込めなさそうだ。というのは、女のことを考えるのに、あまりにも多くの時間を費やしているからだ。

そんな男は、俺だけじゃない。最初にヒュー・ヘフナー（雑誌『PLAYBOY』の発刊者）と出会ったとき、彼は七十三歳だった。彼の言葉そのままに言うならば、彼はこれまで世界でもっとも美しい女たち千人以上と夜をともにしてきたが、今でも大事に思っているガールフレンドは三人だけだということだった。マンディ、ブランディ、そしてサンディだ。

彼はバイアグラでその全員を満足させてきたのだという（彼の金だけでも十分満足させられただろうが）。もし誰かと寝たい日があれば、そのときはみんなまとめて一緒に寝るのがルールだったらしい。彼と話して分かったのは、つまり、ヤりたいときには常にセックスをする人生を送り、七十三歳になってもいまだに現役だということだった。いったいいつまで続くのだろう？　ヒュー・ヘフナーはまだ終わっちゃいない。俺はいつだろう？

もしも俺の人生に『レイガイド』が現れてくれなかったら、俺はほかの男たちと同じように、異性についての考え方を進化させることはできなかったろう。それどころか、ほとんどの男たちよりも劣っていたかもしれない。

思春期前の俺の周囲にはお医者さんごっこもなかったし、小銭でスカートの中をのぞかせてくれる女もいなかったし、気安く触れるクラスメイトがいたわけでもなかった。十代の俺はほとんど家に閉じこもって暮らしていたから、たった一度性的なチャンスが訪れ、酔っぱらった新入生の女がフェラチオをしてくれると言ったときにも、母親に怒られそうな気がして断ってしまった。

大学に入った俺は、新しい自分になろうとした。興味のあるもの、これまでは気恥ずかしくて表に出せずにきた人格、ドラッグとおしゃべりで俺の精神を広げてくれる友人たち。そんな順番で世界は広がっていった。だが女と一緒にいて心地いいと感じることは一度もなかった。俺は女たちが怖かったのだ。大学生活の四年間、俺はただの一度も女の学生たちとベッドをともにすることはなかったのだった。

学校を卒業すると、俺は『ニューヨークタイムズ』の文化リポーターの仕事を得て、自分自身、そして自分の意見に自信をつけていった。そしてやがて、法律など何も必要ない特別な世界に続く道へと歩んでいくことになる。マリリン・マンソンやモトリー・クルーなどとツアーに出て、彼らの本を書いたりもした。そのころの俺はずっとバックステージパスを持っていたが、トミー・リーを除いては、誰からも挨拶のキス一つされなかった。その後、俺はほとんど希望を失ってしまった。失わないヤツもいる。失うヤツもいる。俺は明らかに失ったほうだ。

セックスできなかったせいじゃない。たまたま運が回ってきたとき、一夜限りの関係を二年越しの関係にしてしまったのが問題だった。これを逃せば次はいつになるかと思ってしまったのだ。『レイガイド』では、俺みたいな人間のことをＡＦＣ（Average frustrated chump）、つまり「よくいる欲求不満のバカ」と呼んでいる。

そう。俺はＡＦＣだった。ダスティンとは違って。

ダスティンと会ったのは、大学を卒業して一年が過ぎたころだ。クラスメイトのマルコの友だちだった。マルコはセルビア人のエセ貴族風の男で、まるでスイカみたいな頭をしているせいで、幼稚園のころから俺の女日照り仲間だった。

ダスティンは背が高いわけでも、金持ちでも、有名でも、俺たちの誰よりルックスがいいわけでもない。だが彼は、俺たちが持っていないものを一つ持っていた。それは、女を惹きつける魅力だ。

最初にマルコから彼を紹介されたとき、俺はがっかりした。彼はチビで浅黒く、長い茶色のくせっ毛で、古くさいボタンダウンのジゴロシャツを着ており、ボタンはほとんど外していた。その夜、俺たちは「ドリンク」というシカゴのクラブに出かけた。コートを預けていると、ダスティンが「この店には、どこか暗い場所があるかい？」と尋ねてきた。

彼に、なんで暗い場所が必要なのかと聞くと、彼は、女の子を連れ込むのに便利だからさと答える。俺は彼の正気を疑うように、眉毛をぴくりと動かした。バーに入って数分もしたころ、彼は友だちと話しているおとなしそうな女の子とアイコンタクトを交わした。そしてろくに話もしないまま、ダスティンは歩いて行った。すると彼女は彼のあとについていくように、暗い場所へと向けて歩きだした。しばらくキスし、お互いの体をまさぐりあってから、ふたりは言葉を交わすことも、お決まりのように電話番号を交換することも、照れながら別れの挨拶をすることすらもせずに別れた。

この奇跡とも思える離れ業を、ダスティンはその夜のうちに四回も決めてみせた。俺の目の前に、新しい世界が広がる。俺は、彼がいったいどんな魔力を持っているのか知りたくて、何時間も問いつめた。ダスティンは、「ナチュラル」と呼ばれる種類の男だった。十一歳のころ、近所に住む十五歳の女のオモチャとして童貞を卒業した彼は、それからノンストップでセックスし続けたのだ。ある夜、俺はニューヨークのハドソン川に係留されているボートでのパーティに彼を連れて行った。茶色い髪とあどけない目をした情熱的な女が歩いているのを見かけると、彼は俺のほうを向いて言った。

「お前、あれタイプだろ」

俺は否定すると、いつものように床を見つめた。ちょっと声をかけてこいよと彼に仕向けられるのが怖かったのだ。結局、すぐにそうなったのだが。

また彼女がそばを通ったとき、彼が尋ねた。

「ニールを知ってるかい？」

声のかけ方としては最悪だったが、会話が始まってしまえばまったく問題はなかった。つっかえつっかえ少ししゃべると、ダスティンが横から救いの手を差しのべてくれる。あとで、バーカウンターで彼女とその彼氏と一緒になった。彼氏のほうは散歩のために犬を連れてきている。何杯か飲んでから彼は犬を連れて帰り、彼女――パウラは俺たちと残されることになった。

ダスティンが、俺のアパートに行って夜食でも作ろうと言い出し、俺たちはイーストヴィレッジの小さなアパートまで歩いた。そして夜食を作る代わりに、パウラを挟むような形で俺たちはベッドに倒れ込んだ。ダスティンは彼女の左頬にキスをし始め、右頬に同じことをしろと俺にサインをよこした。そして俺たちは同じように彼女の体の上を、首から胸へと動き回った。

パウラがおとなしくしているので俺はびっくりしたが、ダスティンにとってはいつものことのようだった。彼は俺のほうを向くと、コンドームはあるかと聞いてくる。一つ持ってきて、彼に手渡した。彼は彼女のパンツを引きずり下ろすと、右乳を必死にもみ続けている俺の横で、彼女の中に入っていった。

これぞダスティンの才能、力だった。女が夢にも思っていなかったようなファンタジーを彼は与えることができるのだ。それからというもの、パウラはしょっちゅう電話をかけてきた。自分に起こったことがどうしても信じられなかった彼女は、あれは本当だったのだと理解するために、そのことについて話したかったのだ。ダスティンといると、そんなことがやたら起こった。彼は女を犯し、俺は罪を犯し……。

俺はこの差を単純に、性格の違いだということにした。ダスティンは生まれつきの魅力と動物的勘を持っていて、俺は持っていない。『レイガイド』を読み、ネット掲示板を見つけるまで、俺はそう考えていた。

そこでは、隅から隅までが、ダスティンのように女の心と股を開かせる方法を見つけたという男たちと、俺と同じようにその秘密を知ろうとしている男たちで埋め尽くされていた。違いといえば、そこの男たちは自分の方法論が誰にでも使えるように、噛みくだいていたこと。それぞれの自称ナンパアーティストたちは、みんな独自の方法論を持っていた。

そこにいたのは、奇術師ミステリー、催眠術師ロス・ジェフリーズ、億万長者で実業家のリック・H、不動産エージェントのデイヴィッド・デアンジェロ、コメディアンのジャグラー、建築作業員のデイヴィッド・X、そして、あまりにも強力な性的魅力を持つあまり、女たちが彼をもっと喜ばせるにはどうすればいいか金を払ってまで学ぶというスティーブ・Pなどだった。

もしそこがマイアミのビーチなら、もっとムキムキでルックスのいい粋がった男たちが、彼らの青白くやつれた顔に砂でも蹴りかけるのかもしれない。だが、もしスターバックスやウイスキーバーであれば、ムキムキたちがちょいと目を離したすきに、ガールフレンドたちは奪い去られてしまうだろう。

その世界を見つけてから俺に起こった最初の変化は、ボキャブラリーだった。「ＡＦＣ」、「ＰＵＡ（Pickup artist＝ナンパアーティスト）」、「サージング（ナンパすること）」、「ＨＢ（Hot Babe＝いい女）」などが、新たに俺の脳内辞典に刻まれた。

そして、オンラインナンパアーティストたちが作ったロッカールームにすっかりハマってしまうと、毎日のルーティーンも変わっていった。会議や女とのデートから帰ってくると、俺はパソコンの前に座り、その日の質問をネット掲示板に投稿するようになった。

「いつも彼氏がいるからと言われるんですが、どうしたらいいでしょうか？」

「彼女が夕食でニンニク入りのものを食べたら、それは、その日はキスしようと思っていないということでしょうか？」

「女たちがぼくの前にリップスティックを置くのは、いい兆候でしょうか、それとも悪い兆候なのでしょうか」

すると〝カンドル〟〝ガンウィッチ〟そして〝フォームハンドル〟といったオンラインの師匠たちが、俺の質問に答えてくれる（さっきの質問の順に言うと「〝彼氏破壊パターン〟を使うこと」「考えすぎ」「どちらでもない」みたいな感じだ）。

すぐに俺は、これはただのネット上の現象などではなく、生き方そのものなのだと気づいた。ロサンゼルス、ロンドン、ザグレブ、ボンベイ。たくさんの都市にナンパ師志願者《ワナビー》の信者たちがいて、毎週一回、彼らが隠れ家と呼ぶ場所に集まって戦略や方法論などを話し合いながら、いつかそろって外の世界へと女たちを求めて巣立っていく準備をしている。

ジェレミー・ルビー・ストラウスとインターネットの名のもとに、神は俺にセカンドチャンスを与えたもうた。まだダスティンになるには遅くない。すべての女たちが欲しがるもの……、欲しいと言うものではなく、社会性など超越した、ファンタジーと白昼夢が眠る本心から――心の奥底から欲するものになれるのだ。

だが、これまで自分一人の力では成し遂げられなかった。ネットで男たちと話すだけでは、失敗の人生を変えていくことはできない。俺はモニターの向こう側にいる連中たちと実際に外の世界で会い、いったい彼らが誰で、なぜそういう生き方をしているのか、知らなくてはならないと思った。

俺はそれを使命――本業であり心血を注ぐべきもの――とした。世界でもっとも優れたナンパアーティストを突き止め、弟子入り志願するのだ。

こうして、俺の人生でもっとも奇妙な二年間が始まった。

Step 2

近づき、開く

男女問わず、

私たちすべてにとってもっとも難しいのは、

身につけることではなく、

捨て去ることである。

グロリア・スタイネム

「ヴァッサー大学の卒業式におけるスピーチ」より

1 ナンパワークショップへ

俺は銀行で五百ドル引き出すと白い封筒に入れ、表に「ミステリー」と書いた。人生における誇るべき瞬間とはとても言えなかった。

だが俺は、それまでの四日間をとにかく準備に費やしてきた。フレッドシーガルで二百ドル分の洋服を買い、午後を通して完璧なコロンを探し回り、七十五ドルもかけてハリウッドで髪を切った。とにかく、ベストのルックスに仕上げたかった。なにせ、本物のナンパ師として外を歩くのは、これが初めてなのだ。

彼の名前――少なくともオンラインで使われている彼の名前は〝ミステリー〟だった。彼はそのコミュニティではもっとも尊敬を集めているナンパアーティストで、実社会の中でどう女たちと出会い、誘惑すればいいか、アルゴリズムにも似た長く細かい投稿を繰り返している強者だ。

彼の故郷トロントで夜ごとに繰り広げられたナンパの日々のことは、年代順に細かくオンラインにまとめられており、彼自身の作り上げた用語を織り交ぜてつづられていた。「スナイパーネグ」「ショットガンネグ」「グループセオリー」「ボーニング」などなど、ナンパアーティスト辞典には欠かせないものばかりだ。

彼は四年間にわたって、無料でネット掲示板のナンパカテゴリーにアドバイスを寄せていた。そして十月、彼は金を取ることに決め、次のようなメッセージを掲載したのだった。

私ミステリーは多くのご要望に応え、世界何カ所かで基礎トレーニングワークショップを開催することにしました。

第一回目はロサンゼルスにて、十月十日(水)から土曜の夜まで。料金は五百ドル(US)となっております。

この中には、クラブ入場料、四夜分のリムジン代(いいでしょう?)、リムジン内で行う一時間のレクチャー(三十分の事後報告会を含みます)、そしてお待ちかね、ミステリーとともに毎晩三時間半の実地体験(二チームに分かれて行います)の費用が含まれています。

この基本トレーニングが終わるころには、五十人近い女性たちにアプローチできていることでしょう。


ナンパ目的のワークショップに申し込むというのは、簡単なことじゃなかった。これに申し込むということは、自分の敗北、劣等、能力不足を認めることでもあった。性的に成熟した年齢になり(もしくは性というものを認識し)、何年も過ぎてからついに自分がダメなやつだったと認めることだからだ。

ナンパに限らず、相談をする連中というのは、うまくいかないやつばかりだ。ドラッグ中毒はリハビリ施設に行き、暴力がやめられないヤツは専門のセラピーを受け、そして、社交能力が欠落したヤツはナンパ学校に通うというわけだ。

ミステリーにEメールを送るのは、俺がかつて取った行動の中でもっともキツいものの一つだった。もしも友だち、家族、同僚、そしてロサンゼルスに住んでいる過去たった一人のガールフレンドに、俺がナンパレッスンに金を払おうとしているなどとバレようものなら、俺はすぐにでも容赦ない冷笑と非難の的になるだろう。だから本当の目的は胸の内に隠したまま、「週末にはあちこちで昔の友だちに会うんだ」などと出まかせをでっちあげた。

この二つの世界は、区別しておかなくちゃいけない。

俺はミステリーへのメールに自分の名字も職業も書かなかった。もしそこを突っつかれたら、一言「物書きだ」とだけ言うつもりだった。自分の名前が持つ信頼も、名前のせいでかかるプレッシャーも関係ない身分になって、このサブカルチャーを一人の「名無しさん」として生きたかった。

だが、そんな俺にもまだ自制心がないわけでもなかった。これはそれまでの人生で、もっとも痛い行動だ。そして何ともツイてないことに、これはシャワーを浴びながらのオナニーとは違って俺一人ではどうにもできないことだ。俺の赤っ恥と秘密、そして欠点は、ミステリーやほかの生徒たちに見られることになるだろう。

人は大人として目覚め始めたころに、二つの一時的動因を持つようになる。一つは力、成功、達成へと向かうものので、もう一つは愛、信頼関係、そしてセックスへと向かうものだ。だから人生の半分は、もう俺の手には負えなかった。

彼らの前に出るというのは、人として立ち上がり、自分は半人前なのだと認めるのと同じことなのだ。

2

見つける、声をかける、惹きつける、くっつく

メールを送ってから一週間後、俺はハリウッドルーズベルトホテルのロビーへと足を踏み入れていた。

柔らかくて薄いせいでコットンのようにも見える青いウールのセーターに、サイドが編み上げになっている黒のパンツ、そして二インチほど背がかせげる厚底の靴といういでたちだった。ポケットには、持ってくるようミステリーから生徒たちに連絡があった物が詰め込まれていた。ペン、メモ帳、ガムをひとパック、そしてコンドームだ。

どれが〝ミステリー〟なのか、すぐに分かった。彼は堂々とした「俺が世界を支えてるんだ」とでも言いたげな笑みを浮かべながら、ヴィクトリア風のひじ掛けいすに座っていた。カジュアルな、だぶっとしたブルーブラックのスーツを着て、先のとがった小さなピアスを唇からぶら下げ、爪は全部真っ黒に塗られている。

そんなに魅力的な男には見えなかったが、背が高く細い体型、長い栗色の髪、高い頬骨、血の気のない青白さからは、妙なカリスマが感じられた。吸血鬼に噛まれて姿を変貌させている途中のパソコンオタクとでもいった感じだ。

ミステリーのとなりには彼よりも背が低い、強い眼差しの男が座っている。自己紹介によると、ミステリー一派の人間で〝シン〟という名前らしい。彼は黒くぴっちりとしたクルーネックのシャツを着ており、真っ黒い髪はジェルでオールバックにしていた。だが、その肌の色を見るに、もともとの髪の色は赤なのではないかと思えた。

生徒の中では、俺が一番乗りのようだ。

「君のトップスコアは？」俺が腰掛けるなり、シンが身を乗り出して聞いてきた。

このときふたりはもう俺の品定めを始めており、俺が「ゲーム」と呼ばれるものを把握しているかどうか確かめようとしていたのだ。

「俺のトップスコア？」

「そうさ、今まで何人の女と付き合った？」

「そうだな。七人とか、そんなもんだろう」

「七人とか、だって？」シンが詰め寄ってきた。

「六人だよ」俺は打ち明けた。

シンはそれを六十位台にランクし、ミステリーは百位台にランクした。俺は、ぽかんとした顔でふたりを眺めていた。

ここ数カ月間追い続けた、ふたりの偉大なるナンパアーティストが目の前にいる。彼らは、俺なんかとは格が違う。魔法の薬を持っているのだ。俺が人生をとおして深い共感を抱いてきた、かの偉大なる文学の主人公たち――レオポルド・ブルーム、アレックス・ポートノイ、そしてクマのプーさんに登場するピグレットなど――を深く悩ませた、無力感やフラストレーションの解決法を。

ほかの生徒たちを待っている間に、ミステリーから写真がぎっちり入ったマニラ封筒を手渡された。

「俺がデートした女たちだ」彼が言った。

中には、すさまじい数のイイ女たちの写真が詰まっていた。

情熱あふれる日本の女優の顔写真。

ブルネット（黒みがかった褐色）の髪で、どこかリブ・タイラーに似た雰囲気を持つ女のサイン入り広告。

ペントハウスペット（男性誌『ペントハウス』の見開きページを飾るアダルト女優）・オブ・ザ・イヤーのつやつやした写真。

ミステリーが昔付き合っていたという浅黒く流線的な体をしたネグリジェ姿のストリッパー、パトリシア。

でかいシリコンの胸を持つブルネットの女は、ナイトクラブの真ん中でミステリーにそれを吸われたらしい。これらの写真が、彼の信用証明だといえた。

「彼女の胸なんて一晩中まったく見もしなかったら、そういうことができたのさ」彼は、俺が最後の写真について尋ねるとそう説明した。

「ナンパアーティストは普通の連中とは違う。ほかのヤツと同じことはしちゃいけない。絶対にな」

俺はじっと耳を傾けた。とにかく一語一語を全部大脳皮質に焼きつけてしまおうとしていた。俺はいま、重大な出来事に直面しているのだ。

ほかに信頼できるナンパアーティストの講義コースといえば、ロス・ジェフリーズのものだけだった。一九八〇年代終盤にこのコミュニティの基礎を作ったのは、この男である。だがセミナールームという安全な環境を離れ、一般の女たちを相手に俺たち生徒がナンパさせられるのは、これが初めてだった。

ふたり目の生徒が到着し、「〝エクストラマスク〟だ」と自己紹介した。背が高くひょろっとした、やんちゃな雰囲気の二十六歳の彼は、髪型はボウルカットで、ひどくだぶだぶした洋服を着ており、よく整った美形だった。髪型と洋服さえちゃんと選べば、彼ならば簡単にイケメンになれるはずだ。

シンがスコアを尋ねると、彼はばつが悪そうに頭をぼりぼりとかいた。

「実は、女性経験ゼロなんです」彼は言った。「キスもしたことないくらいで」

「冗談だろ」

「女の子なんて、手も握ったことないんです。箱入りで育てられたから。両親が厳格なカトリックだからか、どうも女の子に対してひどくやましい感じがしちゃって。でも過去に三人と付き合ったことがあるよ」

彼は床に視線を落とすと緊張した様子でひざをぐるぐるとこすりながら、誰にも頼まれていないのに、彼女たちの名前をあげ始めた。七日間だけで別れてしまったミッチェル。付き合うことになった二日後に、やはり間違いだったと言ってきたクレア……。

「あとはキャロライナ。いちばん好きだった子だ」彼は夢でも見ているかのような笑みを浮かべながら言った。「付き合ったのは、たった一日だけ。次の日に、友だちと一緒にぼくのうちに向かって道路を渡ってきた彼女の姿を今でも覚えています。ぼくが近づくと、彼女は『もう別れるわ』って叫んだんです」

どれもこれも、彼が小学校六年生のときの話だった。エクストラマスクは悲しげに首を横に振った。彼がネタで言っているのかどうか、判断は難しかった。

次にやってきたのは、ワークショップに参加するためだけにオーストラリアから飛んできた、日焼けした四十代のハゲ男だった。千ドルのロレックスとチャーミングななまりの持ち主で、まるでフィンガーペインティングの失敗作みたいに色とりどりのジグザグ模様が入ったでかくて分厚いセーターは、俺が見たことあるものの中では最悪の一品だった。

彼からは金と自信の悪臭が漂っていた。だが、シンにスコア（五点）を告げるため口を開いた瞬間、彼は墓穴を掘った。声は震え、誰とも目を合わせられず、何か感情的ともガキっぽいともつかぬものが彼に感じられたのだ。セーターを含めて、彼のいでたちは、彼の本質を語るうえではまったく参考にならなかった。彼はコミュニティの新人で、下の名前を名乗るのも気乗りしないふうだったので、ミステリーが〝セーター〟と名付けた。

ワークショップの生徒は、その三人ですべてだった。

「オーケー。話すことはたくさんあるぞ」ミステリーが両手をばんばんと叩いた。彼はぐっと身を乗り出し、ホテルの客たちに聞かれないようにした。

「俺の仕事は、お前たちをゲームに引き入れることだ」彼は目を光らせて俺たち一人ひとりを眺めた。「俺の頭の中にあるものを、お前らにも叩き込まなくちゃな。いいか、今夜はテレビゲームみたいなもんだと思え。現実じゃない。女に声をかけるたびに、ゲームスタートってわけだ」

俺の心臓が、暴力的に高鳴ってきた。知らない女たちに声をかけるんだと思うとびくびくしてきた。ましてや、この男たちの視線に探られながらだ。バンジージャンプやスカイダイビングなんて、こいつの前では子供のお遊びみたいなものだ。

「感情にまかせたら、ぜんぶ台なしになっちまうぞ」ミステリーが続けた。「感情があるから迷う。だから、今から感情なんてものを信じるのはやめるんだ。恥ずかしく感じたり、自意識過剰になったりすることもあるが、そんなもんは靴の中の石ころみたいなもんだ。気持ち悪いが、無視すればいい。そんなものは方程式に必要ない」

俺は見回した。エクストラマスクもセーターも、俺と同じくらいナーバスになっているようだった。

「これから四日間で、俺はすべての方程式をお前たちに伝授する。勝つためのイロハすべてをな」ミステリーはさらに続けた。「お前たちは繰り返し繰り返しゲームを重ねて、勝ち方を身につけるんだ。失敗を恐れるな」

ミステリーはいったん話を中断してレモンスライスが五切れ入ったスプライトを注文すると、彼自身のことについて話し出した。大きくよく通る声だ。いわく、人を突き動かすようなアンソニー・ロビンズ（自己啓発のカリスマと呼ばれる）の話し方をモデルにしているらしかった。彼の一挙手一投足すべては、さながら意図的に演じているものみたいに俺には見えた。

彼の夢は、十一歳のときにクラスメイトのカードマジックの種を見破って以来、デビッド・カッパーフィールドのようなセレブマジシャンになることだそうだ。勉強と練習を積み重ね、やがてその才能をバースデーパーティやギグ、さらにはトークショーなどで披露するまでになった。その一方、彼の社会生活はひどいことになっていったという。二十一歳のころ、まだ童貞だった彼は、それを何とかしなければと思い立った。

「世界最大の謎の一つは、女心だ」彼は仰々しく言った。「だから俺は、そいつを解いてみせようと思った」

彼は毎日三十分かけてバスでトロントへと行き、バーやアパレルショップ、レストラン、そしてカフェなどへと出向いた。オンラインコミュニティのことなど知らなかった彼は、一人きりで自分の能力に頼るしかなかった。マジックだ。赤の他人に話しかける勇気を持てるようになるだけでも、何度となくトロントへと足を運ばなくてはならなかった。そのうち、話しかけられるようになると、失敗、拒絶、恥辱を積み重ねながら、日夜、後に立ち上げることになる「ソーシャルダイナミクス」という講座の基礎を一ピースずつ組み立てていった。そして男女の関係の根底に根付いているパターンを発見したのだ。

「そいつを見つけるまで十年かかった」彼が言った。「基本はＦＭＡＣ。Find（見つける）、Meet（声をかける）、Attract（引きつける）、Close（くっつく）だ。信じないかもしれないが、このゲームはそれがすべてだ。ほとんどの連中はそれに気づいてない」

それから三十分、ミステリーは彼が「グループセオリー」と呼ぶものについて話をした。

「こいつはもう、数えきれないくらいやった」彼は言った。「一人でいる女には近づくな。そいつはほんとのナンパとは言えない。いい女が一人でいることはほとんどない」グループに近づいたら、目をつけた女は無視して仲間たちと仲良くなるのがカギだと彼は続けた。例えば男友だちや、モテなさそうな女などなら特にいい。

もし本命が魅力的で、男にちやほやされるのに慣れていそうなら、ナンパアーティストはその魅力にやられていないようなフリをし続けなくてはならない。これを達成するのには、彼が「ネグ」と呼ぶテクニックが物を言う。

ネグは、ちやほやするのともコケにするのとも違う。その中間にあたる行為だ。偶然失礼を働いてしまったり、皮肉っぽく褒めたりするような、そんな感じだ。ネグの目的は、彼女に関心がないことを表現しながら、彼女の自信を失わせることにある。例えば、歯に口紅がついていることを教えてあげたり、彼女がしゃべり終えたあとにガムを差し出したりと、そういうことだ。

「俺はブスを拒まない。男も拒まない。拒むのは、ヤリたい女だけだ」ミステリーはそう説いた。

その瞳には、自分の哲学に対する自信が光っていた。

「信じられなくても、夜になれば分かるさ。今夜は実験ナイトだ。まず俺が、この方法が正しいことを見せてやる。お前らはそれを見てから、何度かトライすることになる。明日、もし俺の言ったことさえできていれば、ものの十五分で女をモノにできるようになってるはずだ」

彼はエクストラマスクを見た。

「〝一流の男《アルファメール》〟の条件を五つあげてみろ」

「自信」

「なるほど。ほかには？」

「強さ」

「それは違う」

「体臭？」

彼はセーターと俺のほうを向いた。だが俺たちにも分からなかった。

「支配者にとって一番大事なのは、笑顔だ」彼は、わざとらしく目をぎらつかせながらそう言った。

「部屋に入っていくときは笑顔を作れ。クラブに足を踏み入れた瞬間からゲームは始まっている。笑っていれば安定した男に見えるし、面白そうなヤツに見えるし、ちゃんとしたヤツに見える」

彼はセーターに身振りで示してみせた。

「入ってきて俺たちに話しかけたとき、お前は笑ってなかったな」

「それは私だけじゃない」セーターが言った。「それに笑うとひどい顔になる」

「いつもどおりにしかできないのなら、いつもどおりの結果しか手に入れることはできない。これはミステリーメソッドと呼ばれている。なぜなら俺がミステリーで、これは俺の理論《メソッド》だからだ。俺からお願いしておきたいのは、俺のアドバイスをいくつか胸に留めておいて、残り四日間で新しいことにチャレンジしてほしいってことさ。そうすれば違いが分かるはずだからな」

俺たちが教わったところによると、アルファメールが持つ性質は、自信と笑顔のほか、身だしなみがちゃんとしていること、ユーモアセンスを持っていること、人とつながっていられること、そしてその場の中心でいられることだった。五つと言ったはずなのに全部で六つであることを口にする者は誰もいなかった。

ミステリーがアルファメールを分析するのを聞きながら、俺はあることに気がついた。俺がここにやって来たのは（セーターやエクストラマスクもそうだが）、両親や友人たちから見捨てられたからだ。みんな、俺がちゃんとした社会人になるためにはどうすればいいかなんて教えてくれなかった。あれからすっかり時は流れて、今、それを学ぼうとしている。

ミステリーはテーブルをぐるりと回りながら俺たちを眺めた。

「どんな女がいい？」彼はセーターに聞いた。

セーターはポケットから几帳面に折り畳んだノートの一ページを取り出した。

「昨日の夜、自分の目標をこれに書いてみたんだ」彼はそう言うと、四つの欄に分けられ、それぞれに番号つきで項目が並んでいるノートを広げてみせた。

「その一つは妻を持つことだ。私の妻になる女性は、何をどこまで話せばいいのかという知性と、その場の人々を振り向かせるだけのスタイルと顔がなくちゃいけない」

「なるほど。じゃあ自分を見てみろ」ミステリーが言った。「どう見ても平均的な男だ。人は、普通にしていれば女なんていくらでも選べると思いがちだ。だが、それは間違ってる。まずは個性的でなくちゃいけない。平均的な男には平均的な女しか手に入らない。そのカーキのパンツはオフィスにはちょうどいい。だが、クラブにはどうかな。それと、そんなセーターは燃やしちまえ。お前は生まれ変わるんだ。自分を超えろ。俺はトップを取ってやる。もし十位以内に入りたいのならば、ピーコックセオリーを学ぶんだ」

ミステリーは、セオリーというものを愛していた。「ピーコックセオリー」とは、もしもっとも魅力的な女を手にしたいのなら、まばゆく、そして色鮮やかに目立たなくてはならないというものだった。彼いわく、我々人間にとってクジャク《ピーコック》の羽となるものは、ぴかぴかのシャツ、派手な帽子、そして暗がりでも光り輝く宝石類だ。これまでの人生で俺が「くだらない」と排除してきたものばかりだった。

俺を批評する番になると、ミステリーは長々と修正点をリストアップした。眼鏡を外すこと。伸びすぎたひげを整えること。入念にカットされた回転草みたいなヘアスタイルをどうにかすること。もっとラフな服装にすること。話の種を用意すること。アクセサリーを身につけること。元気を出すこと。

俺はそのアドバイスをすべて書き留めた。この男は、ピーナッツをガソリンに変えるためにえんえん数式を並べ立てているマッドサイエンティストみたいに、ナンパのことばかり考え続けている男だ。彼がこれまでネットに寄せてきたメッセージは三千を超える。女という暗号を解読するために二千五百ページ以上ものメッセージを書き続けてきたのだ。

「こんなオープナーはどうだ」彼が俺に言った。

オープナーとは、赤の他人のグループと会話を始めるためのもの（せりふ、質問、ストーリーなど）だ。女と出会うために誰にでも必要な仕掛け、とでもいったところか。

「気に入った女がいる集団を見つけたら、こう言え。『やあ、パーティでもやってるのかい？』それから気に入った女のほうを見て『もし俺がゲイじゃなかったら、すげえタイプなんだけどな』って言うんだ」

俺の顔に、さっと血がのぼり熱くなった。

「本当に？」俺は尋ねた。「そんなことを言って、どうなるんだ？」

「一度気に入られてしまえば、お前がゲイだと言っていようと、そんなことは関係なくなる」

「だけど、嘘をつくことにならないか？」

「嘘じゃない」彼は答えた。「ただのジョークだ」

彼はほかにも、グループ相手に使えるオープナーの例をあげていった。意味などないが興味をそそる系の質問だ。「魔法ってほんとにあるのかな」とか「なんてこった。あの娘たち、外で殴り合ってるぞ。見たか？」とか、そんな感じだ。たいした質問でもないし、面白くもない。だがこいつの意味は、とにかく赤の他人同士の話のきっかけを作るところにあった。

ミステリーメソッドのポイントは、気づかれないように近寄ることだと彼は説明した。下心をむき出しにして女に近づいてはいけない。まずは彼女のことを知り、口説くだけの権利を得ることだ。

「素人はすぐに女を口説きたがる」ホテルを出るために立ち上がりながら、彼は言った。「プロは八分から十分待つ」

ネグ、グループセオリー、そして疑似餌のオープナーで装備した俺たちは、クラブへと出向く準備が整った。

3

実験ナイト——ゲームの始まり

俺たちはいざリムジンに乗り込むと、ベルベットのロープが張られたホテルが立ち並ぶ一角にある、「スタンダードラウンジ」へと向かった。ここで俺の常識は、ミステリーによって粉々に打ち砕かれることになる。

俺が対人関係に対して持っていた限界は、もはやとても手が届かないのではと思えるほど遠くへと行ってしまった。あの男は、マシーンだった。

「スタンダード」は、俺たちが入って行ったときにはまだガラガラだった。まだ早すぎたのだ。エントランス付近のカップルと、隅っこ付近にいるカップル二組、店内にはたった二グループしか客がいなかった。

もう、すっかり出て行く気になっていた。だがそのとき、隅っこにいるグループに近づいていくミステリーの姿が目に留まった。

カップル二組はガラスのテーブルを挟んでそれぞれカウチに腰掛けて、男たちが片側に並んでいる。そのうち一人は、ドラマ『ハッピーデイズ』のチャチ役で有名な、俳優のスコット・バイオだった。その向かいには女がふたり。一人はブルネット、もう一人はブリーチしたブロンドで、『マキシム』（アメリカのポルノ雑誌）の一ページから抜け出してきたかのように見えた。彼女の着ている白いカットオフのTシャツは作り物の胸の上から垂れ下がり、入念なエクササイズできゅっと引き締まった腹の上でひらひらと揺れていた。この女がバイオの相手。俺が思うに、彼女がミステリーのターゲットだった。

彼女に話しかけないところを見ても、ミステリーの意図は明らかだった。彼は彼女に背中を向けると、スコット・バイオとその友人――しっかり着飾ってよく日焼けした三十代くらいの男で、アフターシェーブのにおいがキツそうだ――に何かを見せているようだ。俺は近くへと寄っていった。

「おいおい、気をつけろよ」バイオが言っていた。「そいつは四千ドルはするぜ」

ミステリーは、バイオの腕時計をその手に持っていた。それを丁寧にテーブルの上に置く。

「ちょっと見てくれ」と彼が言った。「腹に力を入れて、脳みそにもっと酸素を送り込んで、そして……」

ミステリーが片手を腕時計の上にかざして揺り動かすと、秒針がぴたりと動きを止めた。彼はそのまま十五秒待ち、再度手をひらひらと動かすと、時計はまたバイオの心臓と一緒に動き始めた。見ていた四人は拍手喝采した。

「ほかにも何かやって！」ブロンドの女が言った。

ミステリーはネグで彼女を払いのけた。

「おやおや、欲張りさんだ」彼はそう言うとバイオのほうを向いた。「この子はいつもこんな感じなのかい？」

俺たちは、グループセオリー実践編を目の当たりにしていた。ミステリーが男たちに溶け込んでいくにつれ、ブロンドは彼の気を引こうとするようになっていく。そしてそのたびに彼は彼女をはねのけて、新しくできたふたりの男友だちと話し続ける。「いつもは飲みになんて出かけないんだ」バイオがミステリーに言った。「もう飽きちゃったし、そんな歳でもないしな」

それから数分後、ようやくミステリーはブロンドを受け入れた。彼が腕を差し出す。彼女がミステリーの手を握ると、彼は読心術をはじめた。彼が使っている技なら俺も聞いたことがあって、たしか「コールドリーディング」と呼ばれているものだった。相手の性格やバックグラウンドについて何も情報を持たないまま、分かりきっていることだけを伝えるのだ。この分野では、すべての知識が力になる。

ミステリーが的確に言い当てていくのを聞きながら、ブロンドは徐々に口をあんぐりと開けていき、やがてそれを閉じると今度はミステリーの仕事と超能力について質問をし始めた。ミステリーが返す言葉の一つ一つには自分の若さと、「そんな歳でもない」というバイオが送るいい暮らしへの羨望とがにじんでいた。

「もう俺もすっかり歳だよ」彼はそう言って、彼女の前にエサをまいた。

「いくつなの?」彼女が尋ねた。

「二十七」

「ぜんぜん歳じゃないわよ。完璧じゃないの」

彼の勝ちだ。

ミステリーは俺を呼ぶと、耳元でささやいた。女を口説くことに専念するから、その間、バイオとその友だちを引きつけておいてくれと言われた。これが俺の〝ウイング〟としての初仕事となった。ウイングとは、ミステリーが映画『トップガン』から取った言葉で、〝ターゲット〟〝障害〟などとセットの言葉でもある。

十分後、ミステリーは立ち上がると俺の肩に腕を回し、俺たちはクラブを出た。外で彼はポケットから紙ナプキンを取り出した。そこには彼女の電話番号が書いてあった。

「あの女をよく見たか?」ミステリーがそう尋ねた。「これだからゲームはやめられない。今夜俺は、今まで学んだことのすべてを使った。そしてこの結果さ。実際に使えるんだ」

その瞳には満足感が光っていた。

「いいデモンストレーションだったろ?」

完璧だった。セレブの目の前で女を盗む。ダスティンにすらできない離れ業である。ミステリーは本物だ。

「キークラブ」へとリムジンを走らせながら、ミステリーは俺たちにナンパ第一の掟、〝三秒ルール〟を教えてくれた。彼いわく、特定の女に狙いを定めてから話しかけるまでのチャンスは三秒だという。もしそれ以上の時間をかけてしまえば、何も言わずにじっと見ている自分を見て彼女は引いてしまうかもしれないし、こちらでつい考えすぎてナーバスになり、すべて台なしにしてしまうかもしれない。

ミステリーはキークラブに入るやいなや三秒ルールを実行に移した。女の一団に近づくと、いきなり手を差し出しながら尋ねたのだ。

「これどう思う？　このでかい手じゃなくて、黒い爪のことな」

彼の周りに女たちが寄っていくのを見ていると、シンが俺を引っ張った。クラブの中を歩き回って、初めてのナンパに手を出せと言うのだ。

横を歩いている何人か連れの女に声をかけようとしてみた。だが、なんとか喉から絞り出せたのは「やあ」の一言で、しかも彼女たちに聞こえないような小声でだった。

今度は、ほかの一団が通り過ぎたときにうしろから近づいて、うしろから肩をつかんだ。彼女はびっくりした顔で振り返ると、「何コイツ」とでも言いたげな視線を俺に向けた。その視線こそ、俺が女に話しかけるのが怖くてたまらない第一の理由だった。

「それじゃダメだ」シンが低い声で俺にそう注意した。「女にうしろから近づいちゃダメだ。近づくならいつも前から。ただし真っ正面じゃなくて、少し角度をつけて、真っすぐにならないように気をつけながらだ。いつでもその場を離れることができるように見せるため、自分の肩ごしに声をかけるのが基本だ。ロバート・レッドフォードの『モンタナの風に抱かれて』を見たことないか？　あんな感じだよ」

数分後、もつれたブロンドのカーリーヘアにふわふわしたピンクのベストを着たほろ酔い気味の女が、一人で立っているのに目をつけた。汚名返上にはまたとない相手に思えた。俺はぐるりと歩いて彼女から十時の方向にポジションを取ると「俺は今、驚かせないように馬に近づいてるんだ」と胸の中で念じながら彼女に歩み寄っていった。

「いやあ、びっくりした」俺は彼女に話しかけた。「外で女がふたり殴り合いしてたんだよ。見た？」

「ううん」彼女は言った。「どうしたの？」

興味を持ったようだった。彼女は俺に話しかけている。役に立ったんだ。

「女がふたり、自分たちの半分くらいしか背がない男を挟んでけんかしてたんだよ。すごいけんかだったな。警察が来て女たちがしょっぴかれてくのを見ても、男はただ突っ立って笑ってるだけだったけどね」

彼女が笑った。俺たちはクラブや、そこで演奏しているバンドの話をした。彼女は実にフレンドリーで、俺との会話を楽しんでくれているみたいだった。女に近づくのがこうも簡単だとは思ってもみなかった。

シンが俺の横にそっとやってくると、耳元でささやいた。

「キノにいけ」

「キノって何だ？」俺は尋ねた。

「キノ？」女も答えた。

「キノってのは」シンはうしろから近づいてくると俺の腕を取り、彼女の肩に手をかけさせてささやいた。

「女に触れることさ」

手のひらに彼女の体温を感じ、俺は自分がどれほど人に触れるのが好きかを思い出した。

ペットはなでられるのが好きなものだ。犬や猫がスキンシップを求めてくるのは、別に性的な意味じゃない。人間だって同じことだ。俺たちは、触れ合わずには生きていけない。だが俺たちは人に触れられると、ついそれを性的な意味なのではないかと思いこんで神経質になり、ぎくしゃくしてしまう。そして残念なことに、この俺もまったく例外ではなかった。話していても、どうも自分の手が彼女の肩に乗っているせいで落ち着かないのだ。

俺の手は、まるで自分のものじゃないみたいにそこに乗っかっていた。彼女はきっと、いったいなぜその手がそこにあるのかをいぶかっているだろう。それなのに、なにも言わず普通にしてくれているなんて。だから俺は、気を使ってその手をどかした。

「やめとけ」シンが言った。

俺は座ろうと言うと、一緒にベンチへと歩いた。シンはあとからついてくると、俺たちのうしろに腰掛けた。教わったとおり、俺はいったい男のどんな部分が魅力的に思うのか、彼女に聞いてみた。彼女は、ユーモアと尻だと言った。

ツイてることに、俺はそのうちの一つを持っていた。

と、そのとき、耳元でシンの息づかいが聞こえた。

「その子の髪をかぐんだ」と、彼は俺をうながした。

俺はわけが分からないままに、彼女の髪をかいだ。

「タバコのにおいがするな」

「違う！」シンが耳元で小声で怒鳴った。きっと、ネグをするところではなかったのだ。

彼女はムカついたみたいだった。俺はご機嫌をとるため、もう一回かいでみた。

「でもその下から、ものすごく良いにおいがする」

彼女は首をかしげて眉をわずかにひそめると「変な人」と言った。俺はしくじったのだ。

タイミングよく、すぐにミステリーがやってきた。

「ここはダメだ」彼が言った。「どっかもっと、獲物が多いところに行くぞ」

ミステリーとシンの目には、ここまでの二軒はナシと映ったようだ。

ふたりは、女たちと話しているときでも、生徒たちの耳元でナンパ用語をささやくことをまったく気に留めていなかった。「それは間違いだ」と、生徒が話しているのをさえぎって指摘することさえあった。ふたりの言葉には自信と意味の分からないナンパ用語があふれている。それを聞いても女たちには意味が分からず、自分がナンパ師志願の生徒たちの教材として使われているなどとは思いつきもしなかった。

俺はシンに言われるまま女にさよならを告げると、自分の頬を指さして「さよならのキス」と言った。彼女は軽くキスをした。ものすごくいい気分になった。

店を出るまえにトイレに行くと、ドアの前にエクストラマスクがいて、洗っていない髪の毛をくるくると指に巻きつけていた。

「空くの待ってるのか?」

「ええと」彼は言葉を探しながら言った。「入っていいよ」

俺は、いぶかしげに彼を見た。

「ちょっと聞いてくれる?」彼が言った。

「もちろん」

「ぼく、男と並んで便器でおしっこをするのが苦手なんだ。ほかに誰かが便器に立ってたら、とてもじゃないけどできない。自分がもうしてて、そこに誰かが入ってきても止まってしまう。ただびくびくしながらそこに突っ立ってるだけになるんだ」

「誰もお前のことなんて気にしてないだろ」

「ああ」彼が言った。「一年前、ある男とぼくがとなり同士の便器でおしっこをしようとしたんだけど、ふたりともただ突っ立ってるだけだった。二分くらいはそうして立っていたんだけど、そこでお互い同じなんだって気づいたんだ。そしてぼくはチャックを閉めると、別のトイレを探しに行った」

彼は間を置いた。

「男は、ぼくがトイレを変えたことにお礼を言ったりはしなかった」

俺はうなずくとトイレに入り、無意識のうちに小便と一緒に胸の重りをどっと放出した。エクストラマスクに比べたら、俺なんて簡単なほうなのだ。

俺がトイレを出るときになっても、まだ彼はそこに立っていた。

「金隠しさえあればいいんだけどね」彼が言った。「でも、高級なところにしか備えつけられていないんだよ」

4

求めていた答え

次のバーへと向かうリムジンの中、俺は浮かれていた。

「キスしてもよかったのかな」俺はミステリーに尋ねた。

「できるかもしれないって思えば、できるかもしれないな」彼は言った。

「そうすべきかそうすべきでないかと考えたということは、そうすべきだってことだ。それを〝フェイズシフト〟という。頭の中ででっかいギアが入ったところを想像して、そいつにまかせるんだ。女を口説き始めろ。なんて肌がきれいなんだとか言って、肩をもんだりしろ」

「でも、どうやってそれが大丈夫かどうかを判断すればいい？」

「俺は、ＩＯＩに着目する。ＩＯＩ（indicator of interest）というのは、興味を示すサインのことだ。例えば名前を聞かれたとするだろ？　それもＩＯＩの一つ。独身かどうか聞かれたら、それもＩＯＩ。もしお前が女の手を握って、女もそれを握り返してきたら、それもＩＯＩ。そしてＩＯＩを三つ確認したら、そこでフェイズシフトだ。いちいち考えるほどのことでもない。コンピュータプログラムみたいなもんさ」

「でも、どうやってキスすればいいんだい？」セーターが尋ねた。

「俺はただ『俺とキスしたいか？』って聞くよ」

「それでどうなる？」

「三つある」ミステリーが言う。

「もし彼女が『イエス』と言ったら、まあレアなケースだが、キスしてやる。もし『どうしよう』とか言ったりもじもじするようなら『確かめてみよう』って言って、キスする。もし彼女が『ノー』と言ったなら、『そういう意味じゃない。ただ、何か悩んでるみたいだったから』って言う」

「いいか」彼は勝ち誇ったような笑みを浮かべた。

「俺たちに失うものは何もない。どんな不測の事態も予測済みだ。朝飯前さ。これがミステリーのキスクローズ（情熱的なキスにこぎつけること）だ」

俺は必死に「キスクローズ」の中身をメモ帳に書き留めた。女にキスする方法を教えてくれる奴など、それまでの人生には誰一人いなかった。例えばひげそりや車の修理みたいに、男ならばひとりでに覚えていくようなものなんだと思っていた。

リムジンの中でメモ帳を片手に座ってミステリーの話を聞きながら、俺は、いったいなぜ自分がそこにいるのかと自分に問いかけた。ナンパ講座を受講するだなんて、普通の人々にはあり得ないことだ。

さらに引っかかるのは、いったいなぜそれほどまでにナンパが俺にとって重要なのか、なぜ俺はこんなにもあっという間に例のハンドルネームだらけのオンラインコミュニティに魅入られてしまったのかということだった。

たぶん、俺にとって「異性を魅了する」ということは、自分が人生で失敗したと思っている唯一の領域だったからだ。路上でもバーでも、過去に失敗した記憶が赤い口紅と黒いネイルの形になり、俺の顔をじっと眺め続けていた。欲望と無能のコンビネーションは、破滅的と言ってよかった。

その夜の講座が終わってから、ファイルキャビネットを開けて紙の束の間を引っかき回した。ここ何年も見ていなかったが、今どうしても見つけたいものがあったからだ。

三十分ほど探してから、ようやく見つけた。「高校時代のライティング」とラベルが張られたフォルダだ。汚い字でびっしりと埋め尽くされているノートのページを引っ張り出した。人生でただ一度だけ、俺が書いてみた詩だった。高校生のときに書いて誰にも見せたことがない。だがそこには、俺が求める答えが書かれていた。

性的なフラストレーション

ニール・ストラウス

外に出かけるたった一つのわけ。
心の中のたった一つのもの。
忙しい通りを歩く
すっかり見慣れた脚だとか、
ただの友だちでしかない女からのハグ。

俺をイラつかせる何もない夜。
俺に憎しみを抱かせる何もない週末。
世界中を赤い目で見て、
友だちや家族に理由もなく
誰にも知られない怒りを抱く。

自分だけがなぜそんなにムカつくのか知っている。
「ただの友だち」は付き合いが長く、
俺のことをとても信頼してくれているから、
俺は彼女にしたいことが何もできない。
彼女は、俺が彼女を好きなのは
ありのままの自分自身だと思い込んでいるものだから、
かわいこぶってじゃれついてこようともしやしない。

この手が最愛の恋人となり、
命の液体がクリネックスにくるまれ
トイレの底へと流されるのを見ながら、
いったいいつになったら
うまくやった夜には何が起こるのだろうと
考えずにすむ日が来るのかと思い悩む。

俺と話したそうにほほ笑んでいる
ブリッコの女がいるが
俺は話しかける勇気を持つことができない。
彼女とはうまくやれたかもしれないが、

結局彼女は夜のファンタジーになる。
俺の手は彼女の手の代わりになる。
行動することやするべきことができず、
本当に愛してくれる相手に声をかけられず、
それはいくら撃っても的に当たらないからだ。
俺を除いたみんなは女運があるのだろうか。
それとも女は俺なんかよりも理想が高いだけなのか。

この詩を書いてからの十年間、俺は何一つ変わってはいなかった。詩が書けずにいた。さらに悪いことに、当時とまったく同じように感じていた。

たぶん、ミステリーの講座に申し込んだのは、賢い一手だったと言えるだろう。とにもかくにも、自分の欠点を補うという前向きの行動を取ったのだ。

賢者といえど、愚か者の天国に住むことだってある。

5 スーパースターとしての第一歩

講座の最後の日、ミステリーとシンは、俺たちを「サドルランチ」というバーに連れていった。サンセットストリップにある、肉料理を食わせる田舎風の店だ。前に一度、ナンパのためにではなく、ロデオマシンに乗るために行ったことがあった。

せっかくロサンゼルスに行くならば、一番ハードなレベルに挑戦してみたかった。だが今日はそのときじゃない。三日も連続で午前二時まで出歩き、ミステリーやほかの生徒たちと、割り当てられた三十分をはるかにオーバーしながらフラれ続けていたせいで、俺はもうクタクタにくたびれ果てていたのだ。

しかし、我らが大先生は疲れ知らずだ。数分のうちにバーで酔っぱらったうるさい女たちにスカーフを取られそうになりながら、うまいことやっていた。ミステリーを見ていて気づいたことがある。彼はほとんどいつでもまったく同じオープナー、手順、そして筋書きを使って、たとえ彼氏と一緒にいようとも、女から電話番号を聞いたり、ディープキスをしたりしている。

そんな光景を見るのは生まれて初めてだった。場合によっては、彼の話し相手の女は涙を流すほど心を動かされていたのだ。

ミステリーが「かぶったほうがいい」と言い張る赤いカウボーイハットをかぶって、バカみたいだと思いながらロデオマシンのほうに歩いていると、長い黒髪でぴっちりとしたセーターを身にまとい、フリルのついたスカートから日焼けした脚をのぞかせている女が俺の目に映った。彼女は心底楽しそうにふたりの男と話しながら、男たちの周囲をマンガのキャラクターみたいに跳ね回っていた。

一秒。二秒。三秒。

「やあ、パーティでもやってるのかい？」俺は男たちに話しかけると、女のほうに顔を向けた。そして、一瞬つっかえた。次のセリフなら、この週末ずっとミステリーに詰め込まれてきたから知っていたが、俺はビビっていた。

「俺が……俺がもしゲイじゃなかったら、あんたに手を出すのにな」

彼女の顔にでかい笑顔が浮かんだ。

「その帽子いいわね」彼女は甲高い声で言うと、帽子のつばをつまんだ。

ピーコックが効いたんだと俺は思った。

「おいおい」と、俺はミステリーがさっき使っていたセリフを彼女に繰り返した。「商品には手を触れないでくれよ」

返事の代わりに彼女は俺に両腕を巻きつけると、面白い人ねと言った。うまくいったんだと思うと、心の重荷がどっと抜け落ちていった。女をひっかける秘訣は、単に、いつ、どうやって、何を言うかを知っていることなんだ。

「みんなはどんな友だちなんだい？」

「今会ったばかりよ。あたしはエロノヴァ」彼女はそう言うと、不器用にひざを曲げておじぎをしてみせた。

これは〝ＩＯＩ《脈ありサイン》〟だと俺は思った。

俺は、その夜ミステリーから見せてもらったばかりの超能力トリックを使ってみることにした。一から十までの数字の中で彼女が考えているものを当てるというもので（ヒント。ほとんどの場合七である）、彼女は手を叩きながら大喜びした。俺のゲームに彼女が夢中なのを見て、男たちはどこかに行ってしまった。

バーが閉まるころ、俺とエロノヴァは外に出た。すれ違うＡＦＣ《欲求不満のバカ》たちは、そろって親指を立てながら「いい女連れてんな」とか「ツイてるなこの野郎」とか冷やかした。なんてバカな連中だ。連中は俺のゲームを台なしにするつもりか。俺は自分がゲイじゃないってことを彼女に伝えなくちゃと焦る。前向きに考えれば、彼女はもう気づいているかもしれなかったが。

　シンから聞いた〃キノ〃の話を思い出し、俺は彼女に腕を回してみた。だが今度は、彼女はあとずさりした。明らかに、これはＩＯＩじゃない。俺が彼女に向かって足を踏み出すと、さっき彼女と一緒だった男のうちの一人がやってきた。彼女は彼にじゃれついていき、俺はバカみたいに突っ立っていた。数分たってから彼女が俺のほうを振り向いたとき、俺は「またどっかに行こう」と言った。彼女はうなずき、俺たちは電話番号を交換した。

　ミステリー、シン、そしてほかの連中はもうリムジンに乗っていて、俺を眺めていた。俺は、ほかの電話番号を一番乗りでゲットした優等生みたいな気分で乗り込んだ。だがミステリーはそうは思っていないようだった。

「お前が彼女と番号関係《ナンバークローズ》（女から正しい電話番号を手に入れること）になったのは」彼が言った。「お前が彼女を押したからだ。お前は、彼女に遊ばれることになった」「どういう意味だ？」俺が尋ねた。

「〃ネコと糸〃の理論は話したことがあったか？」

「いや」

「じゃあ聞け。ネコが糸で遊んでいるのを見たことがあるか？　そうだな、ネコの頭上から糸を垂らすとしよう。ちょうど届かないくらいに。するとネコはそれをつかもうと必死になる。ネコは飛び上がり、跳ね回り、部屋中を追いかけ回す。だがこっちが糸を離してネコにくれてやると、ネコはちょっとだけ糸を見つめてから、どっかに行ってしまう。飽きちまうんだ。もう糸になんて興味がなくなってしまう」

「というのは……」

「だからあの女は、お前に腕を回されたときに行ってしまったのさ。そしてお前はまるで子犬みたいに彼女に追いすがった。だが、お前は彼女におしおきするべきだったんだ、すぐに背中を向けてほかのヤツと話してね。そうやって、お前に注意を引き戻させるんだ。そうすれば、彼女はあの田舎者と話し終わってからお前のとこに来る」

「じゃあどうすればよかったんだ？」

「お前は『じゃあ俺は行くよ』と言って、彼女を彼に預けて歩き去るべきだった。彼女よりもお前のほうが気があったとしてもね。俺はお安くないぜって顔をしてなくちゃいけない」

俺は笑った。本当に分かったと思った。

「いいか」彼が言った。「垂れ下がった糸になれ」

俺は黙り込んでそれについて考えながら、リムジンのバーカウンターに脚を投げ出しながらシートに沈み込んだ。ミステリーはシンに話しかけると、ふたりだけで数分話をしていた。俺の話をしているみたいだ。

俺は、彼らと視線を合わせないようにした。もしかしたら、講座をとりつづけるように言われるのかもしれないと思ったが、俺にはまだ心の準備ができていなかった。半年くらい勉強して、またそれからとりなおそう……。

とつぜん、ミステリーとシンが話を終えた。ミステリーがぬっとやって来ると、でかい笑顔を浮かべて俺を真っすぐに見た。

「お前は俺たちの仲間だ」彼が言った。「お前はスーパースターになれる」

6 女に近づく十三のステップとネグ

MSNグループ：ミステリーズラウンジ
タイトル：セックスマジック
投稿者：ミステリー

ロスで開いたミステリーメソッド講座は最高だった。次の講座では、手品を通して気持ちのパワーを伝える方法を教えることにしようと思う。とにかく、せっかくの自分の魅力を相手に伝える方法がないやつもいる。もし「やあ、ぼくは会計士です」なんていう、エッジの効いてないことしか言えないのなら、ターゲットの注意や興味を引くのは無理だ。

だから前回の講座から俺は自分がFMAC（Find「見つける」、Meet「声をかける」、Attract「引きつける」、Close「くっつく」の略。ミステリーによる造語）の手本を見せるのをやめた。以下に、ターゲットに近づくための手順を十三ステップに整理してみた。すべてのアプローチのための基本フォーマットになる。

1. 店に入っていくときはいつも笑顔で。ターゲットがいるグループを見つけたら、三秒ルールにしたがう。ためらわず、すぐにアプローチせよ。

2. 二つ三つまではいかなくとも、一つくらいはオープナーを覚えて使え。

3. オープナーではターゲットのみではなくグループ全体をつかまえること。話している間、ほとんどの時間はターゲットを無視する。グループの中に男がいる場合、その男に注意を向けておくこと。

4. これまでにあげてきたネグの数々から一つを使い、ターゲットにネグを仕掛ける。「君の鼻、笑うとぴくぴく動いてかわいいね」と言い、それに気づいた友人たちと一緒に笑うこと。（六三ページの図参照）

5. グループ全体に、自分の個性を見せる。何か話をしたり、手品をしたり、ネタを話したり、ギャグを言ったりすればいい。女よりも男に、対象の比重を置くこと。ターゲットはこの段階で、お前がグループの注意の的になっていることに気づくはずだ。フォトルーティーンなどを使うが、ターゲット以外のみに限定すること（フォトルーティーンとは、胸ポケットに持ち歩いている写真を利用するテクニック。写真は事前に選んでおくが、あたかもさっき現像からあがってきたばかりのような顔をしておく。写真には、自分が女といるところ、子供といるところ、ペットといるところ、有名人といるところ、友だちとだらだらしているところ、ローラーブレードやスカイダイビングなど、何かしているところなどがあるといい。また、手短でウィットに富んだ話を、一枚一枚に用意しておく）。

6. 必要ならばターゲットに再びネグを仕掛ける。もし彼女が写真を見ようとしてきたら、例えば「おいおい、そんなに無理やり見ようとするなよ、強引だな。いつも彼女はこんななのか?」など。

7. グループに「ところで、みんなはどうやって知り合ったんだい?」と聞く。もしターゲットがその中の男と付き合っているようなら、どれくらい付き合っているのか聞く。もしふたりが真剣に付き合っているようならば、丁寧に「今日は会えてよかったよ」と引き下がったほうがいい。

8. もし彼女がグループ内で孤立するようなことがあったら、グループのほかの人間に「どうやら友だちのジャマをしちゃってるみたいだ。もしよかったら、ちょっと彼女と話をしてもいいかい?」と言ってみる。たいていの場合「ああ、もちろん。どうぞ」などという反応が返ってくるはずだ。ここまでのステップを忠実に守っていれば、彼女も話に応じてくれるだろう。

9. 何かいいものを見せるからと言って彼女をグループから遠ざけ、どこか彼女のそばに座る。人混みをかきわけて歩きながら彼女の手に触れ、キノテストをしてみる。もし握り返してくるようなら、アリだ。ほかのIOI《脈ありサイン》を探し始めること。

10. 彼女といすに座ったら、手品や超能力テストなど、彼女を喜ばせ、惹きつけるようなことをする。

11. 「外見の美しさはありがちなものだけど、強いエネルギーと深い哲学を持っている人間は少ない。君の話を聞かせてくれないか？　なぜ、ほかの大勢よりも君が気になったのか知りたいから」と彼女に伝える。もし彼女が自分の話をし始めたなら、これはポジティブなＩＯＩだ。

12. 話をやめる。彼女は会話のなかで「そして？」という意味の質問をしていなかっただろうか。もししていたなら、これは三つめのＩＯＩということになり……。

13. キスをする。いきなり「キスしてみない？」と言う。もしそのときの立場や状況的に肉体的接触を避けたほうがいいならば「ごめん、もう行かなくちゃ。でもまた会いたい」と告げて時間がないことを知らせ、電話番号を聞きだして立ち去ること。

——ミステリー

体の部位別のネグ例

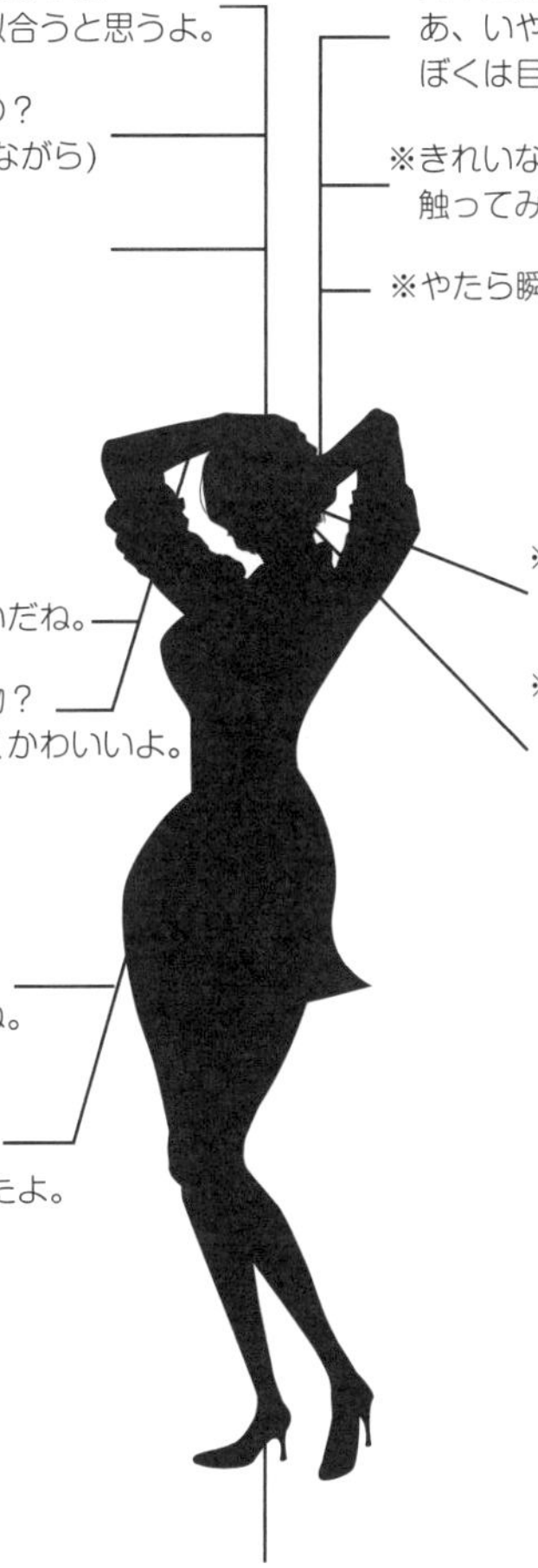
※たぶん髪を上げていたほうが/
下ろしていたほうが似合うと思うよ。
※その髪型なんていうの？
ワッフル？(ほほ笑みながら)
※それウィッグかい？
まあ、いずれにしろ
かわいいね。
※目やにがついているよ。
あ、いや、こすっちゃダメだよ。
ぼくは目やにが好きなんだ。
※きれいな目だね。
触ってみてもいいかな？
※やたら瞬きするね。
※ちょっと！
顔につばがかかったよ！
※ちょっと男の手みたいだね。
※きれいな爪だね。本物？
ああ、いや。とにかくかわいいよ。
※しゃべると鼻が
ぴくぴくしてかわいいね！
何かしゃべってみて。
(ほほ笑みながら)
※いいスカートだね。
今はやりのやつだよね。
※いいスカートだね。
ついさっきも誰か
はいてるのを見かけたよ。
※履き心地がよさそうな靴だね。

＜ミステリーメソッド講座の資料より＞

7 ナンパアーティスト　ロス・ジェフリーズ

『恋の技法』を書いたローマ時代の詩人オイディウス。スペイン貴族たちの功績をまとめて作り上げられた架空の女たらしドン・ファン。ギロチンにかけられて死んだ歴史的なフランスの道楽者で、百以上にものぼる情事を四千ページ以上ものメモにまとめたローザン侯爵。いずれも歴史に名高いナンパアーティストたちだ。だが、押しも押されもしない現代ナンパアーティストの父といえば、背が高くガリガリで、あばた顔で自他ともに認めるオタク、カリフォルニアはマリーナ・デル・レイ出身のロス・ジェフリーズに決まっている。

彼は導師《グル》であり、カルトのリーダーであり、社会に変革をもたらす男であり、六万もの強靭《きょうじん》な性欲の持ち主たちに指令を下す男だ。その中には、政府の高官連中、幹部職連中、そして暗号研究者たちもいる。

彼の武器は、その声だ。彼は何年もかけて催眠術の達人たちからハワイのカフナ（ハワイの神秘的な治療家）たちまでいろいろな人々のことを学び、その結果、確実に女たちをすぐさま肉欲の虜《とりこ》にしてしまう方法を発見するに至った。トム・クルーズの映画『マグノリア』のモデルにもなったと言われているジェフリーズは、これを「スピードナンパ術」と呼んでいる。

一九七〇年代の自己開発ブームからアンソニー・ロビンズのような自己啓発の導師が生まれるに至る流れのなかで浮上してきた心理学と催眠術を融合させ、ジェフリーズは五年間にもわたってセックスレスの生活を送りながら、NLP（神経言語プログラミング。Neuro-Linguistic Programming）の助けを借りて、一九八八年にこのスピードナンパ術を完成させた。NLPの基本的なコンセプトとは「ある個人の思考、感情、習性、そしてほかの人々の思考、感情、習性などは、言語、意見、そして肉体によるジェスチャーなどを使って無意識下で操ることができる」というものだった。NLPの持つポテンシャルと革新的な誘惑理論との相性がいいのは、ジェフリーズにとって火を見るよりも明らかだった。

何年にもわたって、ジェフリーズは競合相手たちを訴え、つぶし、自分の講座「スピードナンパ術」を存続させながら、女の唇を求める男たちの上に君臨してきた。そこに突如として登場し、講座を始めたのが、ミステリーである。

そういうわけで、ミステリーの講座第一回は、オンラインで話題を呼んだ。ミステリー信者たちは、講座が本当に役立つものなのかを知りたがった。そして「敵」、つまりジェフリーズとその生徒たちは、彼をつぶしたがった。だから俺は、自分の経験を元にした細かいレポートを投稿した。

その最後に、俺はロサンゼルスでのウイング《仲間》たちに向けて「いくらか自信や知識がついたか。これからやっていけると思ったか」と、問いかけた。俺自身がナンパアーティストになるには、俺が目にしてきたミステリーのすべてを自分のものにしなければならないとは分かっていた。そのためには訓練しかない。ダスティンのようになるまで、それかミステリーのように突き抜けてしまうまで、毎晩バーやクラブに足を運ばなくてはならない。

インターネットにレポートを載せたその日に、俺はエンシーノに住む〝グリンブル〟というハンドルネームの男から、一通のメールを受け取った。いわく、ロス・ジェフリーズの生徒ということらしい。彼の言葉どおりに書くと、俺とサージしたいということだった。サージングというのはナンパアーティスト用語で、女を探しに出かけることを指す言葉だ。この言葉の由来はどうやら、ロス・ジェフリーズが飼っている猫の中の一匹、サージーから来ているようだった。

彼に電話番号を送って一時間ほどしてから、グリンブルは電話をかけてきた。秘密社会としか言いようのない社会に俺を引き込んだのは、ミステリーよりも、むしろこのグリンブルだ。

「ところで」彼は、まるで悪巧みでも持ちかけるかのようなひそひそ声で言った。「ミステリーのゲームについて、お前はいったいどう思ってるんだ？」

俺は、自分の思うとおりの評価を彼に伝えた。

「なるほど、よさそうだな」彼が言った。「でも、俺やトゥータイマーとも出かけたほうがいいぜ。ロス・ジェフリーズとしょっちゅうサージングに出るんだ」

「ほんとか？　彼には会ってみたいね」

「いいか。秘密を守れるか？」

「もちろんだ」

「サージに行くとき、どのくらいのテクノロジーを使う？」

「テクノロジー？」

「何割がテクニックで、何割がただしゃべっているだけかと聞いてるんだ」

「そうだな。半々くらいだろう」俺は言った。

「俺は九十パーセントだ」

「何だって？」

「いつも決まったオープナーを使って、彼女のいいところを引き出し、彼女を酔わせる言葉を探す。そこからは、秘密のパターンに持ち込む。〝オクトーバー・マン・シーケンス〟は知ってるか？」

「アーノルド・シュワルツェネッガーの作品しか見ないんだ」

「まじめに聞けよ。先週ある女が俺のところに来て、俺は彼女にまったく新しい自分を見つけさせてやった。彼女が持つ性の魅力を引き出して、彼女のタイムラインも内面も、すべて変えてやったんだ。それから俺は彼女の顔を指でなぞりながら、それに気づくようにこんなふうに教えてやったのさ」彼はそこから、ゆっくりとした催眠術でもかけるような話し方になった。「俺がこうして触れれば……君の体にはエネルギーの通り道ができる……エネルギーが広がっていくところを想像してごらん……深く自分を受け入れて……感覚に耳を澄まして……もっともっと……解放して……」

「それでどうなった？」

「唇を指でなぞったら、彼女がそれをしゃぶった」彼は勝ち誇ったような声で言った。「完璧だ」

彼がいったい何を言っているのか、俺には分からなかった。だがこのテクノロジーには興味があった。

過去に女たちを家に連れ込んだときのことを思い出す。ベッドに並んで座り、キスをしようと顔を近づけても、いつも「友だちでいましょう（Let just be friends）」と断られた。この普遍的なやりとりをロス・ジェフリーズは「ＬＪＢＦ」と名付け、さらに、畳み掛ける返答集までをも開発していた（ジェフリーズの返答は「そんな約束はできないな。友だち同士は、普通こんなふうにくっついて座らないだろう？　私が約束したいのは、私と君が満足するまで、何もしないっていうことだけさ」）。

俺はグリンブルと二時間ほど話した。グリンブルは、「その男に性的な奉仕をするためには金すら払う熱狂的な女ファン集団を持つ」と言われているスティーブ・Ｐのことから、ちょっとしたハプニングをきっかけに彼と五人の女たちと話したことでロスの門下生の中でももっとも有名になったリック・Ｈのことまで、誰のことでも知っているようだった。

グリンブルは、最高のウイングになりそうに思えた。

8

グリンブルと初の実戦に

次の夜、俺は一緒にサージング《ナンパ》に出るために、エンシーノにあるグリンブルの家へと車を走らせた。ミステリーの講座を受けて以来、初の実戦になる。また、ネットで知り合った男と一対一で会うのも、これが初めてだった。俺が知っているのは、彼が大学生で女好きだということだけだった。

俺が車を停めるとグリンブルが外に出てきて、あまり信用できない感じでにっこりほほ笑んだ。危険な男にも、悪い男にも見えない。ただ、警察官やセールスマンや、よくいる色ボケ男みたいに、薄っぺらい感じがしただけだ。

肌の色は薄めたコーヒーみたいだったが、ドイツ人で、彼が自分で言うには、オットー・フォン・ビスマルクの子孫だということだった。彼は銀色の花柄シャツの上に茶色の革ジャンを着ていて、外されたシャツのボタンからはつるつるの胸板が見えているせいで気色悪い。その手にはビデオテープが詰まったビニールバッグを持っていて、それを俺の車の後部座席に放り込んできた。彼を見ているとマングースを連想した。

「ロスのセミナーを録画したやつだ」彼は言った。「共感覚について触れているから、あんたはワシントンでのセミナーが気に入るかもしれないな。他のテープは、キムとトムのだ」キムはロス・ジェフリーズの元彼女、トムはその元彼女が今付き合ってる彼氏だ。

「ふたりがニューヨークで開いてる『アンカリング上級編と裏技』ってセミナーだ」

「アンカリング?」

「あとで友だちのトゥータイマーに会えば、きっと見せてもらえるさ」

学ぶべきことは山積みだった。男同士は女同士と違い、同じような感情の深さで互いに接したり、個人的な細かい部分まで探ったりはしないものだ。女たちは、とにかく何でも話す。もし男が会社をクビになった友人と会っても「どうしてる？」みたいに尋ねたら、あとは答えを聞いて親指を上に向けて立てるか、それとも逆さに立てるくらいのものだろう。そんなものだ。物事をあんまり細かいことまで話してしまうと、友人が本当は欲しがっていないような精神的なイメージを植えつけてしまうことになる。男にとって、例えば親友が裸になっているところやセックスをしているところを想像するのはタブーである。そんなことをすれば相手を興奮させてしまうかもしれないし、そうなってしまえば、あとは語るまでもない。

そんなわけで、六年生のころ心の中によこしまなエロ心を抱き始めて以来、俺は、セックスというものはとにかく外に出てチャンスを求めないかぎり訪れないものだと思っていた。だからこそ、人は「ツイてたよ」などと話すものなのだと。そういう男たちが手にしている道具は、執着心だけだ。もちろん、世の中には女にまったく困らない種類の男たちもいるわけで、そういう連中は彼らをあざけり笑い、最終的に服従させてしまう。

だが俺は連中とは違う。俺にとっては、ただ時間やメルローズ通りの場所を女に尋ねるだけでも、勇気のいることだった。俺はアンカリングも知らないし、魅力を引き出すことも、酔わせるような言葉を探すことも、ほかにグリンブルが話していたようなことも、何もできない。そういったテクノロジーを何も知らず、どうやってセックスしろというのだろう？

静かな火曜日の夜で、俺たちがいるヴァレイ周辺でグリンブルが知っているクラブは、近隣にある「T・G・I・フライデーズ」だけだった。車の中で、俺たちはリック・Hがサージについて話しているカセットテープを聴きながらウォームアップをし、オープナーや作り笑いを練習し、エネルギーを高めるためにシートに座ったまま踊った。

人生でもっともバカげた行動の一つだったが、俺はまったく新しいルールと言動を持って、まったく新しい世界に足を踏み入れていた。

俺たちは自信たっぷりにほほ笑み、勝ち組の男の顔をしながらレストランへと入っていった。あいにく、誰一人俺たちには気づかなかった。店内には、テレビで野球を見ている男のふたり組、角のテーブルに陣取っているビジネスマンたちがいて、店員もほとんど男ばかりだった。俺たちは余裕をかました態度でバルコニーへと出た。ドアを開けると、女が現れた。学んできたことを実践するときがきたのだ。

「やあ」俺は彼女に声をかけた。「ちょっと意見を聞かせてほしいんだけど」

彼女は足を止め、こちらを見た。彼女は身長が百五十センチ弱で、髪の毛は短く縮れており、体型はぽっちゃりだったが、いい笑顔をしていた。いい練習台になりそうだと思った。俺は、モーリー・ポヴィッチのオープナーを使ってみることにした。

「友だちのグリンブルが、今日モーリー・ポヴィッチ・ショー（現代の病理のようなものを扱う人気トーク番組）から電話をもらったんだ」俺は始めた。「どうも番組を見てるあいつのファンのために、ひとコーナーもうけようってことらしい。あいつにも、そういうファンがいるっていうことだな。でも、あいつがこのまま番組に出ていいもんかどうか、ちょっと分からなくなってきたんだよ」

「もちろんいいじゃない」彼女が言った。「ダメな理由がある？」

「だって、隠れファンが男かもしれないじゃないか」俺は答えた。「あの手の番組には、いつも番狂わせがあるだろう？　もしかしたら、いとこが出てくるかもしれない」

ほんとにグリンブルが番組に出てるわけじゃない。女をほぐすためのネタだ。

彼女が笑った。完璧だ。「君だったら番組に出る？」俺は聞いた。

「たぶん出ないわ」彼女が答えた。

と、そこへグリンブルが割って入ってきた。「じゃあ君は、俺には番組に出ろっていうくせに、自分はいやだってわけだね」と、いじわるく彼が言った。「冒険心がない女だなあ、まったく」彼のナンパを見るいい機会だった。俺が会話をただのその場の話にしてしまっている一方、彼はすでに性的な方向へと導き始めている。

「あるわよ」彼女は言い返した。

「ほんとかな」彼は笑いながら言った。「ちょっとテストをしてみよう。共感覚テストっていうんだ」

彼は彼女に歩み寄った。

「聞いたことあるかい？　君が人生で望んでいるものを感じたり、達成したりするために必要な要素を見つける手助けをしてくれるんだ」

スピードナンパ師にとって、共感覚テストは兵器庫に貯蔵してある神経ガスみたいなもの。文字どおり、感覚を重ね合わせることができるのだ。ナンパの過程で、共感覚は起きたままの催眠状態を引き起こす。女の意識が研ぎ澄まされたところで、一番手に入れたいようなイメージと、心の中で一番強い感覚を教えるようにと告げる。この目的は、自分ではどうにもならないほど女を昂《たか》ぶらせることにある。

彼女はうなずくと目を閉じた。ついに彼女を、ロスの秘密パターンの一つに誘い込んだのだ。だが、グリンブルが始めるやいなや、がっちりした赤い顔をしてぴっちりしたアンダーシャツを着た男が、彼に歩み寄ってきた。

「何してるんだ？」彼はグリンブルに尋ねた。

「彼女に、共感覚テストという自己開発エクササイズを教えてるところだ」

「そいつは俺の女房なんだ」

そういえば結婚指輪のチェックを忘れていたが、そんな些細なことでグリンブルが動じるとは思えなかった。

「あいつをなだめておいてくれ」グリンブルは俺のほうを向くと小声で言った。「俺が彼女を構ってる間に」俺は、どうやって彼をなだめればいいのか分からなかった。スコット・バイオのようにおとなしいタイプには見えない。

「あんたにも後で教えてあげるよ」俺はおそるおそる言った。「マジで最高だから見てなよ」

「はあ?」男が言った。「俺が何の得をするっていうんだ」

彼はやってくると、俺の顔に顔を近づけた。ウイスキーとオニオンリングのにおいがした。

「それはその……ええと……」俺は口ごもった。「まあ、気にしないでくれ」

男はぬっと腕を持ち上げると、俺をどついた。女にはいつも百七十センチあると言っていたが、俺は実は百六十五センチだ。俺の頭のてっぺんが、男のちょうど肩くらいの高さになった。

「やめて」と、サージ対象だった彼の妻が言った。彼女がこちらを向く。「酔っぱらってるのよ。いつもこうなるの」

「こうって、暴力的ってことかい?」俺は尋ねた。

彼女は寂しげにほほ笑んだ。

「すごくお似合いだよ」俺は言った。

彼の敵意は、どうにもならなかった。というのは、彼に対する敵意を俺が失いかけていたからだった。彼の酔っぱらった顔が俺の鼻先数センチのところにあり、八つ裂きにしてやるぞと怒鳴っていた。

「ふたりに会えてよかったよ」俺はあとずさりしながら弱々しく言った。

「そういえば」車に戻る途中でグリンブルが言った。「AMOGをどう扱うか、まだ言ってなかったな」

「AMOG?」

「ああ。グループの頭の男（the alpha male of the group）だ」

なるほど。

9 ロスの〝アンカリング〟テクニック

四日後、土曜の午後に一人自宅に座ってグリンブルがくれたビデオを見ていると、彼がグッドニュースを知らせる電話をかけてきた。彼とその仲間のトゥータイマーが、ゲッティミュージアムに行くために、ロス・ジェフリーズとカリフォルニアピザキッチンで落ち合うことになっており、そこに俺も呼んでくれるというのだ。

俺は十五分前に店に着くと席を選び、プリントアウトしてきたコミュニティの記事を読み漁りながら、ロス、グリンブル、そしてトゥータイマーがやってくるのを待った。黒い髪をジェルでうねうねと固めてよく似合う革ジャンを着たトゥータイマーは、どこか蛇を思わせる雰囲気だった。赤ん坊みたいな丸顔の彼は、自転車の空気入れで膨らませたグリンブルのクローンのようだった。

俺が立ち上がって自己紹介しようとすると、ロスがさえぎった。彼は俺が出会ってきた連中のなかでは、礼儀ができているほうとは言い難かった。長いウールのコートを着ており、歩くたびに足下でひらひらとすそが揺れた。やせていてどこかぎこちなく、無精ひげとあぶらぎった肌が印象的だった。ハゲてきている灰色のクセ毛は短く、ボサボサで手入れもされていなかった。そしてその鼻はまるで着ているコートをかけておけるくらいに目立ったかぎ鼻だった。

「で、ミステリーからは何を教わった?」ロスは冷やかすような笑みを浮かべながら言った。

「いろいろさ」俺は答えた。

「例えば？」

「例えば俺の問題点は、女が俺に興味を示しているのになかなか気づけないことだ。でも、もう解決済みだ」

「どうやって解決した？」

「ＩＯＩ《脈ありサイン》を三つ見極めればいい」

「その三つとは？」

「そうだな。まず、名前を聞かれること」

「それが一つ目」

「手を握ってぎゅっと力を入れ、相手が握り返してくること」

「それが二つ目」

「それと、ああ、今はちょっと思い出せない」

「はは」彼は飛び上がった。「彼はあんまりいい先生ではないみたいだね」

「いや、彼はものすごく優秀だったよ」俺は反論した。

「じゃあ三つ目のＩＯＩが何だか言えるだろう？」

「今すぐには出てこないけど」

俺はまるで、隅に追いつめられた動物みたいな気持ちになった。

「なら閉廷だ」彼が言った。

できるヤツだ。

背が低く少しぽっちゃりとした、砂のような茶色い髪をしたウェイトレスが注文を取りにきた。ロスは彼女を見ると、俺にウインクをしてみせた。

「この人たちは、私の教え子なんだ」彼はウェイトレスに言った。「私は講師でね」

「本当に？」彼女は驚いたふりをしてそう言った。

「もし私が、人の心をコントロールして惹きつける方法を教えているって言ったら、君はどうする？」

「出て行ってもらうわ」

「まあまあ。私は、このテーブルにいる誰にでも、君を惚れさせることができる」

「へえ、どうやって？　マインドコントロールでもするの？」

彼女は懐疑的だったが、興味をそそられたようにも見えた。

「一つ聞かせてくれないかな。誰かに心の底から惹かれたとき、どうやって気づく？　言い換えるとすれば、どんなサインが心の奥から届いたら、君はその気持ちを信じる気になる？」そして彼は声を落とすと、ゆっくりと続けた。「君は……こいつに……心底……惚れてるか？」

あとで分かったのだが、この質問の真意は、ウェイトレスに彼の目前で魅力というものについて考えさせて、彼の顔と魅力とを関連づけさせることにあった。

彼女はしばらく考え込んだ。

「そうね。あたしの場合、なんだかドキドキするような、妙な気持ちになるわ」

ロスは手を出すと手のひらを上にして、腹の前に置いた。

「そう。賭けてもいいが、君がもっと惹かれていくにしたがって、もっとドキドキしてくるはずだ」彼はそう言うと、ゆっくり手のひらを心臓の高さまで持ち上げた。「そして君の顔はだんだん赤くなる……。そう、今みたいにね」

トゥータイマーが俺のほうに身を乗り出してきた。

「これがアンカリングだ。こうやって触れたり身振りを使ったりしながら、感情を引き出していくんだ。今、ロスがああやって手を持ち上げるたびに、彼女は彼に惹かれていってる」

さらに二～三分もロスが甘く催眠術をかけるように語りかけているうちに、ウェイトレスの瞳は陶酔してすらいるかのように見えてきた。ロスは、彼女を自分の自由にするチャンスを切り開いてしまったのだ。彼はほほ笑みながら、まるでエレベーターのようにゆっくりと手のひらを腹から顔の高さまで上げていく。彼女はどんどん頬を赤らめていった。彼女は運んできた皿のことなどすっかり忘れており、皿は力の抜けたその腕の中にようやく収まっていた。

「彼氏とは」ロスが続ける。「すぐに恋に落ちたのかな?」

彼は指を鳴らすと彼女をトランス状態から解放した。

「それとも、時間がかかったかい?」

「もう別れちゃったわ」彼女が言った。「でも、時間がかかったかも。最初は友だちだったの」

「でも、誰かを好きになるのはずっといいものだろう?」

彼はまたエレベーターのように手を持ち上げ、彼女の瞳がまたボーッとしてきた。

「すぐ、誰かにさ」

彼は自分を指さした。これは、その誰かとは自分のことなのだと彼女に思わせるＮＬＰのトリックなのだと俺は思った。

「信じられないような幸せだ。そうじゃないか?」

「ええ」

彼女はすっかりほかのテーブルのことなど忘れ、うなずいた。

「前の彼氏とは、なんでうまくいかなかったんだ？」

「すごく子供っぽい人だったから」

ロスはこれを見逃さなかった。

「じゃあ、君はもっと大人の男とデートしなくちゃな」

「ちょうどそう思ってたのよ。あなたみたいな大人の人とって、話しながら」

彼女は口元で笑った。

「君がこのテーブルに来たときから、君が惹かれるのは私しかいないって思ってたよ」

「変なの」彼女が言った。「だって、あなたはあたしのタイプじゃないのに」

ロスは、休みの日にコーヒーでも一緒に飲もうと言った。彼女は飛び上がって喜ぶと、彼に電話番号を教えた。

彼の使うテクニックはミステリーのそれとはずいぶん違ったが、これはこれで本物だと俺は感じた。

ロスは大声で笑った。

「さて、ほかのお客さんたちがきっと怒ってるぞ。だけど行く前にこれだけは。今君が感じているその気持ちを、この砂糖のパックに入れて」彼は砂糖のパックを一つ手に取ると、持ち上げた手でそれをこする。「今日一日、ずっと持っていたらどうだい？」

彼は彼女に砂糖のパックを渡した。彼女はそれをエプロンにしまうと、まだ顔を赤らめたままテーブルを離れて行った。

「さて」トゥータイマーがささやいた。「今のが調味料アンカリングだ。俺たちが店を出て行っても、彼女が彼に感じたポジティブな感情を砂糖のパックが思い出させてくれるってわけだ」

店を出るとき、ロスは女店長にまったく同じルーティーンを仕掛け、電話番号を手にした。女はふたりとも二十代半ば、そしてロスは四十代だ。俺はもうお手上げだった。

俺たちはロスのサーブに乗り込むと、ゲッティへと走らせた。

「まずは、女の意識を体内や脳内に向けさせるんだ。そうすれば、性欲や陶酔感のスイッチが入るからな」彼は運転しながら説明した。「質問をしてそのプロセスを引き起こすことができりゃあ、彼女はそこから湧き出してきた感情を、お前に感じている魅力とリンクさせてくれる」

後部座席に俺と並んで座りながら、トゥータイマーは反応を探るように俺の顔を見た。

「どう思う?」

「すごい」俺は言った。

「悪魔だね」彼は唇に薄い笑みを浮かべながら、そう訂正した。

ゲッティに着くと、トゥータイマーは今度はロスのほうを向いた。

「オクトーバー・マン・シーケンス（ナンパをするときに使えるNLPを応用した一連のテクニックのこと。ロス・ジェフリーズ、トゥータイマー、スティーブ・Pらが好んで使う）について聞きたいことがあるんだ」彼はそう尋ねた。「あれこれステップを入れ替えてみたりしているんだけど」

ロスが彼のほうを向いた。

「そういうことをしちゃいけないっていうのは分かってるか?」

言いながらロスは指を突き出すと、トゥータイマーの胸、心臓のあたりを指さした。またアンカリングだ。彼は悪の概念と禁断のパターンを、そうやって関連づけようとしているのだ。

「だから、セミナーでは教えないんだ」

「どういうことだ?」トゥータイマーが尋ねた。「なぜなら」ロスが答える。「子供にダイナマイトを持たせるようなものだからさ」

トゥータイマーがまた笑った。その笑顔は俺の中で、彼がよく使う「悪魔」という言葉にアンカリングされている。そういうときの彼が何を考えているのか、手に取るように分かった。

「ダーウィンの、適者生存の法則は知っているか」二十世紀以前のアートコレクションが飾られているミュージアムを歩きながら、トゥータイマーが俺に言った。「昔は、強き者が生き残ると言われていたんだ。だが現代社会では、強さだけではどうにもならない。言葉や触れ合いを通してどうやって女の脳内に眠るファンタジーを引き出せばいいか熟知しているナンパ師たちと、女はくっつく」

彼の話す口調には、何度も練習を重ねたセリフを口にするような響きがあった。歩きながら、彼はずっと俺を見続けた。まるで、その日に俺の魂を吸い込もうとでもしているかのようだった。

「つまり、適者生存の法則なんて、もう過去の遺物ってわけだよ」

その考えは気に入ったが、俺は強くないだけならまだしも、人当たりがいいほうでもなかった。俺は早口なうえに口下手だし、動作はなよなよしてるし、ボディランゲージも無様きわまりない。いずれにしろ俺は、生存するためには苦労しなくてはならないのだった。

「カサノヴァ（1725~1798。イタリア人作家。女好きで知られる）も俺たちと同じさ」トゥータイマーが続けた。「だが俺たちのライフスタイルのほうがいい」

「モラルっていう意味からいえば、当時のほうが今よりももっとナンパは難しかっただろうな」

俺は、何か有用な話を持ち出そうと試みた。

「俺たちは、そのためのテクノロジーを手に入れた」

「NLPのことか？」

「それだけじゃない。彼は一人きりでやらなくちゃいけなかった」彼は俺の目の奥を深く見つめた。「俺たちは、一人じゃない」

俺たちはギャラリーを歩き回りながら、絵画に足を止めている人々を眺め回した。グリンブルとトゥータイマーがあちこちで女たちに声をかけているのを俺は見ていた。だが俺は、ロスの前で声をかけるなど、怖くてとてもできなかった。ヨーヨー・マの前でチェロを弾かされるようなものだ。俺の一挙手一投足を批判されたり、彼のテクノロジーをうまく使いこなせないことで怒らせてしまうことが怖かった。一方彼はと言えば、教え子に恐怖を乗り越えろと教えながら適当に女たちに近づいては「やあ、ぼくは火星人のマニー。君が好きなボウリングのボールは何色？」などと尋ねている。彼の目にバカみたいに映ることを怖がる必要などない。彼がバカを作り出しているのだ。

その日の終わり、ロスは電話番号を三つ手に入れていた。トゥータイマーとグリンブルは二つずつ。そして俺はゼロだった。

ミュージアムの駐車場へと向かって丘を下る電車の中で、ロスが俺の横に腰掛けてきた。

「そうだ」彼が言った。「何カ月か後にセミナーを開く。無料でいいから、君も参加するといい」

「ありがとう」俺は言った。

「私が君の師匠になってやる。ミステリーじゃなく私のやり方のほうが何百倍も効果的だってことが、君にもすぐ分かるだろう」

どう返事をしていいのか分からなかった。彼らは、俺というAFC《欲求不満のバカ》をめぐって争っているのだ。

「そしてもう一つ」ロスが言った。「引き替えに、五つ、いや六つ、ハリウッドパーティを見つけてきてくれないか。とびきりのHB《いい女》がいるやつをね。世界を広げなくちゃいかん」

彼はほほ笑むと、尋ねてきた。

「交渉成立か?」

彼があごを親指でこする。彼は俺にアンカリングを仕掛けていたのだ。

Step 3

価値を見せつける

私の男はバリトンサックスのようにスムーズで、
その声はまるでベースみたいに響く。
体はアーノルドみたいで、
顔はデンゼルみたい……。
彼の話はいつでも心の奥深くに届く。
私はそれを本当に大切に思う。
なぜなら、いい男は本当に少ないものだから。

ソルト・ン・ペパ
『Whatta Man』より

1 ニール・ストラウスから「スタイル」へ

優れた捕食動物は、牙をむき、爪を出してジャングルの地面に潜んだりはしない。そんなことをしたら、獲物に逃げられてしまう。獲物にはゆっくり、何食わぬ顔で近づき、信用を勝ち取り、そして襲いかかる。これはシンに教わったことだ。彼はふざけて、それを「シンメソッド」と呼んだ。

講座のあとミステリーはトロントへと飛行機で戻って行ったが、俺はシンと連絡を取り合っていた。家に初めてやって来た女の首根っこを彼がつかみ、壁に叩きつけるのを目撃したことがあった。そのあと彼は彼女を離してやるとキスし、彼女のアドレナリンレベルを、恐怖心や性的興奮と一緒に急上昇させてしまったのだった。それから彼は夕食を作ると、食べている間は何も言わなかった。そしてデザートを食べているときに、まるで獲物を見すえる虎のような視線で彼女を見ながら、性欲の色を帯びた声で言った。

「今君をどうしたいか、君は知りたいとも思ってないね」

いつもならふたりを残して席を立つところだが、俺は居座り続けた。

狡猾《こうかつ》なグリンブルに加えて、さらにどう猛なシンが信頼できるウイングになった。だが、俺たちの友情は長くは続かなかった。ある日の午後、バーバリーセンターモールにサージングに出かけたあと、シンが、将校として空軍に入隊すると言ってきたのだ。

「軍隊は収入が安定してるんだ」モールのカフェでテーブルにつきながら、彼がそう説明した。「それに、どこでも好きなところに住める。俺はプログラマーだけど、もうずっと長いこと無職でいすぎたよ」

俺は、彼にそれを諦めさせようとした。彼は、幽体離脱、ゴシックロック、SM、そしてナンパに興味を持っていた。もし軍隊に入れば、それは全部隠しておかなければならなくなる。だが彼の意志は固かった。

「ミステリーと、お前のことを話したよ」金属の格子作りのテーブルに寄りかかりながら彼が言った。いつものように、その声のトーンはシリアスだった。「次の講座は十二月だそうだ。俺が無理だから、ミステリーはお前に一緒にやってほしいそうだ」

また週末をミステリーと過ごし、女を涙にまで導く彼のその秘密を目の当たりにできる。俺は興奮を必死に抑えながら、なんとか答えた。

「たぶん空いてると思うよ」

世界中にいる優れたナンパアーティストの中からミステリーが俺を選んでくれたことが、信じられなかった。彼は、それほど人脈がないのだろうか。

だが小さなことではあるが問題があった。十二月には一つ予定が入っていた。かつての同級生で、ダスティンを俺に紹介してくれたマルコに会うため、ベオグラード行きの航空券を取ってあったのだ。マルコとの約束を今さら反故《ほご》にするわけにはいかなかったが、ミステリーのウイングとなる絶好機を逃す手もまたなかった。

何かいい方法があるはずだ。

その夜、俺はトロントにいるミステリーに電話をかけた。ミステリーは、両親、姪ふたり、姉、そしてその夫と一緒に住んでいた。

「よう、どうしてる?」

ミステリーが電話に出た。「俺はもうすっかり退屈しちまってるよ」

「またまた」

「外に出たいんだけど、ずっと雨なんだ。一緒に出かけるヤツもいないし、行くところもない」彼は、姪を静かにさせるために言葉を途切れさせた。「一人でスシを食うくらいならできるかもしれないがな」

俺はてっきり、ミステリーは毎晩のように女たちを並べており、彼と一緒にクラブに行こうとしているナンパ師たちが列を作っているものだとばかり思っていた。なのに彼は自宅ですっかりどんよりしてしまっている。彼の父は病気だった。母親は負担に押しつぶされていた。そして姉は夫から離れようとしているところだった。

「パトリシアとデートでもすればいいのに」俺は言った。パトリシアはミステリーの彼女で、ナンパ経歴書に写真入りで掲載されていた。

「ちょっと怒らせちまってなあ」

ミステリーとパトリシアは四年前、まだ彼女がルーマニアからやってきたばかりのころに出会った。彼は彼女を理想の女に作り上げようとした。豊胸手術を受けさせ、フェラチオをさせ（それまで彼女は一度もしたことがなかった）、ストリッパーとして働かせた。だが彼女はバイセクシャルという一線を彼との間に引いた。おかげで、ミステリーの思うようにはなかなかいかなかった。

ゲームの世界に足を踏み入れる者には、みんなそれだけの理由がある。例えばエクストラマスクのように童貞で、とにかく女と過ごしてみたいという男。グリンブルやトゥータイマーのように、毎晩新しい女が欲しい男。そして少数だがセーターのように、完璧な妻を捜し求めている男。ミステリーは独自の、特別な目標を持っていた。

「俺は、ふたりの女から愛されたいんだ」彼は言った。「俺を愛するのと同じくらいお互い愛し合える、最高の10《テン》ブロンド一人と、最高のアジア人一人。パトリシアのレズっ気のせいで、セックスがうまくいかなくなったんだ。彼女にほかの女がいると思うと、なんだか萎えちまってね」

姉夫婦が何か言い合いをしていたので、彼は電話を持ったまま部屋を変え、続けた。

「ちょうどパトリシアと別れたばかりなんだが、トロントにはほかに最高の女なんていやしない。あんなに特別な女はね。どこを見ても、そこそこ《セブン》ばかりだ」

「ロサンゼルスに戻ってこい」俺は言葉に熱を込めた。「ここにはあんたの大好きな、ハデハデ女が山ほどいる」

「ああ、とにかくここを出なくちゃとは思っているさ」彼がため息をついた。「だから、何回でも講座の予定を作っちまいたい。マイアミにもシカゴにもニューヨークにも、講座に興味を持ってくれてる連中がいるんだ」

「ベオグラードはどうだ？」

「何だって？　あそこは戦争の真っ最中じゃなかったか？」

「いや、戦争は終わったよ。で、俺は昔の友だちを訪ねることになってる。話によると、今は安全だそうだ。彼のところに泊まればタダだし、スラブ系の女は世界でもトップクラスだ」

彼はためらっているようだった。

「そして俺は、自分の航空券以外に無料の航空券《コンパニオンチケット》をもう1枚持ってる」

静寂。彼は考えていた。

俺はさらに押した。

「おい、しっかりしろよ。こりゃ旅行だ。最悪でも、次に向けて新しいフォトルーティーンの素材は手に入るじゃないか」

ミステリーのものの考え方は、フローチャートに似ている。そしてひとたび合意に達すれば承知するのも早く、いつも同じ言葉を口にする。

「よし」この言葉だ。

「きた」俺は言った。「フライトの時刻をあとでメールしておくよ」

六時間の飛行機の旅が、今から待ちきれなかった。ミステリーが持つすべての知恵、すべてのトリック、すべてのナンパ術、すべての物語を、彼の頭の中から吸収してしまいたい。彼の行動、言葉、トリックを何もかもこの目で見て、そのとおりにまねしたかった。理由は簡単、そうするのがいいからだ。

「だが、待てよ」彼が言った。「一つ言いたいことがある」

「何だ？」

「俺の相棒になるのなら、ニール・ストラウスじゃダメだ」

彼のその言葉には、先ほど「よし」と言ったときと同じ決断の証が込められていた。

「もう、自分を変えてほかの誰かになっちまったほうがいい。考えてみてくれ。ニール・ストラウス、物書き。こいつはクールじゃない。物書きと寝たい女なんて誰もいやしない。社会の底辺にいる連中だからな。お前は、スーパースターじゃなくちゃいけない。女といるときだけじゃなくてだ。お前は、アートを必要としているアーティストだ。俺が思うに、お前のアートとは、今身につけているソーシャルスキルのことだ。お前が実地に出ているのを見ていたが、実に素早く順応してしまった。だから俺とシンはお前に決めたんだ。ちょっとそのまま待っててくれ」

受話器の向こうで、彼が紙をめくる音が聞こえた。

「いいか」彼が言った。「これから俺の夢について話す。魔術ショーを見て回る金を作ること。しゃれたホテルでホテル暮らしをすること。ショーに出かけるためのリムジンが欲しい。テレビでものすごい魔術の特番を見ること。ナイアガラの滝の上を飛ぶこと。イングランドとオーストラリアに旅行すること。ジュエリー、ゲーム、飛行機模型、個人秘書、スタイリストが欲しい。そして『ジーザス・クライスト・スーパースター』に出演したい、ジーザスとしてだ」

俺が人生に欲しいものならば、少なくとも彼は知っていた。

「そして俺が望むのは」彼がさらに言った。「みんなが俺をうらやみ、女たちが俺を欲しがり、男たちが俺になりたがることだ」

「子供時代に愛されなかったんだな」

「ああ」彼が声を落とした。

電話の最後に、彼は『ミステリーズラウンジ』という秘密のオンラインコミュニティに入るためのパスワードをEメールで送ると言ってきた。ニューヨークで彼が抱いたバーテンダーの女が、ネット上で自分に関するミステリーの書き込みを見つけてからパスワード制にしたらしい。彼女はその週末ミステリーがネット上に掲載している文章を読みとおし、それからミステリーの彼女であるパトリシアに、彼氏の課外活動についてメールを送ったのだった。おかげでミステリーと彼女は破局寸前にまで追い込まれ、「下手をすれば捕まる」という、ナンパアーティストの暗黒面を彼は学ぶことになったのだった。

ひと握りのナンパアーティストに初心者がわんさか群がっているようなほかのコミュニティと違い、ミステリーは自分の気に入った連中だけを集めて自分の専用掲示板に呼び寄せていた。ここで彼らは秘密や体験談、そしてテクニックなどを共有するだけではなく、自分や女たちの写真を投稿し、さらにときにはビデオや音声までをも投稿していたのだった。

「だが、覚えておいてくれ」ミステリーが厳しい声で言った。「お前はもうニール・ストラウスじゃない。コミュニティで会うときは、誰か別人になっていてくれ。ナンパネームがいるな」

彼は言葉を止め、考えた。

「スタイルズとか?」俺が言った。

「スタイルってのはどうだ？」彼が言った。

実は唯一、俺が誇っていたのがこれだった。俺にとって社会は居心地のいい場所ではなかったが、少なくとも、どういう服を着ればいいかということは、人よりもよく知っているつもりだった。

「スタイルか。ミステリーとスタイル《スタイル》」

そう、ミステリーとスタイルの講座だ。いい響きじゃないか。ナンパアーティストのスタイル（俺）が、愛すべき敗北者たちにどうやって夢の女をひっかければいいか教えるのだ！

だが、電話を切ってからすぐに我に返った。その前にまず、スタイルは自分自身にちゃんと教えなくちゃいけない。とにもかくにも、あのミステリーの講座を受けてからまだ一カ月しかたっていないのだ。まだまだ道のりは長い。

とにかく、自分を変えるときがやってきたのだ。

2 プレイメイトと番号関係《ナンバークローズ》に

十代のころ、ハリー・クロスビーは俺のヒーローの一人だった。彼は一九二〇年代ごろから活躍していた詩人で、正直言って、その詩はめちゃくちゃカッコよかった。彼のライフスタイルは伝説的だ。J・P・モルガン（アーネスト・ヘミングウェイやD・H・ローレンスらと親交があった）の甥であり名付け子でもあった彼は、ジョイスの『ユリシーズ』の一部分を最初に出版した人物であり、自堕落世代小説家《ロストジェネレーション》の退廃派《デカダン》のシンボルにもなっている。

アヘン漬けの生活を送った彼は、三十歳そこそこでこの世を去った。二十二歳のときに、ストラップレスブラの発明者であるポリー・ピーボディと結婚し、彼女をカレスと改名させた。ハネムーンでふたりはパリを訪れ、大量の本とともに部屋に閉じこもると、ただそれを読みながら過ごした。三十一歳のとき、自分のような生き方をしていてもまだ死んでいないことに気づき、クロスビーは拳銃自殺をしたのだった。

俺には一緒に閉じこもるカレスはいなかったが、それでもハリー・クロスビーのスタイルをまねして一週間部屋に閉じこもり本を読み、テープを聴き、ビデオを観て、そしてミステリーズラウンジの投稿を読み漁りながら過ごした。ナンパ理論にどっぷり浸かっていた。ニール・ストラウスの仮面を脱ぎ去り、スタイルになるのだ。ミステリー、そしてシンの信頼にふさわしい男になりたかった。

そのためには、女たちとの話し方だけではなく、彼女たちといるときの立ち居振る舞いまでをも変えなくてはいけなかった。もっと自信にあふれ、面白く、決断力があり、寛容な、今までとは格の違う最高の男にならなくてはいけなかった。今までたっぷりと時間を無駄にしてきたが、今俺に残されているのはたったの六週間だ。

俺はボディランゲージ、女といちゃつく方法、そしてセックステクニックの本を買ってきた。そして女がセックスに抱いているファンタジーが描かれた、ナンシー・フライデーの『My Secret Garden』のようなアンソロジーを読み、女が本当に男と同じくらい（もしくはそれ以上に）セックスを求めているのかどうか見極めようとした。彼女たちは、自分がプレッシャーをかけられたり、嘘をつかれたり、クソ女みたいな気分になるのが嫌なだけのようだった。

ロバート・チャルディーニの『影響力の武器』のようなマーケティングについての本も注文し、人がどうやって決断を下しているのかをそこから学んだ。なかでも重要なのは「みんながやっているのならば、それは良いに違いない」という、いわば社会的な証拠みたいなものだった。例えば、きれいな女友だちと腕を組んで（コミュニティではこれを「ピヴォット」と呼ぶ）バーに行けば、一人で行くよりも簡単に女を釣ることができる。俺はグリンブルがくれたビデオを観ながら、心に残った言葉（例えば「女が自分の世界に入ってきたら、それは相手にとって最高のできごとになるんだと自信を持て」など）や会話パターンなどを一つ一つメモしていった。セリフは基本的に、女と話すとき用にあらかじめ用意されたものばかり。このパターンは女の気持ちを高めることに照準を合わせて考えられた、入念な台本なのだ。

男と女は違った方法で考え、反応する。男ならば『プレイボーイ』の表紙を見れば、もう気持ちが昂ぶる。それどころか、くぼみをつけたアボカドを見るだけでもいい。スピードナンパ師によると、女は直接的なイメージや会話だけではダメだ。女には、比喩やアドバイスを使ったほうが効果的なのだ。

ロス・ジェフリーズが使う有名なパターンのうちの一つは、ディスカバリーチャンネルでやっていたジェットコースターのデザインについてのドキュメントからの引用で、魅力、信頼、そして興奮など、セックスとは切っても切れない要素を取り混ぜたものだった。このパターンの持つ魅力はすさまじく、ゆっくりとてっぺんまで登って一気に駆け下りていくジェットコースターの興奮を感じることができる。そして、ジェットコースターは心地よく安全な立場で興奮を経験できるように設計されているから、安心感をも得ることができる。そしてコースを一周し終えてジェットコースターが停まると、また何度でも乗ってみたくなってしまう。この手のパターンにうまく女性が乗ってくるようには思えないかもしれないが、それでも、仕事の話などするよりはずいぶんマシだといえる。

だがロス・ジェフリーズに学ぶだけでは、俺にとって十分だとは言い難かった。彼のアイデアの多くは、単にNLPの応用編だ。だから俺は原点に立ち返り、リチャード・バンドラーとジョン・グリンダーの本を買ってきた。ふたりはカリフォルニア大学の教授で、一九七〇年代に催眠心理学の分野を開拓し、学校の発展に尽力した人物たちだ。

NLPをやったあとは、ミステリーが使う手品を勉強してみた。俺は百五十ドルをはたいてマジックショップで空中浮遊やスプーン曲げ、そして読心術関連のビデオや本などを買い漁った。

ミステリーから、女をモノにするためにもっとも重要なことの一つは、自分の価値を見せつけることだと学んだ。言い換えれば、ほかに二十人の男がいたとして、その中でどうすれば自分だけを際立たせることができるかということだ。なるほど、じっと見つめただけで彼女のフォークを曲げてみせたり、彼女が何か言う前に名前を当てたりすれば、少しは違うというものだろう。

さらに俺は、手書き文字分析の本とルーン文字（バイキングなどの古代北欧人が使用した、ゲルマン語の文字体系）の解説書、そしてタロットカードを購入した。とにかく誰でも、自分を話題にされるのは大好きなのだ。

俺は学んだことを逐一書き留めながらルーティーンや話題を磨き、いつか訪れる本番へと備えた。仕事、友人、家族、すべては後回しだ。一日のうち十八時間は任務についているようなものだった。

頭に詰め込めるだけいろんなものをすっかり詰め込んでから、俺は今度はボディランゲージの練習を始めた。スイングとサルサのダンス教室に申し込んだ。ジェームス・ディーンとマーロン・ブランドの動きやポーズを盗むため『理由なき反抗』と『欲望という名の電車』を借りてきた。『トーマス・クラウン・アフェアー』のピアース・ブロスナン、『ジョー・ブラックをよろしく』のブラッド・ピット、『蘭の女』のミッキー・ローク、『イーストウィックの魔女たち』のジャック・ニコルソン、『トップガン』のトム・クルーズ。彼らのことも勉強した。

自分の動きが人からどう見えるかも、すべての角度から見直してみた。歩くときに腕は振れているのか。両ひじを軽く曲げ、ものすごい大胸筋を持っているかのように動かせているか。自信と威厳を持って歩けているか。胸をぐっと張っているか。頭をしゃきっと立てているか。両足でしっかりと、でかい性器を持っているかのように歩けているか。

自分で直せるところはすっかり直してから、俺はアレクサンダー・テクニーク（不必要な身体の自動的反応に気づき、やめるための学習）の講座に申し込み、立ち居振る舞いを直したり、父方から受け継いだなで肩をどうカバーすればいいかを学ぶことにした。さらに、俺の話し方が早すぎて声も小さすぎ、もごもごしているせいで聞き取れない人が続出していたので、週に一度、しゃべり方と歌い方の個人レッスンを受け始めた。

スタイリッシュなジャケットと明るい色のシャツを着て、できるだけアクセサリーを着けた。指輪、ネックレス、そしてフェイクのピアスを買った。ほかにもカウボーイハット、フェザーボア、ライトアップネックレス、さらに夜だというのにサングラスまで試し、どんな格好をすれば女たちの注意をもっとも引けるのかを実験した。

実のところ、そうやってけばけばしく派手に着飾るのはバカだと分かってはいたのだが、ミステリーのピーコックセオリーはたしかに役立つ。何か目立つものを一つでも身に着けていさえすれば、自分に興味を持ってくれた女と話をスタートさせるのはぐっと簡単だ。

俺はグリンブル、トゥータイマー、そしてロス・ジェフリーズと夜な夜な出歩き、一つ、また一つと、新しい方法を覚えていった。女たちは、平凡な男たちの「やあ、どこから来たの？　仕事何してるの？」といった平凡な質問に、うんざりしている。しっかりとパターン、策略、そしてルーティーンを持っている俺たちは、その憂うつから彼女たちを救い出すためにやってきた、バーのヒーローなのだ。

もちろん、すべての女が俺たちのやり方になびくわけじゃない。だが、脳裏にすぐ思い起こされるような、ひっぱたかれたり、叫ばれたり、グラスの中身をかけられたりといった、そういうひどい失敗になってしまったこともない。ナンパコミュニティでは〝ジョーナ〟という二十三歳の童貞がネグを間違って受け取られ、酔っぱらった女から後頭部を二発ぶん殴られたことがあった。また、アラスカ出身のリトル・ビック・ディックはテーブルに座って女と話しているところに背後から男がやって来て、いすから放り出され、地面にぶっ倒され、二分間にわたって顔を蹴りまくられ、左の眼窩《がんか》を骨折し、顔にブーツの跡をつけられた。

だが連中は例外だ、と思いたい。

初めて昼間にサージングに出てみようとウエストウッドへ車を走らせている間、俺はそんな暴力沙汰のことが忘れられずにいた。一番好きなオープナーとルーティーンのカンニングペーパーをジーンズのうしろポケットに忍ばせてはいたが、初のアプローチの相手を探すとなると俺はすっかり路上ですくみあがってしまった。

オフィスデポの前あたりで、茶色い眼鏡と肩のあたりで躍る短いブロンドの女を見つけた。やせていて、優しく上品な体のラインをしており、ほどよくぴっちりしたジーンズをはき、焼いたバターのような美しい肌の色をしていた。まだ誰にも見つかっていない宝物のように俺の目には映った。

彼女が店に入って行くのを見届け、俺は行動を開始することにした。だがそのとき、ウインドウ越しに彼女の姿が再び見えた。その姿は、まだ自分の中に眠る女性的な魅力に気づいていない、クールなインテリのように見えた。

タルコフスキーの映画について話し合い、それからモンスタートラックのレースにでも連れていけそうな女に。もしかしたら、この女こそ俺のカレスかもしれない。もし彼女に声をかけなければ、あとになって自分を責め、まるでバカみたいに感じてしまうに違いない。だから俺は、最初の昼のナンパ相手は彼女に決めた。同時に心の端で、きっと近づいてみたら遠目に見るほどいい女ではないだろうと思いながら。

店に入り、棚の前で封筒をあれこれ眺めている彼女の姿を見つけた。

「やあ。悩んでいることがあるんだけど、話を聞いてくれないかな」彼女に言った。

モーリー・ポヴィッチのオープナーを拝借しながら、さっきよりも近くで見た彼女のほうがずっと美しいことに気づいた。俺は最高の女と巡り合ったのだ。とにかく、次の手段に出て、ネグを仕掛けなくては。

「という言い方はあまりうまくないな」俺は口走った。「でも俺は子供のころにバッグスバニーを見ながら育ってね、君のそのバッグスバニーみたいな前歯に超ホレボレしてるんだ」

もしかしたらやりすぎたかと、内心冷や冷やしていた。彼女の欠点をネタにネグを仕掛けたのだし、もしかしたらひっぱたかれるかもしれなかった。だが、彼女は歯を見せてにっこり笑った。

「何年も矯正してたんだけど、結局母も諦めちゃったわ」彼女はそう返事をした。

気軽に声をかけ返してきたのだ。

俺は超能力のルーティーンを仕掛け、ラッキーにも、彼女は七を選んだ。彼女は驚いた顔をした。仕事は何をしているのかと尋ねると、自分はモデルで、ＴＮＮの番組で司会を務めているのだと言った。話せば話すほど彼女が楽しんでいるように見えてきた。だが、準備してきた素材が役に立っているのに気づきながら、俺は不安になっていった。こんな女が俺のことを相手にしてくれるだなんて、信じられなかった。オフィスデポにいた誰もが俺たちのほうをじっと見ていた。もう続けられなかった。

「ごめん、約束に遅れそうだ」俺は彼女に言った。不安のせいで、手が震えていた。「でも、どうすれば君ともっと話ができるかな」

これはミステリーが使うナンバークローズ《番号関係》をゲットするためのルーティーンだ。ナンパアーティストは女に電話番号を渡さない。渡したところで、女はかけてこないからだ。それよりも電話番号をゲットするために、しっかり女をいい気分にさせてやらなくてはいけない。また、直接番号を聞いたりすると「ノー」と返されることが多いからダメだ。代わりに、女にそれを思いつかせるように会話をリードしなくてはいけない。

「じゃあ電話番号を教えるわ」彼女が言った。

彼女は名前を書き、その下に電話番号とメールアドレスを書いた。俺には信じられなかった。

「でも、あんまり外に出ないの」彼女は、あとで思いついたような顔で言った。

もしかしたら、自分の行動を後悔したのかもしれなかった。

自宅に戻ると俺はポケットからメモを取りだして、パソコンの前に置いた。彼女がモデルだというのが本当ならば、ネットで写真の一枚くらい見つかるだろう。彼女は「ダレーン」と下の名前しか書いてくれなかったが、ラッキーなことにメールアドレスに「カーティス」と名字が含まれていた。それをGoogleに打ち込むと、十万件近い検索結果が表示された。

ついさっき俺がナンバークローズを手に入れたのは、押しも押されもしない、プレイメイト・オブ・ザ・イヤーだった。

3 自分という敵を破れ

俺は毎晩電話の前に座りながら、ダレーン・カーティスの電話番号をじっと見つめた。だが、どうしても受話器を手に取ることはできなかった。自分はあの完璧な女に手を出すほどのルックスじゃないはずだと、どうしても自信が持てなかった。彼女とデートしたところで、いったい何をすればいいというのだろう？

十七歳のころ、夏休みのバイト中に、エリザという女の子をランチに誘ったことを思い出した。俺は緊張でガチガチで、手も声もすっかり震えてしまい、自分ではどうすることもできなかった。そして俺が気まずくなればなるほど、彼女は居心地が悪そうな顔をした。食べ物がやってくるころには、彼女の前でそれを噛むことにすら動揺するほど自意識過剰になっていた。デートですらなかったのに、惨めすぎるありさまだった。そんな俺が、プレイメイト・オブ・ザ・イヤーといったい何をすればいいというんだ。

「無価値」という言葉がまさにぴったりだ。俺は、自分には価値などないような気分になった。

だから俺は電話をかけるまで三日待ち、それからさらに翌日に延ばし、そうなると、週末に電話だなんて友だちもいない男だと思われそうだということで、次の月曜にかけようと思い至った。そうやって、一週間が過ぎた。たぶん彼女は、俺のことなんて忘れてしまっているだろう。俺たちが話したのなんて多く見積もっても十分がいいところだったし、正直、たいした間柄じゃない。彼女にとって俺は、オフィスデポで会った一風変わった面白い男くらいのものだろう。北半球の男ならばよりどりみどりの彼女にとって、俺にまた会いたいという理由は何一つとしてない。だから俺は、彼女に電話をかけることはなかった。俺にとって最悪の敵は俺自身だ。

俺の正真正銘の成功は、それから一週間後のことだった。ミステリーの講座で一緒だったエクストラマスクが何の連絡もなしにサンタモニカの俺のアパートをふらりと訪れた。彼は大発見をしたばかりで、ひどく興奮している。

「ずっと、オナニーするから痛くなるんだとばっかり思っていたんだよ」ドアを開けるやいなや、彼はそう言った。

エクストラマスクは変わっていた。髪を染めてツンツンにセットし、耳にはピアスを着け、指輪とネックレス、そしてパンクっぽい服を買っていた。実際、見栄えはよかった。手にはアンソニー・ロビンズの本『あなたはいまの自分と握手できるか』を持っていた。俺たちは明らかに、同じ道の上を歩いていた。

「いったい何の話だ？」

「オーケー。オナニーして、拭いて、パンツを上げる。そうだろ？」

彼は入ってくると、カウチにどさっと腰を下ろした。

「そうだな、そう思うよ」

「だけど、昨日まで考えもしなかったのは、そのときにはまだ尿道に精液が残っているってことなんだよ。そのまま寝るだろ、すると尿道の中で精液が固まる。で、朝起きて小便をしようとするんだけど、なかなか出てこない」

彼はズボンの上に手を持ってくると、その部分を示すかのように手をパタパタ動かしてみせた。

「だからぼくが力をさらに入れると精液のかたまりが飛び出して、壁やあちこちに小便が飛び散るんだ」

「頭がどうかしたんじゃないのか？」

俺はそんなこと、経験したことも聞いたこともなかった。エクストラマスクは厳格なカトリックの教育を受けた、熱烈なコメディアン志望だ。その彼が、実際に抱えている苦悩を話しているのか、それともただ単に俺を笑わそうとしているのか、俺には聞くことができなかった。

「それがマジで痛いんだ」彼が続けた。「あまりにひどいから、痛いのが嫌で、一週間くらいオナニーを我慢したこともある。だけど昨日の夜、オナニーが終わってからすぐにしごき出してみたんだ」

「で、今はもうすっかり心おきなくオナニーに打ち込めるようになったってわけか？」

「まさに」彼は言った。「君にまだこのグッドニュースを話してなかったろ」

「確かにグッドニュースだな」

彼は興奮気味に声を大きくした。

「もうこれで、人の横でおしっこできるぞ！　すべては自信の問題なんだ。ミステリーの講座で学習したのは、何も女についてのことばかりじゃないってことだ」

「そのとおりだな」

「おしっこするにも役立つ」

俺たちはブリトーを食べようと、ラ・サルサへと車で向かった。テーブルのそばにはそこそこイケてるがちょっとだらしない外見をした女がいて、パンパンに膨らんだファイロファクスの手帳にレシートを押し込んでいるところだった。髪の毛は茶色のくせ毛で、フェレットのような小動物系だった。スウェットシャツの中から今にも飛び出しそうな巨乳を持っていた。俺は三秒ルールを破って二百五十秒ほど考えたが、ついに意を決してアプローチしてみることにした。エクストラマスクの前で、ＡＦＣ《欲求不満のバカ》のようなまねはできない。

「手書き文字解析の講座を取ってるんだけど」俺は彼女に言った。「料理を待っている間、ちょっと練習台になってくれないかな」

彼女は疑うような目で俺を見た。だがやがて俺を無害な男だと思ったようで、承知してくれた。俺は彼女にメモ帳を渡すと、何か一文書いてくれと頼んだ。

「面白いよ」俺は言った。「君の文字は、まったく傾いてない。とにかく真っすぐ立っているのは、君が自立した人間で、一人でも精神的な安定を保ってられるってことだ」

彼女が首を縦に振るのが分かっていた俺は、続けた。これは分かりきったことをわざわざ引っ張り出すコールドリーディングの本と、インチキ超能力者が使うようなボディランゲージリーディングの本から学んだテクニックだった。

「君の字には、ちゃんとした統率システムがない。ということは、君はあれこれちゃんとしたり、スケジュールにぴったり合わせるといったりしたことが得意じゃない」

ほんのちょっと言っただけで、彼女は身を乗り出して俺に近づくと、大きくうなずいてみせた。満面の笑みを浮かべていて、気兼ねなく話せた。彼女いわく、近所でのコメディ講座が終わったところで、ノートに書き留めてきたジョークを聞かせてくれるとのことだった。

「自分のショーは、このジョークから始めるの」彼女は俺の分析を聞き終えてから言った。

これが彼女のオープナーだった。彼女は尻のポケットにしまってあるノートにジョークを書き留めていた。俺は感じた。女をひっかけるというのはコントやほかのパフォーミングアートと共通している部分が多くある。いつもオープナー、ルーティーン、そして印象的な結末が必要で、さらにそれをいつでも真新しいものに見せかける技術が要求されるのだ。

彼女は街のホテルに泊まっていると言うので、じゃあ車で送って行くよと申し出た。彼女を車から降ろすと自分の頬を指さして「お別れのキスは?」と言ってみた。彼女は俺の頬にキスした。エクストラマスクが盛り上がって、うしろから運転席のシートを蹴っ飛ばした。それから、仕事に行かなくちゃいけないが終わったら電話するから飲みに行こうと誘った。

「今夜、〝ビジョン〟とぼくと一緒にクラブに行かないか?」彼女が去ってから、エクストラマスクが聞いてきた。

「いや、俺はあの子と会うよ」

「そうか、ぼくはとりあえず行くよ」彼が言った。「でもあとで家に帰ったら、さっきのお前にキスしてた女を思い出して、思いっきりオナニーする」

その夜、彼女を迎えるため出かける前に、俺はグリンブルがメールで送ってくれていた、ロス・ジェフリーズご禁制のパターンをプリントアウトした。最新の失敗談に学んだというわけだ。

俺たちは適当なバーに入って飲んだ。彼女は着古した青いセーターとたるんだジーンズに着替えていて、なんだかその姿はずんぐりとして見えた。ともあれ、俺は自分でひっかけた女とのデートで、楽しい気分だった。ついに俺は、さらに進んだ素材を試すことのできる機会を手に入れたのだ。

「目標や人生そのものに、さらにいい視野を持ちたいと思わない?」俺は彼女に言った。

俺はまるで、「T・G・I・フライデーズ」でのグリンブルのような気持ちになっていた。

「どういうこと?」

「視覚化のエクササイズさ。友だちから教わったんだけどね。俺にはまだピンときてはいないんだけど、ちょっと読んであげる」

彼女は聞きたがった。

「よし」俺は言いながら、パターンの書いてある紙を広げて読み始めた。「最近、幸せだとか最高だとか感じたときのことを思い出してみて。思い出したら、体のどこで感じてる?」

彼女は胸の真ん中を指さした。

「じゃあそれは、一から十で言うと、どのくらいうれしかった?」

「七ね」

「オーケー。じゃあその感情に注意しながら、その感情の色が何色なのか考えてみようか。何色?」

「紫」彼女は言うと、瞳を閉じた。

「よし。じゃあ、そこから湧いている紫色を暖かさと激しさで満たしていってみよう。呼吸をするたびに、少しずつ紫色を明るくさせていってみて」

彼女の体から力が抜け始めた。セーターを通して、胸が上下しているのが分かった。俺は今、カリフォルニアピザキッチンでロス・ジェフリーズがやっていたのを目の当たりにしたときのように、彼女の感情を呼び起こしているのだ。俺はさらに自信を持ってパターンを続け、彼女が深いトランス状態になるまで、紫色を激しく育てさせた。

背後でトゥータイマーに「悪魔だね」と言われたような気がした。

「今の気持ちは、一から十で言うとどれくらい?」俺は尋ねた。

「十ね」彼女が言った。

効いてるんだと俺は思った。

それから俺は、彼女が感じているパワーと喜びを紫色の小さな豆粒ほどの大きさへと変化させた。俺はイメージの豆粒があるところへと手をかざし、それから手のひらを彼女の体に添わせた。最初は少し離しながら、そしてやがて軽く触れながら。

「俺の手に集中して。絵筆みたいにその色と感情を、腰から腕、そして顔の表面にまで、筆みたいに広げていくから」

正直言って、それをやって彼女を落とすことができるのかどうか、俺には分からなかった。彼女はちゃんと聞いていて、楽しんでいるようだったが、グリンブルの言っていた話とは違い、俺の指をしゃぶろうとはしなかった。

彼女に触ろうと催眠術を駆使しながら、俺は自分がバカを通り越して、ただのエロ親父になったような気分になっていた。このご禁制のパターンは好きじゃない。俺は自信をつけるためにゲームの世界に入ったのであり、マインドコントロールを学ぶためじゃない。

俺はそこでやめると、彼女にどんな感じだったかと尋ねた。

「よかったわ」と彼女は言うと、フェレットのような笑顔を作ってみせた。

俺には彼女がただ面白がっているだけなのかどうか判断がつかなかったが、ともあれ、人は安全だと感じたら何か新しいことに手を出したくなるものだ。

俺は紙を畳んでポケットに戻すと、ふたりで彼女のホテルへと車で向かった。だが、彼女を前で降ろすのではなく、俺は駐車場に車を入れた。一緒に車から降りると、俺は彼女のあとについて部屋へと向かった。びくびくして、声がかけられなかった。もしかしたら彼女が突然振り向いて「なんでついて来るの？」と言いそうな気がしていたのだ。だが彼女は別に何を気にしている様子でもなかった。この流れだと、今夜はセックスすることになるだろう。

俺は自分の運が信じられなかった。あの訓練を積み上げ、ついに結果を出すことができたのだ。

ミステリーによると、女が会ってからセックスまでの過程を違和感なく感じるのは、おおよそ七時間くらい過ぎてからだということだった。七時間ならば一晩でも、または数日かけてでもいい。近づいて話をして一時間。電話で話して一時間。会って酒を飲んで二時間。また電話で話して一時間。そして次に会ったとき、さらに二時間を外で費やして、それから一緒にベッドへと潜り込む。

七時間もしくはそれ以上の待ち時間を持つことを、ミステリーは「ソリッドゲーム」と呼んだ。だが時として女は最初から誰かをお持ち帰りするつもりで遊びに出ることもあるし、七時間よりも短い時間でセックスまで簡単に進むこともある。ミステリーはこれを「フールズメイト」（チェスで四手で終わること）と呼んだ。俺はその女とは、ラ・サルサで一時間を過ごし、バーで二時間話しただけだ。俺は人生初のフールズメイトを体験しようとしていた。

彼女が部屋のドアにカードキーを差し込み、緑のライトがふっとつく。これから訪れる情熱の夜へと続く、予兆の灯だ。

彼女がドアを開け、俺はそのあとについて部屋に入った。彼女は、よく映画で見るようにベッドの足下のほうに腰掛けると靴を脱いだ。まず左、そして次に右。彼女は白い靴下をはいていて、俺にはそれが可愛らしく見えた。彼女は自由になった両足のつま先を上に向け、次に背中からベッドにどさりと横になると、足を降ろした。

俺は、彼女に覆いかぶさって抱き締めようと、彼女へと足を進めた。

すると突然、それまでかいだことのないひどい悪臭が、俺の鼻の穴に入り込んできた。俺は文字どおりあとずさりした。まさに、ニューヨークの地下鉄に住むアル中のホームレスたちが放っているような、腐ったチーズのにおいだ。すべての地下鉄車両を包み込んでしまうかのような、あのにおい。

何歩うしろに下がっても、においの強烈さはぜんぜん薄まらなかった。においは部屋中至るところ、空気のあるところ隅々まで立ちこめていた。

彼女を見ると、何も気づいていない顔をして淫らにベッドの上で体を横たえていた。彼女の足だった。彼女の足のにおいが部屋に充満していたのだ。

俺は思わず部屋を飛び出していた。

4
エクストラマスクの初肉体関係《Fクローズ》

毎晩、外に繰り出したりデートをしたりすると、生徒と講師たちはネット上にその体験談を投稿する。それをフィールドレポートと呼んでいた。ミスについてのアドバイスが欲しい者、テクニックを交換したい者、そしてただ自慢したいだけの者。書き込みをする理由はさまざまだった。

足の臭いコメディアンとの失敗談があった翌日、エクストラマスクがフィールドレポートを投稿していた。彼もどうやらあの同じ夜に、笑える冒険をしていたようだった。

彼のナンパコミュニティでの努力は報われた。トイレでほかの男と並んで小便ができるようになった。痛い思いをせずにオナニーができるようになった。そしてそう、齢二十六にして、ついに童貞を捨てることができたのだ――たとえそれが、彼が思い描いていた道とはずいぶん違った道であったとしても。

MSNグループ：ミステリーズラウンジ
タイトル：フィールドレポート――女の子とFクローズに！
投稿者：エクストラマスク

初めて女の子とFクローズになり、童貞を喪失しました（イかなかったけど）。初めから書きます。

月曜、ビジョンと一緒にサージングに出かけました。ぼくたちが行ったのは約十五部屋ある三階建てのバーで、各部屋にそれぞれバーカウンターがあります。そこで、ほぼすべての部屋をサージして回りました。

その夜はずっとなんだかよそ者みたいな気分で、それが自分のサージにも表れていたと思います。ふだんできていることがちゃんとできませんでした。ぼくは二階に行き、そこでビジョンを見つけました。誰か女の子が彼のスカーフを持っていってしまって、探しているところでした。だから彼にそのことを話し、次にワイドフェイスという女の子と話しました。ぼくのほうに歩いてきて、真剣な目でアイコンタクトをよこしながら、彼女は「ハイ」と言ったのです。女の子のほうからぼくに話しかけてくるのは珍しかったので、彼女に言いました。「やあ、こいつのスカーフ見かけなかった？」

どうでもいい話でしたが、彼女の表情を見て、別に問題なかったのだと分かりました。

スカーフの話のあと……

ワイドフェイス「あなた、すごくきれいね」（中国語と英語が混ざったようなアクセントで）

エクストラマスク「本当かい？　ありがとう」

ワイドフェイス「それで、いつこっちに来たの？」

ご覧のとおり、ぎくしゃくしたやりとりでしたが、それもアリだと判断しました。もしいつものルーティーンを彼女に使えば、それはこのサージでは逆効果だと思ったのです。

ぼくたちがしたのはお約束のダメな話題ばかり。仕事、今夜何してたか、手短な自分歴、などなどです。ぼくたちは、あまりごみごみしていないあたりに移動しました（彼女がそうしたいと言い出したからです）。立ってしゃべっていると、ビジョンがたまたまやって来て、肩をポンと叩いて、ぼくはちゃんとできているんだと自信をつけさせてくれました。おかげで気が楽になりました。

ワイドフェイス「今夜はなんでここに来たの？」

エクストラマスク（胸の中で「やりたいからに決まってるじゃないか」）

エクストラマスク「なんとなくだよ。君は？」

ワイドフェイス「なんか楽しいことないかと思って」

エクストラマスク「ああ、それならぼくも同じだよ（フランクな感じで）」

ワイドフェイス「よかったら、あたしとあたしの友だちと一緒に来ない？」

エクストラマスク「もちろん。ちょっと友だちに、ぼくは帰るって言ってくるよ」

ワイドフェイス「オーケー、じゃあそのへんにいるわね」

ぼくはビジョンを探しに行きました。

エクストラマスク「おい、うまくやったよ。今夜はヤれそうだ」

ビジョン「やったな。もう行けよ」

ぼくはワイドフェイスと、彼女のセルビア人の友だちと合流しました。ぼくたちは手をつなぐと彼女の車まで、十五分くらい歩きました。これからのことを考えて、不安になっていました。やがて、すっかり落ち着きました。

歩きながら、たいした話はしませんでした。その日の寒さのこととか、ぼくが何していたかだとか、よくありがちなどうでもいい話ばかりです。今夜限りの遊びなんだという空気が漂っていました。車に乗ると、友だちのほうがピザが食べたいと言い出しました。ぼくは、こんなことを考えました。

エクストラマスク（胸の中で「ピザなんてどうでもいいんだよ、このクソ女！　ぼくは童貞で、今すぐにでもヤりたくてたまらないんだ。とっとと自分の車でピザでもなんでも食いに行けよ！」）

そして、偶然ピザ屋の前を通りかかりました。都合のいいことに、ワイドフェイスはピザのことなど興味がなかったので、ぼくたちは友だちだけを降ろして、ぼくは助手席に移動しました。可もなく不可もなくといったその体を眺めながら「すげえ、これ全部触れるんだ」と心の中で思っていました。

それからも、車内の会話はセックスのほうには向かいませんでした。つまらない話ばかりでした。前に、学校では何を勉強しているのか聞いたとき、彼女は「あとで教える」と言っていました。三回も同じ質問をしていたのですが、そのたびに彼女はぼくにいらついてるみたいでした。ぼくは、気に留めませんでした。彼女が教えてくれないことのほうが、ぼくには気になっていたのです。

ふたりになってようやく彼女は教えてくれました。よくある何だか分からない学科で、どうでもいいことでした。そして彼女は「ずっと夢の仕事なのよ」と言いました。本当にどうでもよかったのですが、ぼくはそれについて聞いてみました。

ワイドフェイス「警察官になりたいのよ」
エクストラマスク（胸の中で「君は地球上で最悪の警官になるだろうな。というか、なれないだろう」）「なんでその夢を持ったんだい？」
ワイドフェイス「なんたらかんたら。つべこべつべこべ。あれこれあれこれ……」

そんなこんなで彼女の家に着きました。彼女が住んでいるのは超大きなマンションのペントハウスで、ルームメイトと一緒でした。部屋も、マジで大きかった。日本製のどでかいテレビが置いてありました。彼女は、ちょっとトイレに行ってくるから何か適当に音楽を選んでくれとぼくに言ってきました。彼女がヒップホップ好きなのはさっき聞いてあったので、その手のチャンネルに合わせました。

彼女は、パジャマで戻ってきました。ぼくは彼女を床に押し倒すと、ぶっかけました。というのは冗談で……、パジャマで戻ってきた彼女は、よかったらトイレ使ってねと言いました。行く必要もなかったのですが、これもセックスの一環だと思い、行きました。この時点では、ぼくはまだ童貞だったのです。どうすればいいかなんて、分からなかったのです。だからぼくは洗面所に行くと、ただ突っ立っていました。あそこを洗ったりもしませんでした。唯一思いついたのは、ビジョンに電話して今から彼女とヤるところだと言うことでしたが、まあどうでもいいんじゃないかと思いました。

ここで、マッパで出て行ったほうがいいのかどうか考えました。結果、ワイシャツだけは脱いで、あとは入って来たときのまま出て行くことに決めました。勃起してピクピクさせたままマッパで出て行くなんて、ナシでしょう?

電気は消えていました。彼女はベッドにいました。ぼくはとなりに行くと、セックスを始めました。唇や耳たぶにキスをしました。彼女はぼくの手を握ると、右のおっぱいに触らせました！ ぼくはキスをしながらもみ始めました。いつの間にか、パジャマの上から彼女のあそこを触っていました。彼女はあえぎ声を出してい始めました。そこでぼくはズボンを脱いだのですが、下着ははいたままでした。

まさかぼくがこんなに細かく書くなんて思ってなかったでしょう?

ぼくはキスしながら彼女のあそこも触り続けました。これが難しかった。キスしながら触るのは、集中力がものすごくいりました。でも、ベストは尽くしたと思います。

彼女がぼくのあそこを触りだして、めちゃくちゃ気持ちよかったです(爆)。

ワイドフェイス「エクストラマスク、して」

エクストラマスク「いいよ」

ぼくはパンツを脱ぎ捨てました。ベッドの上に、石のように固くなったものを立てたままひざで立ちました。

想像つくでしょう。

ワイドフェイス「ゴムつけて。あたし持ってるから」

エクストラマスク「自分で持ってるよ」

彼女のは使いたくありませんでした。なんだかよく分からなかったのですが、彼女がやめようとしているみたいな気がして、ぼくは慌ててしまいました。

ワイドフェイス「どこのメーカー?」

エクストラマスク「シーク」

ここでも言いますがぼくは童貞だったので、どうやってちゃんとコンドームをつければいいのか分かりませんでした。

エクストラマスク「コンドームつけてくれないかな。そうすると燃えるんだ」

ワイドフェイス「いいわ」

彼女はうまくつけられなくて、自分のを取りに行きました。その間に、ぼくは自分のをちゃんとつけてしまいました。そして、やってしまいました!

本当に、ついに、セックスをしたんです。

十五分くらいたって、ぼくは考えていました。「何だこりゃ。これがセックスか？　嫌だ。もう帰りたい」ぼくは本当に帰りたくなっていました。「こんなことのために、何カ月も玉をパンパンにしてたのか？」ぼくは考えていました。

十五分間、ぼくはただ義務感に駆られて何も感じないまま腰を振り続けていました。

彼女はあんあんあえいでいて、ぼくはまるでただの道具みたいな感じでした。だからぼくは彼女を動かすと、AVで見るようなほかの体位を試してみることにしました。

彼女を上に乗せました。ずっと憧れだった体位です。彼女がぼくの上に乗っていて、ぼくは考えていました。「クソ、めちゃくちゃ痛い！　ちんこが折れちまう！」

めちゃくちゃ痛かったので、二分くらいでぼくはまた体位を変えました。今度はワンワンスタイルです。これなら楽しめそうだと思いました。彼女のうしろから入り口を探そうとしたのですが、見つかりません。ぼくは座ったまま尻や太もも周辺を、探して回りました。セックスと同じくらい、ひどい経験でした。穴が見つかりません。あまり遅いので、彼女がごね始めました。「おい、ごねるなよ。いいから落ち着け、マジで」もう、まったく興奮しませんでした。

ぼくは二回ほど腰を振って、抜いてしまいました。彼女がまたごね始めました。だからまた体位を変え、よく分からないうちに、また彼女が上に乗っていました。何とかしろ、エクストラマスク。そのままでは、ちんこが折れてしまいそうでした。五分くらいしてからまたすっかり義務的になり、ぼくは彼女をひっぱたきました。

するとなんと、彼女はそれが好きなんだと言ったのです。

ぼくは思わず「これがいいのか?」と言いました。

「名前を呼んで!」

「もっと強くか?」

くどいようですが、ぼくはもうすっかり飽きていたんです。とにかくうんざりでした（爆）。

三分後。

ワイドフェイス「コンドーム替えて」

エクストラマスク（胸の中で「セックスが終わって三十分後ならば分かる。でも、まだ一回目も終わってないじゃないか」）

ともあれぼくはコンドームを外すと、新しいものに替えました。

ワイドフェイス「何してるの?」

エクストラマスク「違うコンドームにしてるんだ」

ワイドフェイス「なんで?」

エクストラマスク「さっきそうしてくれって言わなかった?」

ワイドフェイス「言ってないわ」

まあいい。とにかくそうしたかったんです。

それからぼくたちは寝転がって少しキスをしました。彼女は抱き合いたがりました。ぼくはそうでもなかったんですが、そのとおりにしました。
これが失敗でした。コンドームをはぎ取って、ベッドに座って、イクまでオナニーしたほうがよかったのです。
そして、部屋中に、彼女の顔に、テレビに、ぶっかけるべきだったのです。

ワイドフェイス「横になって、五分間休みましょう。それからタクシー呼ぶわ」
エクストラマスク「なんで？　五分？　そんなに早く帰ってほしいの？」
ワイドフェイス「そういうわけじゃないの。ただ、セックスのあとは五分間休んだほうがいいのよ」
エクストラマスク「五分間どうするの？」
ワイドフェイス「ううん、ただ楽にしてればいいの」
エクストラマスク「でもなんで五分間？」

五分後、彼女はタクシーを呼びました。彼女は電話を保留にしたまま、待ってることにイライラし始めて、こっちまでムカつきました。すぐに帰る準備をし始めました。彼女と少しだけ話しました。彼女は、クラブでぼくを見てすごい体力があると思ったそうです。それが気に入ったようです。

ワイドフェイス「これからどうするの？」（午前三時半でした）
エクストラマスク「友だちを拾いにほかのクラブに行こうと思ってる」

ぼくがまた遊びに行くと言ったことが、彼女は気に入らなかったようでした。でも、遊びに行くというのは嘘でした。彼女があまりにも早くぼくを追い出そうとするので、嫌な気分になったから言ったのです。とにかく、彼女のところを早く出て行きたい気分でした。

タクシーが着いて、彼女の家を出ました。出る前に、三回キスをしました。

電話番号は聞きませんでした。というのは……。

1．もう彼女とはヤりたくなかったから。

2．どう見てもその夜限りの遊びだったから。

念のため、彼女には本物の連絡先を書いて渡してきました。忘れ物をしたときのためです。そうしたほうがいいと思ったのです。

これで終わりです。ぼくは、ちんこをまんこに入れました。童貞卒業です。セックスは最悪。なんだか、汚れてしまったような気分です。

ともあれ、童貞だったころと気分的には何も変わりません。ですがこのことはサージングにも見えないプラスを及ぼしてくれるはずです。もう、セックスをした経験があるんです。自分でもそう思える。これからはどんな女の子と話しても「どうでもいいよ。お前じゃなくてもいいんだから」と思えることでしょう。

——エクストラマスク

5

人生の、もっとも遠い三インチ

どうやって女にキスをするか。

彼女との距離はわずか三インチ。どう考えても遠くない。間を埋めるのに、体を動かす必要さえない。にもかかわらず、それは男の人生においてもっとも遠い三インチなのだ。それは持って生まれた男の権威というものを捨てなくてはならない瞬間。自我やプライド、自尊心、経験といったものをすべて棚に上げ、ただひたすらに、どうか彼女が頬でキスを受けてしまわないように、さらに最悪の場合には「お友だちでいましょう」の一言で終わることがないようにと祈る瞬間なのだ。

ミステリーの講座のウイングとして毎晩トレーニングに出かけるようになるとすぐに、少なくともある程度は使えるルーティーンを身につけた。拒否されるなどもってのほか。俺はグループに入っていくことができたし、たいていの不測の事態には対応できたし、立ち去るときには電話番号とともに次に会う約束を取りつけることもできた。

家に帰るたびにその夜の出来事を振り返り、もっとうまく口説けたんじゃないかと思いをめぐらせた。アプローチがうまくいかなかったときには、近づく角度、巻き返し、おあずけ放置、時間制限などといった、あらゆる面から改良策を練った。そして電話番号を手に入れられなかったときにも、たいていのナンパ師たちのように、女のことを冷たいだとか嫌なヤツだとか言って責めたりはしなかった。自分自身を責め、作戦ミスの原因を突き止めるまで、一語一句からジェスチャー、そして自分が取った態度に至るまでじっくり分析したのだ。『NLP入門』という本の中で読んだことがある。すなわち失敗などというものはなく、そこには教訓があるのみなのだ。俺は記憶に残るような教訓が欲しかった。それさえあれば現場が完璧にこなせるような教訓が。シンが俺にそうしたように、俺はミステリーの生徒たちに力量を示さねばならない。たった一つの失敗で、すべての信用を失うことになる。そうなれば生徒たちは俺への批判を書き込むだろう。「スタイルは見かけ倒しで話にならない」と。

だが、いまだに克服できない問題があった。オープナーやネグ、価値の見せつけによって誰の電話番号でも獲得できるようになった今、それにもかかわらず次にやるべきことがまったく分からなかったのだ。誰からも教わっていなかった。

つまり、厳密に言えば俺はミステリーがキスクローズに持ち込むときの「俺にキスしたいかい？」というセリフを知っていたが、現実には身がすくんでしまい、口にすることができなかったのだ。ずっといい時間を過ごしてきたあとで（それがクラブでの三十分間でも、次のデートでの数時間でも）、これまで築いてきた調和や信頼を壊してしまうことに、あまりに臆病になっていたのだ。相手が性的関心を抱いているというはっきりした意思表示を見せてくれないかぎり、俺はキスしようとすることで彼女を幻滅させ、ほかのヤツらと一緒だと思われてしまうのではないかと不安になってしまっていたのだ。

何ともくだらないAFC《欲求不満のバカ》的考え方だ。俺の頭の中にはいまだにお人よしが潜んでいて、そいつを消し去らなくちゃいけなかったのだ。しかし残念ながら、ベオグラード行きまでにそれをやり遂げる時間はなさそうだった。

6

ベオグラードのナンパ講座初日

手品をいくつか、語呂合わせのトリックの原理、ルーン文字解読の基礎、それから火のついたタバコを消すいろんな方法などを教わった。人生でもっとも未知にあふれた空の旅になるはずだった。そして今、俺はミステリーとともに、おそらく一年中で最悪な時期のベオグラードにいる。氷と溶けかけた雪に覆われた道を、マルコの運転する一九八七年製の銀のメルセデス——ギアをセカンドに入れるたびにエンストを起こす——に乗って彼のアパートへ向かった。

洗っていない髪をぺったりとポニーテールに束ねたミステリーは、助手席に置いたリュックサックをごそごそやると黒いロングコートを取り出した。彼の手によってすそから三分の一が切り取られ、かわりに星をちりばめた黒い布が縫い付けてあった。誰かがルネッサンスフェアにでも着ていきそうな服だ。プラスチックに目玉を描いた指輪も彼の手製だった。そんなミステリーは俺なんかよりもはるかに変人じみていた。夜ごとの外出のときに見せるいかしたプレイヤーへの変貌ぶりこそが彼の最大の奇術《イリュージョン》だ。

「頭をそったほうがいい」俺を見て彼が言った。

「遠慮しておく。もしも頭の形がおかしかったり、親父みたいに変なあざでもあったらたまらないからな」

「自分を見てみろ。目がめちゃくちゃ悪いせいでメガネをかけてる。でかいハゲを隠すために帽子をかぶってる。幽霊みたいに蒼白い。ジムなんて小学校以来のぞいたこともないだろう。お前は頭がキレるし、覚えが速いからうまくやっている。だけど見た目も大事だ。お前はスタイルなんだから、ちゃんとスタイルらしくしろ。今すぐやれ。頭をそって、レーシック手術を受けて、ジムへ行け」

彼は非常に説得力のある変人だ。

次にミステリーはマルコのほうを向いて言った。

「このあたりに床屋はあるか？」

不運なことに、一軒あった。小さな建物の前に車を停めて中へ入っていくと、空っぽの店を初老のセルビア人が一人で切り盛りしていた。ミステリーは俺をいすに座らせると、マルコを介し、俺の頭にのっかっている回転草を取り除くよう理髪師に指示した。それからきっちりと頭蓋骨にそってそるよう手順を示した。

「ハゲ頭は運命だが、坊主頭は自分のチョイスだ」彼は言った。「もし誰かにどうして頭をそるのかと聞かれたら『以前はケツに届くくらい長かったんだが、ふと一番いいところを隠しちまってるって気づいたんだ』って答えるんだ」そう言って楽しそうに彼は笑った。「もしくは『うーん、グレコローマンのレスラーもほとんどそってるじゃないか』とでも言っとけ」

俺はこの二つの答えをカンニングペーパーに加えられるよう、しっかりと胸に刻んだ。

作業が終わって鏡を見ると、まるで化学療法で髪が抜けた病人みたいな男がこちらを見つめ返していた。「いい感じだ」ミステリーが言った。「お次はこのへんに日焼けサロンがないかあたってみよう。みるみるうちにお前をワルにしてやるよ」

「オーケー。でもセルビアでレーシック手術を受ける気はないぞ」

頭をそって日焼けした自分を見て最初に思ったのは、なぜ今までこうしなかったのかってことだ。ずいぶんマシになった。魅力の目安としてはレベル五から六・五にはなれた。早くもこの旅は正解だったと言えそうだ。

マルコのほうは大改造が必要な感じだった。骨太な百九十センチ超の体はセルビア人にしてはかなりごつく、オリーブみたいな顔色に、お世辞にもいいとは言いがたい頭の形は、まるでピーナッツのキャラクターだった。そしてでかすぎるコートをはおり、毛玉だらけのぼってりとしたブルックスブラザーズの灰色のセーターにはクリーム色のタートルネックを合わせ、ぱっと見、本当に亀《タートル》みたいだった。

マルコはアメリカの大学を卒業後、念願だった上流階級への仲間入りを果たすことができずに、さらに狭い井の中、つまり芸術家である父親の名の通るセルビアへと移ったのだった。

俺たちが連れて行かれたワンベッドルームの彼の部屋には、簡易ベッドとダブルベッドしかなかった。寝袋どころかカウチもなかったから、交代で大きいほうのベッドにふたりが眠ることにした。

ミステリーがシャワーを浴びている間、マルコが俺を脇に寄せて言った。

「なんであの男と一緒にいるんだ?」

「どういう意味だい?」

「つまりな、あいつは心底薄っぺらいヤツだ。俺たちはあのシカゴラテンスクールに通った。ヴァッサー大学にも通った。あいつはそういった場所には合わない。俺たちとは違う人間だ」

「分かってる分かってる。お前の言うとおりだ。でも俺を信じろ。あの人はお前の人生をがらりと変えてくれる」

「そうは言うが」マルコは言った。「とにかく様子を見てみるが。ちょっと特別な子に先月出会ってね、うまくやりたいんだ。だからミステリーがくれぐれもナンパ術とやらでぶち壊しにして俺に迷惑をかけないよう頼むよ」

マルコはベオグラードに移ってきて以来、誰ともデートしていなかった。しかし二~三カ月前に彼の友人を通してゴカという名の女性と出会い、彼女を運命の人だと決めたのだという。デートに連れ出し、花を贈り、ディナーをごちそうし、そのあとで彼女の家まで送っていった。まるでいっぱしの紳士のようだ。

「もう彼女と寝たのか？」俺は尋ねた。

「いや。キスさえしていない」

「おい、それじゃただのＡＦＣ《欲求不満のバカ》だぜ。男ってのはクラブで女に歩み寄り、女を持ち帰ってこそだ。女は冒険を求めている。セックスしたがっている。みんなそうさ」

「だがなあ」マルコは言う。

「彼女はほかの女とはわけが違うんだ。ここの連中はロスの連中よりも品があるんだよ」

ＰＵＡ《ナンパアーティスト》たちはこういう状態を「オンリーワン中毒」と呼ぶ。これはＡＦＣがかかる病で、デートもセックスもしていない女に夢中になるあまりにがっついて神経質になってしまい、結果として彼女を逃がしてしまうのだ。

ＰＵＡによれば、オンリーワン中毒の克服法は、外に出てたくさんの女とセックスをすること。そして、それでも自分の花がやはり特別だと思えるか確かめるのだ。

7 ナンパ道具とイリュージョン

俺はベオグラードの講座に、道具入れとしてアルマーニの黒いバッグを持っていった。ハードカバーの本くらいの大きさで、一本のストラップで見た目よく斜め掛けできるようになっていた。現場で必要になる手品や仕掛けやそのほか交渉用の品々があまりにたくさんあるため、ズボンについた四つのポケットでは足りないのだ。ほとんどのＰＵＡ《ナンパアーティスト》がゲームのときに道具入れを持っていた。俺のバッグの中身は以下のとおりだ。

●リグレーガムのビッグレッド

どんなにいいゲームをしても息が臭かったらキスクローズは望めない。

●トロージャンの潤滑剤入りコンドーム

セックスをする場合のみならず、準備が整っているという意識は心理的後押しとなる。

●鉛筆とボールペン

電話番号を書き留めたり、メモを取ったり、手品をしたり、筆跡鑑定をしたり。

●綿ぼこり

ほこりオープナー用。女に近づいて、何も言わずに彼女の服からほこりをつまみ取るふうを装い（事前にほこりを手の中に隠しておく）、こう尋ねる。「これ、ずっとつけてたの？」そしてほこりを彼女に手渡す。

●あらかじめ選んだ写真入り封筒

ミステリーのフォトルーティーン用。

●デジタルカメラ

ミステリーのデジタルフォトルーティーン用。最初に自分と女の子の笑顔を撮る。次に大まじめな顔を撮る。そして最後にキス（頬または唇）を撮る。それからふたりで写真を見返す。最後の写真のときにこう言う。「けっこうお似合いじゃない？」もし彼女が同意したら、うまくいっている証拠だ。

●チックタック（ミントキャンディ）

チックタックルーティーン用。チックタックを二粒手に取る。ゆっくりとした動作で一粒食べる。次に二つ目を彼女に食べさせてやる。彼女が拒まなかったら、こう言う。「言い忘れたことがある。俺はインディアンギヴァー（あげたものを取り返す人のこと）なんだ。俺のチックタックを返してもらうよ」そしてキスをする。

●リップクリーム、クマ隠し、アイライナー、あぶらとり紙

男性向けメイク用品。任意で。

●三ページ分のカンニングペーパー
一ページはお気に入りのルーティーンの早見表。ほかの二ページは新しいルーティーンや練習が必要なセリフ集。

●布袋に入れたルーン文字の木片セット
ルーン文字解読用。

●ノート
電話番号やメモ、手品のネタ、ロス・ジェフリーズの〝胸くそ悪い画家〟のオープナーに使う。このオープナーは女の肖像画をクソまじめに描きながら言う。「君の美貌が高尚な芸術への着想を与えた」それから彼女に適当に描いた棒線画を見せる。こういったタイトルを添えて。「そこそこかわいい女性。喫茶店にて。二〇〇五年」

●クリプトライトネックレス（暗闇で光るクリスタルなどのついた流行のネックレス）
暗闇で光るネックレス。飾り用。

●耳用と唇用のフェイクピアス（ピアス穴が開いていなくてもつけられるもの）
装身用。任意で。

●小型デジタル録音機
やりとりを密かに録音し、あとで聞き直して復習するため。

●安物のネックレスと親指用指輪、予備を二つずつ

電話番号を獲得後に女にプレゼントするため。まずこう尋ねる。「君は泥棒なんかじゃないよね？」そして自分のネックレス、または指輪をゆっくりと外し、彼女につけて、キスをしてこう言う。「これはまだ俺のものだ。俺のことを思い出せるように渡しておく。次に会ったときに返してくれよな」彼女が去ったあとでバッグから予備を取り出し、再び身につける。

●小型のブラックライト

女の子の服についたほこりやフケを指摘するため。ネグの一種。

●香水のサンプルを四種類

いいにおいをさせておくため。また香水オープナー用。両の手首にそれぞれ違う香水を吹きかける。そして女の子ににおいを嗅がせて好きなほうを選ばせる。後ほど彼女が選んだほうの手首にペンで印をつけておく。夜の終わりにそれを集計し、自分にとって一番いい香りを見つける。

●手品各種

フォークを曲げたり、タバコを消したり、ビール瓶を浮遊させたり。

そう、俺は完全武装していた。大切な夜だ。講座で初めてウイングを務める。実力を発揮しなくてはならない。

ミステリーには言い忘れたが、彼の講座の基本料金はセルビア人の平均年収の約半分にもあたる。だから申し込みのほとんどは別の国から届いた。彼らとはベオグラードの中央広場を出てすぐのベン・アキバというラウンジで顔を合わせた。〝エキゾチックオプション〟は、学校があるイタリアのフィレンツェから列車で来たアメリカ人。〝ジェリー〟はドイツのミュンヘンから来たスキーのインストラクター。それから地元の人間で、オーストリアの学校に通っていたこともあるという〝サーシャ〟。

見知らぬ者同士、即座に品定めし合った。服装からボディランゲージに至るまで、百もの細かい特徴が組み合わさって第一印象が作り上げられるのだ。ミステリーの仕事――今や俺の仕事でもある――とは、こういった細かい特徴を微調整し、三人をPUAに仕立て上げることだ。

エキゾチックオプションはクールなやつだった。だがクールになろうとするあまり、それがかえって自分の足を引っ張っている。ジェリーは素晴らしいユーモアのセンスを持ち合わせていたが、第一印象は退屈なヤツ。そしてサーシャ――彼には大々的に手を加える必要があった。彼にとっては、人付き合い自体がすでに挑戦なのだ。まるでニキビ面したでっかいアヒルの子のようだった。

今回、テーブルを回って尋ねるのは俺の役目だ。「君のスコアは？」それから「君の問題点は？」それから「何人の女と寝てみたい？」

二十歳のエキゾチックオプションは、ふたりの女と経験があった。

「俺には声をかけるだけの度胸があるし、過去には彼女をゲットしたこともある」くつろいだ様子で左腕をとなりの席にだらりと置いたままそう話した。「だけど女を惹きつけるのがイマイチ苦手でね。いい雰囲気まではいくんだけど、最後までいけないんだ」

二十三歳のジェリーは、三人の女と経験があった。

「喫茶店とか、静かなところならだいたいうまくできる。でもクラブでは居心地が悪くなってしまう」

二十二歳のサーシャは女性経験は一人だと答えた。しかし、ハッタリだろうと俺たちは疑った。

「〝ゲーム〟に興味を持ったのは、RPGのダンジョンズ&ドラゴンズみたいだから、かな。ネグやルーティーンを覚えるのはまるで新たな呪文や道具を手に入れたみたいで、使うのが待ちきれないよ」

一人ずつ不安を列挙していき、テーブルの上にそれぞれの録音機を置いた。俺の仕事は彼らをゲームの世界に連れて行くことだ。俺の頭の中にあることを彼らの頭に移さなくてはならない。

講座の講義部分は楽だった。俺はただミステリー――彼は自分自身の声が大好きだ――を軌道に乗せ、三人にネタを教えればいい。大変なのはあとの模範演技だ。

そうするうちにも戦闘員たちをさまざまなテーブルでの任務へと送り込んだ。同じ空間にいる人々のグループ、つまり〝セット〟に声をかけさせ、彼らのボディランゲージや女の反応を観察し、あとで評価を与える。例えば、

「セットに身を乗り出している。これではがっついているように見られる。真っすぐ立ってうしろに重心を置き、今にも立ち去ってしまうかのように見せるんだ」

「周囲を長時間うろつきすぎて彼女たちを不快にしている。席に着くなり時間制限を設けなくちゃいけない。こう言え。『二〜三分しかいられない。友だちのところにすぐ戻らなくちゃいけないから』こうしておけば、お前が一晩中ここにいるつもりではないかと心配されずにすむ」

サーシャが一番ひどかった。オープナーでもじもじして足下を見つめたままの彼には、わずかな自信も見られなかった。女はしぶしぶ彼の話を聞いているだけだった。

俺はバーにいるふたりの女に目を留めた。一人は上品そうな黒髪の女。もう一人は背の高い金髪で、完璧に日焼けした肌にくっきりとしたえくぼ、それから髪をボー・デレクのようにたくさんの三つ編みに編み込んでいる。ふたりからはエネルギーと自信がみなぎっていた。このセットは楽じゃなさそうだ。そこで俺はこのセットをサーシャに譲った。

「あのふたり組のセットに行ってこい」俺は指示した。

彼らをセットに送り込んだところで収穫はないのだが。

「そして『アメリカから来た友人を案内しているんだけど、どこかいいクラブがあったら教えてほしい』って言え」

これは玉砕任務だった。サーシャはふたりの背後からそろそろと近づいていき、気づかれようと何度か試みた。一度ふたりの注意を引いたが、それを持続するのは彼にとって至難の業だった。多くの男たちと同じく、彼のコミュニケーションには元気がない。長年にわたる不安と社会的疎外感が、彼の奥底にある気力や生きる喜びといったものを追いやってしまっていたのだ。彼が口を開いたところで、そのもごもごしたつぶやきを理解しようとわざわざ聞き耳を立てる必要もない。内容は明らかだからだ。「どうせぼくは相手にされない」とかなんとか言っているんだろう。

「行ってこい」ミステリーは、サーシャが金髪ボー・デレクに四苦八苦するのを見ながら俺に言った。

「何だって?」

「行ってこい。あいつを助けてやれ。どんなもんだか戦闘員たちに見せてやれ」

まず始めに恐怖が胸をとらえる。ゴム製の万力みたいに、じりじりと心臓を締めつけてくる。それを痛感する。胃がむかつきだす。喉が詰まる。そしてつばを飲み込み、死に物狂いで渇きを癒し、口を開いたときに、どうか自信に満ちた明瞭な声を出せるようにと願うのだ。あれだけ練習を重ねたというのに、俺はまだ恐れていた。

女というのは往々にして男よりもはるかに敏感だ。不安やごまかしを即座に見抜く。よって優れたＰＵＡとなるためには、自分のネタと一体化し、それを信じきると同時に、優れた役者にならなくてはならない。彼女にどう思われるかを心配したまま話しかけても、必ず失敗する。女より先に相手のパンツの中身を考えているようでも失敗する。つまりたいていの男がこれにあてはまる。サーシャもそうだし、俺もそうだ。仕方のないことなのだ。これは本能なのだから。

ミステリーはこれを「原動的社会恒常性」と呼ぶ。俺たちは常に、一方では自分自身どうしようもないほどのセックスへの欲望に、また一方ではアプローチするときの自己防衛の思いに翻弄《ほんろう》されている。こういった恐怖が存在する理由は、彼いわく、男というのは進化論的に部族の在り方というものと密接な関係にあるからなのだという。その共同体においては誰かが女にフラれると、誰もが知るところとなる。そしてフラれた男は追放され、その遺伝子は――ミステリーの表現によれば――存在を抹殺されるのだ。

（図1）

（図2）

俺は二人に近づきながら、恐怖を振り払い、落ち着いて情勢を見極めようと努めた。サーシャの問題は彼の立ち位置だった。女はふたりともバーのほうを向いていて、サーシャは背後から近づいていった。つまりふたりは返事をするために後ろを向かなくてはならない（**図1**）。

しかし逆にサーシャから逃れたければ、単にバーに向き直ればいいわけで、そうすれば彼を締め出せる（**図2**）。

（図3）

俺はうしろを振り返った。ミステリーとふたりの生徒が俺のアプローチを観察している。正しい角度を取らなくてはいけない。そこでバーの左側から入り、黒髪の女、つまりミステリーが言うところの、「障害物」の横についた（図3）。

「やあ」声がかすれてしまった。咳払いをする。

「俺がサーシャの言っていた友人だよ。どこかオススメのクラブ、思いついた？」

事態をマシにする人間が現れたことに、各方面から安堵のため息が漏れるのを感じた。「そうね、『レカ』はディナーにはいい場所ね」黒髪の女が言った。「それから海岸通りには素敵なボートがいくつかあるわ。『レーカス』とか、『クルツ』とか『レクシル』とか。『アンダーグラウンド』と『ラー』もおもしろいわよ。私が行くような場所じゃないけどね」

「なるほど。ところで、ちょっと意見を聞きたいんだけど」これはもう手馴れた分野だ。「ふたりは魔法を信じるかい？」

俺はすでに魔法オープナーをものにしていた。女に密かに魔法をかけられ、恋に落ちてしまった友人の話だ。そこで口を動かしつつ頭では戦略を練った。金髪ボー・デレクのとなりへと場所を移らなくてはならない。そう、俺は自分の生徒の女を奪うつもりだった。どうせ彼にチャンスはないのだ。

俺は話し終え、こう言った。

「これを聞いたのは、以前はこんな話は信じちゃいなかったからなんだ。でも最近驚くような経験をした。ほら」

俺は金髪に声をかけた。「見せてあげるよ」

ふたりの向こう側にある丸いすへと巧みに移動し、ターゲットの横についた。

彼女と一対一になったが、どこかに腰を下ろさなくちゃいけなかった。じゃないと、うろちょろする俺を彼女が不快に感じてしまう。しかし空いているいすはなかったため、どうにか行きあたりばったりでやるしかなかった。

「手を貸して」俺は彼女にいった。「一瞬立ってくれるかな」（図４）。

そして彼女が立ち上がるなり、その背後にくるりと移動し、彼女の席に身を滑らせた。こうしてついにセットに入り込んだ。彼女は追い出され、きまり悪げにしている。これこそチェスで良い試合をしたような、完璧に成されたアプローチの技だった。

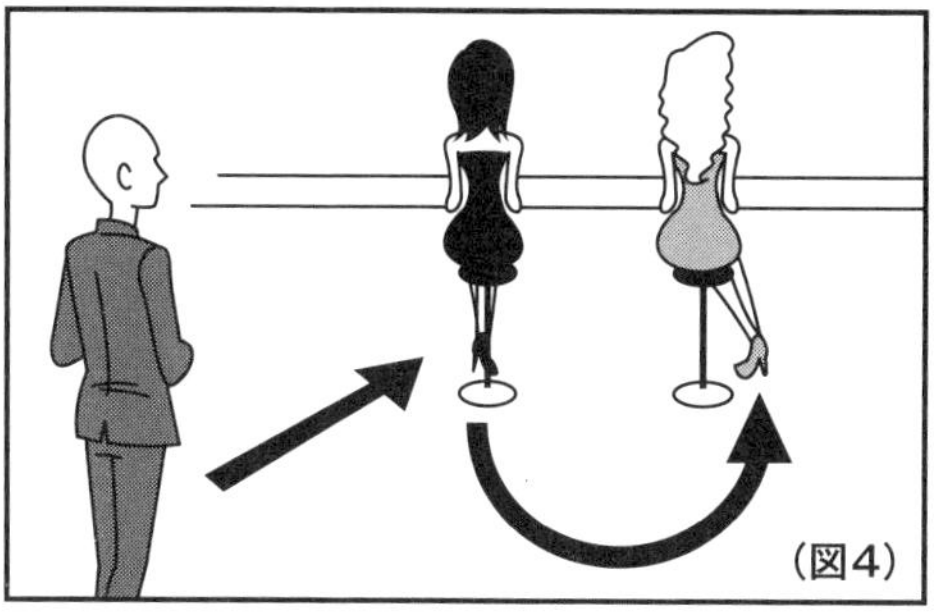
（図４）

（図５）

「君のいすを盗んじゃったよ」そう言って俺は笑う（図５）。

彼女は笑顔になり、からかうように俺の腕をパンチした。ゲームの始まりだ。

「冗談さ」俺は続けた。「ここにいて。超能力の実験をしてみよう。でも少ししかいられない。そしたらいすは、ちゃんと返すからね」

選んだ数字は当てられなかったが（十だった）、彼女はこのやりとりを楽しんでいる。それから俺たちがおしゃべりをしていると、ミステリーがサーシャに歩み寄って、ターゲットを連れて行かないように、黒髪の女を押さえておけと指示を下した。マルコは正しかった。ここの女は見事だった。非常にいきいきとしていて、便利なことに俺よりもうまい英語を話す。彼女の話を心から楽しんだ。とても魅力的な女性で、本をよく読み、ＭＢＡも持っていた。

立ち去るときがきて、俺がアメリカへ帰る前にもう一度会えたら最高なんだけど、と言うと、彼女はハンドバッグからペンを取り出し、電話番号を教えてくれた。ミステリーが俺を認め、生徒たちが支持してくれるのを感じた。〝スタイルは本物だ〟。

サーシャはまだ黒髪の女と話している。そこで彼の耳元にささやいた。

「もう行かなきゃと伝えろ。それからメールアドレスを聞くんだ」

彼はそのとおりにし、そしてなんと、女はアドレスを教えてくれた。

俺たちは再び集まり、店を出た。サーシャは生まれ変わっていた。興奮に顔を赤く染め、セルビア語で歌いながら少年のように通りをスキップした。彼なりの不器用さで、自分らしさを表現していた。女の子にメールアドレスをもらったことなど、これまで一度だってなかったのだ。

「本当にうれしいよ」サーシャは夢中になって言った。「たぶん人生最良の日だ」

新聞や犯罪の実録ものをちゃんと読んでいる人なら分かるだろう。誘拐から乱射事件に至るまで、凶悪犯罪というのは相当の割合で、抑圧された性衝動や男の欲望によって引き起こされているのだ。サーシャのような男を社会に順応させることによって、ミステリーや俺は世の中をより安全なものにしているのである。

ミステリーが首に腕を回してきて、その魔法使いのようなコートに俺の頭を引き寄せた。

「よくやってくれた」彼は言った。「女をモノにしたことを言ってるんじゃない。お前は生徒たちに目撃させ、どうにかなるってのを信じさせたんだ」

そのとき俺は、この一連の冒険の影の部分に気づいた。俺の中で、男女の間に深いへだたりが生まれつつあったのだ。俺は女を、自分がナンパアーティストとしてどれだけ進歩したかを知るための単なる指標だと思い始めていた。彼女たちは衝突実験用のマネキンであり、金髪のレベル七、ブルネットのレベル十、というように髪の色と数字によってのみ識別される存在なのだ。深い会話をしているときでさえ女の理想や考え方を観察し、胸の内ではひたすら、彼女をものにするためのルーティーンを探っているのである。男同士の絆が深まることで、俺の異性に対する姿勢はけっして健全とは言えないものになりつつある。そしてこの新たな考え方が厄介なのは、何よりも、その考え方のおかげでさらに女に対し成功を収めていると思わせてしまう点にあった。

マルコの運転で「ラー」に向かった。エジプトをテーマにしたナイトクラブで、ガードマン代わりに二体のアヌビス像が立っていた。中はほとんど空っぽに近い。セキュリティの男、バーテンダー、それから小さな円形テーブルを囲むスツールに腰掛けた九人の騒がしいセルビア人グループがいるだけだった。

ミステリーが偵察している間、俺たちはすぐに立ち去る気でいた。セルビア人のグループに女は一人しかいなかった。長い黒髪の、ほっそりとした若い女で、すらりとした見事な脚を赤いドレスが引き立てている。このセットは不可能だ。彼女は角刈りの頑丈な男たちに囲まれている。彼らが戦争中に軍隊にいたことは明らかで、おそらくは人を殺したこともあり、素手でだってやっていただろう。そんな中でもミステリーはやろうとしていた。

ナンパアーティストとは例外そのものなのだ。

「いいか」彼は言った。「両手をしっかり握れ。そして俺が言ったら、手を開けなくなったように振る舞うんだ」

彼はイリュージョンの技を使い、俺の両手をくっつけてしまうふりをした。そして俺は驚くふりをした。この騒ぎがクラブの用心棒たちの目を引いた。そして自分たちのハムのかたまりみたいな拳でもやってみせろと言ってきた。それをやる代わりにミステリーは、止まる腕時計のイリュージョンを見せてやった。まもなくクラブの支配人が彼に飲み物をおごり、セルビア人のテーブルも会話を中断してミステリーをぽかんと眺めていた。その中にはターゲットも含まれている。

「女を嫉妬《しっと》させることができれば」ミステリーは生徒たちに向けて言った。「自分と寝るように仕向けることができる」

ここに二つの法則が働いていた。第一に、彼は注目を集め、クラブ従業員からの承認を得ることで立場を確立していた。そして第二に、彼はポーン（ターゲットに近づくため話しかけること）していた。すなわち、彼はより近づき難いとなりのグループへの突破口を開くため、もう一つのグループを利用したのだ。

ミステリーはとどめの一撃を加えるべく、支配人にビール瓶を浮遊させてみせようと言い出した。彼はセルビア人のテーブルに近づき、空き瓶を貸してもらえるかと尋ね、それから数秒間、体の前で瓶を宙に浮かせた。ついにターゲットのグループに足を踏み入れた。彼は男たちに向かってイリュージョンをいくつかやってみせ、最低限必要な五分間、女を無視し続ける。それから態度を和らげ、彼女に話しかけ始め、手近なカウチに隔離した。彼は彼女と接触するためだけにクラブ全体をポーンしたのだ。

彼女は英語が少ししか話せなかったため、ミステリーはマルコを通訳に使った。ふだんより時間のかかるセットだった。なぜならミステリーは、自分は何も魔法や黒魔術をやっているわけではないということを、彼女に納得させなくてはならなかったからだ。「今夜君が見たことは全部いかさまだよ」ミステリーはマルコ伝いに、とうとう彼女にそう告げた。

最終的にふたりは番号を交換した。

「楽しい会話ぐらいしか約束できないが」ミステリーは彼女にそう伝えるようマルコに指示した。それからクラブを出ようと、生徒たちを集めた。しかしながら外へ向かう途中、一人のＡＭＯＧ《グループの頭の男》がテーブルからやってきてミステリーの行く手をふさいだ。そのぴったりとした黒いＴシャツに浮かび上がる肉体にくらべ、ミステリーのたるんだ体はまるで女みたいに見える。

「魔法使いさんよお、あんたはナタリヤが気に入ったんだな?」彼は言った。

「ナタリヤ?　また会うつもりだ。それがどうした?」

「あいつは俺の女だ」ＡＭＯＧが言った。「あいつに近づくな」

「それは彼女次第だ」

ミステリーはそう言ってＡＭＯＧに一歩近づいた。ミステリーは引き下がろうとしない。バカなヤツだ。

俺はＡＭＯＧの両手に目をやり、そいつが全盛期にいったい何人のクロアチア人の首をへし折ったのかと思いをめぐらせた。

ＡＭＯＧはベルトを引き上げ、拳銃の黒い柄の部分をさらした。

「それじゃあ魔法使いさん、こいつを曲げられるかい?」

これは挑発などではない。脅しだ。

マルコは俺のほうを向いた。おろおろしている。

「俺たちを殺す気だ」彼は言った。「こういうクラブに来る男はたいてい元軍人かギャングなんだ。女をめぐって誰かを殺すなんて朝飯前だ」

ミステリーはＡＭＯＧの額の前で手をひらひらさせた。

「俺がビール瓶を触れずに動かしたのを見ただろう」彼は言った。「あれは八百グラムはあった。それじゃあ、俺がお前の頭ん中のちっぽけな脳細胞一個に何ができるか想像してみろ」

彼は指をぱちんと鳴らし、脳細胞が弾ける音を暗示してみせた。

ＡＭＯＧはミステリーがハッタリを言っているのだろうと思い、その瞳をじっと見た。ミステリーはしっかりと見返した。一秒が過ぎた。二秒。三。四。五。たまらない気分だ。八。九。十。ＡＭＯＧはシャツを下ろし、銃をしまった。

ここではミステリーが有利だった。ベオグラードでは誰も奇術がライブで演じられるのを見たことがなかったのだ。テレビでしか見たことがないのである。だから奇術は単なるカメラトリックだという考えをミステリーが瞬く間に否定して見せたとき、古くからの考えが取って代わったのである。つまり魔術は実在するという迷信が。

ＡＭＯＧが無言で立ちつくすなか、ミステリーは無傷で立ち去った。

8

友人が狙っている女と……

中には違う女もいる。

これがマルコの考えだった。ミステリーの講座を通じ、あらゆるものを見てきたあとで、彼には少しの変化もなかった。ゴカはああいう女たちとは違う。そう言い張った。彼女は良家の出身で、高い教育を受け、モラルもあり、物質主義のクラブにいるようなクズとは違うのだと。

俺はたくさんの男がそう言っているのを聞いた。そして同じくらい多くの知性的な女がこう言っているのを聞いた。「私には効かないわよ」俺がコミュニティのことを話すとそう言うのだ。それにもかかわらず数分、もしくは数時間後には戦闘員の一人と電話番号なり、唾液なりを交換し合っているのを目にしてきた。

頭のキレる女ほど、よく効いた。注意力が散漫なパーティガールは、たいていルーティーンを聞くまでじっとしていることができない。より敏感で世慣れた、もしくは教養のある女のほうがよく耳を傾け、よく考え、いつの間にか夢中になっているのである。

そしてそのことは、大みそかにマルコと、彼のオンリーワン中毒の相手ゴカと過ごしたときに、俺とミステリーの知るところとなった。マルコは灰色のスーツを身に着け、午後八時に彼女を迎えに行き、車の反対側に回って彼女のためにドアを開けてやり、バラの花束を手渡した。彼女はいきいきとして、成功した育ちのよい女性のようだった。

小柄で、長い栗色の髪に優しいまなざし、そして左右が少しだけ不釣合いになる笑顔。マルコの言ったとおりだ。彼女は結婚したいタイプの女性に見える。

　レストランは、赤唐辛子や赤身肉を使った伝統的セルビア料理の店。そして音楽はまったくバラバラだった。四組のブラスバンドが店内を歩き回り、重なり合う行進曲の不協和音を鳴り響かせている。俺はひと晩中注意深く、マルコとゴカを観察した。このデートごっこがうまくいくのか見届けたかった。

　ふたりは気まずそうに並んで座っていた。彼らのやり取りは、もっぱら夜会に必要な形式的会話、つまりメニューや店のサービスや雰囲気の話に終始している。

「ハッハッハッ、ぼくのステーキを君に持っていくとは笑っちゃうね」

……よそよそしい。俺は我慢ならなかった。

　こんなのは、マルコじゃない。小学校ではけっして目立つ存在ではなく、外国人だということもおおいに影響し、カボチャ頭《パンプキンヘッド》というあだ名を付けられ、共和党青年部に所属していた。卒業するころまで、彼はおそらく俺よりひどいざまだった。少なくとも俺は一人の女の子とキスをしていたのだから。

　彼は大学に入り、異性との付き合い方を進歩させていった。革ジャンを買い、貴族的生い立ちをでっち上げ、テレンス・トレント・ダービーばりのドレッド風編み込みにし、ついにベンツまで自力で手に入れた。この努力によっていくらか注目を浴び、女友だちも数人できた。しかし彼が最終的に安心して彼女たちと服を脱ぐ関係になれたのは三年生になってからのことだった。それも仲のよかった後輩、ダスティンの力によるところが大きい。このささやかな初勝利に味をしめたマルコは、それからもう三年間大学にとどまり、苦労の末に手に入れた地位をおおいに楽しんだのだ。

　マルコの一風変わった習慣の一つが、毎晩一時間もシャワーを浴びるということだ。いったい中で何をしているのか、もっともな理由が誰にも思い浮かばなかった。どう考えても理解できない。仮にオナニーをしているにしたって、そんなに長くかかるはずがない。もし何か見解があれば、メールを送ってほしい。

一時間もの間無駄にゴカのとなりに座っているマルコを見ているうち、俺はとうとう、いてもたってもいられなくなった。カメラを取り出し、ミステリーのデジタル写真ルーティーンをふたりに仕掛けた。笑顔の写真を撮るように言い、次に真顔のものを撮り、最後に情熱的な——例えばキスの写真を撮るように言った。マルコは彼女に向けてニワトリのように首を突き出し、ついばむようにチュッとやった。

「だめだめ。もっとちゃんとキスしろよ」俺はそう強く言うと、いずれ婚約するであろうふたりに、激しく唇をぶつけ合うような、今まで見た中でもっともぎこちないファーストキスを交わさせ、ルーティーンを締めくくった。

ディナーをすませ、ミステリーと俺とで二軒続きのレストランを襲撃した。年老いた男たちをいいようにからかい、ウェイターたちに奇術を見せてやり、既婚女性たちを無差別に口説きまくる。

俺たちが意気揚々とテーブルに戻ったとき、ゴカと目が合った。一瞬だが、きらりと光ったように見え、あたかも俺に何かを求めているかのようだった。断言できる。これはＩＯＩ《脈ありサイン》だ。

その夜、布団の中に潜り込んで来る暖かい体に目を覚ました。俺がマルコと一緒のベッドで寝る番だったが、それはマルコではなかった。女の体だった。暖かい手のひらが二つ、そったばかりの坊主頭をなでるのを感じる。

「ゴカ⁉」

「しー」彼女はそう言って俺の上唇に吸いついた。

俺は身を引いて彼女から逃れた。

「だけど、マルコはいいのか？」

「シャワーを浴びてるわ」彼女は言った。

「君とあいつは……？」

「全然」

軽蔑《けいべつ》したようにそう言い放つ彼女に俺は驚いた。

その夜、ゴカと俺は意気投合していた。ミステリーともそうだった。彼女は先にミステリーに言い寄っていたが、彼は気づかないふりをしていた。しかしこうして彼女がベッドにやってきて鼻の穴や口の中にまで攻め入って来たのでは、気づかないわけにはいかない。確かに彼女はいくぶん酔っていた。しかしアルコールはけっして人に、やりたくないことまでさせたりはしない。ただ、ふだんしたくても我慢していたことをできるようにしてしまうだけだ。

そして今この瞬間、おそらくゴカはアルファメールたる五つの特徴のうちの六つすべてを持ち合わせた男と一緒にいたいと感じていたのだろう。

友人が狙っている女と寝るのは間違いである。論理的にはそれを言うのはたやすいことだ。しかしその肉体を惜しげもなく押しつけられ、その髪からはコンディショナーの香り（ストロベリーだ）が漂い、彼女の欲望によって生み出された情熱の兆しがふたりを取り巻き始めたら、首を横に振るなんて。とてもじゃないが……たまらない。

俺は彼女の髪の中に手を入れ、頭皮に沿って指先を這わせた。快感の震えが彼女の体を突き抜けた。唇が合わさり、舌が合わさり、胸が合わさった。

俺にはできなかった。

「できないよ」

「どうして？」

「マルコがいる」

「マルコ?」彼女は言った。

まるでそんな名前は一度も聞いたことがないとでも言うように。

「彼は優しいわ。でもただの友だちよ」

「いいかい」俺は言った。「もう行くんだ。マルコはもうすぐシャワーから出てくる」

五十分後にマルコはシャワーから出てきた。廊下から彼とゴカがセルビア語で言い争っているのが聞こえた。ドアがばたんと閉まった。

マルコはぐったりとした様子で部屋に入ってくると、ベッドの彼側の半分に倒れ込んだ。

「どうした?」俺は言った。

彼はあまり感情を表に出す人間ではなかった。

「そうだな、次のミステリーの講座に参加するよ」

9 痛みの時期《ペインピリオド》を越える勇気

俺は、むかつく溝を埋めることができずにいた。バーのカウチで、俺のとなりにはＭＢＡの資格持ちの金髪ボー・デレクが座っていた。彼女の太ももは俺のに触れるくらい近くにある。彼女は髪をいじっていた。そして俺はビビっていた。

偉大なるスタイル。見習いＰＵＡ《ナンパアーティスト》にして、マルコの真実の恋をＡＦＣ《欲求不満のバカ》的に見せてしまうほどその魅力は強大。その男が、女にキスするのを怖がっている。

俺は見事な開幕戦をやってのけた。しかしあとが続かない。ベオグラードに来る前にどうにかしておくべきだったのだ。しかし時すでに遅し。困ったものだ。俺は拒否されて、そのあとで気まずくなるのが怖かった。

そのころミステリーは、ナタリヤとすっかりうまくやっていた。彼女は彼より十三歳も年下で、ふたりには共通点がまったくなかった。言葉さえ違う。しかしふたりはすぐそこで、並んで座っているのだ。ミステリーは脚を組んでふんぞり返り、彼女が注意を引こうとするままにまかせていた。彼女は彼のひざに手を乗せ、身を預けている。

俺はコーヒーを飲んだあと、自分の相手を家まで徒歩で送っていった。ちょうど両親は外出中。俺はただこう言えばいいのだ。

「トイレを借りてもいいかい？」

そうすれば部屋に上がれる。しかしこの口が言葉を発しようとしない。数えきれないほどのアプローチを成功させたことで、人付き合いで拒否されることへの恐怖も和らぎ、俺は誰よりも有望なナンパアーティストになれたかのように見えた。しかし内側では、俺は単なるアプローチアーティストなのだ。ＰＵＡになるためには、まだまだ克服しなければならない心の障壁が行く手に立ちはだかっている。それはつまり、性的拒絶への恐れだ。

ナンパ術の研究を続ける中で、ギュスターヴ・フローベールの『ボヴァリー夫人』を読んだ。惨めな結婚生活を送るボヴァリー夫人とキスをするためだけに、ロドルフ・ブーランジェという貴族の色男がどれだけ骨を折り、粘り続けたかを思い返す。しかしながらいったん口説き落として受け入れてしまうと、女はもうすっかりめろめろなのだ。彼女は夢中になってしまった。

現代生活における悲劇の一つが、往々にして女性は、前世紀に大きくその地位を進歩させたにもかかわらず、いまだ社会で大きな力を持っていないということだ。しかし性的選択権は、もっぱら女性だけが明白な権限を持つ分野の一つである。彼女たちが選択し、受け入れることで初めて関係は逆転し、男は支配的立場に返り咲くことができるのだ。おそらく女性はだからこそ――あらゆる男たちの不満の種だ――イエスと言うことにあれだけ慎重になるのだろう。

何においても、ほかより勝るためには常に乗り越えなければならない困難があり、障害があり、挑戦がある。これはボディビルダーが言う〝ペインピリオド《痛みの時期》〟だ。自らを駆り立て、進んで痛みや疲労、屈辱、拒絶、もしくはさらなる困難に立ち向かう者こそが、勝者になるべき人間なのだ。取り残された者はただ指をくわえて見ているしかない。首尾よく女を誘惑し、思いきってイエスと言うだけの気を持たせるためには、勇気を振り絞ってこのお気楽な状態から自ら抜け出さなくてはならない。そしてこの教訓を得たのは、ミステリーがナタリヤをモノにする様子を見ていたときのことだった。

「髪を切ったばかりなんだ」ミステリーはバーを出るとき彼女に言った。「髪が首にあたって痛いんだ。風呂に入りたい。洗ってくれよ」

ナタリヤは例のごとく、それはまずいと答えた。

「そうか、ならいいんだ」彼は言った。「もう行くよ。風呂に入らなきゃならないからね。じゃあ」

彼が立ち去ると、彼女はがっかりした様子だった。もう二度と会えないのではないかという思いが頭をよぎったようだ。これはミステリーが「おあずけもどき」と呼ぶものだ。彼は本気で立ち去ろうとしたのではない。彼について考える時間を彼女に与えただけだ。ミステリーは五歩進み――歩きながら数えていた――それから振り返って言った。

「先週ずっと、ひどいアパートに泊まってたんだ。すぐそこでホテルの部屋を取って風呂に入るとするよ」

そして通りの向こうにあるホテル・モスクワを指差した。

「一緒に来てもいいぞ。もし来ないなら、俺がカナダに戻ったら二週間以内にメールでも送るよ」

ナタリヤは少し戸惑い、それから彼について行った。

そしてそのとき俺は気づいた。これまでずっと間違っていた。女を手に入れるためには、あえて彼女を失う危険を冒さなくてはならないのだ。

家に戻ると、マルコが荷造りをしていた。

「ショックだよ」マルコは言った。「すべてちゃんとやったつもりなのに。ゴカは俺が女に賭けた最後の望みだったんだ」

「で、どうするつもりなんだ？　修道院にでも入るのか？」

「いや、車でモルドバへ行こうと思う」

「モルドバ？」

「ああ、東欧のいい女はほとんどモルドバ出身なんだ」

「そいつはどこだ？」

「昔ロシアの一部だった小さい国さ。そこじゃ何もかもがバカみたいに安い。アメリカ人ってだけで女と寝られる」

俺の哲学はこうだ。もし誰かが聞いたこともない国に行きたいと言い出し、なおかつ血生臭い革命が現在進行中でないならば、俺はゲームに出る。人生は短く、世界は広い。

正直な話、俺たちは誰かがモルドバへ行ったという話を聞いたこともなければ、その首都の名前、キシニョフ《Chisinau》の発音さえ分からなかった。だからそこまで行くのにそれ以上の理由が思い浮かばなかった。つまり地図上の空欄を、見たこと、感じたこと、経験したことで色づけしていく。俺はそういう考え方が好きだ。それにミステリーとの旅は間違いなく面白いものになる。あらゆる場所で冒険に出会う。俺がいつも夢見ていたことだ。

10

ベオグラード〜モルドバ〜プリドネストロフスカヤ

こんなにも可能性に満ちた瞬間というのは、人生に何度もない。車があり、ガソリンは満タン、目の前には大陸の全地図が広げられ、後部座席には世界有数のナンパアーティストが乗っている。どこへだって行けそうな気分だ。国境なんていうものは、旅が新しい局面を迎えたというチェックポイントでしかない。

そう、これはあらゆる意味で真実かもしれない。しかし、ランドマクナリー（米国にある地図専門出版社）で働いていて、東ヨーロッパ地図の最新版を仕上げている最中だと想像してみてほしい。そして仮にモルドバと隣接する小さな国――おそらくコミュニストの反乱分子が作った国家で、しかしほかのどの政府も外交上、もしくはあらゆる点において承認していない国――があったとしたら。どうする？　この国を地図に載せるか？　載せないか？

図らずもこの問いの答えを知ることになったのは、俺がマジシャンとエセ貴族とともに東ヨーロッパを横断しているときだった。それまでは、まったく収穫のない旅だった。ミステリーは後部座席で毛布にくるまりぐったりとし、魔術も効かない発熱に苦しんでいた。彼は日々窓の外を過ぎていく非日常的なルーマニアの雪景色にもまったく目をくれず、帽子を目深にかぶり、不満を並べ立てている。折を見ては急に覚醒し、胸の中にあるものを吐き出す。そしてそのつど、彼の胸の中にあるものは、ある意味地図のようなものだった。

「北米を回ってストリップクラブで俺のショーを興行して回ろうと思ってるんだ」彼は言った。「ストリッパーたちに見せるすげえイリュージョンを考え出さなくちゃな。スタイル、お前は俺の助手になるといい。想像してみろよ。俺とお前でストリップクラブを回って、次の日みんなをショーに呼んでくるんだ」

キシニョフでの退屈な数日間が過ぎ――ここで目にした美しい女は雑誌の表紙と広告板だけだ――俺たちは思った。「なんでこんなところに立ち寄ったんだろう?」

オデッサはすぐそこだった。もしかしたら俺たちが追い求めていた冒険というのはもっと先にあるのかもしれない。

そこで俺たちは冷たい雪の降る金曜日にキシニョフを発ち、ウクライナの国境を目指し北東へ走った。市外の道は雪に覆われ、地平線まで延びる凍りついたタイヤ跡を頼りに進むしかない。氷の結晶に覆われた木々の枝に、起伏する大地に連なる凍てついたワイン農園。その眺望はまるでロシアの壮大なロマンス映画の一場面みたいだった。車にはマルボロの煙とマクドナルドの脂のにおいが立ちこめ、エンストを起こすたびにエンジンがかかりにくくなっていった。

しかしすぐに、こうした問題はほんの序曲にすぎないことが分かった。地図ではオデッサまで四十五分に見えたのに、結局十時間近くかかるはめになったのだ。

奇妙な出来事が起こりだす最初の兆候は、ドニエストル川にかかる橋にさしかかったときに訪れた。そこには軍隊による検問所があり、軍や警察の車両、道路の両脇には迷彩柄の燃料庫、それから対向車線に砲身を向けたバカでかい戦車までが配備されていた。俺たちは十台ほど続いている車の列に並んだが、軍の将校に列を迂回するよう指示され、検問所を素通りさせてもらった。なぜか?　その理由は、まあどうでもいいだろう。

ミステリーは後部座席でさらに小さくなって毛布にくるまっていた。

「やってみたいナイフ貫通の応用イリュージョンがあるんだ。スタイル、お前には田舎者みたいな格好をして観客席から俺に向けてやじを飛ばしてもらいたい。それからお前をステージに上げていすに座らせる。そしたらレザボア・ドッグスのサントラから『スタック・イン・ザ・ミドル・ウィズ・ユー』をかけて、お前の腹に拳を貫通させるんだ。そして向こう側に突き出した指をぴくぴく動かす。それから俺の腕を突き刺したままお前を宙に持ち上げる。こいつをやるにはお前が必要なんだ」

何かよくないことが起こりそうな第二の兆候が訪れたのは、スナック類を買い込もうとガソリンスタンドに寄ったときだった。モルドバのレイで支払おうとすると、その通貨は使えないと言われてしまった。俺たちは米国ドルで支払い、釣銭として――彼らいわく――ルーブルを渡された。硬貨をよく見てみると、一枚一枚の裏面にはハンマーと鎌が記されていた。よそ者だって気づく。硬貨の製造は二〇〇〇年。ソビエト連邦の崩壊から九年が過ぎている。

ミステリーはあごまで下ろした帽子の中で、カーニバルの客引きのごとく芝居がかった口ぶりで言った。「紳士淑女のみなさん」マルコが車を動かそうとやっきになっている中、後部座席から声をあげた。「ナイアガラの滝を浮遊する男、スペースニードルから飛び降りても死なない男……紹介しよう、スーパースターにして命知らずのイリュージョニスト、ミステリーだ！」

あまりの熱に壊れたようだ。

走り続けるうち、マルコと俺の目にレーニン像や共産主義のポスターが飛び込んでくるようになってきた。ある看板には豆粒ほどの土地が描かれ、その左側にはロシアの国旗、右側には下にスローガンを書いた赤と緑の旗が見える。ロシア語が少し分かるマルコによると、新ソビエト連邦と書いてあるらしかった。もう、自分たちがどこにいるのかもよく分からなくなっていた。

「想像してみろ。スーパーヒーロー、ミステリーだ」ミステリーはそう言ってぼろぼろになったティッシュで鼻をかむ。「土曜の朝のアニメにしてもいいし、コミックや、アクション人形や長編映画にだってできる」

車の前に突然、レーダー探知機を手にした警官（少なくともそういう服を着た男）が現れた。俺たちは時速九十キロで走っていたそうで、彼いわく、制限速度を十キロ超えていたらしい。

二ドルの賄賂《わいろ》を払い、二十分後に俺たちは解放された。次は七十五キロに落とした。しかし数分後、再び停止させられた。この警官にもスピード違反だと言われた。標識などないにもかかわらず、五百メートル手前で制限速度が変わったのだと彼は言い張った。

十分後に二ドルの賄賂を支払い、また走り出す。用心して時速五十五キロでのろのろ走った。すると瞬く間に停止させられ、今度は、最低速度を下回っていると告げられた。

ここがどこであろうと、ともかく地球上でもっとも腐った国であることは確かだった。「九十分のショーを考えなくちゃな。カラスが観客の上を飛んでステージに降り立つところから始まる。そしてジャジャーン――そいつが俺に姿を変えるのさ」

ようやく国境にたどり着くと、武装した兵士がふたり、書類を出せと言ってきた。俺たちがモルドバのビザを見せると、そのとき初めて、もはやここがモルドバではないことを告げられた。彼らは地元のパスポートを見せ――昔のソビエトの文書だった――ロシア語で何かを叫んだ。マルコが訳したところによると、スピード違反で止められる前に渡った橋にあった軍の検問所まで戻り、ちゃんとした書類を取得してこいとのことだった。

「俺はミステリーとして振る舞う。厚底ブーツを履いて、仕掛けをいっぱい持って。もうスーツなんか着ない。ゴスでクールな男になる。観客に俺が子供のとき、どうやって屋根裏部屋で兄弟と遊んでマジシャンになることを夢見ていたかを語るんだ。それから俺は時間をさかのぼって、子供に変身する」

マルコが国境警備隊の兵士にもう橋までは戻れないと告げると、男は銃を抜き、マルコに向けた。そしてタバコを要求した。

「ここはどこなんだ?」マルコは尋ねた。

警備隊員は誇らしげにこう返した。

「プリドネストロフスカヤだ」

もし君がプリドネストロフスカヤという地名（英語ではトランスドニエストル）を聞いたことがなくても、ご心配なく。俺たちも聞いたことがなかった。トランスドニエストルは外交上認められておらず、俺たちの持っていたどのガイドブックや地図にも載ってはいなかった。

しかしいざ国境警備隊員が自分の腰に銃を押しあててくると、急にプリドネストロフスカヤが現実味を帯びてきた。「インターネット経由で研究員を移動させる科学実験ショーもやる。そしてフィナーレは銀行強盗と消える檻《おり》だ。だから小さい男の子にカラス、お前、研究員役の誰か、それから銀行警備員役がふたり必要だな」

警備隊員にマルボロを一箱全部やってしまうとマルコは何やらモメだした。警備隊員はいっときも銃を下ろさない。長いやり取りの末、マルコは何かを叫び、まるで手錠をしろとでも言うように両手を突き出した。しかし手錠をかける代わりに、警備隊員は背を向け、詰め所の中に入っていった。マルコが車に戻ってきたとき、俺は何と言ったのかと尋ねた。

「こう言ったんだ。『じゃあ逮捕してみろ。絶対に戻らないからな』ってね」

厄介なことになりつつあった。

ミステリーがぬっと頭を突き出しこう言った。

「想像してみろ。ポスターにはただ俺の手があって、爪は黒で、下には〝ミステリー〟の文字があるだけだ。いかしてるだろう?」

このとき初めて、俺はキレた。

「おい、今はそんなこと言ってる場合じゃない。目を覚ませ」

「俺に指図するな」そうぴしゃりと返された。

「ブタ箱にぶち込まれるところだったんだ。今は誰もあんたの与太話なんか聞きたくない。あんたの頭にはバカげたマジックショーのことしかないのか？」

「いいか、お前がやる気なら受けて立つ」彼はそうがなり立てた。「今すぐぶちのめしてやる。さっさと車から出ろ、俺が相手だ」

この男は俺より三十センチはでかい。それに国境付近には武装した兵士があふれている。彼ともめごとを起こすなどとんでもない。しかし俺は怒りにまかせて考えた。この旅で、ミステリーはずっとお荷物だった。マルコは正しかったのかもしれない。ミステリーは俺たちとは違う。ミステリーはシカゴラテンスクールには行っていないのだ。

俺は大きく深呼吸をすると、真っ直ぐに前を見すえた。できるだけ目に怒りを込めながら。この男はナルシシストだ。注目を浴びることで咲き誇る花であり――いい意味でも悪い意味でも――無視されるとしおれてしまうのだ。

ピーコックセオリーは何も女を惹きつけるためだけのものじゃない。何よりもまず、注目を集めるためにあるのだ。こうやって俺にからんでくるのも単に注目を浴びるための口実の一つなのだ。何せ俺はこの百マイルの間、彼を無視し続けていたのだから。

バックミラーをちらりと見ると、後部座席の彼は帽子を目深にかぶり、むっつりしていた。俺はなんだか彼を気の毒に感じ始めていた。

「キツいことを言うつもりはなかったんだ」俺は言った。

「俺は誰かに指図されるのが嫌いなんだ。親父はよく俺に指図してきた。俺はあいつを憎んでいた」

「そうか。だが俺はお前の親父じゃないからな」俺は言った。

「そりゃありがたい。あいつは俺とお袋の人生をめちゃめちゃにしたんだ」そう言って帽子を引っぱり上げる。瞳をコンタクトレンズのように涙が覆い、そのままはがれずにくっついていた。

「よくベッドに寝転がって、親父を殺す方法を考えてた。本気で落ち込んだときなんかは、シャベルを持ってあいつの部屋に行き、頭をかち割ってそれから自分も死ぬ想像をしたもんだ」

そこで話を止め、手袋をした手の甲で涙をぬぐった。

「親父を思い出すと、いつだって暴力のことばかり思い出しちまう」彼は続けた。「まだほんのガキのころに、あいつが人を殴るのを見ちまったのを思い出す。飼っていた犬を殺さなきゃいけなかったときなんか、あいつは銃を持ってきて、俺の目の前で犬の頭をふっ飛ばしたんだ」

詰め所の中から国境警備隊が出てくると、マルコに車外に出るように合図した。ふたりは数分ほど言葉を交わし、マルコが紙幣を数枚手渡す。この四十ドル――トランスドニエストルの労働者の月収に相当する――の賄賂がうまくいくかを見守りながら、ミステリーはその胸の内を語った。

彼いわく、父親はアル中のドイツ移民で、言葉の暴力のみならず肉体的にも虐待を加えられたそうだ。十四歳年上の兄はゲイだった。そのことに母親は何か責任を感じていて、夫の悪癖を埋め合わせるかのように兄に愛情を注いだ。だからその代償として、母親はミステリーと精神的に距離があるのだ。彼は二十二歳でまだ童貞のとき、自分はゲイなのではないかと不安になりだした。そうして憂うつの発作に襲われながら、ミステリーメソッドの前身となるものを考案し始め、両親からけっして得られることのなかった愛情を追い求めることに生涯を捧げるようになったという。

それからこの国境をどうにか越えるために同額の賄賂をもう二回、ほかのふたりの担当官への手数料として渡した。

彼らはただ金を受け取るだけでは満足しなかった。賄賂一つに毎回一時間半の話し合いを持たされた。もしかしたら彼らはミステリーと俺が仲直りする時間をくれようとしていたのかもしれない。

ようやくオデッサにたどり着いた俺たちは、ホテルの従業員にトランスドニエストルについて聞いてみた。彼女の説明によれば、その国は、元共産党政治局員や、軍のエリートや、ソビエト連邦時代の栄光の日々を取り戻したいと願うブラックベレーらが作ったモルドバの内戦の産物らしい。無法地帯で、言ってみれば東欧圏のワイルドウエスト、外国人があえて行こうとするような国ではないとのことだった。

マルコが国境での体験を話すと、彼女は言った。

「逮捕しろなんて言っちゃダメよ」

「どうして?」彼は尋ねた。

「あそこには拘置所なんてないの」

「じゃあどうなるんだ?」

彼女は指を銃の形にしてマルコに向け、言った。

「バーン」

トランスドニエストルを避けて五百マイルほど迂回しながらベオグラードに戻ってみると、マルコの留守電がいっぱいになっていた。ミステリーの女、十七歳のナタリヤがたくさんの伝言を残している。ミステリーは電話を返したが、彼女の母親が受話器をぶん取ると、娘をたぶらかしたと、彼をこっぴどく罵《のの》った。

ミステリーと俺が帰ったあとも、ナタリヤはしつこくマルコに電話をかけ、いつ戻って来てくれるのかと尋ね続けた。マルコは最後にはこう言って彼女を楽にしてやった。

「彼は魔法使いなんだ」彼は言った。「君に魔法をかけたんだ。誰かに相談してくれ。もう俺にはかけてくるな」

それから数カ月間、マルコは絶えず俺にメールを送ってきては、ミステリーズラウンジのパスワードを教えてくれと言ってきた。彼は禁断の実の味を知ってしまい、もっともっとと求めているのだ。

それでも俺はけっして彼を仲間に入れなかった。当時は、自分が新しい自分を過去から切り離したいから彼を受け入れることができないのだと思っていた。だがそうじゃなかった。いろいろと理由をつけてはいるが、俺はいまだに自分のしていることや、人生を賭けてまでそれをしようとしている気持ちに戸惑いを感じていたのだ。

11 スタイルの問題。そして解決策

MSNグループ：ミステリーズラウンジ
件名：問題点
投稿者：スタイル

今俺は問題にぶち当たっている。みんなに解決の手助けをしてもらいたい。

ミステリーと俺はちょうどベオグラードから戻ってきたところだ。俺はそこで、頭がよくて見た目もバッチリな女に出会った。もしこの問題さえなければセルビアでのガールフレンドになっていたはずだ。

俺が悩んでいるのは、キスクローズのことだ。ちょっとした理由があって、キスへと持ち込むことは俺にとって高いハードルになっている。

まず扉が開かれているのを感じたとしよう。すると、そのあとすぐに「もしも」のことばかり考えだしてしまうんだ。つまり「もしも拒絶されたら」だとか「もしもこの信頼をぶち壊しにしてしまったら」だとか「元彼の話をするのはどういうつもりなのか」などなど。すると不安がふくらみすぎて、自信のないまま賭けに出てしまう（そして見事失敗）。もしくは扉が閉ざされ、機会を失い、自分にうんざりするというわけだ。

いったい何がいけないのか。俺は輝けるＰＵＡ《ナンパアーティスト》の境地まであと一歩のところまで来ながら、これしきの問題に足を引っ張られている。

――スタイル

ＭＳＮグループ：ミステリーズラウンジ
件名：Re:問題点
投稿者：ナイトライト9

もし拒絶されたら？　そうだよね、あとはもし自分の家に隕石《いんせき》が落ちてきたらとかさ。

女に受け入れ態勢が整っているかを知りたいんだね。そのためにはもう一つの三秒ルールを使うといい。こいつは百パーセントうまくいく。寄り添って座っているとき、なんとなく会話を途切れさせるんだ。会話を中断して彼女の瞳を見つめる。もし相手が三秒数える間見返してきたら、彼女もキスしてOKだと思ってる。そのときのどぎまぎ感と緊張感は、俺が世界中で何よりも好きなもの――つまり性的緊張感だ。

――ナイトライト9

MSNグループ：ミステリーズラウンジ
件名：Re:問題点
投稿者：マッドダッシュ

俺は一対一の状況で家まで連れて帰り、最低でもキスクローズにまでいかなかったことは一度もない。以下が俺のルーティーンだ。

1. 彼女に家まで迎えに来てもらい、数分しか家にはいさせない。これはつまり、彼女がすでに家に来たことがあってなおかつ何事もなかった場合、夜の終わりに再び戻って来させるのがぐっと楽になるからだ。

2. デートの最後に彼女を家に招き、飲み物をごちそうする。

3. 彼女がギターに気づいたら（目立つように置いてある）、手にとって一曲弾いてやる。

4. うちの子犬と遊ぶ。

5. 屋上に案内する。

6. アパートの部屋に戻り、彼女をひざに座らせ、パソコンでWinamp（音声・動画ファイルを再生できるマルチメディアプレイヤー）の音楽プログラムを見せてやる。彼女がWinampのビジュアリゼーションで遊んでいるスキに、頬にキスをする。

7. 彼女は振り向いて唇にキスをしてくるか、もしくはWinampで遊び続ける。もし彼女がためらうようなら、さらにパソコンでいろいろ見せてやり、もう一度頬にキスをする。彼女は指図され、リードされることを望んでいる。そしてこれは、ほぼすべての女が望んでいることだ。

8. あとはご想像におまかせする。

——マッドダッシュ

MSNグループ：ミステリーズラウンジ
件名：Re:問題点
投稿者：グリンブル

俺のお気に入りの接近系ルーティーンの一つがマッサージだ。ふたりで家に戻ってから、バスケのせいで背中が痛いからマッサージしてほしいと言うんだ。でも彼女にマッサージしてもらう間、ずっと下手クソだと言い続ける。そしてついに怒りだしたふりをして、手本を見せてやると強く言う。

彼女の背中をマッサージしつつ、脚がずいぶん張っていると伝えて、自分の脚マッサージは友だちにも評判なんだと言う。そしてズボン越しにマッサージを始める。そしてやはり邪魔だから脱ぐようにと言う。威信を持って振る舞えば、彼女も疑問を砲いたりしない。

初めは脚に専念する。ところが徐々に、尻に向かって念入りにこなしていく。彼女が興奮してきたら、パンティ越しに濡れてくるまでさすってやる。ここまで来れば、あとはたいていズボンを脱いで、コンドームを着け、キスも前戯も抜きでファックするだけだ。

このテクニックは気の弱いやつには向いてない。

——グリンブル

MSNグループ：ミステリーズラウンジ
件名：Re:問題点
投稿者：ミステリー

俺がこの問題をどう解決するか知りたいか？　「彼女が何を考えてるかなんて気にしないね」なんて一言ですますつもりはないが、実際、俺は女が何を考えてるかなんて気にしない。若いころは、気にしないのが一苦労だった。だけど今、どういう結果になろうとも、やはり俺はこいつに賭ける。

女をただの練習台だと思えるようになる。もし不安が消えない場合はこう言えばいい。「フェイズシフト！　俺は〝石器人《アグレッシブ》〟に生まれ変わった！　もはやスタイルではないのだ！　さて彼女は俺を嫌いになるかな？　そうだとしても知ったこっちゃない。マジで興味ねえ」

お前が石器人になれなかった女たちを思い出してみろ。彼女たちは今ここにいない。だがそれがどうした？　今じゃほかの石器人にヤられてる女が、六カ月前に会った男を懐かしんでいるかなんて心配する必要があるか？　ときにはガツンと行かなきゃならない。「舌を出して」と言ってみろ。そしてそいつを吸え。もし彼女にひっぱたかれても、上等だ！　いいネタになる。

女の注意を何か別の物に引きつけることで性的変化に抵抗させないようにするには、適した小道具を使うといいとマッドダッシュが書いていた。俺も同感だ。彼女の胸をいじくりながらこう言うんだ。「あの人形劇を見てごらんよ」もし彼女が胸をいじられるのをためらうようなら、無邪気に人形劇を指差して笑い声を上げるんだ。「あの人形を見てよ。ほら、おっかしい人形だなあ」そうして再び胸をいじくる。

——ミステリー

MSNグループ：ミステリーズラウンジ
件名：問題解決
投稿者：スタイル

　みんな本当にありがとう。とうとう解決策を見つけたようだ。その答えは一週間前ふと思いついて、それ以来毎晩のように現場テストをし、なおかつ成功している。アイルランド系の女の子と「スタンダード」にいるときのことだった。彼女は若いころに結婚し、最近離婚して、今は何より冒険を求めていた。IOI《脈ありサイン》を感じ始めたとき、みんなの書き込みのことを考えた。もしここで突進してしまえば、彼女はびっくりして俺を拒むだろう。そこでミステリーの人形劇のように何かをしながら終始論理的にしゃべりつつ、キスに向かって小さな一歩を踏み出すことに決めた。そして驚くなかれ、そいつはうまくいき、そのあともずっとその調子だった。問題解決だ。

以下が俺のとった手順――フェイズシフトルーティーンだ。

1．彼女に体をくっつけ、いいにおいがすると言った。何の香りをつけているのか尋ね、それから動物が交尾する前ににおいをかぎ合うことや、人は進化論的に誰かににおいをかがれると興奮するようにできていることなどを話し合った。

2．それからライオンがセックスの最中にたてがみを咬みあうことや、後ろ髪を引っぱることもまた進化論的誘因となることなどを話し合った。俺は話しながら彼女のうなじに手を滑らせ、髪の毛を一握り根元からつかみ、下に向かって強く引っぱった。

3．怒る様子はなかったから、俺はさらに先へ進んだ。体のもっとも感じやすいところは、例えばひじの裏側の腕が曲がる部分だったり、たいていは空気に触れないところに隠れているんだと教えてやった。それから彼女の腕を取って少し曲げ、ひじの裏側のひだをやらしく噛んでみた。彼女はゾクゾクすると言った。

4．そのあとに「でも、一番すごいやつがほかにあるのは知ってる？　それはね……ここを……噛むんだ」――そう言いながら自分の首元を指差す。それから「噛んで」俺はそう期待しているかのように言った。最初は彼女も拒んだ。そこで彼女を懲らしめるために落ち着いた様子のままそっぽを向いた。数秒待ち、それから振り向き、もう一度言った。「ここを噛んで」今度は噛んだ。ネコと糸の理論が働いたわけだ。

5．しかし、彼女の噛み方はしょぼかった。そこで俺は言った。「そんな噛み方じゃダメだ。おいで」そして彼女の髪を脇に寄せ、その首元をほどよく噛んでやり、もう一度やってみるように言った。そして今度は、とてもうまく噛んだ。

6．俺は満足げにほほ笑んで、できるだけゆっくり言った。「悪くない」そして最後にはキスをした。

もう二～三杯飲んでから彼女を自分の家に連れ帰った。簡単に部屋を案内したあと、マッドダッシュの手法を取り、彼女をひざに座らせてパソコンでビデオを見せた。彼女をマッサージし、そのうなじに口づけると、やがて彼女は興奮し始め、唇を絡めてきた。すると彼女は少し床に横になってもいいかと聞いてきた。俺も彼女の脇に身を横たえ――それから何が起きたかというと――なんと彼女はそのまま酔いつぶれて寝てしまった。なんてこった！

靴を脱がせ、毛布を掛け、頭の下に枕を当ててやると、俺は自分の暖かいベッドに潜り込んだ。

とまあ、笑い話になったわけだが、少なくとも俺はついにやった。一歩進むためには、実は一晩で十分だったわけだ。

ついに、次のステップへの準備ができた。

――スタイル

Step 4

障害を排除する

男にはただ一つだけ、

過去の自分から逃げ出す手段がある。

女の目という鏡の中に、

いつもと違う自分を見るのだ。

クレア・ブース・ルース

『The Woman』より

1 メソッドを組み合わせ、マシーンになれ

道場を選べ。

ロス・ジェフリーズの「スピードナンパ」のセミナーでは、潜在意識に届く言語パターンを、女たちの気持ちを昂《たか》ぶらせるのに利用する。

ミステリーの「ミステリーメソッド」では、クラブで一番の上玉をひっかけるためにソーシャルダイナミクスが応用されている。

デイヴィッド・デアンジェロの「ダブル・ユア・デート」では横柄さとユーモアの組み合わせを使って常に女性を支配し続けるよう唱えており、彼はこれを「コッキージョーク《おたかい》」と呼んでいる。

ガンウィッチの「ガンウィッチメソッド」が生徒たちに求めるのは、動物並みの性欲をアピールして、女性たちに止められるまでスキンシップをエスカレートさせていくことだけだ。彼の掲げるモットーは「女にノーと言わせろ」と、かなり無骨である。

デイヴィッド・Xやデイヴィッド・シェイド、リック・H、メージャー・マーク、それにジャグラー（ジャグラーはこの顔ぶれの中では一番新顔の導師《グル》だ。ある日「ただ買い物用メモに目を通すだけで、どのナンパ師よりも早く、的確に女をひっかけられる」と豪語してネット上に現れた）。

それからスティーブ・Pやラスプーチンのように、自ら「その価値がある」と認めた相手にだけ術を伝授する、

「内部循環《インナーサークル》」というテクニックを持つ導師たちもいる。

そう、師を選ぶにも多くの選択肢がある。しかもそのそれぞれが、独自のメソッドと門下生を抱え、自分の手段こそが唯一の手段だという信念で活動している。脅し、中傷、暴露、競争。巨匠たちは絶えず戦っている。

俺の目標は、彼ら全員から学びとることだった。俺は何かを本気で信じたことなどない。さまざまな源泉から湧き出る知恵と教義とを結びつけて、自分に合うものを見つけ、そうでないものは切り捨てるようにしてきた。

問題は、知識の源泉で喉を潤せば、代償が求められるということだ。代償とは信仰だ。教師たちがこぞって証明したがるのは、自分こそがベストだということ、自分の弟子たちがこの上なく忠実であるということ、それからライバルたちが女と寝ていないってことだ。しかし生徒たちはといえば、できるだけ多くの教師から、できるだけ多くの情報を吸収したがっている。これはこのコミュニティ特有というわけではなく、人類に共通した大問題だ。権力は忠誠を誓わせることで保たれ、服従はそれを差し出すことで保障されるのだから。

ベオグラードでの指導は楽しかったが、俺は弟子が欲しいわけじゃなかった。もっと多くの師が欲しかった。学ぶべきことはまだまだある。俺がそれに気づいたのは、エクストラマスクに誘われた、サンセットブールヴァードに建つアーガイルホテルで開かれたパーティでのことだった。

俺は、すその長い黒のジャケットをはおり、薄いあごひげをきちんとそろえ、身だしなみに気をつかって出かけた。かたやエクストラマスクは、いつになくクールにきめていて、ほれぼれするほどだった。髪を切って、十センチほどの高さのモヒカンをたくわえていた。

そのパーティで、派手に着飾った双子が、石膏像《せっこう》のようにソファに腰掛けているのに気づいた。ていねいにセットされた髪型と、よく似合ったヴィンテージのワンピースが、彼女たちの魅力を引き立てている。ふたりは一晩中、誰とも口をきいていなかった。

「あの子たち、誰だい？」俺はエクストラマスクに尋ねた。

彼は、自分にすごく気のありそうな、小柄で丸顔の女性と話しているところだった。

「ポーセリン《磁器製の》ツインズだよ。ゴス風のストリップショーをふたりでやってるんだ。グルーピーとしても有名だよ。ふたりで協力してバンドのメンバーをがっちり捕まえるんだとさ。ぼく、あいつらでオナニーしたことあるけど、その量たるやハンパじゃなかったね」

「紹介してくれないか」

「ぼくも知り合いじゃないんだ」

「だからどうした。とにかく俺を紹介しろよ」

エクストラマスクは彼女たちのそばに行くと「こいつはスタイルだ」と言った。

俺はふたりと握手を交わした。ふたりとも、その半分棺桶に足を突っ込んでいるような外見からは想像できないほど、温かい手をしている。

「俺たち、魔法について話していたんだけど」俺はこう切り出した。

「君たちは、魔法ってあると思う？」

このセリフがオープナーとしてはベストだと分かっていた。というのも、彼女たちが魔法の存在を信じているのは明らかだったからだ。これにはそれなりの根拠がある。生きるために自分の性的な魅力を利用したり、服を脱いだりする女性というのは、たいていがそういうものなのだ。

それから俺はＥＳＰによる番号当てのルーティーンに移っていった。

「もっとお話ししてほしいわ」ふたりが小さくささやいた。

ちょっとやりすぎたようだった。

「俺は機械仕掛けのサルのおもちゃじゃない」俺は答えた。「ガイ（米国ガイ・モータース社製の車）さ。ガソリンがないと走れない」

これはミステリーの使うセリフだ。狙いどおり、ふたりが笑った。

「俺は十分楽しませたろ？　そっちも何か教えてくれよ」

ふたりはじっとこちらを見つめるだけだった。

「ちょっと友だちと話してくるよ。五分待つから、何か考えといて」

俺は会場を歩き回り、サンディという名の、ぽっちゃり系の若い女と話を始めた。十分が過ぎたころ、さっきの双子が近づいてきた。

「考えたわよ」ふたりは自信たっぷりに言った。

実のところ、俺はふたりとまた話すことになるとは思っていなかった。彼女たちが何か思いつくだなんて、想定外だったのだ。しかしふたりはここに立ち、五分間手話を教えてくれた。これはＩＯＩ《脈ありサイン》だろう。

俺たちは座り、世間話をした。ＰＵＡ《ナンパアーティスト》たちがいささかバカにして「どうでもいい話」と呼ぶやつだ。ふたりのことは簡単に見分けがついた。一人には水疱瘡《みずぼうそう》の痕が残っていたし、もう一人の顔にはピアスを外した穴が空いていたからだ。彼女たちはポートランドから来ていて、明日の便で戻る予定だという。ふたりは自分たちのストリップショーのことを話してくれた。ステージでダンスをしたり、ふたりで疑似セックスをして見せるのだそうだ。

話をしているうちに、ふたりがごく平凡で自信のない女の子たちなんだと分かってきた。口数が少ないのはそのせいだ。多くの男は、自分と話もしてくれない魅力的な女たちのことを、ビッチだと思い込むという間違いを犯す。しかしほとんどの場合、彼女たちは男たちが気にも留めない、たいして魅力のない女たち同様に、いや時にはそれ以上に、ただシャイだったり自信がなかったりするだけなのだ。

ポーセリンツインズを特異な存在にしているのは、彼女たちがそんな内面的な地味さを、外見上は派手に装うことで補おうとしているところだった。ふたりはただお友だちを探しているかわいこちゃん、というわけだ。そして今、やっと一人見つけることができたのだ。

電話番号を交換しているとき、俺は窓が開かれたと感じた。しかし双子のうちどちらを狙うべきなのか、あるいは両方狙うべきなのかは、分からなかった。どうやってふたりを引き離したらいいのか分からなかったし、かといってふたり同時に誘うにはどうしたらいいかも知らない。俺は途方に暮れた。そこでその場を離れて、サンディを探しに行った。

声をかけると、サンディはすり寄ってきた。物欲しそうな顔をしている。フェイズシフトルーティーンの発展形を使い、彼女といちゃつこうとトイレに連れ込んだ。彼女にはまったく惹かれていなかった。ただ俺は、今ではこんなにも簡単に女性とキスができるということに、興奮していたのだ。俺は新たに手に入れた力を、さっそく乱用していた。

十分後、俺たちがトイレを出たときには、双子はすでにパーティをあとにしていた。俺は険しい道よりもお手軽な道を選ぶことで、また失敗してしまった。

手ぶらでサンタモニカのアパートに帰った。ミステリーはソファで眠っていたが、俺は双子の失敗談を話して聞かせた。だがラッキーなことに、翌日ふたりからメッセージが入った。乗るはずだった便がキャンセルになってしまい、空港近くのホリデイインで足止めを食っているのだという。まだ俺にも名誉挽回の機会があった。

「どうしたらいい？」ミステリーに相談した。

「押しかけろよ。で、こう言え。『来たよ』。ただそれだけだ。そいつらに選ばせるんじゃない」

「それで、その素敵なホテルの部屋に彼女らと一緒にいて、どうなる？　どうやって進めればいい？」

「俺がいつもやっているとおりにやれ。部屋に入るなり、バスルームに直行だ。それから服を脱ぎ、風呂に入って、ふたりを呼んで背中を流させろ。そこから話を進めていけばいいさ」

「まじかよ。そいつは度胸がいるな」

「俺を信じろ」彼は言った。

そこで俺はその日の夕方に双子に電話をかけて、そっちに行くよと伝えた。

「私たちスウェット姿でテレビを観ながらごろごろしてるのよ」彼女たちはおとなしい声で言った。

「気にするなよ。俺も一カ月は風呂に入ってないし、ひげもそってないから」

「本当？」

「嘘だ」

ここまでは、すべて計画どおりに進んでいた。

ホテルまで車を走らせながら、頭の中で全行動をリハーサルした。部屋に入ったときには、ふたりはくっついたツインベッドに寝転がって、『ザ・シンプソンズ』を観ていた。「風呂を貸してもらえるかな」ふたりに言った。「俺のうち、今、お湯が出なくてさ」嘘をついているわけじゃない。ちょっとしたお遊びだ。

湯を張っている間は他愛もない話をした。それからバスルームへ向かったので、彼女たちの目からは離れたが、ドアは開けっぱなしにして、服を脱ぎ、湯船につかった。

せっけんはまだ使いたくなかった。お湯が濁ってしまう。だから俺は、素っ裸でお湯の中に座り込み、彼女たちを呼び入れる勇気を奮い起こそうとしていた。青白くやせっぽちの自分の体を見ていると、ひどく心もとない気持ちになってきた。だが、ミステリーのアドバイスにしたがって動き出さなくては。

一分が過ぎた。五分。そして十分。テレビからはまだ『ザ・シンプソンズ』が聞こえている。ふたりはそろそろ、俺が溺死しているのではないかと思っているんじゃないか。

動き出さなくては。でなけりゃ自分が嫌になる。それからさらに五分そこに座っていたが、ようやく勇気をかき集めて、俺はどもりながら言った。

「ね、ねえ、ちょっと背中を流してくれないかな」

片方が何か叫んだ。それから沈黙が流れ、ささやき声が聞こえてきた。

俺はバスタブに座り込んだままパニックを起こしていた。ふたりが現れもしなかったら、どうしたらいいんだ。なんてバカなことを言ったんだ。もし彼女たちが本当にバスルームに入ってきても、裸の俺が水に浮かぶ睡蓮《すいれん》の葉よろしくちんこをお湯に漂わせて座っている姿を見たなら、もっときまりが悪いだろう。

俺は『ユリシーズ』の中の、お気に入りの一節を思い出した。欲求不満のレオポルド・ブルームが、湯船の中で自らの不能ちんこを想像して、それを「でれんとなったオオイヌノフグリ」と呼ぶところだ。それから俺は、風呂でジェイムズ・ジョイスを引用するほど賢いのなら、なんで彼女たちの前ではこんなにも自分のことをバカみたいに思ってしまうのか考えた。

ようやく片割れが入ってきた。俺としてはふたりそろって入ってきてほしかったのだが、物乞いに選り好みは禁物だ。彼女に背を向けたまま、バスタブの片隅に身を寄せて、せっけんを手渡す。恥ずかしくて彼女をまともに見られなかった。

背骨を伸ばしたので、それほどバーンズ社長（アメリカのテレビアニメ『ザ・シンプソンズ』に出てくるキャラクター。シンプソン家の父親、ホーマーが勤める原子力発電所の所長）のちんこの包皮のようには見えなかっただろう。彼女はせっけんをつかむと、くるくると俺の背中に円を描いた。いやらしさはなく、むしろ業務的だ。彼女にその気がないのは分かった。むしろ俺は、彼女があきれていないことを祈った。彼女はタオルを湯に浸し、泡を拭き取ってくれた。そして俺の背中はきれいになった。

それで？

俺はそのあとは自然にセックスに流れていくものだと思っていた。しかし、彼女はただそこにひざをついているだけで何もしていない。背中を流せと言ったあとにどうしたらいいかなんて、ミステリーから聞いていなかった。

ミステリーはそこから話を進めろと言っただけで、俺は性的なことはそこから自然に展開していくものだと思っていたのだ。どうやって背中流しから愛撫へと移行していったらいいのか、教えてもらっていなかった。俺には分からない。最後に俺の背中を流したのは母親だし、それも俺が台所の流し台にもぴったり収まるくらい小さかったころの話だ。しかし今がヤマだ。何かしなきゃならない。

「あの、ありがとう」俺は彼女に言った。

彼女はバスルームを出て行った。

クソ！　また失敗だ！

俺は体を流し、風呂から抜け出してタオルで体を拭くと、汚れた服をもう一度身にまとった。それから、俺を洗ってくれた子のベッドの隅に腰を下ろし、おしゃべりをした。俺は彼女たちを前にフェイズシフトルーティーンを使うことに決めた。一緒にベッドに座っていた、双子のもう一人に声をかける。

「君たちふたりともいいにおいだな」

そして同時にふたりの髪を引き寄せ、それぞれの首筋を噛んだ。でも何も起こらなかった。ふたりともひどく消極的だった。

彼女たちのショーについて話している間、俺はふたりにそれぞれ片手ずつマッサージしてもらっていた。負け犬のままホテルを出るつもりはなかった。

「おかしいでしょう」一人が言った。「私たち、ステージでは体を全部さらけ出しているのに、実生活ではけっしてお互いに触ったり、ハグしたりなんてしないのよ。たぶん、普通の姉妹よりも淡泊なんじゃないかと思う」

ホテルを出た。失敗だ。家に帰る途中で、エクストラマスクの家に寄る。彼が両親と暮らしてる家だ。

「わけが分からない」俺は言った。「お前、彼女たちはふたり一緒に男と寝るって言わなかったか？」

「ああ。けどあれは冗談だよ。通じてると思ってたんだけどな」

エクストラマスクは、パーティで話していた丸顔の女と来週デートをするのだという。どうも顔のデカい女の目には、ヤツが魅力的に映るようだ。

俺たちふたりは床に転がって、ゲームのことや自分たちの進歩について、二時間ほど話し合った。思春期からずっと、俺は願い事の機会に恵まれるたびに（例えばまつげが抜けたとき、デジタル時計が十一時十一分を指しているとき、それと、増え続けるバースデーケーキのキャンドルに）、世界平和や個人的な幸せというお決まりの願い事にまぎれさせて、狙ったどんな女をも惹きつけられる力が欲しいと祈ってきた。びっくりするほどのナンパエネルギーが稲妻のように体に注ぎ込まれて、突然俺を、猛烈に魅力的な男に変えてしまうという空想にふけっていたのだ。だが降ってきたのはぐずぐずした霧雨で、俺はその下でバケツを手に走り回り、どのしずくも取りこぼすまいとあがいていたのだった。

人生において、人は何かいいことが舞い降りてくるのを、つい待ってしまう。そして待つことで、逃している。普通、望みのものが自分のひざに落っこちてくるなんてことはない。だがどこか近くには落ちる。人はそれに気づいて立ち上がり、そこにたどり着くために必要な労働と時間とを費やさなくちゃならない。これは何も、世界が厳しいからってわけじゃない。利口だからだ。世界には独自のネコと糸の理論があって、俺たちが自分のひざに落ちてくるものを正しく評価しないってことを知っている。

バケツを手に、あがくしかない。

だから俺はミステリーのアドバイスにしたがった。レーシック手術を受け、やぼったい眼鏡はきっぱりと封じ込めた。歯のホワイトニングにも金を出した。ジムに入会したし、サーフィンも始めた。これには心臓を強くするってだけじゃなく、日焼けの効果もあった。

サーフィンはどこかナンパに似ている。海に出たらどんな波にも乗れて、自分こそチャンピオンだと思う日もある。だが、いい波を一つもつかまえられずに、自分がバカみたいに感じる日もある。しかし何がどうであれ、毎日出かけて、学び、改めていく。そうすることで何度も蘇ることができるのだ。

けれども俺は、イメチェンがしたくてコミュニティに入ったんじゃない。難しいのは分かっているが、精神的に生まれ変わりたかったんだ。ベオグラード以前、俺はカリスマと才能を持った男の言葉、スキル、ボディランゲージを独学した。そして今、俺はそれに命を吹き込んでくれる、自信、人としての価値、精神的なゲームを自分に宿さなくてはならない。じゃなければ俺はただのイミテーション止まりで、女たちにだってすぐに見抜かれてしまうだろう。

マイアミでミステリーと開く次の講座まで、二カ月のオフがあった。今度の講座では、本気で生徒たちをあっと言わせてやりたかった。ベオグラードのクラブ「ラー」で見たミステリーのナンパを超えてやりたかった。だから自分に任務を課した。これから先の数カ月で、トップクラスのＰＵＡ全員に会ってやるのだ。

俺は自分を、最高のＰＵＡたちのパーツを組み合わせて設計されたナンパマシーンにしようと考えていた。今の俺はミステリーの新しいウイングとしてコミュニティでもそこそこ一目置かれているのだし、彼らに会うことだってたやすいはずだ。

2

独創的ナンパ師〝ジャグラー〟は語る

俺がまず教えを請いたいと思った男はジャグラーだった。

彼の投稿メッセージに興味をそそられたからだ。彼は欲求不満なＡＦＣたちに「弱きを克服するためには、二十五セントやってホームレスと話したり、電話帳から適当に選んだ番号に電話をかけておすすめの映画を聞いたりしてみろ」とアドバイスしていた。別の男たちには自分自身への挑戦として、仕事はゴミの収集で車は八六年製のインパラだと告げて、わざとナンパの難易度を上げてみろと言っていた。独創的だった。そして、ちょうど初めての講座を開くと告知していた。料金は無料だ。

ジャグラーがこれほどまでに急速にコミュニティで台頭してきた理由は、講座が無料だからというだけでなく、彼の書くものにある。彼のメッセージはスマートだった。それらは盛りのついたハイスクール最上級生が書くような、でたらめな落書きではなかった。

ジャグラーに電話をかけて、本に君のフィールドレポートを載せてもいいかと聞くと、それなら新しい原稿を書かせてくれと言ってきた。これはサンフランシスコで行われた最初の講座で、俺が彼にすっかり魅了された日の話だ。

フィールドレポート「スタイルのナンパ」――ジャグラー

俺は携帯を切った。

「スタイルはほんとに早口だな」そう同居人の飼い猫に話しかけた。この子はそういったことを理解しているし、俺が女を家に連れ込んだときの共犯者を長く務めてくれている（「ウチの猫バック転するんだけど、見に来ない？」という誘いは、ほとんど失敗したことがない）。

これがリアルな世界で会うスタイルという男への、第一印象だった。二週間後、俺はサンフランシスコのフィッシャーマンズワーフにあるレストランで彼が現れるのを待ちながら、こんなことを言ったら困惑させるんじゃないかと、あれこれ考えていた。俺にもっと高いビールを飲ませようとするウェイターを無視して、心の中で祈る。

「ナンパの神さま、すきあらばセックスしようとしている男たちとナンパ師たちの守護聖人さま、お願いです。どうかスタイルがおかしなヤツじゃありませんように」

早口というのは、たいていが自信のなさの表れだ。自分の考えていることに他人は興味なんてないんじゃないかと思っている連中は、聞き手の心が離れていくのを恐れて早口になる。そうでないやつらは完璧であることを求めすぎて、自分の話に何もかも盛り込ませたくて、しゃべる速度がどんどん上がっていってしまう。

こうした連中はだいたい物書きになる。つまりは、頭がおかしくなるか物書きになるかなのだ。俺は後者を選んだ。俺に必要なのは友人であり、ナンパ界での対等な男であって、これ以上の生徒じゃない。

初めてスタイルを知ったのは、インターネットでだった。俺たちはナンパのテクニックを語り合うウエブサイトで、お互いの書き込みに感心するようになっていた。彼の書き込みには、分別と同時に訴えかけてくる力があった。彼は知識の共有に意欲的な、前向きな男に思えた。彼が俺の書き込みに何を思ったのかは、ただ推測するしかない。

スタイルはドスンドスンと跳ねるような大股で店に入ってきた。厚底靴でも履いているのだろうか？　軽いアイコンタクトをこちらに送って見事な笑顔を浮かべた彼は、ほどよく緊張していて魅力が引き立って見えた。もちろん効果は計算済みだろう。どちらかと言えば背も低いし、赤ん坊のような坊主頭で話し声も優しいときたら、誰も彼をナンパ師だと思わない。面白くなってきた。こいつはなかなか拾い物かもしれない。

俺はすぐにスタイルが気に入った。明らかに彼は、自分に好意を持たせることに熟達していた。彼は俺に価値があるように思わせてくれた。俺の口から出るたくさんのばらばらなアイデアを、簡潔で見事な主張にまとめ上げる技を持っていた。俺がぺらぺらしゃべっている間中ずっとだ。彼は将来有望な導師《グル》にとっては、完璧な共犯者だった。

俺はまだ彼の弱点をつかめずにいた。人は皆、誰かと知り合えば、相手の弱点を知ろうとするものだ。タブロイド紙の編集者よろしく長所と短所の両方を探し、いつか利用してやろうと頭の中に書き留める。目に見える欠点のない連中と一緒にいるのは、とてもじゃないが落ち着かない。

スタイルの柔弱さは、真の弱点ではなかった。俺のただの推測だが、彼の欠点は、自分には人の心を開かせ、さらけ出させる力があるといううぬぼれだろう。弱点としてはかなり不十分だったが、俺がうまく付き合っていかなきゃならないのはそこだけだった。

スタイルはいい男だった。だが、どういうわけか自信を欠いていた。まるで自分に足りない何か、自分を完璧にしてくれる部品が自分には欠けていると感じているかのようだった。俺には分かっていた。今彼が外の世界で探しているそれは、結局は彼の内面で見つかることだろう。

昼食のあとで俺たちは、サンフランシスコで勢いのあるナンパ師たちがセックスの相手を求めてすることをした。ニューヨーク近代美術館《MOMA》に向かったのだ。

地下を歩き回り、ナンパの奇襲攻撃を展開した。俺は照明が薄ぼんやりとしたニューメディア展示エリアの角を曲がり、そこで可愛らしい二十歳の女の子を見つけた。背の低い子だった。俺は小柄な女が好きだ。生まれつきの欠点には、なにか俺を刺激するものがある。俺は同じフロアの、ビデオが上映されているあたりで彼女に近づいた。一分かそこらの映像が、延々繰り返されている。白い花びらが乾ききった枝からはらはらと優美に舞い落ちる映像だった。

背が高いと、人を怯えさせることがある。俺の見た目は『オズの魔法使い』のカカシだった。のっぽでやせていて、肩からはつんつんと藁《わら》が突き出ている。だから俺はその場にあったベンチに腰を下ろした。彼女はくつろいでいた。目が合った。彼女の瞳は少し黄色がかった緑で、俺のは時差ぼけのせいで充血している。

最高のナンパは、女がこちらを誘っているときに生まれる。うまくひっかけてリードしつつ、同時にリードもされなくてはならない。このとき、俺は彼女に手を取られ森の中の秘密の小屋に連れて行ってほしいと思った。彼女に陳腐な手品を見せてもらいたかった。彼女が喫茶店の紙ナプキンに書き綴った、みだらな詩を読み聞かせてほしかった。

カツッ、カッ、カツッ、カッ、カツッ、カッ。

スタイルの靴音が、長方形の部屋を二つに分けているパーティションの向こうをうろついていた。こっちには来てほしくなかった。彼を買っていなかったわけじゃない。俺は彼に鼻をへし折られたのだ。

「やあ。俺はスタイルっていうんだ」

俺と彼女の間に流れるバイブスも、白い花びらが果てしなく落ち続ける映像も、すごくいい感じだった。俺はオオカミなんだから、群れからはぐれたこの小さな牝鹿は俺のものだ。もしスタイルが割り込んできたら、俺はあいつの顔に噛みついただろう。

女にかける最初の言葉は、だいたいどんなものでもいい。何も思いつかないし、本当に使えるセリフが知りたいと俺に言ってくる奴もいるが、そいつらには考えすぎだと言うことにしている。君はそんなにたいしたもんじゃない。俺もそんなにたいしたもんじゃない。細心の注意で包み込んでやらなきゃならないほどのすごい考えを思いつくことなんて、俺たちにはないんだ。完璧を求めるのはやめろ。最初の三言ならば、げっぷだろうが屁だろうが十分だ。

「調子はどう?」俺は聞いた。

これは俺のいつものセリフの一つだ。スーパーの店員から毎日言われるたぐいのセリフだ。九十五パーセントからは、ただ一言あいまいな答えが返ってくる。「元気よ」とか「まあまあね」だ。三パーセントはノってくる。「サイコー」とか「超ハイ!」という感じだ。こいつらには近づかないほうが身のためだ。イカれてる。そして二パーセントは正直に答える。「最悪。旦那がヨガ教師の受付の女と出てっちゃったの。禅なんてクソくらえだわ」彼女たちこそ、俺たちが愛する女たちだ。

彼女は「いいわ」と答えた。こんな短い一言なのに、彼女の声はかすれていた。きっとコートニー・ラブのコンサートで絶叫して夜更かししてしまったんだろう。俺はけたたましいロックシーンにあまり興味がない。耳触りのいい音楽のほうが好きだ。でも彼女のことは構わない。俺は女性をふるいにかけたりしない。俺の冒険に歯止めをかけるだけだからだ。俺は自分がどれほどのもてなしを受けるかということでのみ、ふるいにかける。

期待を込めて彼女を見つめた。彼女もピンときたようだった。

「そっちはどう？」俺に聞いてきた。

じっくり考えてから答えた。

「八点ってとこかな」

俺はたいていが八点で、時折八・五点になる。

会話の進む道は、二つに分かれている。どちらの質問をしたっていい。例えば「出身は？」「君、舌を何通りに丸めることができる？」「生まれ変わりって信じる？」

あるいは自分のことを伝えてもいい。「俺はミシガンのアナーバーに住んでるんだ。アイスクリーム屋が何百軒もあるんだぜ」「俺の昔の彼女は、舌をプードルみたいに丸められたんだ」「一緒に住んでる猫は、ニクソン大統領の生まれ変わりなんだ」といったところだ。

俺も二十代頭のころは、バカみたいにあれこれ聞いて女のことを探ろうとしていた。何でも好きなように答えてもらう質問や、鋭い質問、変な質問。一番知りたかった質問は、頑丈な箱に隠されていた。彼女たちは俺にいろいろ聞かれて喜んでいるものだとばかり思ってた。俺が手に入れたのは、名前、成績、シリアルナンバー。そして時には突き立てられた中指だった。質問はナンパじゃない。ナンパとは、ふたりの人間に互いをさらけ出すように、後押しをする技術のことだ。

自分のことを報告するのは、旧友がお互いを語り合うのと同じだ。報告すれば、親しみ、自信、寛大さが醸し出される。それは他人に、普通なら捉えがたいこちらの感覚を理解させ、共有させる。

俺を信じてほしい。君は芝生に寝ころんではるか上空に広がる天の川を見上げ、そのすべてを解き明かそうと幾晩も過ごす必要はない。それはもう俺が君のためにやっておいた。

「このビデオを観てると、落ち着くよ」俺は言った。「枯れ葉を集めて積んで、その中に倒れ込んでるみたいだ。でももし本物の枯れ葉がここにあったら、ふたりで遊べたのにな。それもきっとアートだよ」

彼女がほほ笑んだ。

「子供のころは、兄さんたちに何度も枯れ葉の中に放り込まれたわ」

俺は声をたてずに笑った。この小さな女の子が、大きな枯れ葉の山にはしゃぎながら投げ出される様子を想像すると愉快だった。

「あのさ」俺は言った。「兄弟の性別と年齢から、その人の性格が当てられるって言ってる友だちがいるんだ」

「例えばあたしみたく、兄がいると妹はビッチになるとか?」彼女はハーレーダビットソンのベルトについたバックルをずらした。「くだらないわ」

あとをついていくことができなければ、リードすることもできない。

「マジで超くだらない」俺はうなずいた。「そいつは、ガチで頭がおかしいんだ。でも俺のことはばっちり言い当てちまったよ」

「ほんと?」

「ああ。姉が一人いるって知っただけでね」

「何て言われたの?」

「俺は愛情に飢えてるんだそうだ」

「当たり?」

「ああ、まあね。恋人にはいつも、イチャイチャメールを送ってもらってたし、背中のマッサージもしてもらってたしな。手がかかるんだ」

俺が想像していた枯れ葉の映像に、BGMがついたような気分だった。

カツッ、カッ、カツッ、カッ、カツッ、カッ。

焦点を過去に当てろ。現代の社会では、俺たちはいつでもすべてを感じたいと思っている。ヘッドフォンで音楽を聴きながらホットドッグをかじり、靴音を思いきり響かせて、通りすぎる人々の行列をチェックできる時代に、ただ公園を散歩したって何の意味もない。俺たちの選択が新しい世界秩序のスローガンを叫ぶ。「刺激をくれ！」思考もクリエイティビティも、今やくだらないものを垂れ流す奴らの手中に落ちた。だが俺は古いタイプの男だった。

もし君が俺と一緒にいて、会話や、触れ合いや、つかの間の魂の絡み合いを通して俺と真剣に向き合う覚悟ができていないなら、俺の前から消えて、五百チャンネルのサラウンドサウンド生活に戻ったほうがいい。

「さて、じゃあそろそろ行くとするよ」

「どうして？」

「俺は楽しいけど、でも君は俺としゃべるかアートを見るか、どっちかにしなくちゃ。それに君にずっと立っていられたら、俺の首も筋違いになりそうだよ」

彼女はほほ笑むと、俺の横に座った。きた。

カツッ、カッ、カツッ、カッ、カツッ、カッ。

「俺はジャグラー」

「アナスタシアよ」

「よろしく、アナスタシア」

彼女の小さな手は、なんだかごわごわと硬かった。爪は短く切りそろえられている。働き蜂の手だ。すべてを調べなくてはならない。俺は彼女をそばに引き寄せた。彼女はうれしそうに体を預けてきた。

カッッ、カッ、カッッ、カッ、カッッ、カッ、カッッ、カッ。

スタイルが現れた。彼のつけている香水のにおいが漂い、イタリア製の服が衣擦《きぬず》れの音をたてた。うまくやったんだろうか？ そう見える。しかしいったいどうしたんだ？ 俺がこの女と楽しんでるのが分からないのか？ ナンパを楽しみすぎて、俺たちが目の前にいたことに気づけなかったのか？ 彼女との時間は消え失せた。俺は胸の奥でうめいた。

「俺の知り合いか？」俺が言った。

「人が本当に他人を知ることができるのか？」スタイルが言い返した。

笑ってしまった。本当になんて野郎だ。その瞬間俺は、彼のタイミングの悪さを憎み、言葉の巧みさに惚れ込んだ。噛み付くのはやめだ、とにかく今日のところは。

スタイルが行動で自分を証明したがっていることは分かった。俺は彼に彼女を紹介した。すると恐ろしいことが起こった。スタイルは目を大きく見開くと別人になった。あの男が彼に乗り移ったかのようだった。一八七四年から一九二六年に活躍した奇術師のハリー、早口のハリー・フーディーニだ。スタイルはマジックを披露した。

彼女に自分の腹を殴らせた。かつてキツい時期を乗り越えてきた話をした。彼女は楽しそうだった。気づけば彼女はもう電話番号を教えていた。ハリーにしてみれば、それで十分だった。彼女とは、最初に出会った場所で別れた。

ナンパアーティストには、独特のプライドがある。それは挑戦意欲だ。俺には役者の友だちがいるが、彼らはステージ上ではサムライのように激昂して五百人の人々を殺すこともできるくせに、バーでは女にアプローチするのを恐れる。責める気はない。客のほとんどはヤりたくてむらむらしているものだ。彼女たちは激しく、ディープなセックスを求めている。だが、バーのスツールに腰掛けている女はひどく手強い。それに恐ろしい。彼女は小さな黒いドレスに身を包んだ、二百キロを超えるゴリラだ。うっかりしていたら、こっちがやられちまう。だが彼女だって、ヤりたくてうずうずしている。俺たちはみんな、ヤりたくてたまらないんだ。

サンフランシスコで、俺は初めてのグループ講座を開いた。予約は六人。俺たちはユニオンストリート近くのレストランで顔を合わせた。スタイルは俺を手伝って、てきぱきと証明書を確認してくれた。六人は、コミュニティではまあまあいいレベルだといえた。

俺たちはどんなオープナーがいいか話し合いながら夕食をとった。例えば誰かを映画スターだと言い張るオープナーだ。トイレから戻る途中、俺は近くのテーブルにいる身なりのいい中年のカップルに近づいた。

「お邪魔でないといいんですが」俺は女性のほうに話しかけた。「でもどうしてもお伝えしたくて。あの少年と灯台の作品でのあなたが大好きだったんです。あれには三日間泣かされましたよ。夜更かしして同居人の飼い猫と見たんです。その猫って昔は大統領だったんですけどね」

彼らはうなずくと、にっこりと親しげに笑った。

「アナタ……ホント……アリガト」女性は片言の英語で答えてくれた。「ウレシイ」

「ご出身はどちらですか?」俺は聞いた。

「チェコスロバキア」

俺は彼女とハグを交わし、男性とは握手を交わした。

「ようこそアメリカへ」

ナンパ師は、世界に唯一残された本物の外交官だ。

俺は何も、人生の初めからナンパアーティストだったわけじゃない。

昔は機械を分解するのに夢中な、ただのガキだった。どこへ行くにもドライバーを持ち歩いた。どうやって物が動いているのかこの目で確かめたくてたまらなかったんだ。おもちゃ、自転車、それにコーヒーメーカー。ネジの位置さえ分かれば、何でも分解できる。親父が芝を刈ろうとすると、芝刈り機はバラバラになっていた。姉がテレビのスイッチを入れても、何の反応もなかった。真空管は全部、俺のベッドの下にあった。

俺は分解するのは得意だったが、元に戻すのは得意じゃなかった。こうして俺の家族は、石器時代を生きるハメになったのだった。

その後、俺の探求心は人々や自分自身を理解することへと向けられる。俺はさまざまな芸人になった。ジャグラー、大道芸人、コメディアン。エンターテインメントの時流には逆行していたが、人間関係を学ぶのには絶好の環境だった。

そしてそのおまけとして、女もうまく扱えるようになったのだ。二十三歳の誕生日まで、俺はたった一人の女しか知らなかった。それが二十八歳の誕生日を迎えるころには、好きなだけ女と寝られるようになっていた。俺のアプローチは巧妙かつ合理的になり、ゲームは品が良く、コンパクトだった。

それから俺はコミュニティを知った。俺の関心は単にナンパだけにとどまらず広大だったが、人間関係を理解しようというコミュニティメンバーたちのやる気は、胸にぐっときた。

そしてスタイルと出会い、感じたことのないレベルでの一体感を感じた。スタイルは話を聴く。多くの人々は耳を傾けない。耳に入ってきてしまうかもしれない何かを恐れているからだ。スタイルは先入観を持っていなかった。

彼は、誰がどうなりたいかなんて気にもしちゃいなかった。クソみたいなビッチには目もくれなかった。一緒にいると楽しい積極的な女たちを彼は好んだ。あれこれめんどくさい道はのぞきもしない。そして、新しい大地へと手招きする冒険と彼は出会った。俺たちは、ナンパの世界のルイスとクラークだった。

ワークショップが午前三時に終わると、スタイルと俺は、街にいる彼の仲間数人とともにホテルの部屋をシェアすることにした。彼らを起こさないように、俺たちは声を殺して話した。俺はスタイルのファッションセンスをからかい、彼は俺の中西部のセンスをからかい、俺たちはコミュニティでの互いの体験を語り合い、戦利品を数え上げた。スタイルはキスを二つ、俺は電話番号を二つだ。

そわそわと落ち着かない雰囲気だった。何かのふちに立っているような気分だった。

「マジですごいな」スタイルが言った。「いったい俺たちはどこへ向かってるんだろうな」

彼はナンパの持つ力や自己改革の恩恵、それに「これまでずっと悩んできた問題に自分たちやコミュニティが答えを出してくれるはずだ」と信じる気持ちを、しっかりと目を見開き前向きにとらえていた。

俺は彼に、お前が探し続けている答えは別のところに転がっているんだと伝えたかった。だがその話を持ち出すことはなかった。彼と一緒にやっていると、とにかく楽しかったから。

3

スタイルの導師《グル》は誰だ？

結局向こうではジャグラーとだけしか一緒に夜を過ごせなかったが、サンフランシスコから家に戻ると、ロス・ジェフリーズから電話がかかってきた。

「今週末講座を開くんだが」彼が言った。「もしよかったら、タダでいいから来ないか。マリーナビーチマリオットホテルで土曜と日曜だ」

「それはぜひ行かせてくれ」俺は彼に言った。

「だが一つ条件がある。パーティの貸しがひとつだ。いい女が来る、ご機嫌なハリウッドパーティだ。約束だぞ」

「分かった」

「それから、電話を切る前に私の誕生日を祝ってくれないか」

「今日が誕生日なのか？」

「ああ。君のセックスの導師も、今や四十四歳だ。今年一番若かった相手は二十一歳だったがね」

どうして彼が俺を、生徒としてではなく、わざわざ口説いてまでセミナーに招待したのかは分からなかった。

土曜の午後に到着して会場に行くと、ごく普通のホテルの会議室だった。からし色の壁紙に、明るい照明。人間のためというよりもサンショウウオの生息地として設計されたような感じの場所だ。白い長方形のテーブルにずらりと座った男たちの体は、部屋の前方に向いていた。ギトギト頭の学生もいれば、ギトギト頭の社会人もいた。少ないけれど、ギトギト頭のお偉いさんもいた。「フォーチュン500」（フォーチュン誌が選んだ、世界の上位企業五百社）会社役員、それどころか、司法省の役人までいた。正面ではガリガリにやせた我らがセックス導師が、ヘッドセットを通してしゃべっている。

彼は生徒たちに、会話中に引用を使う催眠のテクニックについて語っていた。彼が部屋をゆっくり歩きながら説明していたそのアイデアが、誰か別の人の口から出ていたら、もっと楽しめただろう。

「人は無意識に、内容と構造からものを考える。例えば『友だちが言ってたんだけど』とパターンを切り出せば、彼女の胸の中で警戒心は薄まる。分かるね？」

彼は反応を待って会場を見渡した。そしてちょうどそのとき、後ろの列でグリンブルとトゥータイマーに挟まれて座っていた俺に気がついた。彼は講義を中断した。俺は彼の強いまなざしから熱を感じた。

「諸君、そちらはスタイルだ」

俺は控えめな笑顔を浮かべた。

「彼はミステリーの講座のネタを見てきたうえで、私の弟子になることを決めた。そうだね、スタイル？」

会場中のギトギト頭が、俺を見ようと振り返った。ミステリーがベオグラードで開いた講座のレビューはすでにインターネットに載って、そこでの俺のスキルは大きく褒めたたえられていた。人々はミステリーの新しいウイングと知り合うことに、そしてロスは、そのウイングを所有することに興味津々だった。

俺はロスの頭に蜘蛛のようにコードを絡ませた細く黒いヘッドセットをじっと見た。

「ええ、まあ」俺は言った。

彼はこの答えに満足しなかったようだ。

「君の導師は誰だ？」

ここは彼の空間だ。だがそれは俺の心の中でのことだ。何と言うべきなのか、分からない。プレッシャーをそらす一番いい方法はユーモアだから、俺はしゃれた答えをしようと頭を捻った。だがそんなものは思いつかなかった。

「それについては、またあとで」俺は答えた。

俺の答えを彼が面白く思っていないのは分かった。とどのつまり、これは単に彼が運営しているセミナーというわけではなかったのだ。カルトなのだ。

セミナーが昼食で休憩になると、ロスは俺をそばに呼び寄せた。

「一緒にイタリアンでもどうだ?」彼はスーパーヒーロー、グリーン・ランタンのレプリカリングを指でくるくると回しながら聞いてきた。

「君がまだ熱心なミステリー信者だとは、思ってなかったよ」食事をとりながら、彼が言った。「もうフォースのライトサイドに入ってきたものだとばかり思ってた」

「俺はあんたらそれぞれのメソッドが、互いに噛み合わないとは思っていないんだ。ミステリーにはこの間、カリフォルニアピザキッチンのウェイトレスにあなたがしたことを話したよ。彼は興奮していたね。今ふと思ったんだが、あいつも〝スピードナンパ〟が、どれほど有効かが分かったんじゃないかな」

ロスの顔が紅潮した。

「やめろ!」彼が叫ぶ。それは催眠術の言葉、パターンの遮断だった。「ヤツとは何も共有するな。あいつには私のとっておきのやり方を盗み取って、金を儲けてほしくない。こいつは妨害行為だぞ」

彼はチキンにフォークを突き刺した。

「どうやら私は間違えたようだな。君がもしこれからもミステリーとそうやって深く付き合っていくつもりなら問題だ。個人的に私のもとで学びたいなら、彼に細かなことを報告するのはやめろ」

「ちょっと待ってくれ」俺はこの怒れる導師をなだめようとした。「俺はミステリーに細かいことまでは教えてない。俺はただ彼に、あんたが本物だって教えてやっただけだ」

「ならいいだろう。私がたまらなくいい女をつかまえて、ちょっとした質問とジェスチャーを見せただけでその娘のパンティを濡らしてやったのを見たって言うだけならね。あの無礼なクソ野郎には自分で分からせるんだ！」

話しながら、彼の鼻の穴は膨らみ、額の静脈は浮き出してきた。彼は幼いころに深い挫折を味わったことがある男に違いない。ミステリーのように、乱暴な父親だったというわけじゃない。ロスの両親は、上品で愛想の良いユダヤ系の夫婦だった。なぜ俺が知っているかと言えば、ふたりが俺より少し遅れてセミナーに到着し、すぐさまロスをからかい始めたからだ。ロスは、正しくは社会的に打ちのめされたのだ。両親からの大きな期待と絶え間ないからかいとが結びついて、彼の精神に大きな傷をもたらしたのだろう。兄弟たちも同じように押しつぶされているに違いない。ロスのふたりの兄弟は神に救いを求め、イエスを信じるユダヤ人になった。そしてロスは、自らが生み出した宗教にすがっている。

「君はパワーの聖所へと導かれているのだ」彼はあごの無精ひげを手の甲でこすりながら、警告するように言った。「そして裏切りの代償は、君の、滅びるべき運命にある精神では思いも及ばないだろう。口を閉じて約束を守れ。そうすれば私はいつでも君を歓迎しよう」

ロスの激しさと怒りは、常識外れとはいえ理解できるものだった。彼がほとんどたった一人の力で、このナンパコミュニティを作り上げたのは事実なのだ。もちろん、ナンパにアドバイスする男たちの集まりというのは、いつでも存在していた。例えばエリック・ウェバー。彼の著書『現代ギャル攻略法――これだけ知ればパーフェクト！』は、ついにはモリー・リングウォルドとロバート・ダウニー・ジュニア主演の映画『ピックアップアーティスト』を世に出すほどの流行を生み出した。しかし、ロス以前には、男たちのコミュニティは存在しなかったのである。

成功の理由はタイミングのよさにあった。「スピードナンパ」は、インターネットの広がりとともに盛り上がっていったのだった。

二十代のころのロス・ジェフリーズについて質問すると、誰の口からも「怒れる男」という返事があった。彼の野望はスタンダップコメディと、映画の脚本に向けられていた。彼の書いた脚本の一つ、『抱腹絶倒クレディ・チョップ』は製作こそされたが当たらなかった。ジェフリーズは、弁護士補助員の仕事を転々としており、孤独で、恋人もいなかった。すべてが変わったのは、彼が本屋の自己啓発本コーナーで無意識に（と彼は断言するのだが）手を伸ばし、ある本を手に取ったときだ。

その一冊というのがジョン・グリンダーとリチャード・バンドラーによるＮＬＰの古典、『王子さまになったカエル――心のコントロール』だった。ロスはこの分野の本を、目につくかぎり、ひたすらむさぼり読んだ。ロスのヒーローには、いつでもグリーン・ランタンの名前があった。彼は、意志の力を注ぐことで、心に描いた願いを実現できる魔法のリングを与えられた男だ。ロスは無意識に貞節を守ってきた暗黒時代を終わらせようと、勤め先の法律事務所に求職にきた女をＮＬＰで誘惑する。そしてそのとき、自分がパワーリングを見つけたのだと確信した。これまで生きてきた中で無縁だったパワーと支配とを、とうとう彼は手に入れたのだ。

プロのナンパ師としての彼のキャリアは、自費出版した七十ページの本から始まった。タイトルは、そのころの彼が感じていたことをまさしく言い得ている。その名も、『望みの女をベッドに誘い込むには――〈いい人〉でいることにうんざりした男性のための、デートとナンパの必勝ガイド』だ。

彼はこの本を『プレイボーイ』やギャラリーの巻末に、小さな三行広告を載せて売り出した。活動のレパートリーにセミナーも加えたころ、インターネットでも売り込みを始めた。彼の生徒の一人、伝説的なハッカーのルイス・デペインが、すぐさまネット掲示板「alt.seduction.fast.」を設置し、このオンライン会議室を皮切りに、国際的なナンパアーティストたちの秘密結社がつぎつぎと生まれていったのである。

「初めてこの手の話を発表したときは、猛烈に非難されたものだよ」ロスが言った。「私はとにかくぼろくそに叩かれて、最低男だと非難された。しばらくは腹が立ってしかたなかったよ。めちゃくちゃにムカついたさ。だけどだんだん議論が『こんなの嘘だろ?』から『そんなことしていいのか?』に変わってきたんだ」

そういうわけで導師たちは皆、ロスに対しては少なくとも忠誠を誓う義務があると言えた。彼が基礎を築いたのだから。だがまた、それゆえに新しい教師たちがふと現れるたび、ロスはそいつらを撃ち落とそうとするのである。時には若いライバルに、オンラインでのナンパの活動を両親や学校にバラすぞと、脅しをかけることもあった。

彼にとってミステリーよりも深刻な問題が、かつては「スピードナンパ」の生徒だったデイヴィッド・デアンジェロである。もともとデアンジェロは、催眠という意味の単語「ヒプノシス」を逆さにして「スシノプヒー」と名乗って「スピードナンパ」のヒエラルキーに飛び込んできたのだった。しかしロスが、デアンジェロの恋人に自分と浮気するよう催眠をかけたことをきっかけに、ふたりは衝突した。

ロスは、デアンジェロのほうからその子を彼にナンパしてもらおうと連れてきたと言う。弟子たちがいわば生贄《いけにえ》として女を彼のもとに連れてくるのは、珍しいことじゃない。しかしデアンジェロによれば、ロスにその子に触れていいなどとはこれっぽっちも許可した覚えはないそうだ。

いずれにせよ、その後ふたりは口もきかなくなり、デアンジェロは「ダブル・ユア・デート」という競合ビジネスを始めた。これはNLPやほかの催眠術を基礎としたものではなく、進化心理学とデアンジェロ独自のコッキージョークの法則に基づいたプログラムである。

「ところで、俺のちんけな猿まね野郎、デイヴィッド・デアンジェロ野郎が初めてのセミナーをロサンゼルスで開くらしい」ロスが言った。「あの男はむかつくほど見てくれがよくて、ナイトクラブあたりにもやたらと顔が利くからな。

生徒にしてみれば、自分たちが女関係で出くわすトラブルや微妙な立場に置かれたときなんかのことを、あの男が理解できないんじゃないかって思うだろうな」

俺はそのセミナーに参加しようと頭の中にメモった。

「デイヴィッド・デアン野郎やクソガンウィッチ、それからミステリーのアホには、女とはこういうもんだって思い込みがあるはずだ」怒りまくったまま、ロスが続けた。「みんなこの世の一握りの最悪な女たちの最悪な傾向だけを見て、そしてそれを、受精の媒介者みたいに、すべての女たちにばらまいているんだ」

ロスを見ていると、年老いたリズム＆ブルースのアーティストを連想させられた。何度となく金を騙し取られて、誰も信じられなくなった男だ。だが少なくとも、出版社と著作権は作曲家を守ってくれる。しかし女性をその気にさせるのに著作権などないし、彼女のパートナー選びの台本を書いたと主張することもできない。悲しいかな、ロスの被害妄想にもうなずけるのだ。ことミステリーに関しては、ロスの地位を奪う技術とアイデアを持った唯一のナンパ師なのだから仕方がない。

ウェイターが俺たちのパスタを下げた。

「こういうことにはすぐに熱くなる。何しろ弟子たちが心配だからな」ロスが言う。「私の生徒の二十パーセントが裏切りにあってきたと思う。彼らはずっと追いやられてきた。女からだけじゃない。男、女。みんなからだ。人は誰だってとても強い意欲を持っているのに、それを自由に追い求めるのを邪魔する文化に生きているという現実が、社会にあふれる多くの問題を生み出しているんだ」

彼は振り返ると、少し離れた席で三人のＯＬがデザートを食べているのに気がついた。彼はまさに、自らの性的な意欲を自由に追い求めようとしていた。

「ここのベリーコブラー（果物の焼き菓子）はどうだい？」ロスが女性たちに声をかけた。

「ええ、おいしいわ」一人が答えた。

「ところで」彼が言った。「人間というのはデザートに対するシグナルシステムを持っているんだよ」彼は本格的に動き出した。「シグナルはこう発してる。これはシュガーフリーだ。口の中で溶けてしまう。そしてそのシグナルシステムは君の体の反応を引き出し、次に運ばれてくるものに備えるわけだ。君の体のエナジーフローをたどってるのさ」すぐに彼は、女たちの注意を引きつけていた。

「それ本当？」

「私はエナジーフローの講師なんだ」

女たちはそろって感嘆の声をあげた。エナジーという単語は、南カリフォルニアの多くの女たちにとって、チョコレートの香りと同等の価値を持つ。

「私たち、男の人って本当に女性を理解できるのかって話をしていたんです。その答えが出たみたいだわ」

あっという間に彼は彼女たちのテーブルに移った。彼の話の間、女たちはデザートのことなどすっかり忘れて、彼のほうに身を乗り出すようにして聞いていた。もし主張どおり彼のパターンが高度な潜在意識レベルで機能するなら、あるいはもし、ちょっと変わった面白い話だけでつまらない会話に退屈した女たちの気を引くことができるなら、俺は時に、何を言えばいいのか分からなくなってしまいそうだ。

「すごい！」女が男に求めるものについての講義が終わると、女の一人が言った。「こんな話、初めて聞いたわ。講義はどこでやってるんですか？　もっと教えてほしいかもしれない」

ロスは彼女の電話番号を受け取って、こちらの席に戻ってきた。俺を見て笑顔を浮かべ、言った。

「さあ、これで誰が本物の道を教えているか分かったかな」

そして親指であごをなでこすった。

4 始末に負えない導師《グル》、ロス

シンの目には、俺は人質と映った。

「ロスはナンパ師でもあり、策士でもあるんだ」駐在地のアラバマ州モンゴメリーに電話をかけると、彼はそう言った。

彼は向こうで出会った、犬用のリードと首輪姿で連れ回されるのが好きな少女と一緒に住んでいた。残念ながら、軍はこんな性的倒錯には眉をひそめるので、彼ははるばるアトランタまで車を飛ばして、秘密裏に彼女の散歩をしなくてはならなかった。

「お前はロスの計画の中では、重要なコマだ」彼が警告した。「ミステリーを倒すために利用するマーケティングツールなんだよ。お前はミステリーの最初の生徒で、かつ最高の生徒だ。定期的に彼とナンパに出かける唯一の男でもある。ロスはいつでも『お前は自分の導師を騙しているのか？』と聞いてくるはずだ。そしてお前は答え、ロスこそが導師だという前提ができあがる。あいつの行動はどんな些細なことでもすべて、お前が改宗者だということと、以前の教義を否定して真に有効なたった一つの真実を選び取ったのだということを、お前に確認させるためのものなんだ。あいつのメッセージさ。せいぜい気をつけるんだな」

ＮＬＰや人を操る方法、そして自己改革を学ぶには落とし穴があった。それが自分のであれ相手のであれ、どんな行動にも意図がある。すべての言葉には裏の意味があり、その裏の意味には重みがあり、その重みは個人の胸の中で膨れあがる。ロスはたしかに打倒ミステリーのため、俺との友情を育んでいるのかもしれない。だが一方で、彼が若い生徒たちの世話を焼くのは、彼らがロスを乱交パーティに連れ出してくれるからだという噂もあった。

翌週、俺はロスを初めてパーティに誘った。以前ひっかけた、売れないがコネはあるモニカという女優が、バースデーパーティに俺を呼んでくれたのだ。会場は、サンタモニカブールヴァードにある、「ベリー」というスペイン風のバーだった。きっといい女が集まるご機嫌なパーティになるだろうから、ロスが腕を振るうのにはちょうどいいだろうと思った。が、これが間違いだった。

ロスとは彼の実家で待ち合わせた。ロサンゼルスのウエストサイドに建つ、赤レンガ造りの中流家庭だ。引退したカイロプラクターであり、校長であり、自費出版で小説を書いている父親は、妻のそばでカウチに座っていた。見るかぎり、この家はカカア天下のようだ。壁に飾られていたパープルハート勲章と青銅星章は、父親が第二次世界大戦中にヨーロッパの戦地で授与されたものだった。

「スタイルはすごくやり手なんだよ」ロスが両親に話した。「彼はぼくの教えにしたがって、たくさんの女をひっかけたんだ」

四十代のナンパ師でも、まだ両親には褒められたいと思うものらしい。

俺はロスの母親と、息子の仕事について少し話した。

「この子がセックスや女性のことを話すと、顔をしかめる人もいるのよ」母親が言った。「でもこの子は露骨だったり、下品だったりはしないの。頭のいい子なの」

それから立ち上がると、書棚のある壁のほうへゆっくりと進んでいった。

「この子が九歳のときに書いた詩の本があるのよ。ちょっと読んでみる？　中にはね、自分が王様で、玉座についているって言ってる詩もあるのよ」

「いや、スタイルも別に読みたくないだろう」ロスがさえぎった。「まったくもう、失敗したな。出かけるとしよう」

パーティは散々だった。上流階級の人々に囲まれて、彼はすっかり浮いてしまっていた。彼はほぼ一晩中、俺のゲイの恋人として振る舞いながらみんなと楽しくやろうと考えたり、カルメン・エレクトラ（米国のモデル、女優）の後ろで彼女の尻のにおいをかぐ犬のまねをしながら四つん這いでハイハイしたりして過ごしていた。俺が女の子と話していると、割り込んできて今ひっかけたばかりの女のことを自慢し、そして十時になると、もう疲れたから車で家まで送ってくれと言ってきた。

「次はもう少し遅くまで残らないと」俺が言った。

「いや、次はもっと時間のことをちゃんとしてくれ」彼が俺に説教を始めた。「そうすればもっと遅くまでいられたんだ。十二時間ほど前に言っておいてもらえればな。そうしたらもっとリラックスして、午後に昼寝もできたんだから」

「そんな歳でもないだろう」

俺は頭の中に、これからは絶対にロスを、はやりの場所には連れて行くまいとメモった。始末に負えない。かなりの時間をナンパ師たちと過ごすようになった俺は、一緒に出歩く相手のレベルを下げてしまっていた。以前の友人たちは皆、途中で離れていった。今や俺の社会生活は、これまで付き合ったこともないようなバカどもの力に占領されていた。俺がゲームに参加しているのは、暮らしに女を増やすためであって、男を増やしたいからじゃない。そしてコミュニティは女についてのものであるはずなのに、女のにおいなどまったくしない。

願わくば、これはプロセスのほんの一部であってほしい。家をきれいに片づけるには、たいていは最初に、家をぐちゃぐちゃにするのと同じように。

そのあと、マリーナ・デル・レイの彼のアパートへと向かう車内で、ロスは延々とライバルたちについて熱弁を振るった。もちろん、ロスを悪く言う連中は、彼に対してまったく優しくなどない。彼らは最近ロスに「九九年製地雷」というあだ名をつけた。彼らいわく、ロスが誰かほかの人の戦術を盗んで自分流に作り変えたときはいつも、一九九九年にロサンゼルスで開いたセミナーでそれを生み出したかのように主張したがるのだそうだ。

「あの裏切り者のコソ泥、デイヴィッド・デアン野郎め」車から降りるときも、彼は怒りに震えていた。

「あいつのセミナーは明日だ。私の生徒も何人か話をする予定だってことくらい分かってる。それを私に報告する礼儀すら、あいつらにはありゃしない」

そのセミナーに俺も行くつもりだと、ロスに伝える度胸はなかった。

5

デアンジェロのマニフェスト

「魅力は選べない」。

デイヴィッド・デアンジェロは、この文句を壁にプロジェクターで映写していた。セミナーは満員。会場には百五十人を超える人々が詰めかけている。その多くは、別のセミナーでも見かけた顔だった。エクストラマスクの姿もあった。何度も見たことのある風景が広がっていた。つまり、ヘッドセットをつけた男がステージ上から、悩める男たちが夜ごとのオナニーから救われるにはどうしたらいいかを説くのである。

だが違うところもあった。デアンジェロは、ロスが言っていたように美男子だった。彼を見ていたらロバート・デニーロにも似ているような気がしてきた。もっとも、デニーロが生涯一度もけんかをしたことがないマザコンだったら、の話だが。

デアンジェロは明らかに、ほかの導師たちよりも目立っていた。なぜなら目立っていなかったからだ。カリスマ性もなければ、面白味もない。彼にはなりたがりカルト教団のリーダーらしい狂気も感じられなかったし、その魂には女でふさごうとしている大きな穴も空いていなかった。彼は、ゲームでうまくやっているとも主張しない。とても平凡だった。しかし組織化されているがゆえに、危険だった。

彼はきっと、数カ月がかりでセミナーの準備をしてきたのに違いなかった。完全な台本があるだけでなく、誰にでもよく分かるようにまとめ上げられている。そのさりげなさ、女についての考え方、そしてテクニックの巧みさ。

彼のナンパスクールはそういった要素のおかげで誰に衝撃を与えるでもなく、メインストリームになれるものだと俺は感じた。女を操る秘訣としてルー・バークの『犬の訓練』を読むように勧めていたことだけは別だが。

デアンジェロは頭もいい男だった。そしてロスにとっては脅威だった。彼のセミナーでの講演者の多くが、デアンジェロと同じくロスの元生徒たちで、中には、リック・Hとビジョン、それに、超オタク野郎のオリオンがいた。オリオンは、自分がストリートで女性をナンパする姿を撮ったビデオを売り出した最初のナンパアーティストとして知られている。この『マジカルコネクション』というビデオシリーズは、催眠術を身につけていればオタクでもセックスできるという、たしかな証拠として受け入れられた。

「ナンパ、つまり人を誘惑することは」デアンジェロがメモを読み上げた。「辞書によると『悪行への誘い。特に、女性の良心がとがめるのも打ち崩す誘いによって、不義の性的な交わりを承諾させるように仕向ける行為のこと』と定義されている」

「言い換えれば」彼が続けた。「誘惑という言葉には、騙しや不正、目的の隠ぺいが含まれているってことだ。だが、これは俺が教えていることじゃない。俺が教えているのは、いわゆる魅力ってやつだ。魅力っていうのは、君たち自身に働きかける。そして女が磁気に引かれるように吸い寄せられ、君のそばにいたいと願う次元にまで、君を引き上げてくれる」

デアンジェロは一度も彼の競争相手やライバルの名前を出さない。その点はスマートすぎるほどだった。彼はこの地下世界を白日の下にさらけ出そうとしていた。地下世界を完全に否定することで実行しようとしていたのである。彼はオンラインへの書き込みをやめ、ネット上で罵られたときには部下たちが代わりに弁護した。彼はミステリーやロスのような、天才でも革新者でもない。だが市場の読みには長けていた。

「人に何かを欲しがらせるには、どうしたらいい？」生徒同士を向き合わせてジェームス・ディーン風の上目づかいを練習させたあとで、彼が聞いた。「そこに価値を与えるんだ。希望者はほかにいると思わせろ。めったにない代物にしてやれ。そして彼らをそのために働かせろ。ランチの間、君たちには別の方法も考えてもらいたい」

俺はデアンジェロと、ほかの生徒数人とも一緒にハンバーガーをかじりながら、もう少し詳しく彼について聞いた。

彼はオレゴン州ユージーンでうだつの上がらない不動産業をしていたが、心機一転、出直しをはかってサンディエゴに引っ越してきた。孤独だったので、クラブで見知らぬふたりの間を隔てる目に見えない壁を何とか飛び越えられないかと、彼は考えた。そこでその秘訣を求めてウェブを検索し始め、女の扱いに慣れた友人たちと付き合うようになる。その中に〝ライカー〟がいた。彼はロス・ジェフリーズの弟子で、彼に女と出会うのにAOLを利用させた男だった。インスタントメッセージを送るのはデアンジェロにとって、プレイヤーである新しい友人たちがやっていたナンパ法を練習する手段だった。これなら、公衆の面前で恥をかく危険性もない。

「それが氣だったんだ」立ち聞きをしようとうろうろしている生徒たちを後日《しりめ》に彼が言った。「俺は新しいアイデアを学び、実行して、そしてAOLで女たちの反応に注目した。女の勇気をくじいたり、彼女らをすぐ本気で殴ったりしても、『こうなるだろう』とぱっと想像したとおりになるわけじゃないんだと、そこで学んだ。だから俺は横柄でユーモアのある男に変わった。彼女たちのセリフの揚げ足を取ったり、からかったり、俺を叩いたと文句を言ったりして、けっして彼女たちを休ませたりはしない」

ふんだんに新しい知識を得たデアンジェロは、十五ページにわたる長々しい論文を、もっとも名の知れたナンパのニュースレターの一つである『クリフズリスト』に投稿した。当時まだ黎明期《れいめい》にあったナンパコミュニティの面々はこの投稿に夢中になり、新しい導師が誕生した。クリフは中年のカナダ人実業家で、昼はリストを運営し、夜はコミュニティに引き込む新しいナンパマスターを探し回っていた。彼も一役買って、デアンジェロは三週間かけてそのマニフェストを電子書籍にするよう説得された。これが『ダブル・ユア・デート』だ。

俺たちが話をしていると、リック・Hが加わってきた。彼はデアンジェロが開拓した友人の一人で、今ではハリウッドヒルズの家に一緒に住んでいる。俺もリックについてはあれこれと噂を聞いていた。彼はバイセクシャルの女性に関してなら、最高のナンパマスターの一人だろう。ベガス界隈《かいわい》によくいる女たらしのようなド派手な服装は、ミステリーのピーコックセオリーからインスピレーションを受けていた。

リック・Hは、小柄でややずんぐりとした体つきをして、襟の大きなシャツに赤いブレザーを合わせていた。彼の英知を吸収しようとしている六人が、そのうしろを追いかけていた。うちふたりは俺も知っている。

まずエクストラマスク。彼のまぶたは今にも閉じてしまいそうなほど腫れ上がっていた。それからグリンブル。こっちは「スピードナンパ」の適応性を疑い始めていた。クラブで女に催眠術をかけてまさぐりまくってはみたものの、恋人ができなかったのだ。そしてリック・Hとしばらく話をしたあと、彼はコッキージョークの信仰者になった。彼の新しいアプローチ法は、女性がそばを通り抜けるたびにひじを突き出して彼女にぶつけ、そしてまるで彼女に危害を加えられたかのように大声で「うう!」とうなるというもの。彼女が立ち止まったら、尻をつかんだと言って責める。バーではひょうきんにしていたほうがこそこそしているよりも実りがあると、彼は感じていたのだ。

リックは腰を下ろすと、ご機嫌で割り込んできた。生徒たちが周りに集まってくる中、彼はキングのように振舞った。

女性に関しては二つのルールを持っていると、彼は言った。

一つ。善行は報われない(皮肉にもこの言い回しは女性が作った。クレア・ブース・ルースだ)。

二つ。常にもっといい答えがある。

このリックの二番目のルールから引き出される結論の一つが、女性の質問にはけっして素直に答えない、ということだ。彼女から仕事は何かと聞かれたら、彼女に考えさせておく。彼女には、ライターの修理工だとか、白人奴隷の仲買人だとか、石蹴りのプロ選手だと伝える。最初に俺がそれを試したときは、うまくいかなかった。ある晩のことだ。ホテルのロビーにいた五人の客のうち一人の女性が、俺に仕事を尋ねてきた。そんな夜のためにカンニングペーパーに書き留めておいた答えを、俺は言った。白人奴隷の仲買人だ。そしてそれを口に出すなり、これではナンバークローズにはたどり着けないと分かった。そこにいた全員が、アフロアメリカン（アフリカ系アメリカ人）だったのだ。

リックの話を聞きながら気づいたことがある。自分の声が響きわたるのが好きな男は、女性の扱いもうまい傾向にあるということだ。控えめに話すダスティンは別だが。クリフズリストのクリフは、これを「ビッグマウスセオリー」と呼んでいた。

「しゃべるのって、なんでこう楽しいんだろうな」リック・Hがデアンジェロに言った。

「俺たちが男だからだろ」デアンジェロが世界一明白なことのように答えた。

「ああそうだ」リックが言った。「これが俺たちの仕事だ」

導師たちが去ったあと、俺はエクストラマスクのとなりに座った。彼は小さい缶からアップルジュースをすすっていた。今は首のうしろにバーベル形のピアスをつけていて、もし目が腫れ上がっていなかったら、このセミナー中で一番いい男だったことだろう。

「何があったんだ？」俺は聞いた。「この間の丸顔の女の子とデートして、二度目のセックスをしたんだ」彼が言った。

「でも三回もヤッたっていうのに、ぼくはまたイけなかった。コンドームがダメなのか、気持ちが不安で落ち着かないのか……ミステリーの言うようにホモなのかもしれない」

「で、その目はどうした？　彼女に殴られたのか？」

「いや。彼女のとこに羽毛の枕かなんかがあってさ、アレルギーを起こしたんだよ」

彼の話だと、その子とはコーヒーを飲みに出かけたのだという。そこで並んで座り、ＥＳＰテストやキューブと呼ばれる心理ゲーム、そのほかいろいろと実演して見せた。たいして面白くもない彼のジョークすべてに彼女が笑い始めて、彼は自分に気があるのだと思った。ふたりは映画『インソムニア』をレンタルして彼女の家に行き、ソファで抱き合った。

「ちゃんと勃《た》ってはいたんだよ」淡々と彼は言った。「分かるだろ。射精したくて岩みたいに固くなったやつが、下着をノックしてるんだ」

「分かるさ。それで？」

「彼女が片足を、パンパンに固くなったぼくのちんこに押しつけてきて、めちゃくちゃ興奮したんだ。彼女は絶対に、あの固さを感じてたよ。俺はシャツを脱いだ。彼女は唇を寄せてきて、ぼくの胸をなでた。たまらなかったよ」

ここで彼はいったん話を中断して、細いストローでアップルジュースを一口すすった。

「それから彼女のシャツを脱がせて、彼女はブラだけになった。ぼくは彼女のおっぱいをもんだ。でも一緒に寝室に移動すると、問題が起こった」

「萎えたのか？」

「違う。彼女がまだブラを着けたままだったんだ」

「それのどこが問題なんだ？　外してやればいいだけだろ」

「どうやってブラを外すのか、さっぱり分からなかったんだ。だからそのままにしておいた」

「ブラの外しかたなんて、経験して学んでいくもんだと思うけどな」

「計画はあるんだ。聞きたいか?」

「ああ、頼む」

「考えているのは、母親のブラを一つ拝借して柱かなんかに留めるんだ。それからピン・ザ・テイル・オン・ザ・ドンキー（子供のお誕生日会の定番ゲーム。福笑いのようなもの）の要領で、目隠しをしてその柱に向かって歩いていく。ブラにたどりついたら、それを外すんだ」

俺は何とも言えない顔で彼を見た。彼が本気なのか冗談なのかが分からなかった。

「ぼくはマジだよ」彼が言った。「覚えるにはいい方法だし、それに効果があるってことも分かるだろ」

「今回、セックスはどうだった?」

「この間と変わんないよ。信じられないくらい、たぶん三十分は彼女に入れてたんじゃないか。ずっとギンギンだった。でもイけなかった。最低だ。嫌になるよ。ぼくはマジで、セックスでイきたいんだ」

「きっと考えすぎなんだよ。じゃなきゃもしかしたら、お前は心の中では彼女たちに入っていないのかもしれない」

「あるいはオナニーみたいに、きつく握られるのが好きなだけかもしれない」彼が言い、目をこすった。「たぶん、生まれて初のフェラもされたんだ。彼女の頭が俺のペニスに近づいたけど、吸われているのかいないのか、ぼくには分からなかった。でもタマをなめられたのには興奮した」

グリンブルが近づいてきて、俺の肩を叩いた。

「セミナーがまた始まってるぜ」彼が言った。「スティーブ・Pとラスプーチンが話してるんだ。お前も聞いておきたいだろ?」

俺は立ち上がり、エクストラマスクをアップルジュースとともにテーブルにほったらかしにして歩き出した。

「あと何をしたと思う?」去っていく俺に彼が叫んだ。「指を入れたんだ!」

俺は振り返って彼を見た。彼には笑ってしまった。彼は混乱してどうしようもないって振りをしていた。だがきっと、俺たちの誰よりも賢い男なんだろう。

「まんこの中は、ぼくが想像していたのとはぜんぜん違ったよ」彼は興奮して叫んだ。「すごく整然としてた」

どうやら違ったらしい。

6
コッキー《おたかい》ジョークのロールプレイング

デイヴィッド・デアンジェロは、セミナーでコッキージョークについて教えていた。だが、誰もが認めるこの分野の第一人者は、〝ザン〟と呼ばれる四十歳のカナダ人作家である。ミステリーのようなナンパ師たちは「目立たないようにしろ」と主張するが、彼は自分が女好きであると堂々と宣言していた。彼は自分を、カサノヴァや怪傑ゾロの伝統を受け継ぐナンパ師とみなし、コスプレパーティでは彼らのように装うのを楽しんだ。ナンパ掲示板での彼は、四年にわたって、アドバイスを求めたことなどなく、ただ与えるのみだった。

MSNグループ：ミステリーズラウンジ
タイトル：コッキージョークでウェイトレスを落とす法
投稿者：ザン

私の性格の一つに、女性に対する恐れを知らないということがある。私のメソッドはいたって簡単。女性が私に話したり、したりしたことはすべて、IOI《脈ありサイン》である。以上。彼女は私を求めている。彼女が誰だろうと関係ない。そして君がこれを信じるのなら、彼女たちもまた信じるようになるだろう。

私は女性にしたがう愛の奴隷だ。彼女たちもそれを感じる。女性はとにかく言葉に弱い。幸いにも、それは私の得意分野の一つだ。もし私をはねのけようとする女性がいたら、私は彼女たちが火星人であるかのように、彼女たちの話がちっとも理解できないかのように振る舞う。

私はこれまで、自分の身を守ろうとしたこともなければ、女たらしを詫びたこともない。なぜかというと、そういう噂は女性を惹き付ける魅力にもなるものだからだ。これは事実だ。私は男たちが女性と結婚するときに、彼らが心配するたぐいの男ではない。

だからその点を考慮してもらったうえで、今日は私の特許であるコッキージョークでウェイトレスを落とすテクニックを、君たちと共有したいと思う。

男たちのグループが、思わず見とれてしまうほど可愛らしい新入りのウェイトレスに遭遇すると、たいてい彼らはその子がそばを通り過ぎるときは尻を目で追い、そのあとで彼女を話題にする。だが、いざ彼女が自分たちのテーブルにやって来ると、非常に礼儀正しい、いい人に変身してしまって、彼女にはちっとも興味がないといった素振りをしてしまう。

私ならそうではなく、すぐさまコッキージョークを飛ばす。ここから私の行動をかなり詳しく描写していこうと思う。というのも、コッキージョークのロールプレイングを、きちんと理解していない男もいるだろうから。

彼女がこちらへ向かってくるのを見たら、深刻な会話でもしているかのように友だちにテーブルに身を乗り出させる。自分が体ごと彼女に背を向けているか確かめる。

彼女がやって来てお飲み物はと尋ねてきたら、ほんの数秒、彼女を無視する。それから彼女のほうへ目をやり、まるで今初めて彼女の姿を見たというふりをする。すぐに私は、まるで彼女が新しい発見であるかのように、ものすごい興味を示す。彼女の体に、わざと彼女に気づかれるくらいの間視線を走らせ、体を回転させて彼女と真っすぐ向かい合う。満面の笑みを浮かべてウインクをし、そこからゲームのスタートだ。

彼女「ご注文は？」
ザン「（質問を無視して）やあ。君とは初めてだね？　なんて名前？」
彼女「ステファニーよ。あなたは？」
ザン「ザンだ。ジントニックを頼むよ　（ビッグスマイルを浮かべる）」

これで少しは場が和み、名前を教え合ったことで、彼女は俺に、もう少し親しくなってもいいという暗黙の権利を与えてくれた。だから次に彼女がやってきたときには、また俺は笑ってウインクをして見せる。

ザン「また君かい？　俺たちのそばをうろつくのが好きなんだな」
彼女「（笑い）（何か話す）」
ザン「（何か話す）」
彼女「（何か話す）」
ザン「（彼女が去っていくときに）きっと君は、すぐまた戻ってくるだろうな。目にそう書いてあるよ」
彼女「（ほほ笑んで）ええ、かもね」

今、私はコッキージョークのテーマを打ち立てた。「彼女がこちらに戻ってくるのは、私たちのそばをうろつきたいからだ」もちろん、彼女は私たちのテーブルに戻ってこなくてはならない。ウェイトレスなんだから。そして彼女が戻ったら私はほほ笑みかけ、ほかの男たちに対して彼女の前で「ほら、俺は正しかったろ」とでも言っているようにわけ知り顔をしてみせる。始終私は、まるで彼女をずっと昔から知っていたような相互作用を起こそうと努めている。これで、普通なら何度か会わなきゃできあがらないレベルの慣れを確立するのだ。

しばらくたってから、今度はこんな感じにする。

彼女「別の飲み物をお持ちしましょうか?」

ザン「(スマイルとウインク)聞いてくれる? 君ともっと話したいんだ。今度電話してみてもいいかな」

彼女「またまた。私の電話番号、知らないでしょ」

ザン「そう、そのとおり! だから教えてくれないかな。メモするから」

彼女「(笑顔で)それはどうかしらね。彼氏がいるの」

ザン「(書くマネをしながら)待った待った。よく聞こえなかった。もう一回いいかな。ええっと……五五五の……」

彼女「(笑って目をくりくり回している)」

このやりとりのバカバカしいところは、友人たちの目の前で彼女が私に電話番号を教えるはずがないってところだ。どんな子だってやらないだろう。しかし彼女の番号が今すぐのゴールってわけじゃない。いまや私と彼女は、言いようによっては親密な関係にある。私は忘れられない存在として、次にこの店に来たときは彼女にも見分けがつくくらいになれただろう。今度は立ち上がり、彼女に腕を回して、お決まりの「君は俺のいいガールフレンドになれる」的おしゃべりを続ける。そして全部が半ば冗談のような態度で話されるのだから、私が本気で彼女に言い寄っているのか、単にふざけているだけなのか、彼女には分からない。そして私はまた店を訪ねる。

彼女「(笑って) まあ！　またあなたなの！」

ザン「ステファニー！　会いたかったよ！　昨日は君からの電話に出られなくてごめん。どうしてか分かってるよね。俺は忙しい男なんだ」

彼女「(話を合わせて) そうよ。まったくもう」

これでテーブル中が笑い、彼女も笑う。そしてその晩もまた始まる。

しばし後。

ザン「分かるだろう、ステファニー。君は最悪の彼女だ。実際俺は、最後に君とセックスしたときのことを思い出せもしない。そうだ、俺たちもうおしまいだ」

ザン「(ほかのウェイトレスを指さして) 今度はあの子にするよ」

彼女「(笑う)」

ザン「(電話をいじりながら) 君は今、ブーティコール (セックスのみが目的でかける誘いの電話) ランキングの第一位から十位に格下げされたよ」

彼女「（笑って）お願い、やめて。何でもして埋め合わせするわ」

それからさらに後。

ザン「（彼女に来るように合図して、自分のひざを指さす）ステファニー、こっちに来て座りなよ。昔話をしてあげよう（笑って、ウインク）」

この最後のセリフはもう何年も使っている。最高だね。

君たちの何人かはこう思っているかもしれないな。「分かった、それで？ どうやっておふざけのメロメロ状態から、もっとシリアスな方向に話をもっていくんだ？」とね。

実を言うと、すごく簡単だ。ある時点で、静かに一人で彼女に話しかけるだけ。誘うような目つきをするのは忘れずに。

ザン「（もはやコッキージョークはなし）ステファニー、俺から電話がほしいかい？」

彼女「彼氏がいるって知っているでしょ」

ザン「そんなことを聞いてるんじゃない。俺から電話がほしいのかって聞いてるんだよ？」

彼女「うーん。でもダメよ」

ザン「俺と逃げよう。俺は君をパルナッソス山の、行ったこともないほど高いところまで連れて行ってあげるよ」

とか何とか。

今書いていることはすべて、先週の木曜日と金曜日の夜に、私とステファニーという名のウェイトレスとの間で実際に起こったことだ。彼女はそのあたりじゃ明らかに最高の女だった。まだ結果は出ていないが、彼女は私の意図をちゃんと分かっている。一緒にいた友人たちは彼女からいい人くらいに思われているだろうが、私は違う。私との付き合いは最初から情熱的になりそうだと、彼女も分かっている。そして今、彼女はそれを受けるか受けないか、選ぼうとしている。

もしかしたら、彼女は私の申し出をきっぱり断るかもしれない。でもそれは問題じゃない。彼女はすぐには私のことを忘れないだろう。それに間違いなく、ほかのウェイトレスたちは私が彼女に言ったことをすべて知っている。これはとても有効だ。何しろ私はそこのウェイトレスたちにほとんど同じやり方で、ほとんど同じセリフを言っているのだから。そしてまさにステファニーの目の前で、私はこれからもそうし続ける。

横のつながりの中にそういう認識ができると、あれこれめんどくさい手順を踏まなくてもすむようになる。その中に入るだけで、君の立場は自然にできあがるからだ。君がウェイトレスに手を振り、自分の頬を指さしてこう言う。「ねえ君、シュガー《可愛い娘》はどこかな」誰も驚かない。君がいつもそんなふうに彼女たちをからかうからだ。ほかならぬそのレストランには、私がお持ち帰りしたことのあるウェイトレスが四人と、私にお持ち帰りされたがっているがあまり魅力のないウェイトレスが三人、それからステファニーも含めて仕込み中のウェイトレスが数人いる。そして間違いなくお互いの状況を知っている。しかしもう一度言うが、これがすごく有効なのだ。

7
真のマスター、スティーブ&ラスプーチン

セミナーのハイライトは、ふたりの男の登場だった。俺が望んでやまない精神的なゲームのノウハウや、それ以上のものをもたらしてくれるだろう男たち、スティーブ・Pとラスプーチンだ。俺が参加して以来、ナンパコミュニティのあちこちで噂を聞いていた男たちである。真のマスター。男たちでなく、女たちの上に立つ者だ。

彼らが舞台に上がって最初にしたのは、会場にいる参加者たちに催眠をかけることだった。彼らは同時にしゃべるが、ふたりで違う話をする。一方の話は意識を占有し、もう一方の話は潜在意識に届いた。彼らに揺さぶられても、俺たちは頭の中に何がインストールされたのか分からなかった。分かったのは、彼らは俺たちが今まで出会った中で、一番自信にあふれた話し手だということだけだった。デアンジェロにはなかったあらゆる熱情もカリスマも、彼らはたっぷり持っていたのだ。

スティーブ・Pは革のベストを着てインディ・ジョーンズ風の帽子をかぶり、ヘルズ・エンジェルス（大型のバイクを乗り回し違法行為を行う、モーターサイクルギャング）とネイティブアメリカンのシャーマンとを足して二で割ったという感じ。ラスプーチンは羊肉みたいな形のもみあげを持ったストリップクラブの用心棒で、ステロイド浸けのウルヴァリン（アメコミ『X-men』に登場するキャラクター）のようだった。

ふたりが出会ったのは本屋で、同じNLPの本に手を伸ばしたときだったという。今ではふたりでチームのように働き、そしてふたりとも、世界でもっとも強力な催眠術師だった。女を誘惑するための彼らのアドバイスは簡潔

だった。「快楽のエキスパートになれ」だ。

スティーブ・Pは、彼とのセックスのために、女に金を払わせるという方法を編み出した。数百ドルから千ドルを取って、彼が一声命じるだけでオーガズムに達するよう女たちを調教する。スティーブ自らが考案した、五段階のフェラチオを彼女たちに教えるのだ。そしてさらに素晴らしいことに、催眠による豊胸を施して、サイズを二カップほどアップしてやることもできるのだそうだ。

ラスプーチンの強みは彼が言うところの、催眠セックス工学だった。セックスは、彼の説明によれば、男への恩恵ではなく女性の特権と見なされなければならないそうだ。

「もし女が俺にフェラチオをしたがったら」彼が説明した。「俺はこう言ってやる。『君は三回吸うだけだ。あとは、喜びが続くかぎりそのまま続けていればいい』ってね」

彼の胸はフォルクスワーゲンの天井のように突き出ていた。

「そのあとで俺は彼女に言う。『どうだった？　次は五回にしてみようか』」

「彼女をコントロールしようとしているのがバレたらって、びくびくしてたらどうなりますか？」最前列に座っていた、クラーク・ケント（『スーパーマン』。普段は新聞記者として働いている）のミニチュアのようなビジネスマンが質問した。

「恐れなんてものはない」ラスプーチンが答えた。「感情とは単に、思考をもとに君が体内に引き起こす活動とエネルギーとにすぎないのだ」

ミニ・クラーク・ケントは、ぽかんとした表情で彼を見つめた。

「それをどうやって乗り越えるか知っているか？」ラスプーチンは、折り畳みいすを真っぷたつにへし折ろうとしているレスラーのように、相手を見つめた。「一カ月はシャワーを浴びず、ひげもそるな。下水みたいなにおいになるまでだ。それから、二週間は着っぱなしの服と、正面にパイプがついたホッケーのキーパー用マスクをかぶって歩き回るんだ。俺は実際にこれをやった。おかげで俺はもう、人前で恥をかくのなんて何でもなくなった」

「自分だけの現実を見なくちゃだめだよ」スティーブが割り込んだ。「前に俺のことをぽっちゃりだって言い張る女がいたんだ。だから『デブが嫌なら無理にやろうとしなくてもいいんだぜ』って言ってやったよ」彼は言葉を止めると、しばらく考えてから先を続けた。「だが、優しく、ゆっくり諭すように、だ」

そのあと、デアンジェロが彼らふたりに俺を引き合わせてくれた。俺の頭のてっぺんはラスプーチンのフォルクスワーゲンに何とか届く高さだった。

「あんたらがしていることを、もっと知りたいんだ」俺が言った。

「君は緊張しているな」ラスプーチンが言った。

「ああ、ふたりとも少し迫力があるからな」

「その不安を取り除いてやろう」スティーブが申し出た。「君の電話番号を、うしろから言ってみてくれ」

「五……四……九……六」

そうしていると、スティーブが指をぱちんと鳴らした。

「オーケー。深く息を吸って。思いきり吐き出すんだ」彼から指示された。

そうしていると、スティーブが指で俺のへそから上へとなぞっていった。そしてヒューという声を上げる。

「行け！」彼が命じた。「さあ。その気持ちが、風の強い日の煙の輪のように吹き飛ばされるのを見つめて。どうやって消えていくか注目するんだ。もうなくなったね。君の体のどこにそれがあったのか、ひととおり探してみろ。違うバイブレーションがそこにあるのに気がつくだろう。オーケー。目を開けて。さっきの気持ちを、どんなにちっぽけでもいいから、本気で取り戻そうとしてごらん。どうだ？　できないだろ」

俺にはそれが効いたのか効かなかったのかは分からなかったが、目まいはしていた。彼はたしかに俺の心と体に、一分間のトリップのようなものをもたらしたのだ。

彼は一歩うしろに下がって、日記でも読むみたいに俺の顔に目を走らせた。

「フェニックスって名の男がな、二千ドル払うから三日間俺の回りにいさせてくれって申し込んできたんだ」スティーブ・Pが言った。「だが俺は断った。なぜなら、彼は女を自分の奴隷にしたがっていたからだ。その点、君は女を大事にしそうに見える。ただ穴にぶち込みたいってわけじゃない。この難問に取り組む気があるようだ」

突然、背後で騒ぎが起こった。姉妹ふたりとその母親が、ナンパ師たちでいっぱいのホテルの廊下に出てきてしまうという失敗を犯したのだ。

コンドルたちが死肉に飛びかかっていくようだった。超オタク野郎オリオンは、一人の少女の手相を読み始め、リック・Hはその母親に自分はオリオンのマネージャーだと話していた。グリンブルはもう一人の少女に近づいていった。そしてナンパ師になりたいと願う男たちの群れが周囲に集まり、マスターの仕事ぶりを観察しようとしていた。

「おい」スティーブ・Pが大急ぎで俺に声をかけた。「これは俺の名刺だ。もし君が内部循環《インナーサークル》のことやなんかを学びたくなったら、電話してくれ」

「ああ、ぜひ」

「だがこれは機密扱いだぞ」彼が警告した。「もし俺たちが君を受け入れても、君は誰ともこの技術を共有してはいけない。これはすごく強力で、一歩間違えば本当に女をめちゃくちゃにしてしまうものだからな」

「分かったよ」俺が言った。

スティーブ・Pは紙切れをねじってバラの形にすると、〝死肉〟のほうへと弾ませた。そしてグリンブルが狙っていた少女に近づき、この花のにおいをかいでごらんと言った。三十秒もしないうちに彼女はスティーブの腕の中で酔いつぶれてしまった。

これこそが内部循環だった。俺はまさにそれを学ぼうとしているのだ。

8 精神的なゲーム

かくして、俺の訓練期間の中でも、もっとも素晴らしい時間が始まった。

毎週末、俺はサンディエゴに向けて南に二時間車を走らせ、小さくてむさ苦しいスティーブ・Pのアパートに滞在した。そこで彼はふたりの息子たちを、生徒を教えるのと同じやり方で、つまり思いやりにあふれた猥褻《わいせつ》さをもって、育てていた。彼の十三歳の息子はすでに、当時の俺よりも優れた催眠術師だった。

午後になるとスティーブと俺は、車を運転してラスプーチンのもとを訪ねた。彼らは俺をいすに座らせて、何を学びたいのかと尋ねた。俺にはリストがあった。自分は女にとって魅力的なんだと信じること。自分自身の現実で生きること。他人が俺をどう思っているのか気にするのをやめること。強く、自信にあふれ、神秘性と奥深さをもって、話したり行動したりすること。性的な拒絶に対する自分の恐れを克服すること。それからもちろん、ラスプーチンが「世界が提供しなければならない最高のものに値する信念」と定義した価値観に達することだ。

ルーティーンを覚えるのは簡単だったが、長年にわたる悪習慣と思考パターンのあとで、精神的なゲームをマスターするのは簡単ではない。けれどもこの男たちは俺を、次にマイアミで行われるミステリーの講座に間に合わせる術を知っていた。

「俺たちは、つまらない女にフェラチオをされるのはごめんだってくらいにまで、君を作り替えるつもりだよ」スティーブが言った。「ご主人様の果汁を飲むようになるのは、女にとって名誉になるだろう」

すべての授業で彼らは俺を無意識の状態にし、ラスプーチンが複雑で隠喩的な物語を俺の片耳にしている間に、スティーブ・Pがもう一方の耳から潜在意識に指令を下していたようだった。そしてそのあと、一週間閉ざしておくという俺の精神にオープンループ（あるいは作りかけの隠喩と物語）を残した。彼らは、特定の心理的反応を引き出すという音楽をかけた。俺は深い昏睡状態に導かれ、何時間かが一瞬のうちに過ぎていった。

それから俺はスティーブの家に戻り、スティーブが息子たちを愛情深く怒鳴り散らしている間は、彼のＮＬＰの本を読んだ。

俺にはある持論があった。ダスティンのように、生まれつき才能のある男たちは若いうちに童貞を失い、その結果、大切な思春期の間に女性に対して切迫感や好奇心、威圧感を感じることがない。だが一方、必要に迫られた男たちは系統的に女性に近づく方法を学ぶ。これは俺自身やコミュニティの多くの生徒たちのように、おおむね高校時代をガールフレンドなしで、時にはデートさえすることなく、耐え忍んだ男たちだ。俺たちは女性を恐れ、疎んじられて数年を過ごさざるを得なかった。だが彼女たちこそ、俺たち十代後半の若者たちを悩ます不名誉、すなわち童貞から解放してくれる唯一の鍵を持っていたのだ。

スティーブは、生まれつき才能ある人々についての俺の持論にぴったり当てはまった。彼は一年生でセックスの極意を究めた。年上の少女が彼にフェラチオをしたがったのだ。そんなことを言い出した彼女を、彼は石で殴ろうとしたという。しかし結局は彼女に説得された。そしてこの経験から、一生続くオーラルセックス狂いが始まったのだ。彼の話では、十七歳の時カトリックの女子校での厨房の仕事に、従兄弟から雇われたのだそうだ。彼が一人の少女にオーラルセックスをしてやると噂が広まり、すぐに彼は学校内でのセックスの御大《おんたい》となった。しかし彼は少女たちに悦《よろこ》びを与える一方で、罪も与えていた。やがて、厨房の男子たちを巻き込むものすごい数の告発がされ、スティーブはクビになってしまった。

彼はしばらく暴走族と付き合っていたが、仲間の一人を誤って撃ってしまい、すぐにそこも離れた。彼は今、自らが生み出したセックスと精神性との融合に人生を捧げている。話は荒っぽいが、根本的にはいいヤツだった。

これまでに会った多くの導師たちとは違い、俺は彼を信頼した。

毎晩彼の息子たちが眠ってしまうと、彼がその名をけっして口にしないと誓ったシャーマンから学んだという内部循環の魔術を教えてくれた。最初に泊まった週末には、魂を見つめるレッスンを受けた。これは呼吸を同調させながら女の右目を自分の右目でじっと深く見つめるというものだった。

「一度でもこれをしたら、彼女は本当に強く、君と結びつくようになるぞ」彼の忠言はたいてい、実際に指導している時間よりも長くなった。「これを行えば、君はアナム・カラになる。ゲール語で魂の友という意味だ。ソウルメイトだよ」

続く週末に俺が学んだのは、カップルとどちらかの愛人とで同居する三角関係の運営管理と、セックスの間女性の口にドライネクタリンを含ませていやらしく噛ませて、彼女に別の女をクンニさせる訓練をする方法だった。その次の週末には、俺の手から女の腹部への氣の送り方を。さらに翌週末に彼が教えてくれたのが、絶頂感のエネルギーを閉じ込めて循環させるやり方だった。そうすることで女は、次々と絶頂感を積み上げ続けていくことになる。スティーブの言葉を借りるならば「桃の種入りのクソをしている犬のように震える」まで。最後に、彼自身がもっとも素晴らしいと思っている技術を俺にも教えてくれた。言葉とスキンシップを通じて、いかなる女性をも「ナイアガラの滝のような噴出」という強烈な絶頂へと導くことだ。

まったくもってこれは、ゲームの新境地だった。彼は俺に素晴らしい力を与えてくれていた。

俺は学びの嵐の中にいた。友だちにも電話をしなかったし、家族ともほとんど話さなかった。仕事の原稿依頼もすべて断った。俺は今までとは違う現実を生きていたのだ。

「ラスプーチンに言ったんだ」ある晩スティーブが言った。「世の中にいるナンパ師たちの誰よりも、スタイルに、俺たちと一緒に教える側の一人になってほしいってね」

それは俺が断らなくてはならない申し出だった。ナンパの世界はすべてのドアが開かれた宮殿だ。どんなにその中で宝が誘っていようとも、その一つに入ってしまえばほかのドアは閉めなくてはならないのだ。

9 もっとも不細工なナンパ師

ある日曜の晩、サンディエゴから家に戻ると「クリフズリスト」のクリフから俺のパソコンにメールが届いていた。彼は街にいて、自分が発見した最新のナンパ師を俺に会わせたいという。土木作業員から転身した、デイヴィッド・Ｘと名乗るバイク乗りだ。

クリフはコミュニティが始まった当初からのメンバーだ。四十代で、神経質ではあるが、いい奴だった。人並みにハンサムだし、また、語並べ（ワードスクエアという遊び）の達人でもあった。外見は、一九五〇年代のホームドラマから抜け出てきたかのようだった。彼の家の物置には、千冊以上のナンパ本が収容されているのだという。七〇年代からごく短期間だけ発行されていた『ピックアップタイムズ』、エリック・ウェバーの有名な『現代ギャル攻略法——これだけ知ればパーフェクト！』の初版本、それに女嫌いの著者たちによる『ナンパは女が〝ノー〟と言ったときに始まる』といったようなタイトルのマイナーな本までだ。

デイヴィッド・Ｘは、何年かにわたってクリフが発掘してリストに加え、成長させていった六人のＰＵＡ《ナンパアーティスト》のうちの一人だった。このリストができたのは、クリフが「スピードナンパ」のメーリングリストでロスにこき下ろされたあとのこと。一九九九年にＮＬＰとは関係ないナンパテクニックについて話し合うために始めたのが最初である。ナンパ師なら誰でも専門分野を持っているものだが、デイヴィッド・Ｘの場合、それはハーレムの運営だった。複数の女性との関係を、彼女たちに嘘をつかずにうまくさばいていくのである。

中華料理店に入って、俺は自分を待っている相手を見てぎょっとした。デイヴィッド・Xは俺がこれまでに会ったなかでも、もっとも不細工なナンパ師だと思われた。彼に比べたらロス・ジェフリーズなんて、カルバンクラインの下着のモデルといっていい。デイヴィッドは巨体で、頭はハゲかかり、ひきがえるのように顔がイボで覆われており、声はといえば十万箱ものタバコを吸いつぶしたかのようだった。

彼との食事は、ナンパ師としてのルール以外、これまで経験してきた多くとそう変わりはなかった。彼のルールは、

1. 彼女が何を考えていても関係ない。

2. この関係の中で自分こそが一番重要な人間だ。

彼の哲学は「女にけっして嘘をつかない」ということ。彼のやりくちは、女が彼女自身の言葉のワナにかかって、彼とベッドをともにするというものだった。例えばバーで女性に出会ったときは、彼女に「自分は好きなように生きる。誰にも命令はされない」と言わせる。そのあと、もし彼女が彼と一緒にバーを出ることを渋ったらこう言うのだ。

「君は好きなように生きている人だと思ってたんだけどな。やりたいようにやってきたんだろ?」

いすの上でスイスチーズのかけらのようにのんびりと体を広げながら、彼は俺たちにこう教えてくれた。「俺がつく嘘といえば、『君の口ではイかないよ』と、『ただ尻の周りをなでているだけさ』これくらいだな」

どうも見た目からは想像ができなかった。

彼の哲学は、俺がミステリーから学んできたこととは正反対だった。それは夕食の間中、思い知らされた。彼は

クリフのビッグマウスセオリーの証人で、才能あふれるアルファメールだった。

「一番いいのは」彼が得意気に言った。「この世には、俺みたいな男と、あんたやミステリーみたいな男がいるってことさ。あんたらがまだバーでマジックなんかやっているうちに、俺はおかわりをしに戻ってくるよ」

楽しい夕食だったし、俺はゲームの中で何度でも役立ちそうな細かい要素をあれこれ学ぶことができた。しかしブランチを終えるころには、あることを悟っていた。俺はもう、これ以上の導師たちに会う必要はない。

俺は世界一のナンパアーティストになるために求めていた情報を、すべて手に入れた。

俺は数百とおりものオープナーや、ルーティーン、コッキージョークのコメント、価値の示し方、それに強力なセックステクニックを身につけていた。俺は催眠をかけられてヴァルハラ（北欧神話の神の宮殿）に行き、そして戻ってきた。自分自身の楽しみや興味のため以外には、もうこれ以上何も学ぶ必要はなかった。必要なのは、絶えず現場に出ることだけだ。

接近、測定、微調整、そして障害の克服。もうマイアミへの、それに続くすべての講座への準備はできていた。

俺はクリフに送ってもらう車の中で自分に誓った。もしまた導師に会うことがあるならば、それは生徒としてじゃない。対等な立場でだ。

Step 5

ターゲットを隔離する

彼女の健全さと明るさが怖いからといって、

彼女を苦しめるのは不公平です。

ジェニー・ホルツァー

『Benches』より

1 コミュニティから〝ファミリー〟へ

俺とミステリーは講座を開きながら世界中を旅して、ゲームのプレイヤーみんなに会ってきた。そしてナンパコミュニティは、モニター上に映し出される単なる匿名の寄せ集め以上のものになった。血の通ったファミリーになったのだ。〝マッドダッシュ〟はもはや、画面に映るただの七文字ではなく、シカゴに住むジェレミー・ピヴェン（俳優）似のゆかいな起業家だったし、〝ストリップト〟はモデルみたいなルックスをしたアムステルダム出身の神経質な編集者で、〝ナイトライト9〟はマイクロソフトに勤める愛すべきオタク野郎だった。

やがて気取り屋や口ばかりのキーボードジョッキーは追放され、スーパースターたちがしかるべき扱いを受けるようになった。ミステリーと俺はスーパースターだった。各地を回ってレクチャーしたからだ。マイアミで、ロサンゼルスで、ニューヨークで、トロントで、モントリオールで、サンフランシスコで、シカゴで。どの講座も俺たちの技術を向上させ、強化させ、さらに駆り立てた。俺が出会ったほかの導師《グル》たちはみな、セミナールームの馴れ合いにしがみついていた。彼らはけっして、街から街、夜から夜、女から女という現場に出て、自分たちのノウハウを証明してみせようとはしなかったのだ。

俺たちが街を通り抜けていくたびに、以前には存在していなかった取り巻きが現れ、新しい技術を練習したがっている生徒たちをまとめ上げる。口コミで、その取り巻きたちはすぐに二倍、三倍、四倍へと増殖していった。彼らは全員、ミステリーとスタイルを崇拝した。俺たちが彼らの望む生活、あるいは彼らの思い描いたとおりの生活をしていたからだろう。

それぞれの講座が終わると、俺が新たに身につけたテクニックを褒めたたえるオンラインレビューが、どんどん投稿される。俺がフィールドレポートを投稿するといつも、俺のウイングになりたいという生徒たちからのEメールが山のように届く。実際のところ、俺の電話帳ではナンパ師たちの名前の数が、出会った女たちの名前の数をしのぎ始めていた。

俺の電話が鳴ると、そのほとんどはスタイルに用がある男たちからだった。そして挨拶もそこそこに聞いてくるのだ。「女の子に電話をかけるときは、こっちの番号は伏せておきますか？ どうしますか？」「三角関係だったんですが、狙ってないほうの娘が結局ぼくのこと好きになっちゃって、電話番号を渡されたんです。まだターゲットにいける可能性ありますかね？」

俺のかつての生活は、ゲームのおかげでぐちゃぐちゃになった。だがそれだけの価値があった。なぜならそれは、俺がいつも妬《ねた》んでいた、会ったばかりの女とクラブの片隅でまさぐり合うような男になるためのプロセスの一部だったからだ。そう、ダスティンのような男にだ。

このコミュニティを発見する前、俺がクラブで会った女とそうなれたのはたった一度、初めてロサンゼルスに来たときのことだった。しかし、キスの途中で彼女は俺を押しやって言った。

「みんなあなたのこと、プロデューサーか何かだと思っているわ」

つまり彼女は、そうでなけりゃあんたみたいなヤボな男とこんなにモテモテのあたしがいちゃつくわけないでしょ、と言いたかったのだ。これには数カ月落ち込んだ。振り返ってみれば、俺に自信がなさすぎて、それを彼女なりのネグだと分からなかったのだ。

だが今では俺はクラブに足を踏み入れるなり、どの女が三十分以内に俺の喉元に舌を這わせるのかと考えながら、力がみなぎってくるのを感じる。これまでにどの自己啓発本を読んでも、俺は愚かな確証を求めずにはいられないでいた。俺たちは誰もそうだろう。だからゲームをしているんだ。セックスは射精じゃない。受け入れることなんだ。

話は変わるが、旅をしているうちにミステリーは独自の変貌を遂げた。彼のピーコックセオリーは新しく、より過激になり、女の気を引くためには、一つのアイテムを身に着けるだけでは足りなくなった。彼が身に着ける物はすべてけた外れで、彼はもはや動く余興になっていた。十五センチはある厚底のブーツを履き、鮮やかな深紅の虎縞がほどこされたカウボーイハットをかぶる。そのせいで彼は、二メートルを軽く超える大男になっていた。そのほか身に着けていたのはぴっちりとしたポリ塩化ビニールの黒いパンツに、妙ちくりんなゴーグル、プラスチックの鋲《びょう》つきのバックパック、メッシュのシースルーシャツ。顔には黒のアイライナーと白いアイシャドウをひき、腕時計を七つほど巻いていた。彼が道を歩けば、誰もが振り返った。

彼にはオープナーなど必要なかった。女のほうから話しかけてきた。女は彼の後ろを数ブロックついてきた。彼の尻をつまむ女もいたし、ある年上の女など彼の股をがっしり握ってみせた。もし相手に興味がわいたならミステリーがしなきゃならないことは一つ、手品を見せること。手品は彼の奇抜さを、みんなに納得させてくれた。

彼の新しいルックスはまた、女にとっては強烈なリトマス試験紙としての役目を果たすこととなった。彼が興味を持たないような女たちはその格好に反発をし、彼の好む女たちは引き寄せられたからだ。

「俺は今まで落としたことがないようなホットな女や、最高のクラブガールのために着飾ってるんだ」ある晩ミステリーは、俺が彼のピエロのような格好を責めるとそう説明した。「彼女たちはグルーピー気取りだから、俺もロックスターを演じるんだよ」

ミステリーは、俺にもよく自分のようにド派手に着飾れと迫ってきた。ある午後に俺は根負けして、モントリオールのランジェリーショップで紫色のファーのベストを買ったが、ぽかんと見つめられたり注目されたりし続けるのは楽しめなかった。それに、そんな物を着なくても、俺は十分うまくやれていた。

俺の評判は、マイアミでの講座以降、右肩上がりだった。そこでの三十分に俺は、それまでの催眠状態の六週間や、トレーニング、導師を追いかけた成果をすべて注ぎ込んだのだ。コミュニティ史上に残る夜だったろう。レスリングではなく、バレエのようなナンパ。完璧な手本だった。

それは俺が、〝AFC《欲求不満のバカ》〟から〝PUA《ナンパアーティスト》〟へと、正式に脱皮した夜だった。

2 マイアミ、史上最高の夜

完璧なナンパだった。

彼女たちが「マイアミ・クローバー」のＶＩＰエリアに入ってくると、誰もが目を向けた。ふたりともプラチナブロンドで、よく焼いた、手入れの行き届いた胸元をして、タイトな白いタンクトップと、タイトな白いパンツというそっくりの服装をしていた。気づくなというほうが無理だ。彼女たちはナンパ師たちの言葉で言うなら〝最高《テン》〟で、男どもを野獣に変える服装をしていたんだから。ここはテストステロンのレベルが上がるサウスビーチだ。このふたり組は一晩中口笛を吹かれたり、歓声をあげられたりしていた。視線を浴びることを楽しんでいるようだったが、同じくらい、それを浴びせかけた男たちをへこませて楽しんでいた。

するべきことは分かっていた。ほかのヤツらがしていないことをすればよかった。ナンパアーティストはルールの例外でなければならない。俺は内側にある進化の本能のすべてを抑え込んで、何があっても彼女らに無関心でなければならなかった。

俺の連れはミステリーと生徒がふたり。〝アウトブレイク〟と〝マタドール・オブ・ラブ〟だ。ほかの生徒たちは階下のダンスフロアあたりでナンパしていた。

最初にアウトブレイクが、このプラチナ製の双子のファッションを褒めながら、ぶつかっていった。彼女たちは彼をブヨか何かみたいに追い払った。次にマタドールがモーリー・ポヴィッチのオープナーをもって挑んだ。彼もまた、こてんぱんにやっつけられた。

今度は俺の番だった。スティーブ・Pとラスプーチンが俺に暗示をかけてくれた、自信と自尊心のすべてを寄せ集めようとした。たとえわずかでも弱さや疑いをちらつかせたら、ふたりは俺を生きたまま食らうだろう。

「背の高いほうは〝テン〟じゃないな」ミステリーが俺に身を寄せてささやいた。「あの女はイレブンだ。こいつはなかなか派手なネグが必要になりそうだな」

彼女たちはバーのほうへとぶらついて、そこで黒いチュチュを着けた女装男と話し始めた。俺は彼女たちをちらりとも見ずに近づくと、まるで知り合いのように女装男に挨拶をした。俺は彼にこのクラブで働いているのかと尋ね、彼は違うと答えた。俺が彼に何を言ったかなんて問題じゃなかった。俺はただいいポジションにつき、彼をふたりへの架け橋にしたのだった。

俺は射程圏内に入り、ネグのタイミングを見計らった。

「そっちの女の子は、君のスタイルをパクっているね」俺はテンに声をかけた。背の低いほうだ。「見てごらんよ」俺はもう一人の白い服のプラチナブロンドのほうを指した。

「ただ髪型が一緒なだけでしょ」テンが否定した。

「いや、服装も見てみろって」俺は言い張った。「ほとんど一緒じゃないか」

ふたりはお互いに見つめ合って、そしていちかばちかの時間が流れる。もし続けて何かうまいことを言えなかったら、俺は彼女たちからの眼中からはずれ、ほかのクズ男たちと同じ焼き印を押されることだろう。だから俺は、またネグを続けた。

「気づいてる？　君たちふたりとも不思議の国のスノーフレークみたいだよ」

これは、変で意味不明なコメントだったが、彼女たちの注意を引きつけることはできた。それが分かって、俺の心臓が早鐘《はやがね》を打ち始めた。ここで俺は、自分らしい本来のやり方で会話を再開させた。

「気になってるんだけど、その髪って本物？」

テンはびっくりしたようだったが、落ち着きを取り戻すと言った。

「ええ、触ってみて」

俺は優しく引っぱった。

「おい、動いたぞ。偽物だろ」

「もっと強く引っぱってみて」

俺は言われたとおり強く引っぱり、彼女の首は後ろに傾いた。

「なるほど、信じた。でもそっちの友だちのほうはどうかな？」

イレブンの顔が紅潮した。彼女はバーカウンターに身を乗り出し、鋭い目で俺を見た。「ほんとに失礼ね。この下がハゲ頭とでも？　本当に傷つく人だっているのよ。無礼だわ。あなたは自分が誰かにそんなこと言われたら、どう思うの？」

ナンパは掛け金の高いゲームだ。もし勝ちたかったら、手段なんて選んじゃいられない。これまで俺がやったことは彼女たちの関心をつかんで、感情的な反応を引き起こすことだった。たしかに否定的ではあったが、とにかく関係を築くことはできた。彼女の怒りを鎮めることができれば、中に踏み込んでいける。幸運にも俺はその日たまたま、生徒たちにルックスはたいした問題じゃないと教えるために、黒いモッズ風のウィッグと、唇には偽のピアスをしていた。全部おふざけだ。

俺はバーに体を傾けて、イレブンをじろっと睨んだ。

「じゃあ教えてあげる」俺は口を開いた。「実をいうと俺はウィッグをかぶっていて、その下はハゲ頭なんだ」

ここで俺は間を置いた。彼女は口をぽかんと開けて俺を見つめた。何て言っていいのか分からなかったんだろう。さあ彼女を引き戻す時間だ。

「それから、もう少し言わせてもらうよ。俺が丸ハゲだろうと、このウィッグをかぶっていようと、あるいはバカみたいなロングヘアのウィッグをかぶっていたって、みんなからの接し方は変わらない。変わるとしたら、すべて君の態度次第なんだよ。そう思わない？」

俺がナンパ中に言うセリフには、すべて隠された動機がある。俺はバーにいるほかの男どもと違って、彼女のルックスに恐れをなしていないし、怯えるつもりもないってことを彼女に分からせる必要があった。今の俺にとって、美しさとは〝くそテスト〟（彼氏もしくはセックスの相手として適切かどうか見極めるために女が使う質問や要求、コメントのこと）にすぎなかった。つまり、美しさに物も言えなくなった敗者たちを、根こそぎ取り除いたのだ。

「俺はロスに住んでる」俺は続けた。「アメリカ中で最高のいい女たちがやって来て、何とか成功しようとする街だ。そこのクラブを見渡せば、見てくれのいいヤツらばかりいるよ。それに比べりゃこのＶＩＰルームなんて、しけたバーみたいなもんさ」

これはロス・ジェフリーズから教わった言葉で、ほぼ一字一句そのままだった。そしてこれが有効に働いた。

彼女があたりを見回すのを待って、続けた。

「君は俺が何を学んだか分かるかい？　美しさなんてありふれたもんだってことだよ。それはしょせん、生まれつき備わったものか、金を出して買ったものかだからな。大切なのは自分をどう思うかだ。大切なのは、できた振る舞いと、できた人格だよ」

さあ、俺は中に入り込んだ。今、口が開けないのは彼女たちだ。俺じゃない。ジェフリーズがかつて俺に見せてくれたように、俺は彼女たちの世界に入り、そこにおける権限を見せつけたんだ。そのポジションを確かにするために、もう一つネグを仕掛けた。ただし、俺が彼女たちの味方になったかのような、ちょっとした褒め言葉で和らげておく。

「それと、自分では気づいていないかもしれないけど、君はすごくいい笑顔をしてる。俺はその下に何があろうと、きっといい人にちがいないって思うだろうね」

テンが俺ににじり寄ると言った。

「私たち、姉妹なの」

レベルの低いナンパ師だったら、これで仕事は終わった、俺は彼女たちを口説き落としたと思うだろう。だが違う。これは新たな〝くそテスト〟の一つだ。俺はゆっくりと時間をかけて、ふたりを見つめた。それから賭けに出る。

「嘘だろ」笑いながら言った。「ほかの男たちは信じるかもしれないけど、俺の勘はなかなか冴えてるんだ。ふたりをじっくり見れば、ずいぶん違うって分かるよ。かなり違うね」

テンはやましそうな笑顔をぱっと浮かべた。

「誰にも言ったことはなかったけど」彼女が言った。「でもあなたが正解。私たちはただの友だち同士よ」

ようやく俺は彼女たちのプログラムを突破することができた。男たちに対する自動応答の反応から彼女たちを連れ出し、俺がほかの男とは違うと見せつけたのだ。もう一つ、賭けてみた。

「それに君たち、そんなに長い友だちじゃないね。たいてい親友だったら同じクセが身につくものだけど、君たちにはそんなのないからね」

「知り合ってほんの一年程度よ」テンが認めた。

さて、ゲームはやめてありふれた世間話でもする時間だ。でも俺は質問なんてしない。代わりにジャグラーが教えてくれたとおり、とりとめのない話でもして彼女たちから俺に質問させる。

テンの話では、彼女たちはサンディエゴから来ていた。そして俺たちはしばらくウエストコーストやマイアミについて、よもやま話に興じた。話している間、俺はイレブンには興味がないといったふうに、彼女に背を向けていた。これは古典的なミステリーメソッドだ。俺は彼女にもっと俺のことを考えてほしかった。どうしてこの男はみんなみたいにあたしを見てくれないのかしら、と思ってほしかった。ゲームに偶然はない。

俺は女の興味は炎だと思う。炎が弱まり始めたら、振り返ってかき立てる時間だ。だからイレブンが誰か話し相手を探しに歩き出そうとした瞬間、俺は振り返って美しいセリフを捧げた。

「ちょっといい？　君を見ていると、中学時代はどんな子だったのかはっきりと分かるよ。きっと君は、そんなに社交的だったり人気者だったりではなかったろ」

もちろん、そんなのは分かりきったことだった。しかし彼女はひどく驚いて、どうしてそれが分かったのだろうかと不思議がって俺を見つめた。この勝利を固めるために、美しさを中和させる、最後のコールドリーディングのルーティーンを持ち出す。

「みんなは君のことをビッチだと思うかもしれない。でも君は違う。本当は、いろんな意味でシャイだってだけだ」

彼女はナンパ師たちが言う、「エサをねだる犬の顔」を見せ始めた。すべてのアプローチのゴールの眺めだ。彼女の瞳はぼうっとして瞳孔が開き、ただ俺の唇の動きをうっとりと、吸い込まれたように見つめるだけだった。だが彼女が俺に興味を持てば持つほど、テンからの誘うようなキノもエスカレートしてきていることに俺は気づいた。

「あなたっておもしろいわ」テンが俺に胸を押しつけながら、耳元で言った。

離れたところに、連れのミステリーとアウトブレイク、マタドール・オブ・ラブの姿が見えた。

「私たち、ロスであなたと過ごしたいわ」

彼女はしなだれかかり、俺をきつく抱き締めてきた。

「おいおい、これには三十ドルいただくよ」俺は腕から逃れながら彼女に言った。「こういうことは、無料じゃないんだ」

こちらが避ければ避けるほど、人っていうのは向かってくるものだ。

「私、この人好きよ」彼女がイレブンに言った。

それから俺に、今度ロサンゼルスに行くことがあったら、ふたりで俺の家に泊まってもいいかと聞いた。

「もちろん」俺は答えた。

だがその言葉が口から出るなり、もう手遅れだったが、俺は気がついた。俺のもてなしは、より難しい課題にするべきだったんだ。ナンパの間は覚えることやこなすことがありすぎて、すべてを完璧にするのは難しかった。まあいいさ。彼女は俺に電話番号を渡し、俺も自分のを渡した。

もう気づいているかもしれないが、俺は彼女たちにずっと名前を聞いていない。ナンパをしている間は俺がけっして自己紹介をしないからだ。俺は最初の講座でミステリーが教えてくれたように、女たちから自己紹介してきたり、彼女たちが名前を聞いてくるのを待つ。この方法で、彼女が俺に興味を持っているのかどうかが分かる。だから電話番号を交換したとき、俺は初めて本当のＩＯＩ《脈ありサイン》を受け取り、テンがレベッカ、イレブンがヘザーという名であることを知った。そろそろ彼女たちと別れる時間だった。そして、ヘザーに熱いキスをするのに十分なＩＯＩを受け取れたかどうかを確認する時間だった。

すると突然、彼女たちの知り合いの男が現れ、ドリンクを三杯買った。ヘザーとレベッカと、そいつ自身のためにだ。俺は空っぽの手を伸ばし、あたりを見渡して、傷ついたふりをした。ヘザーが苦労して作り込んだその外見の下では本当に優しい女の子なのだと、俺にもだんだん分かってきていた。彼女は激怒した。

「彼のことは気にしないで」彼女はその男友だちを指さしながら言った。「ほんとに気が利かないヤツなの」彼女がバーテンダーを呼んで俺のために一杯頼むと、レベッカは怒ったような視線を彼女に投げた。

「私たちのルール、覚えてる?」そう言って彼女がすねた。

俺には彼女たちのルールが分かった。こういう女の子たちは、男に飲み物をおごってもらうのが好きだ。しかしデイヴィッド・Xは、俺にそのさらに上を教えてくれた。女たちは飲み物をおごってくれる男を軽んじる、ということだ。本当のナンパアーティストなら、まだ寝てもいない女に食事や飲み物やプレゼントを買ってやったりはしないとわきまえている。デートは、カモになる男のためのものだ。

「私たち、この旅行ではお酒にはお金を払わないって決めたじゃない」レベッカがぼやいた。

「だけど君は自分のために飲み物を買ったんじゃない」俺がふたりに言った。「俺のために一杯買ってくれたんだろ。それに俺は、ほかのどんな男とも違うよ」俺は本当はこんなに傲慢じゃないのだけれど、ゲームにはルールがある。そしてルールが有効である以上はそれにしたがわなくてはならない。突然、ミステリーがこちらへやって来て俺の耳元にささやいた。

「隔離しろ!」

「君に見せたいものがある」ヘザーの手を取って言った。俺は彼女を近くのボックス席へと連れ出し座らせて、ESP実験をしてみせた。後ろのほうで、ミステリーが開いた手のひらに拳をスローモーションで打ち込んでいるのが見える。暗号だ。〝フェイズシフト〟、スピードを落としてとどめを刺すために近づいていけ、という信号だった。

俺は彼女に、魂を見つめることについて話し、ハウスミュージックや大量の会話が周囲で鳴り響くなかで互いの目を見つめ合い、しばし時間を共有した。俺は頭の中で、ずんぐりとした中学生だったかつての彼女を想像した。もし本当の彼女がどれほど美しいかを考えてしまったら、キスするときには緊張しすぎて、彼女の唇を俺の唇で汚すなんてできやしなかったろう。

俺はゆっくりと彼女へと顔を近づけた。

「唇はダメ」彼女が静かに言った。

俺は人差し指を上げると彼女の唇におき、そして言った。

「シィー」

それからキスをした。唇に。

それは俺の人生のうちでも、もっとも素晴らしいキスだったろう。だが俺はナンパに夢中になるあまり、唇にフェイクピアスをつけていたことをすっかり忘れていた。それが取れてしまったり、もっと最悪なら彼女の唇についてしまうことを恐れて、俺は体を離し、再び彼女を見つめた。そして彼女の下唇に歯を立てた。

彼女が舌を出してきた。

「そんなに焦るなよ」

まるで彼女に襲われているみたいに、俺は言った。デイヴィッド・デアンジェロがセミナーで話したことによれば、肉体的に深まっていくためのポイントは、二歩進んだら一歩下がることだそうだ。俺たちは慎重に愛を交わし、そのあとで彼女をバーにいるレベッカのもとへ返した。俺はまだウイングを務める講座があったので、彼女たちには、出会えて楽しかったが友だちのところへ戻らなくちゃならないと伝えた。週末を一緒に過ごす計画を確認し合って、俺は心の中で唄いながらそこを去った。

マタドール・オブ・ラブがまず最初に俺のもとへ走り込んできた。彼は俺の手を取り、そこにキスを浴びせた。

「ここがインドなら、あなたのような人の前で我々はひれ伏しますよ」彼は興奮して腕をぶんぶん振り回しながらそう言った。「あなたは、人生における新しい意味を与えてくれました。ジョン・エルウェイの、ザ・ドライブ（N

ＦＬで、一九八六年のＡＦＣ《アメリカンフットボールカンファレンス》チャンピオンシップでエルウェイが残り二分から見せた伝説のドライブ）を見たときみたいです。エルウェイはずっと持っていた能力を、あの瞬間に証明してみせたんだ。あなたはスーパーボウル・リングを手に入れたのと同じですよ！」

　その夜は一晩中、俺は熱狂の中にいた。俺がプラチナブロンドの偽姉妹と一緒にいたところなど見ていなかった女たちでさえ、話しかけてきた。彼女たちはにおいを嗅ぎつけられるのだ。

　俺はもう一度ヘザーのもとに走り寄って聞いた。

「君、泥棒じゃないよね？」

「違うわ」彼女が答えた。

　俺はネックレスを外すと、ゆっくりと彼女の首にかけてやった。

「これはまだ俺のものだよ」俺はささやき、彼女に軽くキスをした。「これで今夜のこと、覚えていられるだろ。でも次に会ったときには返してくれよ。俺にとっちゃすごく特別なものなんだ」

　歩き去りながら、俺は彼女の夜を作り上げたと感じていた。

　俺がセックスしたのかどうかなんて、問題でさえなかった。なぜならこれは巧妙に演じられたゲームだったのだから。まさしくこのために俺は、必死に努力してきたのだ。ただ、ここまでが実にスムーズ過ぎたことと、その過程でどうしようもない飢えを心に作ってしまったことに、俺はまだ気づかずにいた。

3 〝ハリウッドマダム〟との勝負

さらに二カ月続いた講座のあとで、ひと休みしようとロサンゼルスに戻った。だが俺は一人きりで家にじっとしていられなくなっていた。出会うべき人々でいっぱいのクラブやバーがあり、その一つ一つに新しい冒険が待ち受けている。ナンパへの抑えがたい衝動が、熱のように俺の体を飲み込むのだった。

タイミングよくグリンブルから電話があった。彼はウイスキーバーで、ハイディ・フライスと話をしているとのことだった。ハイディはかつて〝ハリウッドマダム〟の異名をとった女で、売春と脱税の容疑で入っていた刑務所から最近釈放された（ハリウッドスターや大富豪など大物の顧客を抱える高級コールガール組織の元締めだったことで有名）。その彼女が俺に会いたがっているという。

俺は最近買ったばかりのオーダーメイドのスーツに袖を通し、ショルダーバッグを肩に掛けて、左右の手首に違うコロンを振りまいた。これは気楽な呼び出しじゃないと感じていたのだ。

俺が店に着くと、グリンブルはバーカウンターで彼女のとなりに立っていた。彼は出会ったときとまったく同じ、花柄のボタンダウンシャツを着ていた。変わったのは、何度も洗濯されたせいでシルバーが色あせてグレーになっていることぐらいだ。ボタンは上から三つ外されており、彼のつるつるの胸元が前よりも広くのぞいていた。野球選手のように、彼はそのシャツが幸運のシャツだと信じているようだった。

「こいつがスタイルだよ」グリンブルが彼女に言いながら、友人を少しドキッとさせるような、ある種の女たちなら間違いなく興味をかき立てられるような、怪しげなほほ笑みをちらっと見せた。「さっき話した男さ」

ハイディは、ロサンゼルスでたった独りで生き抜いてきた女だけがそうなり得るような、魅力的だが冷徹な女だった。どうしてグリンブルは、俺を彼女に会わせようとしたんだろうか。どうも見当がつかなかった。俺は服役歴のある女は避けている。

彼女は近づいてくると、俺の手をしっかりと握りしめた。

「さあ」彼女が言った。「腕前を見せてちょうだい」

「いったい何のこと?」俺は聞いた。

「このグリンブルが、あんたがナンパアーティストだって言ったのよ。何を教えているか話してくれたの。技を見せて」

俺は怒ってグリンブルを見た。俺を売りやがった。

「お前が見せてやればいいじゃないか」俺は言った。

「ここに彼女がいるんだ」彼はそう言うと冷たいほほ笑みを一瞬浮かべ、十センチほどのヒールを履いた小柄なヒスパニックの女にうなずいて見せた。

「それに俺のことなら『エリミデイト』(アメリカのバラエティ番組。一人の男性もしくは女性に対し四人の異性がアタックし、一人ずつ落とされていく)でも観ることができるんだしさ」

グリンブルは何カ月か前に、『エリミデイト』のオーディションを受けて自分のナンパスキルを試すつもりだと言っていた。俺は彼が本気でそんなことをやるとは思っていなかったし、実際に受かったというのも信じられなかった。

「オンエアはいつ?」俺は聞いた。

「明日の晩さ」

「誰が勝った？」

「それは言っちゃいけないことになっているんだ。テレビで観てくれよ」

俺はヒントはないかと彼の顔をじろじろ見つめたが、彼は何も漏らさなかった。

「ねえ」ハイディがせかしてきた。「女の子をナンパなさいよ。賭けてもいいけど、あんたがナンパできる女なんて、あたしにも楽勝だわ」

まるで今夜は俺が自分の『エリミデイト』に参加しているみたいだった。数カ月の旅と繰り返しのナンパのせいでひどく疲れてはいたが、挑戦を拒むつもりはなかった。

ハイディはくるりと一回転すると、テラスに座ってタバコを吸っていた三人の女に近づいていった。戦いは始まった。

俺は近くにいた別の三人組に、コロンを使ってオープナーを持ち出した。ふたりの男と、カメラを探しているアンカーウーマン（ニュースキャスター）のようなレディだ。そのあと、ごく普通の、事実確認の質問をしてみた。

「どんな知り合い？」

残念だが、彼女は残りのふたりのうちの一人と結婚していた。

俺がその場を離れようとしているとそこへ、ハイディが乗り込んできた。

「あら」ハイディは俺のさっきまでのターゲットに声をかけた。「スタイルとはどういったお知り合いなの？」

「会ったばかりよ」彼女が答えた。

「あら、長い友だち同士なのかと思った」ハイディは媚びたようなほほ笑みを浮かべて彼女に言った。それから振り返ると俺にささやいた。「つまらない人たちね。移動しましょう」

立ち去りながら、俺は彼女が狙った三人組はどうしたのかと尋ねた。

「みんな二十歳だったの。あの子たちなら三十分で仕事に出せるわ」

どうやらハイディにとってのナンパとは、女を娼婦としてスカウトすることらしい。しばらく経つと、彼女は別のグループにいた。俺は彼女を認めなきゃならない。彼女は近づいていくことに恐れなど抱いていなかった。俺が新しく得たゲームの最高の力を以って、彼女に思い知らせてやるときだと心に決めた。

ハイディは、金のグリッターを軽く頬にはたいたふたりの女の前の床にひざをついて、近所のレストランについて話していた。俺は自分がでっち上げた、新しい意見を求めるオープナーを携えて、近づいて行った。新しい恋人が、大学時代のかつての恋人と話をするのを許してくれないという友人についての話だ。

「彼女はフェアなのかな?」俺は聞いた。「それとも独占欲が強いのかな?」

俺の狙いは内輪で話していたグリッター女をこちらへ向かせることだったのだが、ハイディが出し抜けに言った。「男はただ両方の女とセックスしたらいいのよ。つまりね、あたしはいつも最初の晩にセックスするってこと」

このセリフは彼女のルーティーンの一部に違いなかった。彼女がそう言うのを聞いたのは、これが二度目だったのだ。彼女は近づくと必ず、女たちを怖がらせないようにひざをつくのだと気がついた。俺はグリンブルが呼び出してくれたことに感謝した。ハイディ・フライスは俺たちの仲間の一人だったのだから。

この数週間で、俺は独自のルーティーンを編み出していた。それは俺に、女をどの方向に連れて行くべきなのか決めさせる、シンプルなものだった。まずは話しかける。そして自分の価値を見せつける。次に親しい関係と感情的なつながりを築く。そして最後は肉体的なつながりを作り出す。

そして今、もうターゲットには話しかけたし、今度は価値を見せつけてハイディを蹴散らす時間だった。俺はマイアミの偽姉妹との出会いで編み出した作戦を始動させることにした。親友テストだ。

「聞きたいんだけど。ふたりは知り合ってどのくらいになる?」

「六年くらいかしら」一人が答えた。

「やっぱりそうか」

「どうして分かったの？」

「説明するより、ふたりに親友テストをしてあげよう」

彼女たちはこの無邪気なテストのアイデアにわくわくして、俺のほうへと身を乗り出してきた。コミュニティの男たちはこの現象をある言葉で表現する。俺はいわゆる「チッククラック」を彼女たちの目の前に投げたのである。彼らいわく、多くの女《チック》はテストや心理ゲーム、占い、コールドリーディングにまつわる質問に、無料のドラッグ《クラック》を欲するジャンキーのように反応するのだという。

「オーケイ」俺はまるで深刻な質問でもするかのように、言った。

彼女たちはさらに近くににじり寄ってきた。

「君たち、同じシャンプーを使っている？」

ふたりは見つめ合うと答えを決め、俺を振り返り話し出そうと口を開いた。

「答えはどうでもいい」俺がさえぎった。「君たちはすでに合格した」

「でもわたしたち、同じシャンプーは使っていないのよ」一人が言った。

「だが君たちは答える前に、お互いを見つめ合った。ほら、お互いをよく知っていなかったら、君たちは俺とアイコンタクトを続けたはずだよ。だけどふたりの間に絆があるなら、まず目を向け合って、答える前にほとんどテレパシーみたいにコミュニケーションする。話す必要なんてないからね」

ふたりはもう一度お互いを見つめ合った。

「ほら」俺は大声を出した。「すぐにそうするだろ」

彼女たちは笑い出した。スタイルに高得点が入った。

ふたりは俺に、ロサンゼルス行きの飛行機で知り合ってからずっと一緒にいることを教えてくれた。俺はすることもなくひざまずいている、ハイディ・フライスを見つめた。ふたりは彼女のことなどすっかり忘れてしまったかのようだった。

だがハイディは腰抜けではなかった。

「それで」彼女は高らかに言い放った。「ふたりのうち、彼とセックスするつもりの子はいるの？」

やられた。

二言で、彼女は俺をさらし者にした。もちろんふたりとも俺とセックスなんてする気はない。とりあえず今のところは。俺はまだ俺の理論の半分にも達していなかったし、たとえ達していたとしても、その二言は俺を吹き飛ばしたことだろう。

「おい、俺はそんな単純なヤツじゃないぜ」いささか遅かったが、挽回しようと俺は答えた。「まずは信頼と安心と絆が必要だよ」

ハイディと俺は一緒にその場を離れた。彼女は俺の肩を叩き、笑顔を見せた。

「もしあたしが今すぐにここから出て行ったら」彼女が言った。「あの子たちはアヒルの子供みたいに、あたしのあとをついてくるわよ」

それからすぐ、彼女はまた別のふたり組のところに行った。俺は彼女のもとに駆け寄り、勝負がまた始まった。コメディアンだというハゲた男と、お茶目なユーモアセンスと、いたずらっぽい声、それにチューインガムのように青い髪のド派手な女と一緒に、ハイディは座っていた。女の名はヒラリー。彼女は明日の晩、エコーというクラブでのストリップショーに出るのだという。とにかく面白い女で、俺は彼女にゲームを仕掛ける必要などほとんどなかった。ただおしゃべりをして、俺は彼女の相手の目の前で電話番号を受け取った。ハイディはふたりをパーティに招待し、ヒラリーに自分の番号を渡した。彼女は勝ち誇ったように俺を連れ出そうとはしなかった。

「あたしは一日であの子を働かせることができたのに」

彼女はいつも捨てゼリフを吐かなくてはならなかった。

ロックシンガーとして生まれ落ちる人もいる。生まれながらの教師だっている。

「あたしはね、生まれながらのマダムなの」ハイディが言った。「いつだって一番なのよ」

彼女は人々の間を離れるときはいつも、たとえそんな時代がもはや過去のものであったとしても、この女の子を娼婦にできた、彼らを家に招けた、と確信していた。その夜、俺たちがバーを出るころまでには、ふたりでその店にいた女全員を張り合っていた。そして俺は、プレイヤーと売春の女元締めとの間には、微妙な境界線があるのだと学んだ。

そのあとグリンブルとその彼女が、笑いながら俺に近づいてきた。

「俺が見た中で一番悪趣味だったよ」彼が言った。「信じられないくらい君は変わったな。なんだか別人みたいだ」

彼は俺の額にねばっこいキスをすると、俺をからかった。

「君はよく自分の地盤を保っていたよ。特に彼女には、誰にでも顔を知られているってアドバンテージがあったことを考えればなおさらさ」

「じゃあ」俺が答えた。「お前はどんなやつになったのか、明日の『エリミデイト』で確かめるとしよう」

4

ナンパ師のパラドックス

ナンパコミュニティにとって、記念すべき日だった。今夜の『エリミデイト』で、グリンブルはほかに三人選ばれた独身者たちと一緒に、アリソンという名の下着モデルを奪い合うのだ。俺たちのライフスタイルすべてがかかっていた。もし彼が勝ったら、俺たちがずっと昔から劣等感を抱いてきたスポーツバカや絶倫男よりも、このコミュニティが本当に社会的な効力を持っているのだということの証明になる。もし負けたら、俺たちはただの妄想癖のキーボードジョッキーだということだ。ナンパ師たちの運命は、彼の手に握られていた。

俺はグリンブルの家のソファに座り、トゥータイマーと一緒に放送を観た。番組ではほかの男たちがアリソンの機嫌を取ろうとしているなか、グリンブルはふんぞり返ってあたかも自分こそが賞品であるかのように振る舞っていた。

ほかの男たちが自分はどれほど成功した男かを言い立てる一方で、グリンブルは新しい導師の教えにしたがい、自分は使い捨てライターの修理工だと公言した。彼は一次予選を突破した。

第二ラウンド中、ウェイトレスがシャンパンボトルをアリソンの席へと届けにきた。グリンブルからの贈り物だった。彼女は驚いた。何しろグリンブルはほかの男たちのように熱心には挑んでいなかったからだ。彼は二次予選も通過した。

最終ラウンドはダンスフロアで開催された。俺はこれで決まりだと思った。俺はグリンブルと一緒にサルサのレッスンを受けたことがあったからだ。彼がフロアに連れ出し背中を押し上げてやると、彼女は息を飲み、俺は彼女の目の中に答えをみた。彼の勝利だ。

「おめでとう」彼に言った。「お前はＰＵＡ《ナンパアーティスト》の力を世界中に証明したんだ」

「ああ」彼が得意気な笑みを浮かべながら言った。「モデルがみんな、バカってわけじゃないのさ」

俺たちはその晩、ヒラリーのショーを見に出かけた。六年生のときジェシカ・ニクソンに玉砕して以来、まだ誰もデートしていない女に抱くオンリーワン中毒は、いつでも俺の人生の一部を占めていた。だがこの八カ月間、俺はそんな女に心が震えることすらなかった。実のところ、出会う女はみな、使い捨てや交換が利くように感じていたのだ。俺はナンパ師のパラドックスに入り込んでいた。ナンパ師として磨かれれば磨かれるほど、女への愛を失っていく。成功とはもはや、セックスをしたり恋人を見つけたりすることではなく、どれだけうまく立ち回れたかということで決まった。ミステリーが最初の講座で俺に教えてくれたように、バーやクラブは、クリアしなきゃならないテレビゲームのさまざまなレベルでしかなくなったのだ。

とりわけヒラリーは難関になるような気がしていた。彼女は頭がキレてシニカルなだけでなく、俺が一晩中ハイディ・フライスとナンパに駆けずり回っているところも見ていたのだから。

俺とグリンブルは「エコー」の後ろのほうの席に座り、ヒラリーのストリップを観た。彼女はギャングスターのようないでたちで、水鉄砲のマシンガンを手に、ぴっちりしたピンストライプのスーツをガーターとおそろいのパンティの上に羽織っていた。体はその芸術的なスタイルにふさわしい曲線をたたえている。部屋の後方に俺を見つけると彼女は気取りながら歩いてきて俺のひざに座り、顔めがけて水鉄砲を吹きかけた。俺は彼女が欲しくなった。

あとで俺は、ヒラリーと彼女の妹、それに友だちふたりが「エル・カルメン」というメキシカンバーで飲んでいるのに合流した。話をしながら、ヒラリーの手を取った。彼女は強く握り返してきた。ＩＯＩ《脈ありサイン》だ。グリンブルは正しかった。生まれ変わった俺は進化を遂げていたんだ。

彼女は俺に一歩近づいてきた。俺の心臓はどくどくと脈打っていた。俺がもっとも不安になるナンパの二段階、接近とキス。いつもそうなる。

しかし彼女に動物と進化と毛を抜いてしまうライオンについて話そうとしたときに、大問題が起こった。俳優のアンディ・ディックが仲間とともに店に入って来たのだ。その中の一人がヒラリーと知り合いだったので、彼らは俺たちと同じテーブルについた。そうして俺のゲームは唐突に消え失せた。俺たちの関係は影に入ってしまった。もっと明るく輝いている物体が彼女の視界には存在していた。俺たちは席を座り直し、どういうわけかアンディが俺たちの間に、俺とヒラリーを分断して座った。

アンディはすぐさまヒラリーにつきまとった。ロサンゼルスではこういうことがある。つまり、セレブがデートの相手に食いついてくるってことだ。俺がＡＦＣ《欲求不満のバカ》だった時代には、ウイスキーバーでロバート・ブレイクが俺の相手に電話番号をそっと手渡すのを、指をくわえて眺めていた夜もあった。だが今の俺はナンパアーティストだ。

ナンパアーティストは自分の相手に手を出されるのを、ただ眺めていたりはしない。しかしなんでまた俺は、ゴシップ紙のスターたちとこの女を争う羽目になっているのだろう。俺は立ち上がり外へ出た。頭を冷やさなくちゃならなかった。昨晩はハイディ・フライスをやり込めることもできたのだし、アンディ・ディックをへこますことだってできる。だが相手は声もでかくて感じも悪い。簡単じゃないだろう。その瞬間、彼がどうしてスターになったのかが分かった。彼は注目を浴びるのが大好きなのだ。

俺が持つ唯一の可能性は、彼よりも面白くなることだった。

グリンブルが、茶色く染めたくるくるの髪があせかけている女と話しながら外に出てきた。彼はパンツのポケットに手を伸ばし、ペンと紙を取り出している。ナンバークローズが成り立つところのようだ。

突然、その女がグリンブルのもとから駆けだして来た。

「スタイルなの？」彼女は疑うような目つきで俺をじっと見つめた。

彼女を見た。見覚えがあった。

「あたしよ」彼女が言った。「ジャッキーよ」

驚いて口があんぐりと開いてしまった。俺がホテルの部屋から逃げ出した、足の臭いコメディアンだ。俺が初めて半分まで成功した相手だ。これは奇跡的な一致なのだろうか。それともナンパできる新しい女が底をついてきたってことだろうか。

俺はしばらく彼女の通うコメディ教室の話をして、それからそこを離れた。もう時間を無駄にはできなかった。一分ごとにアンディの手が、ヒラリーの太ももをじりじりと上がっていくのだ。俺はそれを止めるつもりだった。

俺は席に戻り、ヒラリーと彼女の妹に親友テストを行った。このおかげで関心をこちらへと向けさせることができた。それからボディランゲージについて一席ぶったあとで、嘘つきゲームをしないかと誘った。このゲームでは女が自分の家や車について真実を四つ、嘘を一つ考える。しかし彼女はそれをばらしてしまってはいけない。彼女はただ一つずつ、それをあげていくだけだ。そしてたいていは彼女の目の動きを見つめることで、どれが嘘なのか分かる。なぜなら人は、真実を言っているときと嘘をついているときでは、違う方向を見てしまうものだからだ。

このゲームの間中俺は、ヒラリーのボディランゲージがアンディ・ディックへは閉ざされ、俺のほうへと開かれるまで、彼女を容赦なくからかうことができた。アンディは俺に、仕事は何だと尋ねてきた（このときは気づかなかったが、これはＩＯＩだった）。俺はライターだと答えた。彼は、自伝を書こうかと考えていると言う。すぐに彼はヒラリーのことなど完全に忘れてしまい、俺に質問を浴びせ、本を手伝ってはくれないかと頼んできた。彼はすっかり俺のファンだった。ミステリーが言うように、男を手に入れれば、女も手に入るのだ。

「一番怖いのは、退屈だって思われることだよ」彼が言った。

それが彼の弱みだった。俺は彼よりも面白く、彼にとって価値があることで、彼を打ち負かした。作戦はうまくいったのだ。昨夜のハイディ・フライスのときよりもずっとよかった。ただ、俺だけが、その作戦がどれほど効いてしまったのかに気づいていなかった。

アンディは俺に身を寄せるとささやいた。

「君はなんだ？　ストレート？　バイセクシャル？　それともゲイ？」

「え、ストレートだよ」

「俺はバイだ」俺の耳に息を吹きかけながら、彼は言った。

「ほんとに残念だな。たっぷり楽しめたのに」

アンディと仲間たちが店を出て行ったあとで、俺はヒラリーのもとへ戻った。彼女は簡単に「エサをねだる犬の顔」を見せた。俺はテーブルの下で彼女の手を握り、彼女の手のひらや太もも、吐息から発せられる熱を感じた。

今夜、彼女は俺のものになる。俺は彼女に勝った。

5 かつての色男が許しを乞う

翌朝、ヒラリーの家から自宅に戻ると、部屋でダスティンが待っていた。生まれつきの色男のキングが戻ってきたのだ。

だが俺のアパートで、いったい何をしているのだろうか。

「やあ」彼が優しく、弱々しい声で言った。

彼が身に着けていたのは、茶色の大きなボタンがついたツイードのジャケットと黒いポリエステルのストレートパンツ、それに頭にぴったりと密着した黒い縁なしの帽子だった。

ダスティンとはコミュニティに入る前――もう一年以上前から話をしていない。最後に聞いたのは、彼がロシアでナイトクラブを経営しているという話だった。彼は俺にガールフレンドたちの写真を送ってきた。曜日ごとに一人ずつ。実際彼は、彼女たちをマンデイ、チューズデイ、ウェンズデイ、なんて呼んでいたのだ。

「どうやってここに入った？」

「家主のルイーズさんが入れてくれたんだ。ほんとに優しい人だね。彼女の息子さんもライターなんだそうだよ」

彼は、自分と一緒にいる人々を安心させることができた。

「とにかく、会えてよかった」彼はそう言いながら、その熊のような体でハグしてきた。

体を離すと彼は目に涙を浮かべており、まるで本当に俺との再会を喜んでいるみたいだった。

その気持ちはお互いさまだ。ナンパ技術を学び始めてからというもの、ダスティンを思い出さなかった日などありはしない。ロス・ジェフリーズは、女に幻想を抱かせるのに催眠術を使って話さなくちゃならないが、ダスティンは一切口を開かずに同じ成果を上げられる。彼は女にとって、抑圧された欲望を映し出すための、白いキャンバスのような男なのだ。たとえ彼女たちが、彼に出会う前にはその欲望の何たるかを意識していなかったとしてもだ。以前の俺には彼がどう機能しているのか理解するための知識がなかった。だが今の俺は新しい知識を身につけたことで、彼の働きを見たり質問したりして、いつかは彼の方法をまねることだってできる。まるっきり新しい思想の一派を、ナンパコミュニティに導入することができるのだ。

「この一年、俺がしてきたこと、話したっけ?」俺が言った。「俺は、この世でもっとも偉大なナンパ師たちと付き合ってきたんだ。俺の生活はまるで変わったんだよ。そういうことなんだ」

「知ってる」彼が口を開いた。「マルコが教えてくれた」彼は濡れた大きな茶色の瞳で俺を見つめた。これまでに、数えきれないほどの美しい女たちの魂を映してきたその瞳でだ。

「俺はもう……」彼が言いよどんだ。「俺はもう、二度とそんなことはしないよ」

俺は最初、いぶかるように彼を見つめた。だがそのときになって、彼がかぶっている帽子がヤムルカ(ユダヤ教徒の男子が主に儀式でかぶるお椀形の小帽子)だということに気がついた。

「俺は今、エルサレムで暮らしているんだ」彼は話し続けた。「イェシヴァで。いわゆる神学校だよ」

「冗談だろ」

「本気さ。もう八カ月はセックスしていない。許されていないからね」

俺は自分の耳が信じられなかった。生まれつきの色男のキングが、禁欲主義者になったとは。あり得ない。それが刑務所が発明された理由だったじゃないか。あそこでは食い物も服も家もテレビも新鮮な空気も提供されるが、本当に大切な二つを取り上げる。自由と女だ。

「けどそれでもオナニーはしたっていいんだろ?」

「いや」

「マジかよ」

彼は一瞬沈黙した。

「うん、たまに夢精してしまうけど」

「いいか、神がお前に何か伝えようとしているんだ。出したまえ、とさ」

彼は笑い、俺の背中を叩いた。いやらしいジョークは宗教的に無視したかのように、彼の動きはゆっくりで、笑いは恩着せがましかった。

「今はヘブライの名前を使っているんだ」彼が言った。「イェシヴァでもっとも高位のラビ（ユダヤ教の宗教的指導者、学者的存在）の一人がつけてくれたんだよ。アヴィシャっていうんだ」

俺はうろたえていた。いったい何だってダスティンはこんなにも突然、しかも俺が一番彼を必要としているこのときに、ナイトクラブのオーナーからラビの生徒になってしまったというのか。

「どうして女をやめたんだ?」俺が聞いた。

「君が狙った女を誰でも落とせるなら、男たちはみんな、金持ちだろうと有名人だろうと関係なく、君を違った目で見るだろ。君は彼らが持っていないものを持っているんだからね」彼が言った。「でもしばらくして、俺は女たちを家に連れて帰っても、セックスをしたいとは思わなくなったんだ。ただ話がしたかった。俺たちは一晩中話をして、とても深いところで心を触れ合わせて、それから朝になったら地下鉄へと彼女たちを送っていく。そのとき乗り越え始めたんだ。俺は女たちからすべての評価をもらったって感じたんだよ。女は俺にとって神のようになっていたけど、本当の神ではなかった。だから俺は本当の神を探し始めたんだ」

彼が言うには、モスクワのアパートにこもってインターネットで神について書かれたページを検索中にトーラー（ユダヤ教の教示、律法）に出会い、読み始めた。それからエルサレムへ旅して開眼すると、ロシアに戻りカジノパーティに出て、そこにいたマフィアや腹黒い実業家たちや実利主義の取り巻きたちと、彼がイスラエルで会った人々とを比較してうんざりしてしまった。だからかばんに荷物をつめて、一週間分のガールフレンドたちに別れを告げて、パスオーバー（ユダヤ教の祭事。「過ぎ越しの祭り」）の前日、エルサレムに降り立ったのだ。

「俺がここに寄ったのは、俺の過去の行動に関して、君の許しを請いたかったからなんだ」彼の言っていることが理解できなかった。彼はいつだっていい友だちだった。

「俺のライフスタイルや心の持ち方は堕落していたって気づいたんだよ」彼は言葉を続けた。「俺は優しさや慈悲、人間としての尊厳や親交を拒否してきた。代わりに女を傷つけ、食い物にしてきたんだ。ただ自分の楽しみのためだけにだ。俺は自分やほかの人の中にあった善なる本能を蔑《さげす》んで、出会った人々みんなを堕落させようとしたんだ」

彼の話を聞きながら、彼が謝っていることはすべて、まさしく俺が彼と友だちになったそもその理由だと、考えずにはいられなかった。

「俺は、自分がやっていることが人生をかけるにふさわしい崇高な理念であるかのように、君に影響を与えて、こんなナンパなんてものに引きずり込んでしまった。それがどれほどであれ、君の魂にもともとあった善良さをむしばむという罪を犯してしまったことを、とても申し訳なく思っている」

頭では彼の言い分が理解できた。だが俺は、たとえそれが薬物依存症でも宗教的狂信でも炭水化物抜きダイエットでも、極端なものは信用しなかった。ダスティンだろうとアヴィシャだろうと、なんだか奇妙だった。彼には埋めようとしている穴がある。最初は女で、今度は宗教で。彼の話を聞いて、俺は別の考えを持った。

「お前の謝罪は受け入れるよ」彼に話しかけた。「でも謝るようなことは何もしていないってことだけは言わせてくれ」

彼は何も言わず、静かに俺を見つめた。なぜ彼があれほどまでモテたのか、分かった。この目だ。山中の湖面のように輝き、凝縮された強烈な力を持ち、こちらが言葉を発した瞬間には、彼にとってはその言葉しかないのだと相手を信じさせる、この目だった。

「考えてもみてくれ」俺は続けた。「男が女と付き合う確率を高めたいと思ったら、自分自身をいくらかは変えなきゃならないだろ。そして女が男に求めるものっていうのは、ずばりいいことばかりだったりするんだ。つまりな、俺は自信がついたんだよ。運動も始めたし、食事にも気をつかっている。自分の気持ちに耳を傾けるようになったし、精神的なことも学んでいる。俺は昔よりも、楽観的で前向きになれたんだ」

彼は俺を見つめ、じっと話を聞いていた。

「それに今は女に関してだけ、うまくいっているってわけじゃない。ほかのどの人間関係も、ずっとうまくいくようになった。大家との付き合い方から、クレジットカードの過剰請求の処理までね」

ダスティンはまだ見ている。

「だからさ、俺が言いたいのは、女をナンパする方法を学んで、もちろんまだ途中だけど……、俺は人間としても成長してるって思うんだよ」

彼の口元が動き出した。何か言いたそうだ。

「そうか」彼が口を開いた。

分かったのか？　どうなんだ？

「俺は親友として君のためにずっとここにいる。そしてもちろん、俺がしてしまったことを埋め合わせるつもりだよ」

彼は納得していなかった。クソ。仮眠でも取るとしよう。

「ここに二～三日泊めてもらってもいいかい？」彼が聞いてきた。

「かまわないよ。だが俺も水曜にはオーストラリアに発つんだ」

「目覚まし時計も借りられるかな。日の出にお祈りしなけりゃならないんだ」

旅行用の小さな時計を見つけてやると、彼はかばんのところへ行って、本を一冊取り出した。

「はい」彼が言う。「これは君へのおみやげだ」

それは『正しき者の道』という十八世紀に出版された小さなハードカバーの本で、扉にはダスティンが俺のために記したメモが添えられていた。タルムード（ユダヤ教の律法集）からの引用だった。

誰であれ一人の人間を破壊するのは、世界中を破壊するのと同じくらい罪深い
誰であれ一人の人間を救済するのは、世界中を救済するのと同じくらい素晴らしい

だから彼は俺を救いたいというのか。なぜだ？　俺は楽しんでいるのに。

6 ナンパコミュニティの成功者

ミステリーと俺は、また新たなドライブ旅行に出た。太陽はかんかんに照りつけ、地図は正確で、真新しいレンタカーの屋根にはサーフボードがくくりつけられていた。俺たちはオーストラリアの都市を三つ回りながら、五つの講座を開催した。すべて満員御礼。人生は上々だった。少なくとも俺にとっては。

だがミステリーは、ふさぎ込んでいた。俺はもう二度と彼とはドライブ旅行をするまいと心に決めた。トロントを出発する前にミステリーは、恋人のパトリシアから最後通告を受けたのだ。結婚して子どもを作るか別れるか、二つに一つだと。

「このたわ言のおかげで、俺はもう五日もセックスしていない」クイーンズランドの海岸線を走りながら彼が言った。

「まさか俺が、レズビアンのＡＶでオナニーするなんてなあ。ちょっと落ち込んでいるんだろうな」

四年間にわたる交際の果てに待っていたのは別れだった。ミステリーはイリュージョニストとして、愛らしいバイセクシャルの少女ふたりを連れて世界中を旅したがっていた。だがパトリシアのほうは、おまけの女はなしで、一人の男性とトロントに落ち着きたかった。セレブとの同性愛はお断りだったのだ。

「俺は女が分からないよ」彼がぼやいた。「女たちを誘うのに何をしたらいいかは、ばっちり分かってるんだ。でもまだ女たちを理解しちゃいないんだよ」

俺たちがオーストラリアに来たのは、ミステリーの初講座から受講していたオーストラリア人、通称〝セーター〟

が、一緒にブリスベンに一週間ほど滞在しないかと誘ってきたからだった。四カ月間のナンパの末に、ようやく彼は結婚したいと思える女に出会えたという。

「私はすっかり、恋に浮かれたティーンエイジャーだよ」車庫への道を入っていくと、セーターが大声で言った。

彼には、かつてルーズベルトホテルのロビーで会ったときの臆病そうな四十男の面影は一切なかった。日に焼けて健康的なとてもいい男で、常にその顔にはたまらなく魅力的な歓迎のほほ笑みを浮かべていた。

かつてヘレナ・ルビンスタインは言った。

「不細工な女などいません。怠惰な女がいるだけです」

世間が持つ男への美の基準は、女に対するよりも低く、凝り固まっているので、この言葉は男性にとっては二倍当てはまる。セーターのような男性が、いや世のすべての男性が、日焼けをして白い歯をのぞかせ、立ち居振る舞いに気をつかい、せっせとフィットネスにも通って似合う服を着れば、なかなかのハンサムになれるものなのだ。

「恋人と一緒に一週間、シドニーで過ごしてきたばかりなんだ」セーターが俺たちを家へ案内しながら言った。「私たちは日に七回も電話してるよ。私が離れていく前に結婚してくれって、彼女に言ったんだよ。もう病気だろ？そのうえ今週は不動産のセミナーで五十万ドルも稼いだ。だから人生は面白いよ。コミュニティのおかげで私は、健康も楽しみも金も、愛も、それに周りの素晴らしい人々も手に入れたんだ」

セーターの家は日光が燦々《さんさん》と差し込む風通しのよい一人住まいで、ブリスベン川と植物園を見渡せた。大きなプールとジャクジーがついていて、二階には寝室が三つある。一階では四人の従業員――全員はきはきとした、清潔感のある顔立ちをした二十代前半のオーストラリア人青年だ――が大きなU字型に並べられたデスクに座り、各自のコンピュータで作業をしていた。セーターは彼らに自社の製品、すなわち不動産投資に関する講習会や書籍を売り込む訓練をしているだけでなく、彼らをナンパコミュニティに引き入れていた。彼らは日中セーターに金をもたらし、夜はセーターと一緒にナンパに繰り出すのだ。

「彼らのナンパを助けるのはまだ楽しいがね、私自身はもうマーケットから手を引いた」一人の女と落ち着くという決心についてどう思っているのかと尋ねると、彼はそう答えた。「私に関して言えば、もうその絶頂からは離れているんだよ。恋愛でもビジネスでも趣味でも、何の義務も負わずに深く楽しむことなんてできないって分かってきたんだ」

いろいろな意味で、俺は彼がうらやましかった。俺はまだそんなふうに言える女には出会っていなかった。ミステリーの講座は、俺たちの生活をまるで変えてしまった。セーターはとても裕福で、愛に包まれている。エクストラマスクは最近親元を離れて、ようやくセックスでイくことができた。そして俺はといえば、一年前には身につけてもいなかった技術を男どもに教えながら、世界中を旅している。

ミステリーは俺よりもセーターに打ちのめされていた。もっとも、彼の婚約にというよりも、彼のホームオフィスにだが。セーターや彼の従業員たちに、どうやってビジネスを回しているのかと質問攻めにするとき以外は、彼は黙って彼らの仕事ぶりを見学していた。

「俺も欲しい」彼はセーターに言い続けた。「君はいい社会環境にあって、そしてそれがいい労働環境をもたらしてくれているんだな。俺なんてトロントで腐りかけてるよ」

車で空港に向かいながら、日焼けと興奮で顔を紅潮させて、ミステリーと俺は新しい冒険の構想を練った。

「来月はトロントで、一対一の講座の予約が入っているんだ」ミステリーが言った。「そいつが俺に払ったのは千五百ドルだ」

「どうやってそんな大金を?」

ミステリーの顧客のほとんどは、標準料金ですら支払うのがやっとの大学生ばかりだった。その標準料金というのも、講習を四晩から三晩に減らしながらも、六百ドルに値上げしていた。

「親父が金持ちなのさ」とミステリー。「ベオグラードの講座で会った、エキゾチックオプションから俺のことを聞いたらしい。ウィスコンシン大学の学生だとさ。〝パパ〟って名でオンラインにも投稿を始めたところらしいぜ」

ミステリーとの話はほとんど、今後の予定についてだった。例えば、講座の準備、九十分のマジックショーの公演、道化師を装った女たちと俺たちがセックスするポルノウエブサイトの設置。最新の企画は、ＰＵＡ《ナンパアーティスト》のタトゥーだった。

「ラウンジに来るやつらはみんな彫るよ」空港での別れ際に彼が言った。「右手首、脈の真上にハート形だ。現場で俺たちは、互いに身元確認ができるんだよ。イリュージョンにも使えるぜ。十秒間、脈を止める方法を教えてやるよ」

すでにふたりのナンパ師が、見切り発車でタトゥーを入れてしまっていた。うち一人がビジョンだったが、彼が俳優として成功したくてロサンゼルスに引っ越してきたことを考えると、ちょっと意外だった。彼は写真をメールで送ってくれた。だが問題があった。彼はタトゥーを間違った場所に、しかも逆さまにいれていたのだ。ハートは脈拍の感じられる血管の真上に入るはずだった。だが彼は、手首の真ん中で二・五センチほど高めの位置に、内側向きで入れてしまったのだ。

ともあれ、タトゥーは支持の一票だった。ＰＵＡの社会は自分にとって一生モノなのだという誓約だったのである。

7 素晴らしき一日

その日がやって来た。これは俺のナンパキャリアの中で、もっとも記念碑的な旅といえるだろう。まず俺は、ミステリーとパパが開く一対一の講座が行われるトロントへ向かう。それからＰＵＡ《ナンパアーティスト》のハートのタトゥーを入れて、ミステリー初となる教室でのセミナーのためにバスでニューヨークへ行き、最後に彼が名付けた「プロジェクトブリス《幸福》」を実行するためにブカレストへ発つ予定だった。ミステリーは東欧にまた戻って、海外でのよりよい生活を求めているバイセクシャルの女をふたり探して、ナンパしたいと考えていた。彼女たちには学生ビザを取らせてカナダに連れて帰り、ストリッパーや恋人、そしてゆくゆくはマジックのアシスタントに育て上げるつもりでいたのだ。

タトゥーと白人奴隷制。これが自己改革の先に俺を待っていたものだった。

家を出る前に、郵便受けをチェックした。いつもと変わらない期限切れの請求書や自動車保険の値上げ通知に混ざって、エルサレムの嘆きの壁の絵はがきが届いている。

〝君のヘブライ名はツービアだよ〟ダスティンの筆跡だった。

〝由来はＴｏｖ《トーヴ》という言葉で、『善』という意味だ。反対語はＲａ《ラー》、『悪魔』の意味さ。それからヘブライ語ではトーヴは『持続』、ラーは『短命』も表している。だから君の本質は、続いていくもの、すなわち善を探し出してつながっていたいという願望に関わりがあるんだ。だがときどき君は、途中の悪に立ち往生してしまう〟

飛行機の中で、もう一度絵はがきを読み返した。ダスティンは俺に神からのメッセージを伝えようとしていた。

彼の言うことにも一理あるのだろう。だがとにかく俺は青春時代からずっと、狙った女をナンパできる力を求め続けてきたのだ。そして今、その願いを叶えつつある。いいことじゃないか。これがトーヴというやつだろう。

ミステリーは最近、〝ナンバーナイン〟というナンパ師と一緒にトロントに部屋を借りた。ナンバーナインは中国系のコンピュータソフト開発者だが、ミステリーのたゆまぬアドバイスのおかげでずっといい男になった。彼らはトロント大学にほど近いサイバーカフェの上にある、寝室が二つの狭苦しいアパートに住んでいる。

ナンバーナインは出張中だったので、俺は彼の部屋に荷物を置いて、キッチンにいるミステリーのもとへ行った。パトリシアとは今度こそ永久に別れていた。彼は『モロウィンド』というテレビゲームをしたり、レズビアンのポルノをダウンロードしたりして、引きこもりがちになってしまっていた。次の講座のために外へ出るのは、いいセラピーになるだろう。

講座に参加してくるヤツらには、三種類いる。ベオグラードのエキゾチックオプションのように、まともで社会にうまく順応しているが、更なる柔軟さと女との出会いを求めているタイプ。それからクリフのように、神経質で自分のやり方に固執するタイプ。このタイプは、ほかのみんなのようにニックネームを持つことすらままならない。

彼らはなるべく多くの知識を集めたがるが、たとえほんのわずかでも行動や修正を変えるのは、簡単じゃない。そしてパパのようなタイプもいる。社会的能力の欠如を社会的不安の欠如で埋め合わせている、アプローチマシーンだ。アプローチマシーンは、彼らに与えられたデータのフローチャートにただしたがうことによって、もっとも速く成長する。だが一度データを切らすと、まごついてしまう。

これはパパにとっては挑戦になるだろう。彼は穏やかな話し方の、ロースクール進学課程にいる中国系の学生だった。チェックのボタンダウンシャツに、ぶかぶかのジーンズ姿で彼らは現れた。彼らはいつも決まって同じ服装でやって来る。そしていつも、てかてかのけばけばしいシャツと黒いタイトな合成繊維のパンツ、シルバーのリングに、頭にはサングラスというでたちに変わっていく。それは性的魅力を訴えるために計算されたプレイヤーのユニフォームであり、陳腐さと安っぽさの代名詞でもあった。

ミステリーと俺は、パパと一緒にカフェのテーブルにつき、いつもと変わらぬ質問をした。君のスコアは？　どうなりたいんだ？　君の問題は何だ？

「ええと、ぼくは大学の友愛会で企画をやっていた」パパが話し始めた。「家が裕福でね。父は一流大学の学長をしている」

「そのへんでやめてくれ」俺が言った。「君は自分を俺たちに売り込んでいる。君がやっていることは何もかも、俺たちの称賛を得るんじゃなくて、君の地位を低めているだけだ。金持ちは自分から金持ちだなんて言わないもんだ」

パパはぽかんとした顔でうなずいた。まるで彼の頭が目に見えない濃霧に取り巻かれていて、そのせいで反応が普通の人よりもほんの少し遅くなっているような感じだった。頭がキレるようには見えない。

「あなたたちの話すこと、全部録音してもいいかな」パパはあたふたとポケットから小型のデジタルレコーダーを取り出しながら聞いてきた。

性格上の欠点からファッションセンスの欠落まで、俺たちが人生の中で身につけてきた悪習というのはたしかにある。そしてほんの少しの手を加えるのを別にすれば、俺たちはあるがままの姿でいいんだという信念を強めてくれるのが、両親や友人の役目だ。だが本当に自分自身でいるだけでは足りないのだ。最高の自分にならなくてはいけない。そしてもし、まだ最高の自分を見たことがないというのなら、これは難しい。

だから講座はまるっきり人生を変えてしまう。俺たちは生徒本人にそれぞれの第一印象を伝える。相手が機嫌を損ねても構わない。彼らのすべてのジェスチャーやフレーズ、身なりの一つ一つを指摘する。なぜなら彼らがまだ自らの潜在能力を発揮していないと知っているからだ。これは俺たちみんながそうだ。生後十二カ月や十二歳のころには効果があったかもしれないが、今となっては俺たちを窮屈に押し込めようとする常識や古くさい考えの中に、俺たちはずっぽりとはまり込んでいる。俺たちを取り囲むそれらは、小さな欠点を正すのにはまったく問題がないとはいえ、今の俺たちの姿とまったく嚙み合わない以上、大きな欠点を滑り込ませてくるのだ。

だが結局、俺たちは誰だ？　ただの良い遺伝子と悪い遺伝子のかたまりが、良い習性と悪い習性とのかたまりと混乱して考えられている。格好良さや自信をつかさどる遺伝子なんてないのだから、格好悪かったり自信がなかったりするのは悪い習性にすぎず、十分な指導と意志の力があれば変えられるのだ。

それがパパの強みだった。意志の力だ。彼は一人っ子で、欲しいものを手に入れるために必要なことは何でもしてきた。俺はいくつか気に入っているルーティーン――独占欲の強い恋人のオープナー、親友テスト、キューブ、それに新たに開発した、CラインとUラインの笑顔のそれぞれが伝える人格の特徴の話――を彼に実演してやった。パパはそれを一言も漏らさずデジタルレコーダーに収録した。彼はあとでそれを書き起こし、暗記して、そして最終的には俺の言葉を一字一句違えずに、パリス・ヒルトンをナンパするのに使うことになる。

俺はこのときに、そのシグナルに気づくべきだった。何をしているのか自覚するべきだったんだ。あれは指導じゃなかった。クローン造りだ。ミステリーと俺は世界中を旅しながら、自分たちのミニチュアバージョンを造っていたのだ。そしてすぐに、しっぺ返しを受けることになるのだった。

最初に寄ったのは、クイーンストリートにあるラウンジだった。パパが二度、完全に失敗するのを見てから俺は動き出した。どういうわけだか、俺は燃えていた。いつもと同じ夜にすぎなかった。すべての女たちの目が俺に注がれていた。フィアンセと来ていた赤毛の女ですら、俺のポケットに電話番号を忍ばせた。これがいわゆるナンパ師のオーラというやつだと俺は考えた。俺は特別な何かを発している。生徒の目の前でナンパをするには、最高の夜だった。

俺はパパが、自分と同じような丸顔で茶色のショートカットの可愛らしい女の子と話しているのに気がついた。だが彼女の興味は彼に注がれてはいない。彼女の目は俺に向けてきらきらと輝き続けていた。これはナンパ師たちが、頭文字語で言うところのpAImAIだ。つまり「アプローチへの無言の招き」といったところか（略さず言うなら、アプローチ前の誘い、男をアプローチに誘う〈pre-approach invitation, male approach invitation〉ことだ）。

パパがその場を離れると、彼女に話しかけた。そのあとの会話は、正確には思い出せない。これはいいサインだった。というのも、それは俺が使い古した題材から逃れて、補助なしでやっていけたという、つまりはゲームを自分のものにできたことを意味していたからだ。二分後、俺は彼女が「エサをねだる犬の顔」を見せているのに気づいた。だから俺はこう申し出た。

「俺にキスしたい？」

「あのね、こんな感じ初めてなのよ」見つめ合ったまま、彼女が言った。

俺はこれをイエスと受け取り、キスのために体をずらした。彼女は積極的に応じて俺の口へと舌を入れて、手は俺のひざをつかむ。俺は背後でフラッシュがたかれたのに気づいた。パパが写真を撮っていた。

俺が唇を離すと、彼女はほほ笑んで言った。

「あなたのアルバムは持っていないけど、友だちはあなたの音楽が好きよ」

俺は「ああ、どうも」とだけ答えた。

彼女、俺を誰かと勘違いしているのか？

それからその子は笑顔になって、犬のように俺の顔をぺろりと舐めた。デイヴィッド・デアンジェロの、犬の訓練のアドバイスはきっと正しかったんだ。

俺が自らの音楽について話し出すんじゃないかと、彼女は期待を込めて俺を見つめた。俺は間違いを正して、せっかく彼女がキスによって手に入れたと思っている夢物語を台なしにしたくはなかった。だから行儀良く退散した。彼女は俺に電話番号を渡し、ホテルに戻ったら電話をちょうだいと言った。

店を出る間際に、ラウンジのホステスが俺を脇に引っ張って言った。

「ご来店いただいて本当に光栄ですわ。これ、わたくしの名刺です。わたくしどもにできることがありましたら、何でもおっしゃってくださいね」

「みんな、俺を誰だと思っているんだい？」

「モービー（米国のミュージシャン）じゃないんですか？」

そして結局、俺はその夜の相手を見つけられずにいた。どうやら坊主頭のせいで、ホステスが俺をモービーだと勘違いして、それを店内にいた人間の半数ほどに広めてしまっていたようなのだ。俺のナンパはすべて、その威光のせいで台なしになっていたのだろう。本当に次のレベルに到達するためには、俺は有名ではないまま、有名人がやるように、自分が持つ魅力のスイッチを入れる方法を見つけなければならない。

レベルの低い男なら、せっかくの威光を利用してこの茶番を続けたかもしれない。しかし俺はあの子にはけっして電話をしなかった。俺がこのゲームに参加したのは、女に嘘をつくためではなく、俺のことを好きになってもらうためだ。少なくとも今の新しい俺を。

次のクラブでは、俺たちはパパの仕事ぶりを観察した。俺たちが与えたすべてを彼は駆使した。俺たちはすべてのミスを指摘し、パパはすぐさま修正していく。ナンパがうまくいくたびに、彼の背が二〜三センチ高くなるように見えた。彼が教えてくれたところによると、サマースクールに通う代わりに、三カ月かけて「スピードナンパ」技術を研究したのだそうだ。さらには催眠術の力をも借りようと、その分野でもっとも尊敬を集める講師の一人である、キャル・バニヤンのもとでも学んでいた。だがこの講座まで、現場に出ている本物のナンパ師というのを見たことはなかった。彼は感動のあまり、その場で残りの講座の申し込みをした。

パパと過ごす最後の日、俺たちは「ガバメント」というクラブに繰り出した。俺は彼をターゲットの中に飛び込ませ、ミステリーと俺が教えたネグやオープナー、ルーティーンを彼がロボットのように繰り返すのを見ていた。今では、女たちは彼に応えている。ほんの少しの簡単なセリフがこれほど効果的なのかと驚いたが、同時に少しがっかりもした。意欲のあるスタンダップコメディアンがまず考えるのが、観客の心をつかむための、五分間みっちり詰まったルーティーンだ。だが会場一杯の観客が、毎回同じところで狙いどおりに笑うのを何百回と見ているうちに、コメディアンはあまりにも簡単に操れる観客たちへの敬意を忘れていってしまう。ナンパ師として成功し続けると、同じような影響が出る危険性があるのだ。

パパが帰国便に備えて仮眠をとりに帰ったあとも、ミステリーと俺はクラブに残ってナンパを続けた。グリンブルが最近教えてくれたアイデアは、集めた電話番号のメモを全部テーブルの上に重ね、グラスをおもりとして乗せて飾っておくというものだった。そしてそのアイデアをミステリーに話していると、彼がさえぎった。

「接近警報システム！」彼が言った。

女が男のそばにいながらその男から顔を背けているとき、しかも彼女たちがたいした理由もないのにその場所にたむろしているようなときは特に、ミステリーの言う「接近警報システム」が作動する。彼女たちは興味を持っている、誘ってほしいと思っている、という意味だ。

ミステリーは振り返ると、肩を出したドレスを着た華奢《きゃしゃ》なブロンドと、スカーフを巻いた筋肉質のブルネットに話しかけた。彼は俺を紹介するときには、素晴らしいイリュージョニストだと言った。相棒になってもうかれこれ数カ月が過ぎていたので、何をすればいいのかは分かっていた。悪ふざけと小学校で覚えたようないかさまの手品を少し見せて、彼女たちをひっかけてやればいい。現場でなら、十歳のころ楽しかったことすべてが今になっても楽しいと、すぐに分かるだろう。

ミステリーはビデオカメラを持ってきていたので、このナンパを撮り始めた。彼女たちは気にしていないようだった。彼がブルネットを隔離したので、俺はブロンドに話しかけた。彼女の名前はキャロライン。ブルネットはカーリーという名前だった。キャロラインは郊外に家族と住んでいた。将来の夢は看護師だが、スウィーターツ（ネスレ社のすっぱいキャンディ）程度の大きさの胸とシャイで引っ込み思案な性格にもかかわらず、今はフーターズで働いているという。

六十センチ少々離れていると彼女の顔は石膏像みたいに見えたが、三十センチほどに近づくとそばかすが散らばっていることに気がついた。歯は一本、曲がっていた。鎖骨の肌には赤い跡が、まるで彼女がひっかいたみたいに残っていた。彼女からはコットンのようなにおいがした。きっとマニキュアはこの二十四時間以内に塗ったばかり。体重は四十五キロもないんじゃないだろうか。好きな色はおそらくピンクだろう。

俺はこんなことを観察しながらも口は動かし、これまで何百という女たちに言ってきたルーティーンを暗唱していた。キャロラインが変わっていたのは、そのルーティーンがまったく効かないところだった。俺はまだフックポイントと呼んでいるところ、つまりターゲットの女が楽しくなり、俺を邪魔だと思わなくなるポイントまで到達していない。俺はキャロラインからほんの三十センチほどのところに立っているのに、幅一・五キロもの亀裂が俺たちふたりを引き裂いているみたいだった。

非情な電話売り込みを繰り返す株式ブローカーの映画、『マネーゲーム』を見たあとに、ミステリーは電話番号なんてもう「ウッド」だと決めつけた。ウッドとはつまり、紙のムダってことだ。俺たちの新しい戦略は、もはや電話で彼女をデートに誘い出すことではなく、その場ですぐに近所のバーやレストランへとデートに連れ出すこと、インスタントデートになっていた。立場を変えることが、すぐにナンパゲームにおいては重要な要素になった。それは時間の感覚をゆがませる。もし出会ったばかりのグループで店を三つくらい回れば、その夜の終わりには、まるでもうお互いが長い知り合いだったかのように感じているだろう。

「みんなで軽く食事にでも行かないか」ミステリーが提案した。

俺たちはお互いのインスタントデートの相手と腕を組み、近所に夕食を食べに出かけた。食事中、俺たちの間で出し抜けにすべてがしっくりきた。カーリーはすっかりくつろいで知的な皮肉を言いまくっていたし、キャロラインは思いやりや温かさを醸し出し始めている。俺たちにはルーティーンも駆け引きも必要なかった。俺たちはただ楽しんでいるだけだった。ジャグラーの言っていたことは正しい。笑いが一番の誘惑だ。

そのあとカーリーは、すぐ近所にある彼女のアパートからタクシーを呼べばいいと俺たちを招待してくれた。引っ越してきたばかりの彼女の部屋にはまだ家具がなく、ミステリーと俺は直に床に座った。俺たちはタクシーを呼ばなかった。そして彼女たちも俺たちを帰そうとはしなかった。これはＩＯＩ《脈ありサイン》だと受け取った。

すぐにカーリーはミステリーと部屋を出て行き、キャロラインに俺とセックスしていいと暗黙の許可を与えた。俺たちがお互いに腕を回すと、バーで俺たちを隔てていた亀裂は消えてなくなった。彼女の指先はそっと優しく触れてきて、体はもろく寛容だった。そのとき、どうして最初に会ったときは関係を築くのがあれほど難しかったのかが分かった。彼女は言葉では通じ合わない。感覚で通じ合うのだ。きっと素晴らしい看護師になるだろう。

硬い木の床が少しでもマシになるようにと、キャロラインが何枚かブランケットを運んできてくれたあとで、俺は彼女にオーラルセックスをした。スティーブ・Ｐに教えられたとおり、彼女の体が地面に溶けてしまいそうになるまで、オーガズムを積み重ねていった。だがそのあと、コンドームに手を伸ばしたときに、俺が何度も耳にしてきた「お友だちでいましょう（Let's jsut be friends.）」という意味の短い言葉を、彼女が口にするのが聞こえた。

「まだ会ったばかりなのに」

その響きはとても甘く、キャロラインとのセックスを無理して進める理由はない。また彼女に会えると分かっていたのだから。

彼女は俺の肩にもたれ、俺たちは余韻を楽しんだ。彼女は十九歳で、もう二年ほどセックスをしていないのだと言った。理由は、郊外の家に一歳の子どもがいるからだった。息子の名前はカーター。彼女はほかのだらしない十代の母親のようにはなるまいと心に決めていた。彼女が週末の間ずっと息子と離れていたのは、これが初めてだった。

翌日の午後、俺たちが目覚めたときには前の晩に盛り上がったせいでばつが悪かったが、キャロラインはとなりのレストランで朝食を食べようと言った。

それからの数日は、この朝食を映したミステリーのビデオを何百回と観ることになった。前の晩の夕食では、キャロラインの青い瞳は活気がなくよそよそしかった。しかしその朝食で俺を見つめる瞳は輝き、弾んでいた。

俺が冗談を言うといつでも、たとえそれが面白くなかったとしても、大きな笑みが彼女の顔一杯に広がる。彼女の胸の中にある何かが開いたのだ。ナンパを始めてから、女と本当に気持ちを通じ合えたのは初めてだと感じた。

俺が惹かれる女に特定のタイプはない。男によってはアジア系フェチだとか、ぽっちゃり好きだとかがあるのだろう。だが世界中のすべての女の中でも、まさか俺が惚れるとは思っていなかったタイプが、フーターズでウェイトレスをしている十九歳のシングルマザーだ。心というものの素晴らしい点は、あれこれ理由を考えることはできても、誰の自由にもならないというところだろう。

彼女たちと別れて家に戻ってから、俺とミステリーは昨晩の出来事について分析し、俺たちの何が正しくて何がダメだったのかを明らかにしようとした。キャロラインと俺の予想に反して、ミステリーは、努力しなかったわけではないが、カーリーとキスすらもしていなかった。彼女には彼氏がいたのだ。

彼女はミステリーの口説きに抵抗はしていたが、明らかに彼には惹かれている。そこで俺たちは計画を立てた。「締め出し作戦」だ。これは俺がモービーになった体験が基になっている。ミステリーの考えでは、もし女が何かを根拠にセックスするしないを選んでいるのならば、その根拠そのものを取り払ってしまおうというのだ。彼の計画は、彼女がいてもたってもいられなくなってもう一度普通の状態に戻ろうと彼に取り入ってくるまで、とにかく冷たくあたって無視することだった。

俺たちはミステリーのコンピュータにカーリーとキャロラインの映像を取り込み、続く六時間を、その映像を好き勝手な六分間のビデオに編集することに費やした。それを終えてから俺はキャロラインに電話をした。彼女は午後、俺たちを拾ってくれることになった。

ジャグラーはこの街で講座を開いていた。彼はイングリッドという、びっくりするほど頭の良いジャズバイオリニストと出会い、もっぱら彼女とだけデートするようになっていた。俺たちは一緒に夕食に出かけることになった。「ナンパビジネスからは足を洗おうかと思っているんだ」ジャグラーが言った。「もっと自分の恋愛に時間を使いたくなったんだ」

イングリッドは手を満足げに握りしめた。

「女の尻に敷かれてるって言うヤツもいるだろうが、俺はこれが自分の選択だって言うよ。こういう講座は、イングリッドにとってはすごくストレスになるんだ」

ジャグラーにもう一度会えてよかった。彼は金に困っておらず、俺の友だちに嫌がられない、俺を笑わせてくれる、ノーマルな人間、という数少ないナンパアーティストの一人だった。だからこそ、俺は彼が真のナンパアーティストだとは信じていなかった。彼はただの楽しい話し上手な男なのだ。彼はミステリーと比較すると特に気が利いて見えた。ミステリーは俺たちみんなを無視して、夕食の席を居心地の悪いものにしている。もしミステリーの計画がうまくいったら、それだけの価値があったということになるだろう。だがうまくいかなかったら、彼はただのろくでなしだ。

そのあと彼が、断ることなど許さないような口調で言った。

「みんなで俺のところに行こう。昨日編集したビデオを見せてやるよ」

勝利とは、もっとも強い真実を持って断固たる行動を取る人間にふさわしいものなのだ。

俺たちがミステリーの家でビデオを観ていると、キャロラインの顔には自然とほほ笑みがあふれ出した。そのあとで俺は彼女をナンバーナインの部屋に連れて行き、ふたりでベッドに横たわりゆっくりとお互いの服を脱がせ合った。彼女の体は俺の下で消えてしまうのではないかと思えるほどに、とても感じて震えていて、セックスは雲にも届きそうだった。彼女はイクときには、少しも声を漏らさなかった。

それからふたりで横になっていると、彼女が俺から遠ざかった。壁を見つめ、よそよそしくなった。彼女が何を考えているのかは分かっていた。

俺がそれについて尋ねると、彼女はどっと泣き出した。

「ずっと前に諦めたの」彼女がすすり泣いた。「もうあなたには会わないわ」

とても甘い響きだった。本当に正直に口にされた言葉だったからだろう。俺は彼女の下に腕を滑り込ませ、肩の上に彼女の頭を乗せた。俺は「俺のこれまでの情熱的な関係はすべて、情熱的に始まったんだ」と声をかけた。これはミステリーのセリフだが、俺は本当に信じていた。続けて「君は自分では欲しがってはいけないと思っているのに、欲しがっているし、必要ともしている」と告げた。これはロス・ジェフリーズから学んだセリフだが、俺はこれもまた信じていた。三番目は、「俺は君がこれまでに一緒にいた連中よりも大人だから、君のこれまでの経験で俺を判断しないでくれ」だった。これはデイヴィッド・Xからいただいた。だがもちろん、俺は信じている。最後は「君にもう会えないのは悲しい」だった。これは、ほかの誰かのセリフじゃない。

俺たちが居間に出ていくと、ミステリーとカーリーがブランケットの下で抱き合っていた。床中に散らばった服からすると、どうやらミステリーの締め出し作戦はうまくいったらしい。

キャロラインと俺は彼らのそばのソファでいちゃつき、一緒にミステリーのコンピュータで『オズボーンズ』を観て、それぞれセックスのあとの満足感に浸っていた。素晴らしい瞬間だった。そして、長くは続かなかった。

8

別の道、本当の意味

一緒に女をうまくナンパすることほど、強い結びつきはない。強い友情の基盤だ。女たちが去ったあとに、彼女たちを見つけて以来我慢してきたハイタッチをようやく交わすことができる。世界最高の気分でのハイタッチだ。ただ肌と肌がぶつかる音じゃない。兄弟愛の音だ。

「この気持ちが分かるか?」ミステリーが言った。「俺は気分を害し、女が俺と一緒に眠り、俺を愛し、そしてバン! 俺はもう一度世界のてっぺんにいるんだ」彼は手を叩いた。

「それで?」ミステリーが聞いた。

「それで」

「お前はこの生活に殉じる気があるか?」

「もう殉じていると思っているが」

「そうじゃない。一生だ。今はもう血になっているだろ。お前と俺は、互いに挑戦しなけりゃダメだ。俺が今まで会った男たちの中で、お前は唯一のライバルなんだ。お前以外に玉座に手が届く見込みがある奴なんていやしない」

俺は十代のころ、眠れぬままベッドで神に祈ったものだった。

「どうか初めてセックスをする前に死んだりしませんように。どんな気分なのか、ぼくはただ知りたいだけなんです」しかし今、俺には違う夢があった。夜、俺はベッドに横たわり、どうか死ぬ前に父親になる機会を与えてくださいと神に祈るのだ。俺はいつも経験のために生きてきた。旅、新しい技術の習得、新しい人々との出会い。だが子どもを持つことは究極の経験だ。それは俺がここにいる理由なのだ。そして俺は己の淫《みだ》らな行いにもかかわらず、まだその考えを失ってはいなかった。

だが同時に、経験のために生きるとは、目新しいものや、新しい女とのデートという冒険を欲し続けることを意味していた。俺には誰か一人を選んで一生添い遂げるなんて考えられなかった。責任を恐れているんじゃない。恐れているのは、愛する人と、どちらが皿を洗うかでモメたり、毎晩自分のとなりで眠る人とセックスする気をなくしてしまったり、相手の心の中で子ども以下の存在になってしまったり、好き勝手にする自由を制限していると俺が誰かを怒ったりすることだ。

ナンパが俺にとって若さゆえの道楽であったことは、ただの一度もない。俺の欲望はどんどん成長していた。だがそれは、必ずしも俺が楽しむことというわけではなかった。俺はクールな父親になる機会を失っていた。もし俺が最初の恋人と結婚し、彼女との間に子どもを作っていたなら、おそらくその子たちは今ごろ八歳や十歳だろう。

そして俺は、だいたいどんなことでも彼らに付き合ってやる、優秀な父親だったことだろう。だが今となっては遅すぎる。今からでは子どもが十歳になるころには俺は四十代だ。俺がちっとも流行りを分かっていないものだから、子どもたちは俺の音楽の趣味をからかうだろう。それに腕相撲でも俺を負かすことだろう。

そして今、俺は本当に結婚の機会を失おうとしていた。俺は自分に、生涯プレイヤーの焼き印を押そうとしていたのだ。

一時間後、俺とミステリーはキングストンロードのファインラインタトゥー（写実的な絵画風のタトゥー）の店の前に立っていた。俺は自分がもっと賢いと思っていた。だがこの瞬間、ハイタッチに、兄弟愛に、簡単に巻き込まれていた。

俺は店のドアノブをひねり、押した。だが開かない。月曜の午後三時だっていうのに、店は閉まっていた。

「くそ」ミステリーが言った。「ほかをあたるか」

このアイデアにはまだ躊躇していた。俺は縁起を担ぐような人間じゃないが、別の道へと背中を押すかすかな風が吹いた気がした。

「やめておくよ」俺が言った。

「どうした?」

「俺は参加に悩んでいる。熱意があるかどうかを示すタトゥーを彫るための熱意すら、俺にはない」

俺の神経質な性格のおかげで、今度ばかりは助かった。

次の晩、キャロラインが車でミステリーの家にやって来た。俺たちは三人でスシを食べに出かけた。

「カーリーはどうした?」ミステリーが聞いた。

キャロラインは頬を赤らめると、自分のお茶を見つめた。

「彼女は、あの、来られなかったの。でもよろしくって」

ミステリーの態度が変わったのが分かった。彼はいすに深く座り込むと、さらに尋ねた。

「なんで来られないって言ってた? 何かあったのか?」

「あの……」キャロラインが言った。「彼女は……恋人と一緒なのよ」

ミステリーの顔が青ざめた。「それで来ないのか?」

「カーリーはね、結局あなたと自分は違いすぎるって言ってたわ」

ミステリーは押し黙って、それから十分間、口を開かなかった。俺が彼を引き戻そうと質問しても、常に素っ気ない言葉が返ってきた。これは何も、彼がカーリーを愛していたというわけじゃない。彼はただ、拒絶されるのが嫌なのだ。彼は恋人のいる女をナンパしたときのマイナス面を味わっていた。最終的には彼女は恋人のもとへ帰ってしまう。

そして俺とキャロラインがお互い楽しそうにしているのを見ても、ムカつくだけだっただろう。「俺は世界一のナンパアーティストだ」彼が俺に向かってうなった。「なのにどうして俺に恋人がいないんだ?」

「それはたぶん、お前が世界一のナンパアーティストだからだろうな」

長い沈黙の果てに、ミステリーはキャロラインに、彼のかつての恋人パトリシアの働いているストリップクラブに連れて行ってくれないかと頼んだ。彼女は駐車場で彼を降ろし、それから俺を、彼女が母親や兄弟姉妹と一緒に住んでいる郊外の家で夜を過ごすために連れ出した。彼女の家族に会うのはこれが初めてだった。

彼女の母親は玄関先で俺たちを迎えてくれた。その腕の中には泣いている赤ん坊、俺の十代の恋人の赤ん坊が抱かれていた。

「抱っこしてみたい?」キャロラインが聞いてきた。

典型的な反応はきっと「怖い」とか「現実が襲ってきた」とか「出て行きたい」という感じだっただろう。だが俺は違った。彼を抱いてみたかった。最高にクールなことだ。このような冒険をして、初めて自分の腕に赤ん坊を抱き、そして「この子の母親は俺に何を期待しているんだろう?」と考えるためにこそ、俺はこのゲームに足を踏み入れたのだ。

9

世界一のアーティスト、打ちのめされる

俺がキャロラインとお父さんごっこをしている間にも、ミステリーはどんどん落ち込んでいった。

彼をクラブにおいてきたのは失敗だった。パトリシアと会って彼はめちゃめちゃになった。彼女はミステリーとはよりを戻さないだけでなく、もうすでにほかの男と付き合い始めていると言ったのだそうだ。

「あいつが働くのは一日三時間だ」電話越しにミステリーが言った。「七キロ近く体重も落としてたし、なあ、あいつの尻はテンだ。ムカついたからって、あんまりだ。クソ！」

「彼女がどんなにいい女だったかは考えないことだよ」俺はそうアドバイスした。「欠点だけを数えて、そんなのは心の中で吹き飛ばしてしまえよ。気が楽になる」

「頭では分かってるんだ。でも気持ちはぼろぼろだ。過去をほじくり返しているみたいだよ。何もかも、あいつにもう一度会ったせいで降りかかってきたんだ。最高の体に、よく灼《や》けた肌。あいつはこの辺じゃ最高のストリッパーだった。そして俺はもう彼女を手に入れられない。カーリーは恋人のもとへ戻っちまった。そして俺は新しい部屋を住みやすくしようとしてへとへとだ。いったい何のためにこんなことしてるんだ？」

「なあ、お前はナンパアーティストだぞ。外にはパトリシアみたいなのは何百人といるさ。君はそんな女たちを一夜にして手に入れられるじゃないか」

「俺はナンパアーティストじゃない。俺は愛の人だ。俺は女を愛しているんだ。もう3Pのことを考えたりもし

ないって誓う。パトリシアで満足していたらすごく幸せだったろうな。俺は心の中でパトリシアを取り戻したよ。一日中、来る日も来る日も彼女を恋しがってばかりだ」

ミステリーはパトリシアに振られるまでは、彼女のことなどほとんど考えなかったし、彼女について話したりもしなかった。今は思い詰めている。彼自身の誘惑と魅力のセオリーがUターンして彼の顔をひっぱたいたのだ。パトリシアはおあずけを実践した。だがそれは彼女にとってはテクニックじゃなかった。本気だったんだ。

マジシャンとしては他人の騙されやすさにつけ込んできたが、ミステリーは霊的なことや超常的なことには我慢がならなかった。彼が信じていたのはダーウィンだ。彼に言わせれば愛など、人間が二つの主要な目的――生き残りと複製――を満たすための進化の刺激にすぎないのだ。彼はこれを「つがいの絆の推進力」と呼んだ。

「つがいの関係がこれほど強いとは不思議だよ」彼が言った。「今はたまらなく孤独な気分だ」

「じゃあこうしよう。明日、俺たちがお前を迎えに行くよ。それでお前も俺たちと郊外で遊んでみないか。きっと元気が出るぞ」

キャロラインと俺は、ベビーカーにカーターを乗せて公園へと押して行った。ベンチに腰を降ろし、俺とミステリーはなんて痛ましいナンパ師ふたり組なんだろうかと考えた。世界中の弟子たちは、俺たちがビキニ姿のモデルたちに囲まれて熱い風呂に入っているとでも思っているだろう。実際にはミステリーはアパートの部屋で一人きり。おそらくめそめそと泣いたり、レズビアンポルノを観たりしながら過ごし、俺は郊外で赤ん坊を乗せたベビーカーを押している。

朝になって、キャロラインと一緒にミステリーを街で拾ってきた。彼は最後に別れた日からひげもそっていなかった。薄い無精ひげが赤ん坊のような白い肌に、まだら模様を描いていた。そして色落ちしたジーンズの上に灰色のTシャツをだらりとかぶっていた。

「君の家族が俺に、マジックを見せろなんて言わないようにしてくれ」彼はキャロラインに言った。だがその晩、キャロラインの母親がミステリーにリクエストをすると、彼はみごとなパフォーマンスを始めた。彼はそれぞれのイリュージョン——マインドリーディングや、ボトルの浮遊、彼自身の浮遊、手先を使った手品——を、俺が見たことがあるイリュージョニストたちが舌を巻くほどの堂々とした態度と、十分間の早口の口上と一緒に繰り出したのだ。彼は部屋中のみんなを魅了した。キャロラインの母親はびっくり仰天し、妹はうっとりして、弟は担任をびっくりさせようとしてチョークを浮かせる方法を知りたがった。その瞬間に俺は、命知らずのイリュージョニストのスーパースターという夢を叶えるスキルを、実はミステリーはもう持っていたんだと知った。

その晩、キャロラインの家族が寝たあとで、ミステリーは彼女に睡眠薬はないかと聞いた。

「タイレノールスリーならあるけど、コデインが入ってるわね」キャロラインが答えた。

「効くんだろ」ミステリーが言った。「一瓶くれないか。俺にはなかなか効きにくいんだ」

キャロラインはすでに看護師のような意識を持っていたので、四錠だけを彼に渡した。だがそれだけでは彼をノックアウトするには足りなかった。だから俺とキャロラインが眠ったあとも、コデインのせいで逆にハイになったミステリーは、一晩中眠らずにミステリーズラウンジに書き込みを続けていたのだった。

10

眠らずに書いた野望

MSNグループ：ミステリーズラウンジ
タイトル：人生のゴール
投稿者：ミステリー

俺は今、キャロラインの家にいる。パトリシアのことで頭がめちゃくちゃだからだ。キャロラインはトロントにいる、スタイルのガールフレンドだ。彼は苦労するだろうな。彼女はとてもきれいだけど、息子が一人いる。スタイルとキャロラインはとてもお似合いだ。しかし俺にはその限界も理解できる。クソ。解決策。公平であれ。彼女を愛せ。気持ちに正直に、彼女を傷つけず、だがもちろん自分が超女好きで、もっと欲しがるってことも把握しておけ。「すべての港に女がいる」なんて考えも、当たり前のものだ。

彼女には素敵な家族がいた。俺は彼女の十八歳になるかわいい妹と、弟、それから母親のために四十五分間、マジックを披露した。楽しかった。母親にはルーン占いもしてやった。キャロラインは俺の妹みたいだ。彼女と赤ん坊のことを、なんだか大事に思ってしまった。そして、スタイルもいるんだから言うことは何もない！

それから寝ようとしてコデインを飲んだ。みんな普通の時間にベッドに入ったが、俺はうまく眠れなかった。だが、飲んでも眠くならない。ただ愛を感じている。誤解しないでくれ。俺はタイレノールのせいでばっちり目がさえているんだが、それでも気分はいい。このラウンジは大好きだ。お前たちはとても輝いている。いつの日か、俺たちみんなでどでかいパーティができたらいいな。

こんな意識も、コデインが小便と一緒に出ていったら消えてしまうんだろう。やれやれだ。将来そんな日が来てくれたらいい。つまり、みんなでもっと深い友だちになりたい。俺たちにできると思うか？　グリンブルとトゥータイマー。お前たちのゲームは俺のとはかなり違う。俺はいつかお前らをナンパして、どんな人間なのか理解するべくきちんと向き合いたい。

パパ。まだハマり始めのころ、お前がプレイしたゲームは素晴らしかった。お前との講座は最高だった。いつでも歓迎だ。毎日電話をかけてきたって気にしない。

俺はこのラウンジが、ナンパだけじゃなくて、もっとでっかいことのために存在しているって考えてる。人生のゴールだ。その中で女は大きな部分を占めているし、俺たちは女を得るため互いに助け合って、一緒に努力している。だが俺は、話題を金だとか社会的地位だとか、ほかの野望にも広げていきたいと思ってる。

人生でもっとも大きな壁の一つは、自分が抱えている問題を素直に言えないことだと思う。でも自分の抱える問題をここで発表してみろ。そうすれば何百人という知的で信頼できる男たちが、君を助けてくれる。

もちろん、お前らのゴールや目標も教えてくれ。もし何もないというなら、今こそ作るときだ。俺は、俺たちみんながめちゃくちゃ努力をして、自分の人生を描いていくのを見てみたい。旅、女、金、社会的地位、何だっていい。これからは互いに助け合っていこうじゃないか。企業みたいに、みんなで同じプロジェクトに取り組んで、それぞれの努力に相乗作用を与えていこうじゃないか。

ヴィニガー（ブルックリンに住む、俺の元生徒。エスコートサービスの送迎運転手として生計をたてている）に会いたい。彼のアパートで。あの強烈な車、貯金箱、ホットなベビーシッター（彼とやったベビーシッターだ）、彼にベタ惚れの女ふたりにも会いたい。彼はニューヨークのどこかにテリトリーを持つべきだ。ナイトクラブでも何でもいい。彼は自分のリムジンを運転させなきゃだめだ。彼は自分のエスコート会社を経営するしかない。

パパ。お前は親父のすねをかじっている。「ベスト」の敵は「グッド」だ。俺はお前が恋愛の上達に対するのと同じくらい、富に対しても集中するのを見てみたい。お前には億万長者になれるだけのエネルギーがある。父親の経済的な庇護から飛び出して、彼の負担を減らしてやらなくちゃだめだ。セックスへのエネルギーを抑制し、それをビジネスでの成功を生み出すために利用することを考えろ。

俺に必要なのはこれだ。テレビ局に一時間のマジックスペシャル番組を売り込むための完璧な宣伝用資料だ。この番組を制作するのに、でかい財源が必要なんだ。でたらめを言っていたり、アホみたいに名誉欲に駆られてるわけじゃない。俺に会ったことがあれば、俺がどんな役割でもこなせると知っているだろう。一度でも俺のスペシャル番組が放映されれば、ベガスでショーだって開ける。もうすでにそのショーの細かいところまで、計画はできている。

誰か手伝いたいヤツはいるか？　打ち上げパーティのことを考えてみろ！　何かを作り上げよう。俺は毎日人の注目を浴び、大入りのショーを開けるだけの男だ。それを利用しろ。さもなきゃ俺はどうにかなってしまいそうだ。

これはボランティアの呼びかけなんかじゃない。俺はそんなもの信じちゃいない。俺に協力してくれたら、金を稼げる。まず君の目標を俺に教えてくれ。そうしたら俺たちは、一緒に何でもできるはずだ！　諸君、活動を開始しよう。

――ミステリー

追伸　俺はナポレオン・ヒルの『思考は現実化する』を読んでいる。それに関連して提案したいことがある。もしお前が定期的にオナニーをしているなら、簡単に中毒になるぞ。この中毒は、女と付き合いたいという願望を抑えてしまう毎日の習慣となる。それでもやっぱり、富を生み出す事業に取り組むための刺激にもなるこの性欲は、抑制することはできない。

もし君が定期的にセックスをしていないのなら（これは俺たちの誰にでも、ときどき起こることだ）、壊れるまで我慢したりはするな。自分で日程を決めろ。オナニーは一週間に一度だけ。もし今日したなら、次は七日後に設定しろ。もし君が今も昔も女をモノにしていないなら、何か楽しみなことがあるだろう。いいオナニーをしろ！

最高のポルノとローションを使え。それを楽しみにすることで、君が毎日のマスターベーションで人生を無駄にしたり、恋人がいない痛みにずっと気を取られたりすることもなくなるだろう。

とりあえず、射精を我慢して何かを生み出すんだ。

11 キレたミステリー

コデインでハイになって投稿した翌朝、ミステリーはキャロラインの車の後部座席で毛布にくるまり、目を覆うほどに帽子を深くおろして、ぐったりと横たわっていた。家族の住むマンションで降ろしてくれと言ったきり、彼にしては珍しく、一言もしゃべらなくなった。俺は東ヨーロッパでのドライブ旅行を思い出した。今回はしかし、ミステリーは病気じゃない。少なくとも肉体的には。

俺たちは車を停め、二十階にある彼の姉の部屋へとエレベーターに乗った。部屋は寝室が二つの雑然とした粗末なものだが、その割に人が多すぎた。グラマーなドイツ人女であるミステリーの母親は、一人掛けのおんぼろの花柄ソファに座っており、姉のマルチナと、夫のゲイリー、それとふたりの子どもたちは、そのとなりのソファに窮屈そうに収まっていた。ミステリーの父親は長年の飲酒による肝臓病を抱えており、さらに四階上の部屋にこもっていた。

「ねえ、どうして女の子を連れて帰ってこないの？」

十三歳の姪っ子、シャリーンがミステリーを叱った。彼女はミステリーの女たちのことなら何でも知っている。彼は、自分の傷つきやすい、父親譲りの一面を女に伝えるルーティーンに、この姪っ子をよく利用していたからだ。彼は姪たちを本当に可愛がっていたし、彼女たちを見て少し生気が戻ってきたように思えた。

ミステリーの義理の兄であるゲイリーは、自分が書いたポップバラードを何曲か演奏してくれた。その中で一番よかったのは『カサノヴァの子供』という曲で、ミステリーも一緒になって耳をつんざくような大声で歌う。彼はそのタイトルと自分とを重ねているように見えた。

そのあと、キャロラインと俺は失礼することにした。姪っ子たちはミステリーの後ろで笑ったり、喚声をあげたりしながら、エレベーター乗り場までずっとついてきた。突然ドアが開いて、聖職者のカラー（襟）をつけた男が彼女たちを冷酷に、見下したような目でにらみつけた。

「廊下でそんな大騒ぎをするんじゃない」彼が言った。

ミステリーの顔がカッと赤くなった。

「あんたこそ黙っててくれ」彼が言った。「仕方がないだろう。まだ子供なんだ。楽しいんだよ」

「だが……」牧師が言った。「ほかの住民に迷惑をかけないところで騒いだらいいじゃないか」

「分かった」ミステリーがキレた。「じゃあナイフを取ってくるとしよう。戻ってきたら、邪魔なヤツのほうが消えてるはずだ」

ミステリーはのしのしと家に戻っていき、残された俺たちは不安げに顔を見合わせた。俺はまた、あのドライブ旅行で見た彼の様子を思い返した。うっかり彼と父親の問題を掘り返してしまい、彼が国境検問所でぶちギレたときのことを。

牧師は素早くドアを閉め、俺とキャロラインはどさくさにまぎれて逃げ出した。

12 すべてはキャンセル

実を言えば俺は、キャロラインの家には戻りたくなかった。

俺はずっと都会で暮らしてきた。郊外なんて死んでも嫌だった。アンディ・ディック（米国のコメディアン）のように、俺が一番恐れていたのは、退屈すること、退屈されることだったのだ。週末の夜というのは、レンタルビデオをだらだらと観るためのものじゃない。

だがキャロラインはトロントにとどまることはできなかった。息子と離れてはいられなかった。つまり彼女は、ありがちな十代の母親にはなりたくなかったのだ。

そして翌日、キャロラインがカーターと遊んでいる間に、俺は自分のメールをチェックした。ミステリーと俺は数日前に、カーリーとキャロラインについてのフィールドレポートを投稿していた。俺の受信トレイはノースカロライナ、ポーランド、ブラジル、クロアチア、ニュージーランド、そのほかもろもろの国の生徒から寄せられたメッセージでいっぱいだった。かつての俺がミステリーに対してそうだったように、彼らは俺が助けてくれるのではないかと期待しているのだ。

ミステリーからのメールも二通、届いていた。最初のメールには、この間の廊下での一件で、姉とけんかになったことが書いてあった。

「姉貴には何発かひっぱたかれたよ。俺は落ち着かせようと、姉貴の首をつかんで床に押しつけた。で、そのまま自分の家に戻ってきた。怒ってたわけじゃない。俺はただ、殴るのをやめさせたかったんだ。おかしいか？」

次のメールは簡潔に書かれていた。

「もうくたびれきってしまった。腹も減ってるし、頭も痛いし、肌もひりひりしてるし、カザー《P2P》でダウンロードしたポルノを一日中観ているが、息が詰まりそうだ。睡眠薬が欲しい。一人きりで一晩中起きていたら、頭がどうにかなりそうなんだ。消えるのを待てないんだ。大声でわめいて、幕を引いてしまう一歩手前に俺はいる。生きていたってもう楽しいことなんてない」

ミステリーは気がふれていた。だが俺ははるか離れた小さな町、オンタリオで、ブリトニー・スピアーズの『ノット・ア・ガール』を三人のティーンエイジャーたちと観ていて、身動きが取れない。その中の一人は一応俺の今の彼女だった。

翌朝、俺はキャロラインに頼んでミステリーの家まで送ってもらった。

「一緒に残るか？」俺は尋ねた。

「カーターのところに戻らなくちゃ」彼女が言った。「このところずっと、きちんとかまってあげてないから。それにママにだらしないって思われたくないの」

「君のママは、もっと外に出て友だちと過ごしてくれたらって思ってるよ。君は自分で自分にプレッシャーをかけているんだ」

彼女は一時間だけ寄っていくと首を縦に振った。

俺たちはミステリーの部屋へと階段を上がり、ドアを開けた。彼はベッドに腰掛けて、コンピュータでスティーブン・スピルバーグの『ＡＩ』を観ている。最後に会ったときと同じ、灰色のＴシャツとジーンズ姿で、腕には姉とのけんかでできたひっかき傷がついている。

彼はこちらを振り返ると、しゃべり始めた。他人行儀で冷たい声だった。

「ずっと考えてるんだ」彼が言った。「この映画のロボットたちは、欲望と動機を持ってるんだ。目標を持って、それを成し遂げるために努力しているんだよ。この子どものロボットは母親からの保護を求めてる。このセックスロボットは女を追いかける。彼は檻《おり》から解放されたら、また本物の女とセックスしようとするだろうな。それが目的なんだから」

「なるほど」

俺は彼のベッドにぴったりとくっついているパソコンデスクにもたれかかった。部屋は少し大きめのクローゼットくらいの広さだ。壁はむき出し。

「何が言いたいんだ？」

「俺が言いたいのは……」彼が、変わらず死にそうな声で言った。「俺の目的はいったい何なのかってことだ。おまえのは？　俺は子どものロボットで、セックスロボットで、エンターテイナーロボットだ」

彼のベッドの前の床には、調理もしていないスパゲッティの皿が食べかけのまま置かれていた。スパゲッティの乾燥麺のかけらが部屋中に散らばっていた。そのそばには、床に投げつけたと思われる黒いコードレス電話の残骸があった。ぱっくり開いた背面からバッテリーがぶら下がっていた。

「何があったんだ？」俺は聞いた。

「姉貴と母親にカッとなったんだ。ふたりとも黙らないから」

ミステリー、あるいはどんなナンパ師でも、落ち込んでいるときにはたった一つだけ救助法がある。ナンパに出かけて、新しい選択肢に出会うことだ。

「今夜は派手に着飾って、ストリップクラブに出かけよう」

俺は提案した。ストリップクラブはミステリーの大好物だ。彼はストリップクラブのルールのリストを持っている。毎回少なくとも電話番号くらいは、彼にもたらしてくれるものだった。内容は、「DJを味方につけろ」「ダンスや飲み物に金を払うな」「ストリッパーにまくしたてたり、褒めたり、触ったりするな」「自分の土俵を離れるな」「ストリッパーがどんな男にでもしているような話を始めたならテーマを変えろ」といったことだ。

「出かけたくなんかない」彼が答えた。「意味がない」

彼はパソコンの映画を止め、書きかけのメールの続きを書き始めた。

「何してるんだ?」俺は聞いた。

「ニューヨークの弟子たちにメールを書いて、セミナーをキャンセルするって伝えるんだ」

彼はまるで、自動応答装置のように話し出した。

「どうしてそんなことを?」

俺はムカついた。俺は、ふたりでニューヨークとブカレストを回るために、一カ月間も空けていた。すでに航空券も買ってある。それなのに今、スティーブン・スピルバーグとコデインの後遺症がごちゃまぜになって、彼は逃げ出そうとしている。

「人の集まりも悪かったし。まあいいだろ」

「いいかげんにしてくれよ」俺が言った。「君はもう千八百ドルも集めたんだぞ。締め切り直前にはもっと人が集まるよ。忙しいニューヨーカー相手なんだ。前もって何かを決められるヤツなんていないよ」

「生きていくのは本当に大変すぎる」彼がため息をついた。

俺に言わせれば、何もかもメロドラマ的すぎる。彼は心づかいをすべて吸い上げてしまうブラックホールだった。クソが。

「あんたは、ほんとに自分勝手なやつだな」腹が立った。「ブカレスト行きのチケットはどうする？」

「行きたかったら行けばいいじゃないか。俺はショーも、エージェントも、セミナーも、講座も、旅も、何もかも全部キャンセルする。全部やめるんだ。俺はもう、ロス・ジェフリーズみたいに有名にはなりたくない」

俺は彼のドレッサーに後ろからサンダルのままキックした。俺の導火線は長いほうだが、尻まで火が届けば爆発してしまう——俺の父親は女については多くを教えてはくれなかったが、そのことだけは教えてくれていた。

オレンジ色の処方薬のボトルが床に落ちて、錠剤が散らばった。俺はそれを拾い、眺めた。「リボトリール」とラベルに書かれている。

「これはなんだ？」

「姉貴の抗うつ剤さ。まあ、ゆっくり眠らせてくれるほどには効かないみたいだがな」

冷たく、無感情だった。

この薬がちゃんと効いているはずがないと分かった。だから三錠だけボトルに戻し、残りはポケットにしまい込んだ。彼に過剰摂取《オーバードース》で死なれたらたまらない。

ミステリーはオンラインのギャンブルサイト「パーティポーカー」にログインすると、機械的にゲームを始めた。俺の知っていたミステリーは、論理的すぎてギャンブルなんてできない男だった。

「何してるんだ」俺が言った。

だが答えは待たなかった。

「いや、気にするな」

俺は部屋を出ると振り向きもせずドアを閉め、リビングにいるキャロラインに言った。

「君のところに帰ろう」

彼女は弱々しく、同情したようにほほ笑んだ。何と言ったらいいのか分からないのだろう。瞬間、彼女への憎しみが湧き起こった。ただの役立たずにしか思えなかった。

13 ミステリー、最後の投稿

俺は、郊外にあるキャロラインの家に戻ってきた。彼女の母親と、弟と、妹と、彼女の息子と、ブリトニー・スピアーズの映画のもとにだ。

俺は自分が彼女にとっては重荷で、俺がいると息子のことに集中できないのが分かっていた。彼女は、自分が俺にとって退屈な存在になってきたのが分かっていただろう。これは、俺のカンに障っていた、彼女の息子に対する一喜一憂が原因なんじゃない。彼女がまったく自発性を持っていないからだった。昼も夜も彼女の家で何もせずに閉じこもって過ごすのは耐えられなかった。俺は時間を無駄にしたくはない。

ナンパの基礎的な法則の一つに「女は恋に落ちたのと同じくらい素早く恋から覚めることができる」というのがある。毎晩起こっていることだ。クラブに入って二分のうちに男の胸をまさぐり、ベタベタしていた女は、同じくらい素早く、もっと大きくて甘い誘いに乗り換えてしまう。それがゲームだ。それが現場の実態だ。俺もそれを分かっている。

サンフランシスコでの講座で、俺はアンという名の弁護士の家で夜を明かした。彼女のナイトスタンドには、ジョエル・クレイマーという男が書いた薄い本が置かれていた。眠れなかったので、俺はそれを手に取ってページをめくった。彼は俺とキャロラインが感じている気持ちを実によく説明していた。俺たちは愛とは永遠に続くべきものだと考えている。だが愛はそんなものではない。それは好きなように出たり入ったりする、自由に漂うエネルギーなのだ。ときには一生とどまるときもある。だがほんの一瞬、一日、ひと月、一年のときだってある。だから愛がやって来たときには、それが自分を不安定にするからという理由だけで恐れてはいけない。だが、愛が離れていったときに、驚いてもいけない。ただそれを経験する機会を持てたことだけ、喜べばいいのだ。

だいぶ大まかに言い替えてしまっているが、俺がまたその後キャロラインと同じベッドで過ごした夜にも、彼のアイデアは頭の中でこだましていた。俺はそもそもこの一節をルーティーンに使うつもりで覚えていたのだった。

俺はこれが、本当に俺自身の生活に当てはまるようになるとは、まったく考えていなかった。愛とは、男ではなく、女が追いかけるものなのだ。

俺は翌日、航空券と旅行計画をやりくりしながら過ごした。まだ東ヨーロッパへの飛行機はキープしており、ミステリーがバイセクシャルの奴隷女を探すのを見る代わりに、クロアチアの外で活動しているナンパアーティストたちのグループに会いに行くことにした。俺はコミュニティに入ったその日から、その中の一人〝バッドボーイ〟と連絡をとっていたのだ。

どうして俺が、バンドを始めるでもなく、映画を撮るでもなく、舞台で演じるでもなく、ライターになったのかという理由の一つは、「一人でできる」ということだ。成功も失敗も、すべてが自分自身にかかっている。俺はコラボレーションなんて信じたことはない。この世のほとんどの人は、深く理解してくれる人ではないのだから。彼らは始めたことを終わらせることができない。夢に見た生き方ができない。自らの進歩をその手で破壊する。なぜなら探し求めるものが見つからないことを恐れるからだ。俺はミステリーを偶像化していた。俺は彼になりたかった。だが、ほかのみんなと同様に、あるいはそれ以上に、彼は彼自身の最悪の敵だったのだ。

その日俺がナンパ掲示板をチェックすると、ミステリーからの新しいメッセージがあった。タイトルは「ミステリーより最後の投稿」だ。

俺はもうこれ以上、ここに投稿しない。ただ思い出に感謝を述べて、君たちみんなの幸運を祈りたい。

君たちの友、ミステリーより

俺はミステリーのウェブサイトに飛んでみたが、すでにそこは閉鎖されていた。何年にもわたる研究と努力は、感動的なほどあっという間に撤去された。

一時間後、俺の携帯が鳴った。パパだった。

「驚いたよ」

「俺もだ」

「これがただ注目を集めるための釣りなのか、それとも本気なのか、判断できない」

「ぼくもミステリーと同じように感じるんだ」彼の声は遠く、弱かった。「ぼくの人生はずっと下降しっぱなしだ。ゲームはぼくのすべてだ。学校が始まっても、教科書だって開いていない。ロースクールに合格しなくちゃいけないのに」

パパが特殊なわけではなかった。このコミュニティには、人々の生活を奪う何かがあるのだ。特に今はそうだ。ミステリーが講座を始める前、それはただのネット依存症だった。だが今や誰もが国中を飛び回り、顔を合わせて一緒にナンパしたりする。これはライフスタイルでは片づけられない。病気だ。時間を捧げれば捧げただけ、病状はよくなるだろう。そしてよくなるにつれて、さらなる中毒性が出てくるのだ。これまで一度もクラブに行ったこともないような男が、今や店に入り、スーパースターになり、ポケットには電話番号をたっぷりに詰め込み、腕に女をぶら下げて店を出てくることができる。そして彼らは、余分に飾り付けたフィールドレポートを書き、コミュニティにいるほかの連中に自慢することもできる。このゲームをマスターするために仕事を辞めたり、学校を退学したヤツらもいる。女を勝ち取るための力と民、というわけだ。「女を引きつけるものの一つがライフスタイルと成功だ」俺はパパに言った。「もしお前がセレブのクライアントたちを抱えた有能なエンターテインメント弁護士だったら、どんなにゲームがちょろいか考えてみろ。いいロースクールに入ることで、ゲームに磨きをかけることができるんだ」

「そうか」彼が言った。「優先順位をつけなきゃいけないな。ゲームは大好きだけど、今のぼくにとっちゃ効きすぎるドラッグみたいなものだもんな」

ミステリーのうつ病は彼自身の生活にだけではなく、彼を尊敬して彼に近づこうとする生徒たちの生活にも影響を与えていた。パパのように、何人かはまだミステリーを手本にしている。たとえ彼が、下降スパイラルにはまりこんでいてもだ。

「ゲームに夢中になりすぎると、誰でもうつになるよ」パパが言った。「ロス・ジェフリーズも、ミステリーも、ぼくもさ。ぼくはミステリーのゲームをマスターしたいけど、自分の人生を犠牲にしたくはないな」

問題は、このひらめきが浮かんできたのが、パパにとっては遅すぎたってことだ。彼はすでにデイヴィッド・Xとデイヴィッド・デアンジェロのセミナーに申し込んでしまっていた。もちろんそのどれに参加しても、授業を数日間サボることになる。

「昨日父さんから電話があったよ」パパが続けた。「ぼくのことを本当に心配していた。ぼくは勉強とか家計とか家族を無視して、この半年間ゲームしかしてなかったから」

「バランスを学ばないとな。ナンパはただの打ち込める趣味でなくちゃダメだ」

これは賢明なアドバイスだ。俺自身がしたがうべきだったアドバイスだ。

電話を切ってから、ミステリーにかけてみた。彼は俺にオートバイを譲りたいと言った。パトリシアにはコンピュータを、それから彼が九十分のショーのために考案したイリュージョンは、地元の手品師に譲りたいらしい。

「あんなに熱心に研究したトリックをタダでやるなんてダメだよ」俺は反対した。「あとで必要になるって」

「あれは幻想《イリュージョン》だよ。俺はみんなにでたらめを言う以外、何の取り柄もないんだ。だが、でたらめばかりになったらおしまいだ。だから今はやめている」

危険信号を見つけるのに、カウンセラーになる必要はない。俺がこれを真剣に受け止めなければ、きっとあとで後悔することになるだろう。俺は自分の師匠が断崖絶壁から飛び降りようとしているのを（たとえその絶壁は彼自身が作ったものであったとしても）無視することはできない。かつて俺の女友だちに、以前の恋人が自殺してやるといつも脅してくるのだという子がいた。ある日彼女は、助けを求める彼の叫びに応えなかった。彼は一時間後、自宅の前庭の芝生で拳銃自殺をした。

ミステリーがコディンでハイになりながらラウンジの投稿に書いたように、俺たちには自由になるさまざまなネットワークがある。ラウンジは、外科医、学生、ボディガード、映画監督、フィットネストレーナー、ソフトウェア開発者、コンシェルジュ、株式ブローカー、それに精神科医にまでつながっているのだ。だから俺は〝ドク〟に電話をかけた。

ドクは、ラーニングアネックスで彼が主催していたデートセミナーにミステリーがいたずらで申し込みをしたことで、このコミュニティと出会った。ドクが、コミュニティが持つテクノロジーに比べれば甘ちゃんもいいところの戦術や考えなどをぺらぺらしゃべっているのを、ミステリーは根気強く聞いていた。そのあと、彼がドクに話しかけ、ドクは自分はたいした遊び人ではないと認めた。そこでミステリーは彼を夜の街に連れ出してミステリーメソッドを教え、ラウンジへのアクセス権を与えたのだった。いまやドクは自分のハーレムを持つマシーンになっていた。彼のニックネームは自分が持つ心理学の博士号に由来している。だから俺はアドバイスを求めて彼に電話をしたのだ。彼は、ミステリーに次の質問を、この順番どおりにしてみるようにと勧めてくれた。

●落ち込むあまり、ただもうすべてを放棄したいとしか感じられないか？
●何度も死を考えているか？
●自分を傷つけたり、破壊したりしたい衝動があるか？
●自殺を考えているか？
●どうやってそれを実行するつもりか？
●あなたをそこから引き止めているのは何か？
●あなたはこの先二十四時間以内にそれをするだろうと思うか？

俺はその質問をメモった紙を四つに折りポケットにしまった。これは俺のカンニングペーパー、俺のルーティーンだ。

14 ルーティーンとその答え

ミステリーの家に着くと、彼はベッドを解体しているところだった。彼の動きは機械的だった。そして対応もまた機械的だった。

スタイル「何してるんだ?」
ミステリー「ベッドを姉貴にやろうと思って。俺は彼女が好きだし、彼女にはもっといいベッドがふさわしいからな」
スタイル「落ち込みすぎて、ただもうすべてを放棄したいとしか感じられないのか?」
ミステリー「そうだ。こんなのは無意味だ。ミームみたいなもんだ。もし君がミーム学を理解したら、すべてが無駄だって分かるさ。意味がないんだ」
スタイル「だがお前には人よりも優れた知性があるじゃないか。子孫を残す義務があるぞ」
ミステリー「気にするな。俺の遺伝子なんて根絶やしにするつもりだ」
スタイル「何度も死ぬことを考えているのか?」
ミステリー「常に考えてるさ」
スタイル「自分を傷つけたり、破壊したい衝動があるのか?」
ミステリー「ああ。この生き物は、めちゃくちゃだ」

スタイル「自殺を考えているのか？」
ミステリー「ああ」
スタイル「どうやって死ぬつもりだ？」
ミステリー「溺死だ。それが一番怖いからな」
スタイル「自殺を思いとどまらせてるのは何だ？」
ミステリー「俺は全部を捨て去らなきゃならないんだ。俺はパトリシアのコンピュータを落として壊してしまった。だから俺のを彼女にやりたいんだ。彼女にはコンピュータがいるからな」
スタイル「彼女が気にしているのか？」
ミステリー「いや、まさか」
スタイル「コンピュータを壊して、彼女は怒ったのか？」
ミステリー「いや」
スタイル「二十四時間以内に自殺するつもりか？」
ミステリー「なんで俺にそんな質問をする？」
スタイル「俺は友だちだし、心配しているんだよ」

（玄関のベル）

スタイル「どちらさま？」
インターホンの声「こんにちは。タイラー・ダーデンです。ミステリーさんに会いに来ました。彼の投稿のファンなんです。もしできたら彼に会いたいんですけど」
スタイル「ちょっと今は取り込み中でね」
インターホンの声「でも、キングストンからわざわざ会いに来たんですよ」
スタイル「すまないな。彼は誰にも会えないんだ。彼は……病気なんだよ」

15

出口は見つからない

俺はミステリーを部屋に残してキッチンへと移動し、番号案内に電話をかけてミステリーの両親の番号を調べた。彼の現実世界での名前はエリック・フォン・マルコヴィッチというが、これも本物というわけではない。彼は生まれたときの名前、エリック・ホルヴァート・マルコヴィッチから合法的に名前を変えていたのだ。

電話のベルが一回、二回、三回鳴った。男が出た。声はしわがれ、態度はぶっきらぼう。ミステリーの父親だ。

「はじめまして。息子さんの、エリックの友人ですが」

「君は誰だ?」

「ニールといいます。エリックの友人です。お願いが……」

「二度とかけてくるな!」彼が吠えた。

「ですが彼は今……」

ガチャ。クソ野郎が電話を切った。

俺が電話できるのは、あともう一人だけ。ミステリーの部屋に戻った。彼は水で薬を飲み下していた。顔は真っ赤になってゆがみ、まるで見えない涙を流しているかのようだった。

「今、何を飲んだ?」俺は聞いた。

「睡眠薬さ」

「何錠？」

クソ。救急車を呼ばなくちゃならないのか。

「二錠だ」

「どうして飲んだ？」

「起きていると、人生は最悪だ。無意味だ。眠ったら、夢を見られる」

彼は『地獄の黙示録』のマーロン・ブランドのようになってきた。

「昨日の夜は飛ぶように走るデロリアンに乗っている夢を見た。『バック・トゥ・ザ・フューチャー』みたいにだ。周りにはワイヤーが張りめぐらされていた。姉貴と一緒だったよ。彼女が運転してた。俺たちはワイヤーを飛び越えた。そして、その下に自分の人生を見たんだ」

「いいか」俺が言った。「パトリシアの電話番号を知りたいんだ」

とうとう涙がこぼれた。彼は大きな赤ん坊のようだった。自殺しかけている大きな赤ん坊だ。

「パトリシアの番号を教えてくれないか？」俺はもう一度ゆっくり、優しく、子どもに話しかけるように言った。

彼はゆっくり、優しく、子どものように教えてくれた。俺は彼女が俺からの電話を切らないように、まだ彼女が完全にはミステリーを人生から追い出していないように、そして何か解決策を持っていますようにと祈った。

彼女は最初のベルで出た。恋人として、彼女はミステリーに当たり前のように扱われていた。だが実際は、彼女は目に見えないサポートシステムの一部だったのだ。彼女がもたらす安定効果は、いなくなるまで気づかれなかっただけだ。

パトリシアの声はやや男性的で、軽いルーマニアなまりがあった。頭がキレるようには思えなかったが、彼女はミステリーを心配してくれた。声には思いやりと気づかいがにじんでいる。

「あの人、前にも死のうとしたことがあるの」彼女が言った。「あなたにできる一番のことは、あの人の母親かお姉さんに電話をすることね。彼女たちが施設に連れて行ってくれると思うわ」

「ずっとかい？」

「いいえ、彼がこの状態を抜け出せるまでよ」

ミステリーの部屋のドアがさっと開き、彼が出てきた。

そしてそのまま俺の前を通り過ぎて玄関に向かった。

「おい！」俺は叫んだ。「どこに行く気だ？」

彼は一瞬振り返り、ぼんやりとして、感情の込もっていない目で俺を見つめた。

「お前と知り合えてよかったよ、相棒」そう言うと、背を向けた。

「どこに行く気なんだ？」俺はもう一度繰り返した。

「親父を撃ち殺して俺も死ぬ」

彼は玄関のドアを開けてそう言い捨てると、後ろ手にドアを静かに閉めた。

16
消えていった火花

俺はミステリーを追いかけた。彼は夢遊病にでもかかったかのように、ゆっくりと階段を降りている。俺は彼を追い越し、その前のロビーのドアをふさいだ。

「おい」

俺は彼の袖を強引に引っ張った。

「上に戻ろう。君の姉さんに話したんだ。迎えに来てくれる。何分かだけ待ってくれ」

俺を信じていいものかと、彼は一瞬躊躇した。とてもおとなしく、ハエすら傷つけないように見える。俺は優しく励ましの言葉をささやきながら、上の階へと連れて行こうとした。彼が向きを変えて歩き出したので、俺はもう一度彼の家族に電話をかけた。

「彼は大丈夫だろう」俺は胸の中で言った。「父親と直接話をしないかぎりは」

母親が電話に出た。彼女は三十分でそっちに行くと言った。

ミステリーはキッチンの布団に座り込み、待った。睡眠薬が効いてきたようだ。彼は壁を凝視しながら進化の哲学やミーム学、ゲームのセオリーを部分的にぶつぶつと唱えている。つぶやきの最後はいつも同じだった。「無意味だ」「めちゃくちゃだ」

ミステリーの母親が、姉と一緒にやって来た。そして彼の様子を見るなりふたりは青ざめた。

「こんなに大変なことになってただなんて、知らなかったわ」姉のマルチナが言った。

彼女は彼の身の回りの品をスーツケースに詰め込み、母親が彼を下へ連れ出す。彼はすっかり疲れ切って、おとなしくついて行った。

三人はアパートを出ると、彼をハンバーリバー地域病院の精神科病棟へと連れて行くため、車へと歩いて行った。ミステリーの母親が彼にドアを開けてやったそのとき、前に停まっていたスポーツカーから女の子たちが四人飛び出してきた。一瞬、ミステリーの瞳の中で生命の火花が点滅した。

俺は彼を見つめ、あの短い魔法の言葉をその口から聞きたいと祈った。

〝これはお前のセットか？　それとも俺のか？〟

そうすればもう、何も心配などいらない。

だが彼の瞳は再び光を失った。母親は彼が車に入るのを手伝い、彼女は彼の脚を持ち上げて車内に押し込んだ。そしてバタンとドアを閉めた。

俺はガラス越しに彼を見た。ほほ笑む四人のブロンド娘たちが彼の顔に映り込んでいる。彼の顔色は悪く、血の気がなかった。瞳はぼんやりと前を見つめ、唇は結ばれ、あごはこわばって、下唇のしゃれたピアスは冷たい午後の光にいらつくように光っていた。

少女たちはスシレストランのメニューを見ていた。クスクスと笑っている。美しい音色だ。生命の音色だった。

俺は、ミステリーの耳にも届いていますようにと願った。

17 ミステリーを失ったコミュニティ

ミステリーの不調は、コミュニティに信仰の危機とメンバーたちの自己分析を引き起こした。俺たちはみんな、ゲームにずっぽりとはまりすぎていて、命まで脅かされていたのだ。

パパは学校を退学になるだろう。サンフランシスコのナンパ師アドニスは、大量の時間をミステリーズラウンジに費やしてきたことがバレて、広告代理店の仕事をクビになった。俺の書き物の仕事だって、ほとんど開店休業状態になっている。ビジョンですら、ひどい「ナンパ掲示板依存症」になってしまい、ルームメイトに自分のインターネット用ケーブルを渡してこう頼んだという。

「一週間、これを俺に返してこないでくれ」

だがその一方で、コミュニティは急速に巨大化してもいた。ますます多くの新参者たちが掲示板に群がってきていた。彼らは若く（中にはまだ高校生だというやつもいた）、俺たちPUA《ナンパアーティスト》にナンパや付き合いのことだけではなく、あらゆることについてのアドバイスを期待した。どんな大学に願書を出したらいいのか、精神科の処方薬を飲むのを止めたほうがいいのか、オナニーはしたほうがいいのか、コンドームはつけたほうがいいのか、ドラッグはやったほうがいいのか、家出はしたほうがいいのか……。彼らは俺たちのようになるには何を読み、考え、したらいいのかを知りたがっていた。

そんな堕ちた魂の中に、〝プライザー〟という名前の、背が低く筋肉質な二十代のレバノン系の学生がいた。彼はエルパソの出身で、女とはキスしたことすらなかった。彼はどうやったら女のそばでも取り乱さずにいられるのかを知りたがった。だから俺たちは、まずは女友だちを作れと教えた。そして次に、セックスも経験しなくちゃならないが、相手はそれほど選り好みするなと言ってやった。彼は少しばかり厳密すぎるくらいに、俺たちの意見にしたがった。

彼のフィールドレポートから、最高の部分を少し抜粋してお目にかけよう。

MSNグループ：ミステリーズラウンジ
タイトル：フィールドレポート（ファレスでの童貞喪失）
投稿者：プライザー

俺は実際にセックスがどれほど気持ちのいいものか確かめようと思い、ファレスに向かって国境を越えた。女は娼婦だし、厳密にはこれはナンパじゃないだろう。だが俺は、これがゲームに役立つと思っている。なぜなら今後は、俺の必死さが薄れるだろうからだ。女のあそこをなめながら69《シックスナイン》をしていないと、なかなか勃起し続けることができなかった。何もかも初めてのことだった。今や俺は童貞ではないのだから、女たちは俺が以前よりも魅力的になったと感じてくれるだろうか？

MSNグループ：ミステリーズラウンジ
タイトル：フィールドレポート（ファレスでの別の夜）
投稿者：プライザー

またファレスでセックスをした。これで今では四人の娼婦とヤったことになる。彼女は俺の精液まで飲んでくれたというのに、俺はまだセックスではイけずにいた。これで普通なのだろうか？　まあとにかく、今回俺がゲームに役立てようと思って試したのは、彼女にガールフレンドのふりをしてもらうことだった。だが俺が外へ食事に連れ出そうとすると、そのバカ女は追加で五ドル、ふっかけてきた。野暮な話だ。とにかく、俺がこのレポートを書いているのは、講座やら電子書籍やらそんなのの代わりに、六カ月間ファレスの娼婦たちに金を払うことで、俺のナンパ力が向上するだろうと思っているからだ。このほうがずっと直接的だからな。たくさんセックスをすることは、ゲームの質と自信を高めてくれるんじゃないだろうか？

売春婦についてのフィールドレポートの投稿で、みんなから激しく非難されたプライザーは、俺に助けを求めてきた最初の男となった。それからロードアイランド州の〝シティパルク〟から手紙が届いた。それから、会ったことのないたくさんの連中からの嘆願書も。彼らはみな、金を出すからナンパを教えてくれと俺に頼んできた。彼らは飛んで来たがったし、俺に飛んで来てほしがった。本物のナンパ師が実戦に出ているのを目にできるのならば、いくらでも出す気があるようだった。

ハンバーリバー地域病院の精神科病棟に閉じこめられているミステリーと、LTR《長い付き合いの子》（long-term relationship）にハマりすぎて自身のウエブサイトを削除してしまったジャグラーのおかげで、生徒たちは飢えていた。そしてどういうわけか、俺が彼らの新しい導師になってしまっていた。俺が自分のネタやルーティーンを解説したり、楽しく過ごした夜を検証してきたすべての投稿は、学習や共有の方法というだけではなく、一種の広告でもあったのだ。

だが、ナンパは闇の技術だ。その極意には代償が伴い、俺たちは誰もがそれを払っている。たとえそれが正気であれ、学校、仕事、時間、金、健康、道徳、それに自分自身を失うことであろうとも。俺たちはクラブではスーパーマンだったかもしれない。だがその中身は腐りかけていた。

「ぼくはあなたやミステリーみたいになろうと思ってたんだ」様子を聞こうと電話をかけると、パパが言った。「ぼくはぼくでなくちゃいけない。ぼくには大きな成功の可能性があるのに、台なしにしそうになっている。ぼくはオールAの生徒だったのに」

彼はナンパをすっぱりと止めようと思い、まず手始めにすでに申し込みをすませていたセミナーをキャンセルするつもりだった。

「生活がきちんとするまで、HB《いい女》に電話をかけるのもやめるよ」彼が言った。「もしかかってきちゃったら、ナンパする前に自分の生活を正しく改めなきゃならないんだって話す。ぼくは人生を選んだんだ。獲物《ゲーム》にはならないよ」

「ナンパをこなすように、学校もうまくこなさなきゃならないな」

「ああ」ちょうど今、ひらめきが浮かんだかのように、彼が言った。「学校でウイングを作るよ。勉強を中心にする。テストも終わらせるさ」

「きっとものすごく大変なんだろうな。でも、偉いよ」

「解放された気がするよ」彼が言った。

「やったじゃないか」

俺が言っておきたいのは、俺たちがどのように感じたのかということ、俺たちがあまりに消耗して、感覚を取り戻したということ。それに俺たちが自分の不安定な人生に、優先順位を正しくつけたということ、ナンパを形ばかりの趣味として追いやったということだ。

催眠術で「分別」と呼ばれる概念がある。そこでは、催眠術をかけられた人がトランス状態から覚醒させられて正常な状態に戻り、また催眠術をかけられたなら、トランス状態はより一層深く強力になるとされている。

ナンパも同じだ。俺たちはみんな、一度はそれを乗り越えた。一瞬目を開いて現実世界の光を見たのだ。だが再びはまり込んだなら、以前よりも深くその中にのめり込んでいってしまう。俺たちが考えてきた限界など超えるほどに。

Step 6

心のつながりを築く

人々は公園を見ると、よくこんなふうに言います。

「男の子たちはサッカーをしているけど、

女の子たちは何もしてないね」

けれど女の子たちは、何もしていないわけではありません。

彼女たちは話をしているのです。

お互いに、世界について話をしているのです。

そして彼女たちは、男の子たちがしなかったやり方で、

まさにその専門家となったのです。

キャロル・ギリガン

『もう一つの声』より

1 頭でっかちからの卒業

　ペトラは、栗色の長い髪と黄褐色の肌を持つ、モデルのように細い体つきをした十九歳のチェコ人で、知っている英語はというと一ダースにも満たなかった。俺が彼女とその従姉妹に会ったのは、クロアチアのフヴァル島で、シアトルのナンパ師〝ナイトライト9〟も一緒だった。俺たちは彼女たちに、手品を見せた。ふたりは俺たちにポップコーンを差し出し、俺たちは紙切れに、今晩待ち合わせようという意味で時計の絵と時間と場所を書き込んだ。ふたりは待ち合わせどおりに現れると、俺たちの手を取って小さな無人の浜辺へと連れ出した。そして服を脱いでパンティとテニスシューズだけの姿になると、海へと走っていった。俺たちもそれに続き、彼女たちがチェコ語でぺちゃくちゃとおしゃべりするのを聞きながら、セックスした。

　アニヤは、はきはきとして頭の回転の速い二十二歳のクロアチア人で、妹とバケーションに来ていた。彼女からは自信と、男好きな感じと、育ちの良さがにじみ出ていたが、妹は正反対。俺とナイトライト・ナインが彼女たちに会ったのは、クロアチアのヴォディツェという街のビーチだった。その夜、彼女たちは両親のもとをこっそり抜け出し、俺たちは岸に付けられたヨットを見つけるまでふらふらと水辺を歩いた。俺たちはこっそりとヨットに乗り込み、船内の台所兼食堂《ギャレー》でセックスをした。そして俺たちが空けたワインの代金として、二十ユーロだけ残してきた。

　キャリーはロサンゼルスの「ダブリンズ」でウェイトレスをしている十九歳だ。彼女のほうから俺に近づいてきて、ドレッドヘアの俺に好意を示してきたのだ。ふざけてラスタのウィッグをかぶっているんだというのを、俺は言い忘れた。次の日は丸坊主で彼女に会ったが、結局は一緒にベッドインすることになった。翌日、彼女にメールを出して指輪を忘れていったことを伝えると、こう返事が返ってきた。

「私、指輪はしていないわ。別の人のでしょ」

マーティーンは、ニューヨークで出会った自由奔放なブロンド女で、ミルク色の肌に赤い口紅をべっとりと塗り、アイロンをかけたTシャツを着ていた。セットの女に声をかけていたので、彼女には何と言ったのか覚えていない。だがとにかく、次の日の夜、俺たちはバーに行った。ほかに女の子をふたり連れて行ったので、彼女は俺に近づくのにがんばらなくてはならなかった。少し罪の意識を感じたが、それもほんの一瞬だった。バーで彼女に聞いた。君はベッドではどれくらいなのか、十点満点の何点か、と。俺のホテルの部屋で答えを出した。彼女は七点だった。

ララーニャはぱっと見インド人だがユダヤ系アメリカ人のお嬢様で、彼女とは大学時代に同じ新聞社でインターンとして働いたのが出会いだった。彼女は活発なインターンだったが、俺は引っ込み思案なインターン。だがその数年後、ロサンゼルスでばったり彼女に再会した〝スタイル〟は、彼女を街へと連れ出した。同じベッドで目覚めた彼女の最初の一言は、「あなた、信じられないくらい変わったわ」だった。俺もそう思う。

ステイシーは、シカゴで会った二十八歳の拒食症患者だ。長い間のメールのやりとりを通して、俺は彼女の知性、率直さ、詩心に魅了された。ようやく彼女が訪ねてきてくれたとき、彼女が不格好で、話し下手なことが分かって俺はがっかりした。おそらく彼女も同じように俺のことを思っていたことだろう。とはいえ、俺は彼女を真っすぐ寝室に連れ込んで、愛撫を始めた。指を彼女の中に入れて、彼女の膣内をテニスのネットのように分断する、肉質の袋があるのに気づいた。処女膜だった。俺は彼女に、君の処女を奪う男にはなりたくないと告げた。ＰＵＡ《ナンパアーティスト》であることがノーということを意味することもあるのだと、そのとき初めて分かったのだった。

ヤナは、手術で手に入れた巨乳を持った、彫りの深い顔立ちをした年上のロシア人女だった。出会ったのはマリブ。彼女は今日が誕生日なのだと俺に言ってきたが、何歳になったのかまでは言わなかった。俺の読みでは四十五といったところだが、口には出さなかった。彼女には、プレゼントとしてあなたの若い愛人になってあげますよと告げた。彼女が俺の尻をつかんできたので、それは別料金だと俺は言った。二日後の夜、ふたりでカクテルを飲み、それから俺の家へと移動した。彼女はもうこれ以上迷惑をかけないと言い、何かもっと深いことを求めていた。俺たちはその夜、セックスした。しかも「ごっこ」つきだ。俺が教師役で、彼女がやんちゃな生徒役。彼女のアイデアだった。

その女は酔っぱらった巨乳のアジア人で、周りには三人ほど貧乳の小さなアジア人が、しらふのままいた。名前は忘れてしまった。彼女は俺のことをゲイだと思った。俺たちは十五分ほど話して、それから彼女の手を取って化粧室へと連れて行った。互いにオーラルセックスをして、もうそれから口をきくことはなかった。期待しすぎていた。

ジルは、オーストラリア人のビジネスウーマンで、仲間のナンパ師のお膳立てで知り合った。ブロンドをツンツンとがらせた髪型で、ヒョウ柄のパンツをはき、貪欲なほどセックスへのエネルギーを持っていた。彼女がダンス（と呼べる代物かどうかは見る人によるだろうが）を踊れば、男たちはみな、振り返るだろう。俺たちは彼女のＢＭＷの車内で、逆さまになってドアから足を飛び出させながら、ファックした。最初に俺にキスしたくなったのはいつだったと彼女に聞くと、「会ってすぐよ」と答えが返ってきた。こんなふうに言われたのは初めてだった。

サラは、四十いくつかのキャスティングエージェントで、サンタモニカのホテル、カーサ・デル・マールのラウンジで出会った。彼女はまるで、シャンプーのコマーシャルから飛び出してきたかのように清潔感にあふれ、晴れやかだった。出会って一時間後にセックスした、照明がきつすぎてムードのないエレベーターの中でさえ、そうだった。彼女はカメラがないかと何度も聞いてきた。果たして彼女が撮られることを心配しているのか、その可能性に興奮しているのか、俺には分からなかった。おそらく両方だったんだろう。

ヒアとランディは、「ハイランド」というクラブで会った女たちだ。ヒアはインディーズのロッカーに夢中の小柄な少女で、彼氏持ち。ランディは俺が会ってきた中で一番茶目っ気のある笑顔を見せる魅力的な女優で、同じく彼氏持ちだった。ヒアに、彼氏をごまかして浮気するのを納得させるには一カ月ほどかかった。ランディにそうさせるのには、一日ですんだ。

ミカは、ジャンバ・ジュース（スムージーのチェーン店）で知り合った日本人の女の子だ。彼女のチョイスはエナジーブーストを入れたオレンジドリームマシーンで、俺のは同じオレンジドリームマシーンとオプションでプロテインブーストだった。俺は興味をそそられた。セックスしてみて、彼女がアンダーヘアの手入れをしない女だというのが分かった。翌朝、彼女が言った。

「私、がんに苦しむ子どもたちに寄付するために、伸ばしているの」

俺は驚いた。

「自分の陰毛を子どもたちの頭にかぶせるつもりか？」

彼女は髪の毛のことを話しているのだと言った。

アニは、一日二時間労働のストリッパーで、美容整形中毒だった。彼女はメタリックな赤毛で、おそろいの色でリップスティックの入れ墨をしていた。セックスのあとで彼女が言った。

「私は視覚化のテクニックをマスターしたの」

もっと詳しく説明してくれと俺が頼むと、男というのはとても見た目重視だから、自分はベッドでの行為はすべて魅力的に見えるように計算しているのだと彼女は答えた。だが俺への感情が高まっていくと、その感情が子ども時代の虐待による傷口を開き、もうセックスはできないと彼女は感じたようだった。視覚化は終わった。

マヤは黒髪の、ゴス好きなベリーダンサーで、ある公演でナンパした。何カ月かしてまたふと出会ったとき、彼女は俺を覚えてくれていた。俺は翌晩、彼女を誘った。彼女の車は修理中だったので、俺はタクシー代を出すよと言った。彼女は三十分でやって来た。

アレクシスは、まるで八〇年代のニューウェーブバンドのメンバーのような外見の、服屋の店長だった。スザンナは、自分の性的魅力を再発見したいと思っている、離婚ほやほやのデザイナーだった。ドリスは性生活の絶えた人妻、ナディアはＡＶ女優並みのテクニックを持った司書だった。人は本から多くを学ぶことができる。この四人とは、研究結果の集大成として知り合った。俺は出会い系に確実なセオリーを模索していた。そして何度か失敗を重ねて、ついに成功した。俺の編み出した秘訣は「書き込みでは自分勝手な嫌なヤツと見せかけて、そしていざ会ったときには魅力的でおおらかな紳士になる」というものだった。

マギーとリンダは姉妹だったが、もうお互い一言も話したりはしていない。アンは英語がまったく話せないフランス人。ジェシカは陪審義務で出会った本の虫。ファリャルは俺の車がエンストで立ち往生したときにレッカー車を呼んでくれた。ステフはサンセットブールヴァードでストリップクラブのフライヤーを手渡してくれた。スーザンは友だちの妹だ。ターニャはご近所さんだった。

俺の望みは叶っていた。女をゲットすることはもはや挑戦でも何でもなかった。ただの快楽になっていた。

ミステリーが壊れてから数カ月、俺はゲームの新しい曲がり角を曲がった。一度電話番号を受け取ってしまえば、デートするのも、セックスするのも、簡単なことだった。かつては、誰かを手に入れようと悩むあまり、一歩譲ったり、状況を判断したり、行動したりが、実際には的確にできなかった。だが今では、一年間の経験と知識の積み重ねによって、とうとう頭でっかちから卒業することができた。俺は女をたらし込むやり方と、女の発する信号を理解した。俺は大局をとらえていたのだ。

女と話していると、たとえ彼女がよそよそしかったり警戒感をにじませたりしていたとしても、彼女が俺に惹かれるある決定的な瞬間を感知することができた。いつ話していつ黙るのか。いつ押していつ引くのか。いつからかっていつ真剣になるのか。いつキスをしていつ「俺たちは焦りすぎだ」と告げればいいのか。俺にはすべて分かっていた。俺の行く手に女が投げるのがテストであれ、挑戦であれ、異議であれ、俺はどう反応したらいいのか分かっていた。ベリーダンサーのマヤはこうメールに書いてきた。

「何度もイかせてくれてありがとう。電話をちょうだい。いつディナーに連れて行ってくれるのか相談しましょう。あなたにはタクシー代の貸しがあるのよ。今度は本当のデートに連れて行ってほしいわ」

俺はこれを見ても、彼女がビッチだとか厚かましい女だとか、まったく思わない。彼女は単に、早く俺を外に連れ出して、どこまで自分の意のままにできるか確かめ、見極めたいと思っているだけだ。返事は悩む必要もない。

「そうだな」俺はそう返事を書いた。「俺は約束どおり、君にタクシー代を払わなくちゃならない。そうしたら君は、このオーガズムのお返しに俺をディナーに連れ出してくれるんじゃないのかい？」

彼女は俺をディナーに誘った。

こんな男を見たことがある。

俺はミステリーだった。

2

コミュニティ最強のＰＵＡ《ナンパアーティスト》となる

最強のＰＵＡは誰だ
サンダーキャット
サンダーキャットのナンパの隠れ家より

オーケー。ここしばらくは、誰が最高のナンパアーティストかってことで、ディベートが盛り上がっていた。もちろん、この評価には多くのエゴが絡み合っているし、誰がマジで最強なのかってことには、みんなそれぞれの意見があるとは思う。実際、俺だってこんな、あまりにも主観的なことについて、誰もが納得できるはっきりとした答えがあるなんて思っちゃいない。まるで戦争で一番優秀な兵士や勇士を聞いているみたいなものだからな。だが、そうは言ってもこの小さなコミュニティで誰が最強なのかという議論を止めることはできない。だから俺は、世の中で活動しているＰＵＡたちの頂点を決めてみることにした。

スタイルは、間違いなく確実に、現在このゲームで一番活躍しているだろう。おそらくこの男は、俺が今までに実戦で見てきた誰よりも有害で、卑劣で、ごまかしのうまい野郎だ。問題は、彼が完全に目立たずにやって来るところで、それゆえにとても危険なんだ。彼の巧妙さは本当にびっくりするほどで、気づかないうちにこちらは自分を彼に合わせるようになり、彼はこちらを自分の意のままに操ってしまう。つまり、彼は女も男も、どちらも操ってしまうんだ。誰一人安心できない。

スタイルがどれほどとんでもない男か、一つヒントをやろう。今、多くの導師《グル》級の男たちが使ったり、教えたりしているテクニックのほとんどは、彼が考案したものだ。実際のところ、彼は本質的に策略に長《た》けていて、俺が驚嘆すると同時に恐れを抱く男だ。彼が外見的にはむしろ十人並みだという事実をこれに付け加えたら、君には誰が最高のジェダイかが分かるだろう。文句なしにな。

3 すべては予測と障害の排除

　ミステリーが壊れてしまったあとでクロアチアに行き、そこで俺は初めてすべてが変わったのだと分かった。俺はもう女たちに出会うためにゲームにいるんじゃない。男たちをリードするためにいた。一緒のホテルに泊まったクロアチア人のナンパ師ふたりは、ネットで見た俺の写真をまねて、頭をそってさえいた。俺は導師になることに反感があったにもかかわらず、明らかにそうなってしまっていた。俺が女に話しかけると、部屋は静まり返る。男たちは、俺の発言を近くで聞いて学び、ノートを取り出して俺の言葉を書き留め、記憶しようとした。

　旅行から戻ってから、ロス・ジェフリーズが、俺が作った嫉妬深い恋人のオープナー（恋人に大学時代の彼女と話をさせない女）をいじったものを使っているのを目撃した。そのあと彼は、俺が編み出したフェイズシフトルーティーンの進化形を、原稿にして一部くれないかとメールで頼んできた。彼は俺をまねていた。それらのテクニックを、自分のセミナーで使おうと考えていたのだ。

　サンダーキャットのＰＵＡ《ナンパアーティスト》ランキングが発表されて、俺はナンバーワンということになった。俺はもはや自分を生徒だとは名乗れなくなってしまった。ニール・ストラウスは、表向きには死んだ。男たちの目に映る俺は〝スタイル〟で、生まれながらの才能には恵まれなかった男たちのキング。世界中のヤツらが俺のジョークを、切り返しを、セリフを、言葉を使って女に出会い、キスして、そしてセックスしていた。

　もうゴールは通り過ぎていた。

かつての俺は単にミステリーのウイングであり、ロスの弟子であり、スティーブ・Ｐの催眠術の被験者だった。今の俺は、ひとたび外に出れば、いつだって自分の力を発揮しなくてはならない。コミュニティの男たちが俺の背後でこうささやき合うのだ。

「スタイルはどうなんだい？　彼はそんなにすごいのか？」

俺がもし女たちのグループに近づいていって、その中で一番ホットな女を十五分以内に落とせなかったなら、彼らは俺をペテン師だったと思うことだろう。コミュニティに入る前の俺は、女たちの前に出ることを恐れ続けていた。だが今は、男たちの前に出ることを恐れている。

プレッシャーは二つの方向からかかってきた。俺は自分自身に理不尽な期待を募らせていくようになった。イタリアンレストランで、五つほど向こうのテーブルにいい女がいたとする。彼女をナンパしなかったら、俺が失敗しているような気がした。ドライクリーニング店で、女優やモデル志望のウェイトレスが通り過ぎたとする。彼女に話しかけなければ、自分が偽善者のような気がした。ＡＦＣ《欲求不満のバカ》だった時代には、知らない女に声をかけただけでも有頂天になっていたのに、今の俺は一週間以内に、彼女を自分のベッドに連れ込めていなくてはいけなかった。

自分の発想が歪んでいるとは分かっていたが、多くのことについて俺は、ＡＦＣとしてではなくＰＵＡとしての道義を、より大きく感じていた。ゲームを学ぶということは、ただオープナーや電話のやりとりを覚え、戦術のレポートを作成するだけではない。女に何を期待して何を期待されているのかについて正直になる方法を学ぶことでもあるのだ。ただ寝たいだけなのに、君と付き合いたいなどと女に嘘をつく必要は、もうない。パンティの中に手を忍ばせたいだけなのに、彼女の友人を装う必要もない。ほかの女に気を取られているのに、一対一で付き合っているかのように彼女に思い込ませる必要だってないのだ。

俺がようやくたどり着いた考えは「女はいつでも恋愛関係を求めているわけではない」ということだった。実際、一度解き放ってしまえば女の肉体的な欲望は男性よりももっと貪欲だ。女がそこに身を委ねられるほどくつろいだ気分になるには、克服しなくてはならない明確な境界線とプログラミングされた壁があるだけだった。俺がゲームで成功したのは、ナンパ師の目的とはただ女の心の引き金を引くことではないと分かっていたからだ。

これを書きながら、俺は神を見上げ、盲信している。俺の上には女がいる。彼女はブロンドで、黒いブラの上にノースリーブのアンダーシャツを着ている。俺にほほ笑みかけている。俺は彼女の中に入っている。彼女は俺の腰骨にクリトリスをこすりつけながら下唇を噛んでいる。彼女のあえぎ声が聞こえる。彼女は俺の太ももにのせた手で体を支え、もう片方の手はコンピュータの上に軽く添えられている。

「ねえ、あなたがタイプすると私、興奮するのよ」彼女が言った。「しばらくくわえてもいい?」

ステレオタイプな作家のイメージなんてクソ食らえ。これが新しいイメージだ。働きながら同時に楽しむことだってできる。俺はいつでも「自分の現実を生きろ」とスティーブ・Pが言っていたことを思い出した。その中では誰もがゲストだ。だからもし、俺が仕事をしながら君が俺とセックスしたくなったなら、俺の現実に歓迎しよう。

彼女はもうすぐイきそうだ。彼女がぐっと体を近づける。そのほうが感じるんだろう。

ナンパのすべては、予測と障害の排除でシンプルに設計されている。少なくとも、愚か者の相手とは別に、きちんとしたゲームに関するかぎりは。

例えば、オープナーは何気ないものだ。ナンパしようとしているとは、誰も思わない。ただ気のよさそうな他人を気取って近づき、彼女とその友だちにこう話しかければいい。

「おとなりさんが犬を二匹買ったんだけど、八〇年代か九〇年代のポップデュオの名前を付けたいらしいんだよね。何かいいアイデアないかな？」

そして、適当に制限時間を設ける。

「一分くらいしかいられないんだけど」ふたりの中に入りながら言う。「仲間たちのところに戻らないといけないんでね」

彼女たちと仲良くなりながら、嫉妬深い男や過保護な友人といった、締め出そうと狙っているようなヤツがいないか目を光らせる。君はターゲットにたてついたり、からかったり、ネグを使ったりして、彼女たちを楽しい気分にさせる。もし彼女が君をさえぎったなら、例えばこう言う。

「おっと。彼女はいつもこうなのかい？　よく友だちとけんかにならないな」

もしそれで彼女が傷ついたようなら、軽い褒め言葉で彼女を引き戻してやる。これは俺が「押し引き」(push-pull)と呼んでいるもので、彼女を引き離したり、素早くぐっと引き寄せたりして、彼女の気持ちがずっとこちらに向いているようにするのだ。

彼女たちが犬の名前についての意見を出し終わったところで（ミリバニリ、ホール&オーツ、ドレー&スヌープあたりは、言われたことがある）、自分の価値を見せつける。君は彼女たちに親友テストや、彼女たちのボディランゲージについて教え、あるいは筆跡鑑定なんかをしてやる。それから友だちのところに戻らなくちゃ、というふりをするのだ。

彼女たちは今では君にいなくなってほしくない。君は残る。彼女たちに自分がこの店で一番楽しい、愉快な男だと思わせるんだ。ここがフックポイントだ。君はもうリラックスして、グループの中で楽しんでいられる。彼女たちの話を聞き、生活について知り、本当のつながりを作っていける。

最高のシナリオは、君がふたりを、あるいはターゲットだけを、別のバーやクラブやカフェやパーティの、インスタントデートに誘い出すことだ。ここまで来ると、君はもうグループの一員だ。君はリラックスして、からかったり楽しんだり、ターゲットと仲良くなったりすることができるだろう。彼女もネグのあとや、グループを引っ張っていったあとの君には魅力を感じ始めている。別れの時間がきたら、友だちとはぐれてしまったから誰か家まで乗せていってくれないかと言えばいい。これは彼女にとって、友人たちに君と寝る気があるのを勘づかれずに、ふたりきりになれるチャンスを与えることになる（もしこの任務が難しすぎるようなら、彼女の電話番号を手に入れて週末にでも誘う計画をたてればいい）。

彼女が君の家で車を止めたら、話していたものを見せてあげると言って誘うんだ（ウエブサイトとか、本、映画のクリップ、シャツ、ボウリングのボール、そのほか何でも）。だが最初に、彼女には新たな制限時間を通達しておく。明日は仕事が詰まっているから、早く寝なくちゃいけないんだ、と言う。「十五分だけなら来てもいいよ。でも時間がきたら帰ってもらうからね」と。この時点でもう君たちはふたりとも、セックスをすることになるって分かっているはずだ。だが君はまだ堅実なゲームを続けなくちゃならない。そうすれば彼女はあとで「あれはたまたま起こっただけだ」と自分に言い聞かせることができるからだ。

彼女に家を案内して、飲み物を出せ。最高に面白い五分間のビデオクリップを見せたくてたまらないんだと、彼女に伝える。だが残念なことにリビングのテレビは壊れている。もう一台はベッドルームにある。

もちろん、ベッドルームにはいすなどない。ベッドだけだ。彼女がベッドに腰掛けたら、君は彼女からなるべく離れたところに座れ。おそらくこちらが手を出してこないことに混乱はしているだろうが、彼女の気持ちをリラックスさせるのだ。彼女に触れたら、そのあとは引き返せ。制限時間と「押し引き」とを組み合わせて使い続けることで、彼女の関心を盛り上げていくんだ。彼女がすぐに出て行かなきゃならないということは言い続ける。

それから焦らずに、君はいいにおいがすると伝えるんだ。肩に近い首のあたりから耳の下まで、ゆっくりとにおいをかいでいけ。ここがフェイズシフトルーティーンの使いどころだ。彼女のにおいをかぎ、腕を噛み、彼女に君の首を噛ませ、彼女の首を噛み、それからキスだ。彼女が情熱をぶつけてくるまで、君は彼女の心を占領し続けるように話し続け、彼女が嫌だと感じ始める寸前で引くことで、スキンシップをエスカレートし続けるんだ。君は常に、ターゲットの一番でなくてはいけない。今やゴールは、ただ彼女に「無理やりだ」とか「ヤりたいだけだ」という不安感を与えず、気分を盛り上げていくことだけだ。

いざ始まったら彼女のシャツを脱がせ、彼女にシャツを脱がせてもらう。ブラを外そうとする。いったいどうなる？「これ以上はダメ」と彼女は踏みとどまっているのだろうか？ ナンパ師たちはこれをこう名付けている――LMR《ラスト一分の抵抗》だ。それなら一、二歩戻って、また続ければいい。洗って、すすいでを繰り返すのだ。本気じゃない。これはただ、「自分は軽い女じゃない」という表現（ASD＝anti-slut defence）なのだ。彼女は簡単な女だと思われたくないのだ。彼女を抱き締めて話をする。彼女はこちらが何人兄弟なのかとか、くだらない質問をする。正直に答え、彼女をもう一度リラックスさせる。そうしたらもう一度最初から始める。行動に移り、彼女のブラを外す。今度は抵抗されない。彼女の胸を吸い、彼女は背中を反らす。彼女はもう興奮している。君の上にまたがり、性器が当たる。ギンギンになっている。興奮している。彼女が欲しいんだ。

彼女を降ろすと、彼女のズボンのボタンを外し始める。彼女は手を払いのける。

「君は正しいよ。これは悪いことだ」そう認め、彼女の耳に深いため息を吹きかける。「こんなこと、しちゃいけない」

さらにうまく立ち回る。またズボンに手を伸ばす。洗って、すすいでの繰り返し。だが彼女はまだ拒んでいる。そこでキャンドルを消し、ライトをつけて、音楽を止め、雰囲気をぶち壊す。それからノートパソコンを手に取り、彼女が混乱して横たわっているそばでメールのチェックをする。これを締め出し作戦と呼ぶ。彼女はついさっきまでいい気分で、男の心配りや触れ合い、この部屋のくつろいだ雰囲気を楽しんでいたというのに、今やすべてを取り上げられてしまった。

彼女は体の向きを変えると、こちらへ引き戻そうと男の胸にキスし始める。パソコンの電源を切り、ライトを消して、彼女に行為を返す。彼女のズボンに手を伸ばす。彼女はその手を止め「会ったばかりなのに」と言う。「分かった」と答える。またライトをつける。彼女は何をしているのかと聞く。「女がノーと言うときには自分はその意見を尊重しており、自分の中のすべての電源を落とすボタンをただ押すんだ」と告げる。

怒ってはいない。事務的な口調で彼女に伝えるだけだ。彼女はごろんと転がって上に乗ってくると、ふざけたようにごねて言う。「ノー」

彼女はセックスしたがっている。彼女が知りたいのは、たとえ実際にはもう二度と君に会いたいとは思っていなかったとしても、そのあとで気分よくいられるように、君があとから電話をかけてくる気があるのかどうかということだ。彼女にそれを知らせる。

君は言う。「ズボンを脱いでくれ」

彼女は言われたとおりにする。その晩、翌朝、そしてもしかしたら結局は数年にわたってさえ、君たちは楽しみ、互いに何度も絶頂に達する。

ある朝、彼女は君に何人の女と経験があるのかと聞く。

嘘をつくのを許されるのは、唯一このときだけだ。

4 パパとタイラー・ダーデンの台頭

コミュニティとして、俺たちは新たな傲慢さの極みに達していた。

「キャノン砲を手にウサギ狩りでもしている気分になってきたよ」かつての生徒、マッドダッシュが俺に言った。彼はコミュニティ史上、もっとも怪しげなナンパを成し遂げてきたところだった。

シカゴのＯＬジャッキー・キムは、デートの相手についての高判定レビューを、誤ってアドレス帳に載っていた全員に送ってしまった。ＰＵＡ《ナンパアーティスト》のフィールドレポートでも時折見かけるような、底の浅いものだ。

「私が何を気にするのかっていうと……」彼女は書いている。「相手その人と、車、資産、仕事、素敵なアパート、ボート（六人乗りみたいなケチなボートじゃなくて）、彼のクセ、またデートしたいと思わせるような甘いキス。でも今言えるのは、彼が髪を切って、プレゼントでもくれないかぎり、一番仲良しの三十歳の男友だちという以上の関係は求めないってこと」

この投稿はインターネット上で事件になった。世界中に転送され、シカゴトリビューン紙の記録に残った。メールを受け取った男の中にマッドダッシュがいた。彼は即座に彼女に同情のメールを送る。ジャッキーの返事には、彼女は彼のメールのおかげで救われ、嫌なメールを受け取るたびに読み返していると書かれていた。何通かのEメールと写真の交換、そして一回のデートのあとで、彼女はマッドダッシュのベッドにいた。プレゼントも、ボートも、散髪もなし。純粋にただのナンパだった。

マッドダッシュの成功をマネするナンパ師が、コミュニティに続出した。突如として、バーに飲みに出かけることや、女の子を家に持ち帰ることが、とてもありふれた簡単なことのように思えてきたのだ。

ビジョンはエスコートサービス（出張型の風俗店やデートクラブのこと）を呼び、一時間三百五十ドル払った。彼の目標は、女が次の一時間一緒に過ごすために金を払うくらい、面白く、魅力的な男になることだった。彼は一時間二十ドルのレートで、八十ドルを彼女から引き出し、最後には彼らは、互いに無料で会い続けた。

グリンブルは、自宅へ雑誌の訪問販売に来た十九歳の少女をひっかけた。ボクサーパンツに汚らしいセーターという服装にもかかわらず、彼は一時間もかからずに彼女とのセックスに成功した。雑誌を買ってさえいなかった。

マッドダッシュやビジョン、グリンブルの最近のこんな行いを聞くと、ミステリーが壊れて以来コミュニティに幻滅していたナンパ師たちは、すぐに全力でゲームに戻ってきた。彼らの中でも、もっとも気合いが入っていたのがパパだった。

パパのロースクール入学のために勉強するという誓いは一カ月間しかもたなかった。その後、彼は車で各地を旅して会えるかぎりのPUAたちを訪ねた。毎週、彼はスケジュールを俺に送ってきた。水曜日にはシカゴにやって来てオリオンとマッドダッシュと、それからミシガンを回ってジャグラーに会い、最後にトロントで〝キャプテンBL〟（耳の聞こえないナンパ師）とナンバーナインに会った。次の週はモントリオールで、クリフとデイヴィッド・Xと一緒にうろついた。その次の週は、サンフランシスコからロサンゼルス、サンディエゴに至るまで、カリフォルニアの海岸沿いを南へ下っていった。ほかの国（ロンドン、東京、アムステルダム）のナンパ師とは定期的に電話やオンラインで話していた。

しばらくすると、彼がゲームを学んでいるのか、それともただ自分の社交サークルを作ろうとしているだけなのか、俺には分からなくなった。彼自身も分かっていなかっただろう。彼はただ俺がしてきたことを、自分なりにまねていただけなのだ。つまり、世界中を旅してさまざまなＰＵＡに会い、一番になる、ということだ。

特にパパが親しくなったナンパ師の中に、ある新入りがいた。二十二歳のカナダ人である彼は、母親が偶然にナンパのウエブサイトに行き着いたときに、このナンパ社会を発見したのだった。彼は『ファイトクラブ』の反体制的なキャラクターの名前にちなんで、自らをタイラー・ダーデンと名乗った。そしてウィルスや民衆扇動家のように（どっちでも意味が分かればいい）、彼は最終的にはコミュニティの針路を変えてしまい、みんなもそれについていったのだった。

彼はオンタリオ州キングストン在住で、クイーンズ大学哲学科の学生だった。それ以外は彼について知られていないし、今後も知られないだろう。彼はキングストン一のドラッグの売人だと言った。裕福な家の出身だとも言った。学会誌に哲学の研究論文を発表したこともあると言った。ボディビルダーであるとも言っていた。だが誰も本当のところは分からない。

タイラーはハリケーンのようにナンパ掲示板にぶち当たってきた。彼にはまだ誰も会ったことはなかったが、一つ明らかなことがあった。彼は、俺たちの中の誰よりも深くナンパに取りつかれていた。彼は数千ページにのぼる、過去のすべてのナンパマスターたちによる投稿の過去ログを読み漁った。それから、『ＮＬＰのすすめ』から『隠された自分を支配する』に至るまでのお勧め本のリストを猛烈な勢いで読破していった。彼は知識ジャンキーだったのだ。

二カ月ほどのうちに、彼はナンパについての使える知識をすべてその手にすると、自称専門家としての新しい自分を生み出して、気持ちのおもむくままにつづったエッセイや派手な演出と大ボラでいっぱいのフィールドレポートを配信した。

磁石に引き寄せられる画鋲のように、ナンパの世界の少年たちは彼の尻にひっついていった。彼は躁病の新しい声であり、即席の手作り導師だった。そしてすぐに、彼はパパのウイングになり、そしてパパとともに旅に出て、くだらないニックネームのナンパ野郎たちと顔を合わせて話す時間を過ごした。そして当然のことながら、俺もその中の一人だった。

タイラー・ダーデンは定期的に俺にメールをよこした。彼は、俺も昔はそうだったのだろうが、天狗になっているしつこいチビだった。ナンパ工作員として自分自身にプライドを持っているようだった。

長年、コミュニティに入ったばかりで緊張しているＡＦＣ《欲求不満のバカ》には、初歩的なミッションが与えられてきた。シャワーを浴びて、いい服を着て、近くのショッピングセンターに行ったらすれ違う女みんなに笑顔で挨拶をする、という単純なことなどだ。多くのＡＦＣは、このことで彼らの内気さが克服されるだけでなく、実際に立ち止まって話してくれる女もいるのだと気がつく。

タイラーは新しいミッションを提案した。彼はこれを『ファイトクラブ』に敬意を表して「徹底破壊プロジェクト（Project Mayhem）」と命名した。その指示内容は、何も言わずにいい女のもとに走り寄って、軽くボディチェックをしてから、何か柔らかいもので彼女の頭を引っぱたくか、おちゃらけた顔をして体のどこかを触るというものだった。ナンパ掲示板では、多くの人々は考えることをしない。彼らは従った。もし俺が「ピルの吸飲がゲームに役立つ」と投稿したら、彼らはみな、家族計画協会の前に列を作ったことだろう。そして、徹底破壊プロジェクトを読んだあと、世界中の何百人ものナンパ師どもが突然スーパーのカートで女たちに突進したり、ジム用のバッグで彼女たちを引っぱたいたりしたのだ。これはナンパじゃない。こんなのは小学校の休み時間だ。

だがその点に彼の魅力があった。すなわち、タイラー・ダーデンはナンパを、おふざけの破壊的なものに思わせたのだ。そう、ホームワークやノートの記入、それに瞑想のエクササイズまで要求する「スピードナンパ」とは違った。

しかしながら、タイラー・ダーデンについては言っておかなくてはならないことがまだある。ビジョンは、タイラーが何度も何度も新しいルーティーンを教えてくれとせがむ不愉快で薄汚い客だと分かり、家から追い出した。彼のフィールドレポートは面白く人を引きつけたが、その中でいつも彼はいざセックスという段階で、すごすごと引き下がっているのだった。

5
ナンパに取りつかれた男

ＭＳＮグループ：ミステリーズラウンジ
タイトル：フィールドレポート（スピード接近）
投稿者：タイラー・ダーデン

まだ十五分もたっていないが、書くことにする。ここで以外、こんな話はできない。

今日は本当に暇だった。だから俺は、今夜うまくヤれるようなＨＢ《いい女》に出会えないかと願いながら、オタワにあるリドーセンターショッピングモールへ行った。何しろ俺のツレのＡＦＣ《欲求不満のバカ》たちはみんな、彼女持ちばかりだったからだ。

俺はモールを歩き回ったが、七・五点以上のＨＢは見つけられなかった。だからかなりいらついてた。

もう店を出ようかってときになって、新しいブースタージュースの店で小柄で可愛らしい赤毛が働いているのに気がついた。リドーセンターにいたほかの女たちみたいに七・五点ってところだろう。

俺はジュースを注文し、そこでこんなことが起こった。

タイラー「マンゴーハリケーンとマンゴーブリーズだったら、どっちがお勧め?」

女「マンゴーハリケーンです」

タイラー「マジかよ! ブリーズを頼むよ」

女「ふふ。分かりました。ブースターはどちらをお入れしますか?」

タイラー「ブースターってなんだい?」

女「壁のメニューに書かれています」

タイラー「ああ……。じゃあビタミンとエナジーとクソを入れてくれ。マジかよ! 俺はこれを飲んだら生まれ変わるぞ。やった!」

女「あはは」

タイラー「ハイタッチだ!」

女「いいわよ!(彼女が俺にハイタッチしてくる)今日一番面白い人だわ、あなた」

タイラー「仕事つまらないの?」

女「ええ、ここは最低」

タイラー「へえ、そうか。ねえ聞いてくれる?」

女「何?」

タイラー「君を愛してる」

女「ははは。オーケイ、私も愛してるわ」

タイラー「マジかよ！　結婚しようぜ。やったね、君は本当にこの最高の場所で愛を見つけたんだよ。このまさに、ブースタージュースなんてところでね」
女「ふふ」
タイラー「ちょっと待って。よし、目を閉じてみてよ」
女「どうして？」
タイラー「いいから」
女「レディからお金を盗ったりしないでしょうね」
タイラー「まさか、そんなことしないよ。誓うよ。いいかい、愛してるよ」
女「分かったわ（と言って目をつぶる）」

カウンターはちょっとでかすぎた。おかげで俺がその上にのっかると、板の上でスーパーマンみたいに水平になっちまった。それから彼女にキスした。

俺の唇が触れるなり、彼女は気でもおかしくなったかってくらいの大声で叫びだした。

女「きゃーー！　きゃーー！」

そこら中の人たちが、こっちに目を向けてきた。彼女はひどく興奮して、バンジーみたいにでかい声で叫び続け、腕を振り回していた。

俺は考えていた。（クソ！　クソ！　クソ！　いつかしっぺ返しをくらうって思ってたんだ。クソ！　もう少しIOI《脈ありサイン》とか何かを待つんだった。クソ！　もう十分だと思っちまった！　もう二度とこんなことするもんか！）

タイラー「おい、始めに愛してるって言ったじゃないか」
女「きゃーー！　きゃーー！」
タイラー「おい、大丈夫か？」
女「きゃーー！」
タイラー「おいおい」
女「はい、五ドルと三十一セントになります。きゃーー！」

彼女は話すことで落ち着きを取り戻そうとしていたが、合間合間に叫び続けていた。

タイラー「頼むから落ち着いてくれ」
女「ええ、そうね。大丈夫よ。あなたの名前は？」
タイラー「おい、警察を呼んだりしないでくれよ」
女「違うわ。コンピュータに入力するの。誰にでも聞くのよ」
タイラー「そうか。タイラーだ」
女「あら、カッコいい名前じゃない」
タイラー「どうも。君の名前は？」

女「ローレンよ」
タイラー「いい名前だ」
女「ああ、なんてことかしら。人生でこんなすごいこと起こったことないわ」
タイラー「いいね！」
女「ああなんてこと。ずしんときたわ。なんてことかしら。あなたのことが好きよ。こんなことって、とんでもないわ」
タイラー「お役に立ててうれしいね。また来るって約束するよ。もう一度、君の目を閉じさせてみせるさ」
女「今度はそれ以上のことをしてくれるの？（そう言ってウインク。おそらくセックスのことをほのめかしているんだろう）」
タイラー「君をがっかりはさせないよ。君を愛しているって、分かってるだろ？」
女「楽しみだわ」
タイラー「やったね。そいつは楽しみだ。楽屋裏を見学させてくれないか？」
女「いいわ。どうぞ入って」

俺は考えた。（なんてこった！　信じられない！）俺はジャケットのポケットの中を探った。そこには先週末にオリオンからもらったライフスタイル・タキシード・ブラック・コンドームが、まだ二つ入っていた。もしもの時は、したいようにできる。
それから、結局俺は怖じ気づいてやめた。俺は（いくら何でもうまくいくかよ！　この女に会ってまだ二分もたっていないんだぞ！）という感じだったのだ。

五十人以上の連中がこっちを向いていて、彼女が俺のためにドアを開けている様子を眺めていた。彼らはまさに「いったい何が始まろうとしているんだ？」という様子だった。心底居心地が悪かった。今になって考えてみれば、ヤっちまうべきだったんだ。だけどそのときは、驚きで頭がいっぱいだった。だからこう言った。

タイラー「うーん、実はね、相当急いでるんだ」
女「また会える？」
タイラー「うん、実は明日、街を出るんだ」
女「そう、じゃあバイトのあとは？」
タイラー「友だちと一緒にいなくちゃならないんだ。明日戻って、それから出なきゃならない」
女「そうなの。それにしても信じられない！　ぐらっときちゃったわ！」

それから俺はきびすを返してその場を去った。

――タイラー・ダーデン

6 自分自身の分身

ミステリーが帰ってきた。

ルームメイトのナンバーナインが俺に電話をくれて、ミステリーが退院して家族と過ごしていると教えてくれた。ナンバーナインは期待していた。ミステリーが来週、タイラー・ダーデンが彼との一対一の講座を期待して待ち構えているこのタイミングで、アパートに帰って来てくれるのを。講義をするにはまだ早すぎるだろうが、ミステリーは家賃を払わなくてはならなかったし、タイラーは彼に会おうと決め込んでいた。

「俺はこの奇妙な感情の遍歴を、ものすごい思い込みで切り抜けたんだ」数日後、ミステリーが俺に言った。

彼の声は、再びアンソニー・ロビンズのように晴れ晴れとしていたし、頭もさえていた。人生がもう一度、大切になったかのようだった。しかし、変わって見えるところもあった。彼はこれまで以上に躁状態だった。でも新しいタイプの躁状態だ。正確に言えば彼は戻ってきたのではない。彼は生まれ変わったのだ。

「人生のゴールを決めたよ」彼が続けて言った。「俺にやる気を起こさせるニンジンは、目の前にきっちりとぶら下がっている。今年は、デビッド・カッパーフィールドを負かすための土台作りにあてようと思う。俺はあいつを倒すことに決めたんだよ。俺がスーパースターだ。俺の脳は蝶になるため、さなぎになったんだ」

薬は飲んでいるのかと尋ねた。答えはノーだった。

「俺はひたすら考えたんだ」彼が続けた。「俺は一人になると、落ち込むだけだ。俺が何に囚われていたのか考えてみてくれ。パトリシアとの関係は破綻して、新しい女たちはうやむやに離れていき、キャリアはまったくもって伸び悩み、話す相手もいないアパートに一人きりでいるだけだった。だから俺には、尻を叩いてくれる連中に囲まれた、社会的な環境を作らなくちゃいけない。オーストラリアのセーターの仕事場みたいにな。俺たちは互いに高め合うんだよ。病院に入っている間、このアイデアをいろいろメモっておいたんだ。そして担当の精神分析医に見せた。そいつだって感動してたよ。これを俺は〝プロジェクトハリウッド〟って名付けたんだ」

俺がプロジェクトハリウッドという言葉を聞いたのはこのときが初めてで、大して深く受け止めなかった。日の目を見ることなく精神的なオナニーのくず入れへと投げ捨てられたもう一つの計画、プロジェクトブリスと同じようになるのがオチだと思ったのだ。

「俺は輝く」彼が言った。「今なら分かるんだ。俺は、背が高いのと同じように、スーパースターだ。俺は、ただ自分を押し殺していたスーパースターなんだ。そして俺はお前にも一緒にスーパースターになってほしい」

ミステリーが戻ってきたのはよかった。彼には欠点もあるが、とにかく魅力がある。それをナルシシズムと呼ぶ人もいるだろう。彼らが間違っているとも思わないが、少なくとも彼は、鏡に映ったものだけではなく、周囲の人々の反応を通して物事の本質を見極めることができる男だった。これこそが彼をここまで影響力の強い教師に作り上げたのだ。「おい、俺はもうスーパースターだよ。まがりなりにもこのコミュニティではな」俺は彼に言った。「お前がいない間に、俺は最高のナンパ師に選ばれたんだ。お前以上のな。めちゃくちゃだろ。会ったこともない男が、ある日イングランドから電話をかけてきて、女とセックスするときには俺になったつもりになるって言うんだよ。力がみなぎる気がするんだとさ。こんなの、どう思う？」

俺は自分の名前に恥じない暮らしをするのが困難になってきていた。俺たちのかつての生徒、サウスカロライナの荒削りでハンサムな教師、〝スパスター〟は先日こんな投稿をしている。

「俺が死んでナンパの天国に召されたなら、スタイルがそこで俺を迎えてくれるんじゃないかって思うんだ。彼はナンパの神だからな」

ミステリーはこれを聞くと笑った。

「そいつは、お前が自分で何とかしなくちゃいけないことさ」彼は言った。「お前は、自分自身という分身を作っちまったんだよ」

7

PUA《ナンパアーティスト》だけじゃない、俺たちは人間だ

ミステリーは、俺のスケジュールを三カ月間まとめて押さえたがった。彼は講座を計画していたのだ。場所はロンドン、アムステルダム、トロント、モントリオール、バンクーバー、オースティン、ロサンゼルス、ボストン、サンディエゴ、それからリオ。

だが俺は時間を割くことができなかった。自分のキャリアを復活させなくちゃいけなかったからだ。俺がフルタイムのナンパ師になる前——生徒たちが俺を指して使う呼び名を使えばｍＰＵＡ《マスター》になる前——にやってきたこと。いわゆる物書きだ。もう一つの人生で俺は、朝目覚めるとシャワーも浴びず飯も食わずにデスクに向かい、セックスもなしでパソコンの前に座って原稿を打ち込みながら、自分の散らかしたゴミの中でイライラしていたのだ。

そして今、女についてのすべてをマスターしつつあるなかで、人生のほかの部分においてもバランスを取り戻さなくてはならなかった。ナンパにまつわるあれこれが、俺の頭を混乱させ始めていた。俺はあまりに女からの注目に依存しすぎている。そしてそれこそが、食い物と家を捨てることの唯一の理由となり得たのだ。異性の人間性を奪いながら、俺は自分の人間性をも奪ってしまっていたのだ。

そこで俺はミステリーに、ナンパに関するすべてを減らすつもりだと話した。今のところ、ロスでは八人の女と付き合っていた。予定表は埋めつくされていた。ナディア、マヤ、ミカ、ヒア、キャリー、ヒラリー、スザンナ、それからジルだ。彼女たちには必要があって、何の見返りも期待していなかった。彼女たちは俺がほかに新しい女

を探していることは分かっていた。そして彼女たちもまた、ほかの男を探していたんだろう。俺は分からなかったし、気にしなかったし、聞きもしなかった。大切なのは、俺が電話したら彼女たちが来る、ということだけ。そして彼女たちが電話をしたら、俺が来る。誰もが来るんだ。

ミステリーには言わなかったが、俺はもう彼を信頼していなかった。俺はもう、目の前で彼に壊れられるためだけに航空券を押さえたり、時間を割いたりするつもりはなかった。俺はベビーシッターじゃない。俺がよく女に言うように、信頼は自分で手に入れなきゃならないものだ。彼は自分の手で再び信頼を勝ち取らなくっちゃならない。

ミステリーが俺の代わりとなる意欲的で熱狂的なふたりのウイングを見つけるまで、そう長くはかからなかった。タイラー・ダーデンとパパだ。驚きはしなかった。ミステリーが病院を出てからというもの、このふたり組は定期的にトロントにやってきており、ミステリーのアパートに入り浸っては、彼の頭の中のナンパ情報をどんな些細なことでも吸い取っていたからだ。

ミステリーは毎日電話をしてきて、俺に彼らの進歩ぶりを言い立てるのだった。

いわく「俺はタイラー・ダーデンをゲームでぎゃふんと言わせてやったよ。最初は嫌な男だったが、俺たちはそれを打ち崩したんだ。彼はちゃんと俺の弟子として、ウイングになるって決めたよ」。

いわく「俺はとうとう女とくっつくための公式を発見したよ。いいかい？」。

長い溜めがある。「親密な関係イコール信頼プラス安心感だ！」

いわく「タイラー・ダーデンに会っても、好きにならなくていい。ただ、大目に見てやってくれ。あいつはいつだって自己弁護ばかりだ」。

「ならどうしてお前は彼と一緒に行動するんだ？」

「あいつが電話をしてきて週末に来るって言うから、ただそうさせているだけだ。あいつは俺を家から連れ出す、目の上のたんこぶみたいなもんだよ」

「じゃあ、あいつがパパと一緒に街に来るときには、俺が家に引き止めておいたほうがいいかい？」

「彼はPUAファミリーの一員なんだよ。何度も屁をこくうざったい従兄弟くらいに思っておけばいい」

一週間後、我が家の玄関にパパとタイラー・ダーデンは立っていた。

パパは実際、いささか格好よくなったようだった。レザージャケットを羽織り、サングラスを額にかけ、すそをジーンズに入れずに高価なコットンのワイシャツを着ていた。彼のうしろにいたのは、見たことのないくらいまっ白な、色素の欠落した人間だった。卵形の頭からオレンジがかったブロンドのもじゃもじゃヘアを、トロール人形のように垂直に突き立てている。まるで、上から頭を引っ張られているようだった。その笑顔はプラスチック製の取り付け具のように見え、顔はまるで見えないストッキングで押しつけられているかのようにのっぺりしていた。オンラインではウエイトリフティングをやっていると書いていたが、体も顔も、締まりがなく、正確な言葉で言えば、小さな男。ただ、どことなく柔らかい感じは親から受け継いでいるようだった。

これがタイラー・ダーデンだった。彼を見ていると、アニメ『サンタのいないクリスマス』に出てくるヒートマイザーを思い出した。

彼は中に入ってきながら、俺に軽く会釈をした。挨拶の言葉もなく、そしてムカつくことに、目も合わせなかった。俺は、会ったときに目を見ないヤツを信用しない。だが俺は彼にいいように解釈してやった。おそらく彼はいい第一印象を与えようとナーバスになっているのだ。彼の書き込みでは、定期的に俺の投稿やテクニックに言及していた。彼は俺を尊敬しているのだ。彼らはみんなそうだ。だが多くはそれについて控え目だった。彼は高飛車で横柄に振る舞うことで、居心地の悪さを解消しようとしたのだ。いいだろう。U2のボノだって同じように振る舞った。それが彼らのやり方なんだ。

夕食に出かけると、タイラーはがぜん活動的になる。実際、彼はとにかくひと息もつかず、ノンストップでしゃべり続けた。口を挟む間もないほどだった。彼は言いたいことをまっすぐ言うよりも、その周囲をぐるぐると回りながら話すほうが好きみたいだった。考えすぎという名の病気にかかっていたのだ。話を聞きながら、俺はもうわけが分からなくなってしまった。

「俺はそのミシェルって女を殴ってたんだ」彼が言った。「思いっきりな。容赦なんてしなかった」

そしてここで頭をのけぞらせると、唇をすぼめて、眉を上げ、うなずき始めた。このジェスチャーはどれほど激しく殴ったのかを伝えたかったのだろうが、奇妙でわざとらしく見えた。

「それからこいつが彼女に近づいてこんなことを言うんだ。『ミシェル、なんてキュートなんだ。君は最高だよ』彼女は俺を見つめ、行ってしまう」ここで彼はにやにや笑うと、彼女をまねたメソメソした裏声でこう言った。「そういうことする男は嫌なのよ。彼を好きになるなんてあり得ない。私が欲しいのは私を欲しがらない男よ。私を求める男なんて嫌い。そんなのは嫌いよ」

一時間にわたるたわ言のあとで、俺はタイラー・ダーデンを理解し始めていた。彼の対人関係はプログラムだった。彼の行動を決めるのは、その場と集まった面子と状況と確証とほかの心理学的法則の大きなかたまりだ。彼がなりたかったのは、オズの魔法使いだった。すなわち、小さな男がカーテンのうしろに隠れて、周りの誰もが彼を大きくてパワフルな王国のマスターだと思うように、糸を引いていたのだ。

俺は納得した。納得するのは好きだ。

そしてこれには事情がある。彼が言うには、彼は年のわりに体の成長も遅く、精神的にも遅れていたのだった。フットボールのコーチだった父親は、彼がどうがんばっても叶えられないような高度な要求を突きつけてきた。以上が、俺に集められた経歴の詳細のすべてである。多くの確実な情報が彼から引き出せそうだった。そして俺にはまだ、それが本当のことなのか分からなかった。

ウェイトレスがテーブルにやって来るたびに、タイラー・ダーデンは俺が彼女にルーティーンを振るのを期待した。

「嫉妬深い恋人のオープナーから始めてくれよ」彼が言った。

「IVD（interactive value demonstrationの略。知り合ったばかりの女性の注意を引きつける短いルーティーン。相手の内面を相手自身に解説する）を見せてくれよ」とも言った。

「EV（elicit valuesの略。会話のなかで相手が何を重要視しているのかを見定めること。これを通して相手の内面を探り、欲求とモチベーションの根源を見つける）をいれてくれよ」こうも言った。

俺はこのタイラー・ダーデンがどれほどしつこくルーティーンとデータのことでビジョンを困らせたのか考えてみた。今、俺はどうしてビジョンが彼を家から追い出したのかを理解している。彼は俺たちの中に人間性など見ていなかった。どんな仕事をしているのか、どこの出身か、文化や政治や、それから世界情勢について俺たちがどう考えているのかなんて、彼は気にしちゃいなかった。

彼は理解していなかったのだ。俺たちはただPUAってだけじゃない。俺たちは人間なのだ。

8

ヒラリーと寝なかった理由

夕食のあと、俺はタイラー・ダーデンとパパのために特別な夜を企画していた。以前にハイディ・フライスやアンディ・ディックと争った青い髪のストリップダンサー、ヒラリーがハリウッドのスパイダークラブに出演していたのだ。そこで俺は数人の女にクラブで合流しようと電話をかけた。その中には、フェイズシフトルーティーンの発明を俺にひらめかせた、アイルランド人のローリーもいる。タイラーはグリンブルにも会いたいだろうと思ったので、彼も呼び出した。

俺たちが着いたときには、ローリーと女友だちはバーに座っていた。店内のほぼすべての男たちが彼女たちを見つめ、近づいていく勇気を振り絞ろうとしていた。俺はタイラーを紹介した。タイラーは挨拶をすませていすに座り込むと、一言もしゃべらなくなった。十分間、彼は落ち着かない沈黙の中に座っていた。この夜、初めて口を閉じていた。

パパを紹介すると、彼はすぐに生き生きと活動を始めた。サングラスを頭から外すと、ローリーにかけてやる。これはトロントで、無視しているふりをしている間にターゲットが消えてしまうのを防ぐにはどうすればいいかと質問したとき、ミステリーが教えた方法だ。それから俺の、Cラインの笑顔対Uラインの笑顔についてのルーティーンを始めた。

パパの成長ぶりを見るのは楽しい。格好よさについて語るとき、人は「それを持っている人もいれば、持っていない人もいる」みたいに言いがちだ。そして人がそれを持っているかどうかは、ただ見るだけですぐに見分けることができる。俺は自分の人生すべては生まれつきのものであると考えてきた。だが、コミュニティは、それは人々が学んで身につけられるものだと断言した。まだパパには機械的なところもあるが、彼は身につけ始めている。まるでそのためのロボットのようだった。

パパが女たちを楽しませている間、タイラー・ダーデンと俺はヒラリーのダンスを見ようと、別の部屋に移った。彼女は鳥かごに入って、大きな羽根の扇を二枚、体の前で揺らしていた。肩がちらりと見える。脚がちらりと見える。彼女の体は見事だった。もう二度と彼女と寝られないのは本当に残念だ。

「どうしてローリーや彼女の友だちに声をかけなかったんだ?」俺はタイラーに聞いた。

「あんたが彼女たちにどのルーティーンを使ったのか分からなかったし」彼が答えた。「同じことを繰り返したくはなかったんだ」

「おい、自分だけのルーティーンはないのか?」

ヒラリーは今や、乳首を隠す羽根飾りと、それにおそろいのパンティだけという格好になっていた。彼女はとても柔らかな肌をしている。だが鼻はワシ鼻気味だった。最後に会ったとき、彼女はヘルペスを起こしたことがあると言っていた。俺は彼女とセックスする気にはなれなかった。

「どこかに移動しよう」タイラーがせがんだ。

「どうしてだ?　ここには女がたくさんいるぞ」

彼女が俺に、ヘルペス持ちであることを告白したのは正しかった。それを隠して俺にうつすよりはよっぽどいい。彼女の正直さをとやかく言うことはできない。だが今の俺は、それにこだわりすぎて彼女と寝ることができずにいた。

「誰も知り合いがいないところであんたがどうするか、この目で見たいんだよ」タイラーが急《せ》かした。彼女は羽根で体を隠し、足先まで手を伸ばすと、パンティを客席へと放った。ヘルペスのかけらが飛んでいく。羊肉形のもみあげをした色男がそいつを受け止めた。彼はそれを手の中にくしゃくしゃに握り締めて、興奮した様子で宙に振り上げる。彼のちょっとした性病景品だ。

俺の肩を叩く手があった。グリンブルだった。幸運のナンパシャツを着ている。

「よう、調子はどうだ？」彼が聞いてきた。

「いつもと同じさ。タイラー・ダーデンをここから『サドルランチ』へ連れて行く気はないか？」

「あんた、来ないつもりなのか？」タイラーが聞いた。「俺はほんとに、あんたのゲームが見たいんだよ」

「疲れてるんだ」

「来てくれたら、ミステリーがどれほどソウルメイトのスタイルを恋しがっているかを語るものまねを見せてやるのに。これ、ほんとに大人気なんだぜ」

ありがたいが結構だ。

俺は控え室へと歩いていき、ヒラリーと向かい合う席に座った。

「あなたと一緒に来た、あのどんくさい人たち、誰？」彼女が聞いた。

「ナンパアーティストたちさ」

「私をバカにしたわ」

「まだ若いんだよ。勉強中なんだ。勘弁してやってくれ」

彼女は左のまつげをつまむと、ゆっくりとはがしていった。

「一緒に『エル・カルメン』に行かない？」彼女は言い、右のまつげにとりかかった。

もし行ったら、彼女と寝なきゃならないだろう。それが契約の一部だ。

「すまないが、家に戻らなきゃならない」

俺は、もっと自分のことを彼女に聞きだしてほしかった。俺を知らない女とは、寝る気にはなれなかった。

9 賢者は強者を食べて生きる

いろいろあったが、俺はタイラー・ダーデンを好きになりたいと思った。ほかのみんなが彼を好きになっているように。

ミステリーのウイングとしてタイラーとパパが各地を旅している間に彼が投稿していた、スキルについてのレポートは素晴らしかった。きっと彼は、俺のそばでナーバスになっていただけなのだろう。あるいは、俺がかつてそうだったように、多くの生徒の前で行動しなくてはならなかったことで、成長したのかもしれない。彼にいいように解釈してやることにした。

コミュニティには流行がある。ロス・ジェフリーズの「スピードナンパ」は一年ほど前に俺が登場するまではナンパ掲示板を支配していた。そのあとをミステリー・メソッドが引き継ぎ、デイヴィッド・デアンジェロの「コッキージョーク」が続いた。そして今、タイラー・ダーデンとパパが盛り上がってきていた。

おかしなことだが、メソッドは変わり続けていても、女は変わっていない。コミュニティは相変わらず秘密裏に存在し、俺たちのたくらみを知っている女は、いたとしてもほんのわずかだった。女とは無関係に、すべて男性の自我に関係して流行があった。

そのうちのもっとも大きな自我の一人、ロス・ジェフリーズは置いてけぼりを食っていた。「スピードナンパ」にはまだまだ学ぶべきところがあったが、コミュニティの若い世代のメンバーたちにとっては、女に花を贈ったり喫茶店でモルトウイスキーを分け合ったりするのと同じくらい、古臭く映ったのだ。ロスはこのことを面白く思っていなかった。心底面白くなかった。ある晩俺が家に帰ったら、こんなメッセージがPCに届いていた。

やあ、スタイル。ロスだ。私はイラついている。今は十二時十分。ふだんならイラついたときには、嫌いなヤツのところに電話をかけてそいつらを怒鳴り散らしてやるんだ。だが今はそうするつもりはない。とにかく、お前に「不公平だ」と言いたい。なあ、もっとパーティに連れて行ってくれてもいいんじゃないか？　お前は私にまだまだ借りがあると思うぞ。
もしこれに答えなくても、私は腹を立てない。私はただ、君を「スピードナンパ」のコミュニティやほかのすべてから切り離すだけだ。本気だぞ。私の研究がどれほど君の人生を変えたか考えてみろ。そこからどれだけのものをお前が得て、何をすると約束したかを。公平じゃないぞ。お前にはもっと貸しがあるはずだ。これがもし女に対する挑戦のように思えたなら、それでもかまわない。

俺はロスとはいつ以来だったか考えた。一緒に行った最後のパーティ以来、彼を完全に無視していたのだ。もしまたパーティに連れ出してほしいのなら、彼は、カルメン・エレクトラの尻をかぎ回っていたあの姿を俺に忘れさせる催眠をかけなくてはならないだろう。
とはいえ、俺はそれから二日目の夜にロスに電話をかけ、昔のよしみで夕食に招待した。彼は俺が想像していたほど怒っていなかった。頭の中がほかの男のことでいっぱいだったからだろう。そう、タイラー・ダーデンだ。

「あいつは私を不安にさせるんだ」ロスが言った。「普通の人間らしい温かみがない。ゾッとするよ。遅かれ早かれ、あいつがミステリーのとこを離れて、何から何まで自分自身で教えるようになっても、私は驚かないね。あいつは自分よりも力が上の連中と一緒だと落ち着かないんだ。それにもうすでに、自分はミステリーを超えたと豪語しているしな」

俺は彼のこの言葉をむしろロスの競争妄想のように書いているが、タイラー・ダーデンはすぐに、このロスの発言の正しさを証明した。

そしてミステリーによれば、それは俺の責任なのだそうだ。

「講座はちっとも楽しくないよ」ミステリーがぼやいた。ニュージャージーからの電話だった。彼はタイラー・ダーデンとパパと一緒に、〝ガーベラス〟という名の、おもちゃ開発が仕事のナンパ師の家に滞在させてもらっていた。

「あいつら働いているだけなんだ。お前とならお互い協力し合って、楽しいことしかしないのにな」

俺はうれしくなったが、講座が楽しいはずはなかった。何しろ名前が示すとおり、それは「講座」でしかないのだから。

「それから、俺の目標は変わったよ」彼が続けた。「配慮が足りずに始めちゃったからな。今、俺は愛を探していると思っている。自分の腹の中で不安を感じることができるくらいの関係にはまりたいんだ。シンガーや超ホットなストリッパーのような、彼女の芸術を尊敬できる女が欲しいんだ」

そして避けることのできない分裂がすぐにやってきた。

ミステリーはまた別の一連の講座を行うために、タイラーとパパを連れてイングランドとアムステルダムに飛んだ。アンコールを求める多くのリクエストと熱烈なレビューを背にミステリーが去ったあとも、タイラー・ダーデンとパパは残留して、需要を満たすために彼ら自身の講座を何度も開いたのだった。大学は休みに入っていたし、彼らにしてみれば地元のベビーＧＡＰで働いたり、アイスクリームをすくっているよりも、男どもに女のひっかけ方を教えるほうが魅力的に思えたのだろう。

ミステリーはトロントに戻るなり電話をかけてきた。

「親父が肺がんでな。今死んだ」彼が言った。「変な話だが、なんだかまずお前に知らせなくちゃって思ってさ」

「大丈夫か？」

「俺は落ち着いてるが、お袋が泣きどおしなんだ。お袋が泣くとこなんて、初めて見たよ。親父はいつも自分の墓にはウイスキーを注いでほしがってた。兄貴は『親父、ウイスキーがまず俺の膀胱を通ったって気にしないといいんだがな』だってよ」ミステリーは笑った。

俺は彼のために忍び笑いをもらそうと努力した。だが無理だった。彼の父親になんの恨みもないのだから、このジョークは笑えない。

その一方で、タイラー・ダーデンとパパは、ヨーロッパでやりたい放題だった。最初彼らが教えていたのは、ほとんどがミステリーの技だった。だがロンドンでの一夜ですべてが変わる。バックパッカーやクラブの常連や、観光客や、プレイヤーや、酔っぱらいの爆心地であるレスタースクエアの広大な野外で、彼らは本領を発揮した。

ここに「ＡＭＯＧｉｎｇ（頂点に立つ男の排除）」が誕生したのだ。

「ＡＭＯＧ《グループの頭の男》」とは、ナンパ師たちを常に悩ませてきた、生まれ持っての才能ある男たちのことだ。この世で一番屈辱的なのは、頭が弱くて酒臭い、高校のクオーターバックが背後から君をつかまえて、君が狙っている女の前で、君のピーコックセオリーにのっとった服装をからかうことだ。それは君がクラスで人気がない部類だったということと、君はまねしているだけの引きこもりのオタク野郎なのだということを、いつも思い出させる。

タイラー・ダーデンは俺たちみんなの中でも、最大級の引きこもりオタク野郎だった。彼は自分に欠けているルックスと優美さを、分析力で補ったのだ。彼は社会の脱構築家であり、細かな点に至るまで熟知していた。彼は人間関係を見て、そこに力を供給している肉体的、言語的、社会的、心理学的な要素に解体することができる。

ＡＭＯＧｉｎｇは、タイラーの破壊衝動に訴えかけるものがあったのだろう。つまり、学生時代に自分をいじめ続けた頭の悪い運動選手から女を奪うほうが、ただカフェに一人座っている女をナンパするよりも、はるかに甘い味がしたのだ。

タイラーは、ＡＭＯＧがグループの中で自らの立場を下げるために使うボディランゲージに目をつけた。タイラーは、彼らが女に「あいつは嫌なヤツだ」とほのめかすのに使うアイコンタクトを観察した。彼らが彼のバランスを崩させるほどに強い力を込めて、彼の背中を叩くやり方を分析した。

すぐに彼は女を口説くよりも頂点に立つ男を現場で観察することに、より多くの時間を費やすようになった。時間をかけて、苦労しながらも新しい社会秩序を展開できるようになるまでだ。つまり、ミュージシャンのボイド・ライスの言葉を言い換えれば、「強者は弱者を食べて生き、賢者は強者を食べて生きる」のである。

いまや、ナンパアーティストたちを止められるものはいなかった。彼らは、冷蔵庫ほどもある体格の男が指をくわえて見ている前で、その女を奪い去ることができた。危険な領域へと踏み込んでいた。

10

頂点に立つ男の排除
AMOGingが始まる

MSNグループ：ミステリーズラウンジ
タイトル：AMOGの戦略
投稿者：タイラー・ダーデン

最近考えていたことがあるんだが、これがひどくおかしいんだ。

俺はこの多くをヨーロッパの生まれつきの色男たちに教えられた。彼らから女たちを奪おうとしたり、逆に女たちを奪われるのを防いだりしながらだ。そこにいたヤツらは、北米の多くの男たちのような軟弱者じゃない。多くがゲームをやっていた。だから俺は、ヤツらをゲームから引きずり下ろす方法を考え続けていたんだ。

AMOG「やあ、元気？」

PUA《ナンパアーティスト》「よう色男。（ギブアップ、とでも言うように両手を宙にあげる）この女の子たちを俺の前から連れ去ってくれたら君に百ドル払うよ」

（女の子たちが言う。「ダメダメ。あたしたちはあなたが好きなのよ、PUA」そして彼女たちはくすくす笑い、君に媚《こ》びへつらう。これですぐにその男はがっくりくる）

AMOG（けんかをしそうな素振りを見せる）

PUA「おいおい。俺にけんかをふっかけようってのか？　はは。分かった、分かった。待て、待てって。ちょっと待てよ。もっといいことがある。まず腕相撲で対戦しよう。その次は片手腕立て伏せだ。そして最後にポーズダウン（ボディビルディングで、決勝進出者たちが音楽に合わせて一斉にアドリブでステージングをすること）だ！」

（そして筋肉をほぐし始めて、言う。「な？　君たち」女たちは口々に、俺がどれほど強いかを言い出し始める。AMOGは、もはや立場がない。彼がその肉体を武器に女をたらし込もうとしているという印象を、こちらが強く女たちに植え付けてしまったからだ）

AMOG「おい、そのまま続けろよ。お前の口説き文句を聞こうじゃないか。さあひっかけてみろ。自信あるんだろう」

PUA「おいおい、俺はあんたみたいなクールなロンドンっ子（あるいはラグビーシャツを着た男たち、靴のぴかぴかな男たち、とか何でも）に敵おうと思って必死なだけだよ。あんたらはめちゃくちゃカッコいいからな」

（ポイントは、たとえそれが関係あろうとなかろうと、彼に関して分かっているかぎりの知識で、彼を打ちのめすことだ。相手は落ち着きを失い、ボディランゲージもそれを示すようになる）

AMOG「お前のそのシャツは括約筋《かつやく》のデザインか？　そろそろ誰かに泣きついたほうがいいぞ。モテすぎてお困りみたいじゃないか」

PUA「ああ、それこそ君に近づいた理由なんだ。君が必要なんだ。助けてくれ、頼むよ。俺は君をひと目見て、君こそ俺のケツの穴を守るために生まれてきた男だって分かったんだ」

（これは本当に俺に言ってきたヤツがいる。そして正直に言うと、これは完全に侮辱だ。もし君の相手がゲームを知るAMOGだったら、さらに進まないといけない。彼を、君に取り入ろうと躍起にならざるを得ないポジションに追い込んだり、君に続く二番手の仕事をさせるために雇うことでからかったりするわけだ。例えば、こう言う。

「君はコメディアンぽいけど、別に、気に入られようと思って何かしてくれなくてもいいからな」とか「こいつはすごい。君は俺のウエブサイトのデザインが気に入ると思うよ」など）

AMOG（優勢を示すため、君に触ろうとしてくる）

PUA「おいおい。俺は男には興味がないよ。なあ、ゲイクラブなら向こうだぜ。商品には手を触れないでくれよ」

（女たちは彼を笑い、彼は自分がゲイではないと君に証明し始める）

ＡＭＯＧ（君の顔を凝視する）
ＰＵＡ（無言）

（反応するな。ただ黙ってそこに立っていればいい。もし彼がまだ一番だと誇示したがったなら、何も答えなくていい。最後には彼は君の注意を引こうと躍起になるあまり、一番手に見えることだろう。もう一つのいたずらは、目で「ここから出ないか」という合図（イマイチのセットに入り込んでしまったときに彼女たちが交わす視線をまねすればいい）を女たちに送ることだ。彼女たちは君と一緒に店を出るだろう）

アドバイスはまだある。

もしＡＭＯＧがこちらの狙っている女と一緒にいる場合、目標は彼を無力化することだ。もし彼が彼女とは会ったばかりならば、彼を吹き飛ばすことが目標になる。

ＡＭＯＧｉｎｇは、正しいボディランゲージと一緒なら最大の効果をもたらす。これらのセリフを言うときには、満面の笑みを浮かべてほしい。もしできれば、彼の胸に強くエルボーを食らわせたり、彼が飲み物を噴き出すくらい思いっきり、背中を叩いてやってくれ。こういうことはすべて、フレンドリーさを装って行うんだ。それから（これは俺の経験だが）、彼に言うんだ。「フェアプレイで頼むぜ」そして片手を差し出す。彼が握手をしようと手を伸ばしてきたら、あともう少しというところで手を引っ込める。彼をとことんからかってやれ。

同様に、自分自身のために連中の技を使うことができる。彼らがそれを見せ、君がそれをパクる。俺はこれを何度もやった。まず男に女をナンパさせ、彼女の熱を上げさせておいてから、そこに合流して彼よりも優位に立つ。

俺は彼が彼女たちにとって薄気味悪いヤツだと言い、彼から彼女たちを奪う。彼女たちはすでにスイッチが入っている。ＡＭＯＧが仕込んでくれた状態にまだあるのだ。俺ならば、天然のＡＭＯＧが女と話しているとこにさえ行けば、九割は堅いだろう。

楽しんでくれ。

――ＴＤ

11 ナンパビジネス乱立

タイラー・ダーデンとパパがロンドンで行った講座のレビューがクリフズリストに載ると、ミステリーは激怒した。ＡＭＯＧｉｎｇ《頂点に立つ男の排除》に腹を立てているのではなかった。これについては称賛を贈らなくてはならない。彼はタイラー・ダーデンとパパが、彼ら独自のウエブサイトを立ち上げ、ライバル会社を作ったことが気にくわないのだ。ミステリーは自分の講座を、「ソーシャルダイナミクス」と呼んでいた。ふたりが自分たちの講座につけた名前は「リ《R》アルソ《S》ーシャルダ《D》イナミクス」である。

パパは、彼のナンパと同じように、そのナンパビジネスもロボットのように創設した。彼らはミステリーのひな形をまねた。ミステリーの料金は六百ドル。だからタイラーとパパもそうした。ミステリーは講座を三夜かけて行う。だからタイラーとパパもそうした。ミステリーは講義を午後八時半に始めて夜中の二時半に終える。だからタイラーとパパもそうした。

タイラー・ダーデンとパパは、自分たちが講座を開くことはミステリーから許しをもらっていると言ったが、ミステリーはふたりが許可なく彼の顧客リストを使っていると訴えた。そして彼らはそれを使い果たしてしまうと、うろうろと歩き回り、ロス・ジェフリーズの弟子たちから金を巻き上げようと「スピードナンパ」の若者たちに声をかけ始めた。ロスがそのにおいをかぎつけると、彼らは南カリフォルニアのＰ―Ｌ―Ａ―Ｙ（ロサンゼルスのプレイヤーたちの集まり）を皮切りに、各地に独自の集まりを作った。

ミステリーは講座の参加者を六人に絞っていたが、パパとタイラー・ダーデンはその倍を詰め込んだ。ナンパは無秩序だったが、金はどんどん入ってくる。ほとんどの講座でパパは念入りに生徒を一人選び、たとえ彼がたまま童貞だったとしても、次の講座でのゲスト講師にした。すぐにパパは、彼独自のウイングの集団を築き上げたのだ。〝ジルエクス〟はサンフランシスコのカラオケチャンピオンで、〝シックボーイ〟はファッション産業に従事するえら張りのニューヨーカー。〝ドリームウィーバー〟は、カリフォルニア大学の四年生で、ミステリーのかつての生徒だ。そしてエクストラマスクまでもが、それぞれの講座に忙しそうに走り回って参加していた。

そんなこんなにもかかわらず、ミステリーはタイラーとパパがトロントにいるときにはいつも家においてやり、知恵を貸してやっていた。どうしてかと俺が聞くと、彼はこう答えた。

「敵の懐に入れっていうだろ」

こんな素晴らしい決まり文句を聞いて、俺は彼が自分のしていることを分かっているのだと思った。

タイラーとパパの成功を見ているうちに、二つのことがコミュニティで明らかになり始めた。一つは、誰でも講座を開くことができるということ。女ふたりを指さして、男に「彼女たちに話しかけてこい」と言うのに、何も特別な才能はいらないのだ。もう一つは、ナンパ講習会の需要はいろいろあるということ。男たちは、問題を解決するためならいくらでも金を払うのだ。

ただしミステリーは致命的なミスを犯していた。生徒たちに守秘契約を結ばせなかったことだ。もう誰にも止められなかった。一人、また一人と、誰もが気づき始めたのだ。彼らがナンパを学び、練習するために費やしたすべての時間は家族や学校や仕事や現実世界での友人たちと過ごした時間よりも長かったが、それはただコンドーム会社を繁盛させるだけではなく、もっと広く応用できるはずだということに。俺たちは求愛の世界の何光年も向こうにある一連の知識の受益者であり、クリエイターだったのだ。俺たちはセックスの世界のまったく新しいモデルを展開させてきた。それは男を優位に立たせ、あるいは少なくとも優位に立っているという幻想を抱かせた。これには市場があった。

〝オリオン〟は「マジカルコネクション」ビデオシリーズを作ったどんくさい男だが、ショッピングモールや大学のキャンパスで昼間の講座を開き始めた。

次に〝ハームレス〟と〝スキーマティック〟というふたりのＰＵＡ《ナンパアーティスト》が、自らの講座を宣伝し始めたが、スキーマティックがほんのひと月ほど前に童貞を捨てたばかりだと知っていた誰もが、それには驚かされた。

俺も面識のあるクロアチア人の一人で、戦争中に狙撃兵の弾を受けて以来左手が不自由になり、足を引きずって歩くカリスマ的ＰＵＡのバッドボーイも「プレイボーイライフスタイル」という会社を始めた。生徒たちはザグレブに彼を訪ね、どうやったら最高の男になれるのか、トレーニングを受けるのだ。エクササイズには、バッドボーイのみぞおちにパンチを食らわせて「ファックユー、バッドボーイ！」と声の限りに叫ぶことも含まれている。クロアチアの平均月給は四百ドルだったが、彼の講座は一人頭八百五十ドルだった。

〝ワイルダー〟と〝センセイ〟はともにミステリーメソッドの卒業生だったが、サンフランシスコで『ナンパ一〇一講座』を開催した。得体の知れないウエブサイトが『ネグを成功させるには』という本を売り出し始めた。ビジョンは仕事を辞めて一対一の講座を行った。セーターの従業員の一人は、ナンパのウエブサイトと商品のラインナップを企画した。ロンドンの大学生、〝エンジェル〟と〝リョービ〟と〝ロックストック〟の三人は、「インパクトインテラクション」という講座で教え始めた。そして国境を越える娼婦ファッカーのプライザーでさえ、「簡単なナンパ」というまとまりのないＤＶＤ講座を製造した。これは彼らの意図と関係なく、お笑いＤＶＤとしても楽しめた。

ついにはグリンブルとトゥータイマーもこの騒動に飛び込み、ふたりとも自分のナンパメソッドを展開させて、電子書籍まで著した。グリンブルは自分の本が出版された週に一万五千ドル、トゥータイマーは六千ドルを稼ぎ出した。

コミュニティは、事業で花盛りだった。

俺も動き出すときがきたと感じた。あまりにもおおごとになってきている。ふたが吹き飛ばされそうだった。

俺はミステリーの最初の講座に参加して以来、一年半このコミュニティにいる。ほかの物書きに出し抜かれる前に、このナンパのサブカルチャーでの俺の権利を主張するときがきた。自分を出すときがきた。俺は単なるナンパ師ではないのだと自分に思い出させるときがきた。俺は物書きだ。俺にはキャリアがある。そこで俺は、ニューヨークタイムズ紙文化面《スタイルセクション》の、知り合いの編集者に電話をかけた。それはなんだか、俺が寄稿するにふさわしい名の紙面《セクション》だと思えた。

オンラインに実名で投稿したヤツは、これまで一人もいなかった。俺たちは互いをニックネームで呼び合っていた。ロス・ジェフリーズやデイヴィッド・デアンジェロでさえ、偽名だ。現実世界での俺たちの仕事やアイデンティティなど、たいした問題じゃなかったのだ。つまり、このコミュニティの誰にとっても、俺はスタイルだった。

俺の本名や、タイムズ紙に書いていることを知っている人間は、いたとしてもごくわずかだった。

この話を新聞に載せるのはたやすいことじゃなかった。二カ月にわたり、何枚も何枚も下書きを重ねて、編集者と一進一退の攻防を繰り広げた。彼らはもっと懐疑的なニュアンスを出したがった。いろいろな導師たちのパワーの裏づけを欲しがった。彼らは奇妙なテクニックの数々を実際に目にしたがった。こんな人々が、そしてこんな世界が、本当に存在しているだなんて、なかなか信じられないようだった。

12 スタイル→ニール・ストラウス

俺のナンパ師としての二重生活の話が新聞に掲載される前の晩は、俺の眠りも途切れがちだった。俺はスタイルというこのキャラクターを作り出し、そして今、二千語の新聞記事でそれを葬り去ろうとしている。コミュニティの誰もが、彼らの中心に裏切り者がいたことに腹を立てるだろうことは分かっていた。俺は、彼らが俺を生きたまま燃やしてしまえと、たいまつを手に家の回りを取り囲んでいる悪夢を見た。

だがそれほどまでにやきもきと心配したにもかかわらず、俺が反論の用意をする必要はなかった。つまり、何も起こらなかったのだ。

もちろん、コミュニティに対して不満の声も少しはあがったが、収まっていきそうだった。この話の論調が気に入らないという人もいたし、ミステリーは最近自らが作り出した「金星アーティスト」という言葉よりも「ナンパアーティスト」という名で呼ばれることをひどく嫌がった。だがスタイルが信頼を失うようなことはなかった。コミュニティではその存在がもうあまりにも定着していたので、世界中のナンパアーティストにとってみれば彼は第一にナンパアーティストであり、ジャーナリストはその次にくるのだった。彼らはニール・ストラウスがコミュニティに潜入したことに怒るのではなく、スタイルがニューヨークタイムズ紙に記事を載せたことを誇りに思ったのである。

俺は呆気にとられた。俺はちっともスタイルを殺してはいなかったのだ。むしろもっと強めてしまった。ナンパ師たちは俺の名を検索《ググ》りし、俺の本をアマゾンで注文し、俺の経歴について長々と投稿文を書く。俺が彼らに、現実世界とネット上の俺のアイデンティティをごっちゃにしないでくれと頼むと（なにより、俺に会った女たちには、彼女たちについて書いたフィールドレポートを探してほしくはなかった）、彼らは素直にしたがった。俺にはまだ統率力があった。

そしてさらに驚いたことに、俺はこのサブカルチャーを離れたくはなかったのだ。俺は今やここに集まる子供たちのよき師であり、満たしてやる責任があった。維持すべき友情があった。俺はナンパアーティストとしてはすでにゴールに到達していたが、その途中で偶然に、俺のこれまでの人生では無縁だった友情や家族の感覚を見つけたのだった。好むと好まざるとにかかわらず、俺はもはや、コミュニティにとって不可欠な存在になっていたのだ。生徒たちが衝撃も受けず、裏切られたとも感じなかったのは正しかった。俺は彼らの一人なのだから。

俺に関わる女にとっても、記事はほとんど影響がなかった。彼女たちにはすでに、コミュニティと、俺がそこにいかに関わっているかということは伝えていたのだ。そうすることで、俺は興味深い現象を発見した。

つまり、セックスの前に俺がナンパアーティストであることを告げると、女は最後には俺とセックスすることになるのに、自分がほかの女とは違うと確信したいがために一週間か二週間、俺を待たせる。そしてセックスのあとで俺がナンパアーティストであると告げたなら、たいていの女はその話を面白がって興味を持つが、自分にはゲームが仕掛けられていないと思い込む。しかし彼女のコミュニティに対する我慢が続くのは、別れたり、互いに会うのを止めたりするときまでで、その時点でそれは俺に不利になる。

ナンパアーティストにとっての問題は、女が誠意、率直さ、信頼、絆といった観念を大切にしていることだった。そして関係の始まりにはとても効果的なテクニックはすべて、一人を維持することに必要なあらゆる原則には反していた。

記事が出てから間もなく、俺はローリングストーン誌の名物編集者、ウィル・ダナから電話をもらった。

「ウチでトム・クルーズの特集記事を組むつもりなんですよ」彼が言った。

「それはいいですね」俺が答えた。

「どうも。……で、彼があなたにインタビュアーをやってほしいと」

「彼ってどなたのことです？」

「トム・クルーズが、あなたを指名したんです」

「どうして？　ぼくはこれまで俳優になんてインタビューしたことありませんよ」

「あなたがタイム誌に載せたナンパ男たちの記事を読んだらしくて。それについては、彼に会ったときに聞けますよ。今彼は、次回の『ミッションインポッシブル』のロケハンでヨーロッパにいるんですが、こっちに戻ったらあなたと一緒にウィリースクールに行きたいと言っていました」

「ウィリースクールって何です？」

「オートバイのウィリー走行を学ぶんですよ」

「面白そうだ。行きますよ」

ウィルには、俺が今まで一度もオートバイに乗ったことがないとは言わずにおいた。だがオートバイは、俺がこれから習得したいと思っている、ナンパに関するスキルリストの中でも上位にあった。アドリブの授業よりも上、護身術よりも下のランキングだ。

Step 7

ナンパのロケーションへと連れ出す

もっとも形式的に近い、似ている動物は霊長類だが、

彼らはオスがメスを食べさせはしない。

メスは子供という重荷をかかえて、

ひとり苦労して行動しながら、自分で自分を守っている。

オスはメスを守るため、

あるいは所有するために闘うことはあるが、

メスを食べさせることはない。

マーガレット・ミード

『男性と女』より

1 トム・クルーズからの指名

ナンパコミュニティに入ってから出会った人々のなかで、俺を失望させなかった初めての人物。彼の名はトム・クルーズだ。

「これは面白くなりそうだよ、なあ」彼はウィリースクールで俺に会うと、そう言って歓迎してくれた。

彼はほほ笑み、俺の冒険を褒め、好意のこもったエルボーを俺の胸に決めてきた。これはタイラー・ダーデンがロンドンで書いていた、ＡＭＯＧｉｎｇ《頂点に立つ男の排除》のジェスチャーとまるっきり同じだった。

彼は黒いバイク用の革ジャンを着て、それに合わせたヘルメットを左腕に抱えていた。そしてあごには、二日はそっていないだろう無精ひげがたくわえられていた。

「トレーラーを飛び越える練習をしているんだ」彼が言いながら、トラックのそばに置かれたトレーラーハウスを指さした。「あっちよりデカそうだな。だけどそう難しくはない」

彼はその離れ業を心の中で想像しながら、目を細めてじっと車両を見た。

「ええと、飛ぶのはそんなに大変じゃないんだ。着地がね、難しいんだよ」

彼は右手を持ち上げて、俺の肩を殴った。

トム・クルーズは完璧なお手本だ。彼はタイラー・ダーデンやミステリーや、ほかのナンパコミュニティのメンバーがこぞってまねようとしているＡＭＯＧ《グループの頭の男》なのだ。彼はどんな社会的状況においても、肉体的、精神的に支配権を保つことができるという生まれ持った能力を備えている。そのために格別な努力もいらないように見えた。彼は、ミステリーの唱えるアルファメール《一流の男》の五つの特性の六つを備えた生ける化身だった。コミュニティのほとんどすべての男たちが彼の映画を観てボディランゲージを学び、日ごろからフィールドで『トップガン』の専門用語を使っていた。俺には彼に聞きたいことが山ほどある。だが最初に確かめなきゃならないことがあった。

「で、どうして俺をインタビュアーに選んだんですか?」

俺たちがヘルメットを腕に抱え込んでいると、土ぼこりがわだちから吹き上がってこちらへ流れてきた。

「君の『ニューヨークタイムズ』の記事を見てね」彼が答えた。「ナンパ男たちについて書いてただろ?」

本当だったのか。

彼はいったん言葉を切り、深刻な話題を話しているのだと示すように、目を細く狭めた。彼の左目は右目よりも少し深く閉ざされて、深い激しさを表現していた。

「君が記事で書いた男は、『マグノリア』のキャラクターが自分をベースにしていると、本当に言っているのか? 彼が言っているのか?」

彼が言っているのはロス・ジェフリーズのことだ。彼の自慢の一つが、自分がポール・トーマス・アンダーソンの映画『マグノリア』の登場人物、フランク・T・J・マッキーのインスピレーションを与えたということだった。マッキーはトムが演じた役だ。マッキーは、父親との不和問題を抱えた傲慢なナンパの教祖で、セミナーではヘッドセットを装着し、生徒たちには「ペニスを敬え」と命じるのだった。

「彼は違うよ」トムが続けた。彼は塩分のサプリメントを口に含み、たっぷりの水で飲み下した。「そうじゃないんだ。それは嘘だよ。本当に。あれはＰＴＡが考えたキャラクターだ」

ＰＴＡとはポール・トーマス・アンダーソンのことだ。

「そいつはまったくもって、マッキーじゃないよ。マッキーじゃない」

このことを認めさせるのが、トムにとっては重要なようだった。

「俺は四カ月かけて、ポール・トーマス・アンダーソンとこのキャラクターを作っていったんだ。そいつを利用したりだなんて、ちっともしてない」（だが、二〇〇〇年のクリエイティブ・スクリーンライティング誌のインタビューで、ポール・トーマス・アンダーソンは、T・J・マッキーのキャラクターをどうやって思いついたのかと聞かれると、ロス・ジェフリーズを研究したと述べている）

彼は俺を、自分の一〇〇〇ccのトライアンフに乗せて、エンジンのかけ方とギアのシフトチェンジを教えてくれた。俺が彼の最高級のオートバイに乗って時速八キロで転倒しているのを後目に、トムは軽々とウィリーをしながらわだちを疾走した。そのあとに、俺を自分のトレーラーハウスへと連れて行ってくれた。壁には前妻ニコール・キッドマンとの間に迎えた養子たちの描いた絵が飾られている。

「そのジェフリーズってヤツは、あの映画以来自分のキャラクターをマッキーっぽく変えたりはしていないのか？」

トムが尋ねた。

「たしかにマッキーのように傲慢だし、誇大妄想もある男だ。でもマッキーのようなアルファメールっていうわけじゃない」

「言っておきたいことがある」彼はそう言うと、フィンガーサンドイッチとコールドカット（薄切り冷肉）を手に、テーブルカバーに座った。「俺がマッキーの独白部分を演じるとき、観客役たちには前もって何をするか教えておかなかったんだ。そして俺が話し始めると、彼らはすっかり夢中になり始めた。だからその日の終わりに、PTAと俺はステージに上がって言った。『言っておきたいことがある。このキャラクターが向かうところも、彼が言っていることも、いいことじゃない。よくないんだ』ってね」

レクチャーの始まりだ。最初はダスティン。今度はトム・クルーズ。俺には理解できなかった。女との出会いを学んでどこが悪いって言うんだ？　これこそ俺たちがここにいる理由じゃないか。だから種が存続してきたんだ。俺が欲しいものはすべて、進化の先端だった。だから俺が人生においてほかのすべてで我慢したように、それに取り組んで、もっとうまくやれるように学ぼうじゃないか。オートバイのレッスンはＯＫでもナンパはダメだなんていう理屈はないだろう？　俺にはただ、エンジンのかけ方とギアチェンジのやり方を教えてくれる人がいればいい。俺は誰も傷つけていない。俺と寝たあとに文句を言う女もいないし、誰も騙されていないし、誰も傷ついていない。彼女たちはナンパされたがっていた。誰もがナンパされたがっているのだ。それで俺たちは求められている気になる。

「俺たちがこの話をしたのは、俺たちが話し、取り組んだことを、彼らが真に受けて、夢中になってしまうんじゃないかって思ったからなんだ。だからＰＴＡと俺は言い合ったよ。『困ったもんだ、ちょろいな！』ってさ」

いいかい、俺は彼に教えてやりたかった。ナンパは誘惑的だ。だがそうしなかったのは、トムがその瞬間を思い出して笑い声をあげたからだ。

彼の笑い声は普通の人たちとは違う。彼の笑い声は部屋中を覆いつくす。どんな基準で考えてみても、それは素敵な、好ましい笑いだった。君だって笑ってしまうだろう。だが、その面白さが収まれば、笑うのをやめるだろう。だがそうなっても、トムの笑いは大きくなる一方なのだ。そして彼は君にアイコンタクトをしてくる。ハハハハハハ。君は彼に合わせようと再び笑おうとする。そうしなくてはならないと分かっているからだ。だがすぐには笑えない。自然じゃないからだ。彼は時折、くすくす笑いにまぎれて短い言葉を絞り出す。例えば「嘘だよ」みたいに。それから彼は、始まりと同じくらい突然に笑うのを止め、君は解放される。

「そりゃ」不器用な笑いの最後のひと息に続けて、俺は声を絞り出した。「あなたが言うのは簡単ですよ」

翌週は、彼と一緒にさまざまなサイエントロジーの建物をめぐって過ごした。サイエントロジーとは、サイエンスフィクションの作家であったL・ロン・ハバートが一九五〇年代に始めた宗教であり、自助団体や慈善事業であり、カルトや哲学団体の側面もある。トム・クルーズがサイエントロジー教会の教会員であることは公表されている。だが彼が、ジャーナリストをこの世界に連れて来たことはこれまではなかった。

L・ロン・ハバートのことを知るにつけて、俺にはどんどん彼が、ミステリーやロス・ジェフリーズ、そしてタイラー・ダーデンとまったく同じタイプの人間だったのだと思えてきた。彼らは広い一連の知識と経験を、人格に適合するブランドに組み合わせる方法を知っていて、「自分に必要なものは自分の中にあるのだ」と感じていない人々に売りつけている、意地悪く賢い誇大妄想家なのだ。彼らは人の営みを導く原理を理解しようと、妄想に取りつかれた生徒たちだといえる。だがこの原理の利用に関する倫理と意欲が、彼らを問題児にしてしまったのだ。

最後の一日に、トムは俺をハリウッドにあるサイエントロジーセレブリティセンターの見学ツアーに連れて行ってくれた。そこでは教室いっぱいの生徒たちが、皮膚伝導を測る機器、Eメーターを使う訓練を受けていた。好奇心にあふれた一般人が教会にやって来たときには、彼らはEメーターを接続してさまざまな質問をする。

そのあと、面接官はその結果を訪問者に伝え、問題解決のためにはサイエントロジー教会に入らなくてはならない理由を説明するのである。

生徒たちはふたりひと組になって、面接の間に起こり得るさまざまな筋書きのロールプレイングをしていた。目の前に大きな本を広げていた。面接者（サイエントロジーの言葉で言うと、オーディター）が口にすることはすべて、どんな不測の事態に対する答えもすべて、その本に書かれていたのだ。彼らの手をすり抜けられる改宗者はいないだろうと思われた。

彼らがリハーサルしていることはナンパのやり方と同じだと、俺は気がついた。しっかりとした構造とルーティーンのリハーサル、それにトラブルシューティングの作戦なしには、新しい加入者を獲得できない。

俺がナンパでよくイラつくことの一つが、同じセリフを何度も何度も繰り返すことだ。女たちに、魔法はあると思うかとか、親友テストを受けてみたいかとか、笑うときに君の鼻がひくひくと動くのに気づいているかとか、そんなことを聞くのはもううんざりしていた。俺はセットのもとへ歩いていって、「俺を愛してくれ！　俺はスタイルだ！」と言ってやりたかった。

だがオーディターたちを見たあとでは、ルーティーンがおそらくは補助輪にはとどまらないのだと思い始めた。ルーティーンは自転車だ。民衆を扇動する手法はすべて、そこにかかっているのだ。宗教はナンパだ。政治はナンパだ。人生はナンパだ。

毎日俺たちはルーティーンを使って、他人が自分に好感を持つように仕向けたり、欲しいものを手に入れたり、誰かを笑わせたり、本当に大嫌いな人にその気持ちを知られないように何とか乗りきったりしているのだ。

見学ツアーのあとで、トムと俺はセレブリティセンター内のレストランで昼食をとった。彼はひげをさっぱりとそって頬の血色もよく、体にぴったり合った深い緑色のクルーネックのTシャツを着ていた。たっぷりの厚切りステーキを食べながら、彼は自らの価値観について語った。彼の信条は、新しいものを覚えること、要求された仕事をこなすこと、自分自身とのみ張り合うこと、だった。彼は意志が強く、集中力があり、絶えず目標を追っていた。しなくてはならないことや解決しなくてはならない騒動、何とかしなくてはならない問題は何でも、真っ先にトム・クルーズと彼自身との間の対話で解決されるのだった。

「俺は誰かの忠告を守ったことが、ほんとにないんだよ」彼が言った。「俺は自分で考えるタイプの人間で、もし自分が正しいと思うことだったら誰にも相談するつもりはないんだ。『ねえ、これについてどう思う？』なんて俺は聞かない。キャリアについても、人生についても、俺は自分自身で全部決めてきたんだ」

トムはいすに座ったまま、ひじをひざについて前のめりの姿勢になった。体を低く落としていたので、頭はテーブルと同じくらいの高さに沈んだ。話すときには、瞳の開き具合を変える程度のかすかなジェスチャーを通じて気持ちを伝えてきた。この男はものを売るように生まれついているのだ。映画、彼自身、サイエントロジー、それに君。

俺が自分を批判したり、言い訳めいたことを言ったりすると、彼は俺を厳しく叱りつけた。

「悪い」俺が書いた記事について話しているときに、ふと俺はそう言った。「俺は自分がいろんな作家と同じだなんて言いたいわけじゃないんだ」

「なんで謝るんだ？　どうして作家になろうとしない？　いろんな作家たちって誰だ？　人々が面白がることを書く才能ある人々だろ？」それからからかうように続けた。「いいや、君は創造的で表現力豊かな、そんな人々のうちの一人になりたくない」

彼は正しかった。俺は導師で満足しようと考えていたが、だがもう一つ欲しがっていた。トム・クルーズは、ミステリーよりロス・ジェフリーズよりスティーブ・Pより俺の親父よりももっと、精神面のゲームについて教えてくれたのだった。

彼は立ち上がると拳を乱暴にテーブルへ叩きつけた。頂点に立つ男のハードなスタイルだった。

「どうしてそいつらの一人になろうとしない？　そいつらになれよ、ニール。マジにだ。クールだろ」

オーケー。トムがそれをクールと言った。それで決まりだ。

話をしていて、俺がこれまでの人生で出会った人々の中でも、トム・クルーズほどしっかりとした分別を身につけた人には会ったことがないと思った。そしてこれは厄介な考えだった。というのもトム・クルーズが伝えてくる考えはほとんどすべて、L・ロン・ハバートの膨大な著作のどこかで見つけられるだろうからだ。

トムが彼のサイエントロジーの彼担当連絡係に言って重そうな赤い本をテーブルに運ばせてきたときに、俺はこのことに気がついた。彼はサイエントロジーの社交儀礼についてのページを開き、俺たちはその一つ一つについて話し合っていった――いい例をあげるなら、義務を果たせ、称賛や承認や同情を欲しがるな、君自身の現実に妥協するな。

トム・クルーズが、センターで毎年行われるサイエントロジーの祝賀会への招待状を送ると俺に約束したとき、俺はこれが、ローリングストーン誌の記事にはまったく関係がないことを、心配し始めた。サイエントロジーへの改宗をせまられているようだった。もしそうだとしたら、彼の人選は間違いだろう。せいぜい彼は、ジョゼフ・キャンベルの著作や仏陀の教えやジェイZの歌詞と同じように、俺が引き出すことのできる一連の知識を教えてくれていたにすぎないのだ。

食事と勉強会のあと、トム・クルーズは俺を学長室に招き入れて、このビルで講座を受講しているという彼の母親に会わせてくれた。

「君が書いた記事について、違うことを聞かせてもらってもいいかな」歩きながら彼が言った。「記事の大部分は人々をコントロールして、状況を操ろうとすることだったじゃないか。君は、彼らがそこに注ぎ込んでいるすべての努力を想像できるか？　もし彼らがそれだけの努力を、別の建設的なことに向けていたなら、彼らが何を成し遂げることができたか分からないよな」

インタビューは終わった。記事も出版された。そしてトム・クルーズと俺はもう一度会うつもりだった。俺は変わっていたが、彼は変わっていなかっただろう。彼はけっして変わらない。彼はＡＭＯＧだ。そして俺をＡＭＯＧに変えてくれた。だが、俺を改宗させることはできなかった。

彼は自分の教会を持っている。そして俺にも自分の教会がある。

2

ナンパは敗者のためのもの

だが俺の教会は、まだ建築中だった。トム・クルーズは正しかった。すなわち、俺たちのすべての努力は、建設的なこと、俺たち自身よりも大きなことに向けられなくてはならないのだ。

タイムズ紙の記事を書いて以来、俺の仕事はコミュニティでなされるのではなく、すべてはどこかへ向かっているのだと感じていたのだった。そして今、それがどこなのか分かった。プロジェクトハリウッド。股を開いた、俺たちの教会だ。

そのひらめきが降ってきたのは俺の誕生日。何人かのＰＵＡ《ナンパアーティスト》たちが俺のためにハリウッドのクラブ、ハイランドでパーティを開いてくれた。彼らは俺がその前の一年で知り合ったり、出会ったりしたほとんどすべての人々を呼んでくれていた。約三百人のゲストが訪れ、そしてちょうど土曜の夜とぶつかったので、さらに二百人の客もクラブに来ていた。コミュニティの御大たちまで現れた。リック・Ｈにロス・ジェフリーズ、スティーブ・Ｐ、グリンブル、バート・バゲット（筆跡鑑定のスペシャリスト）、ビジョン、それにアルテ（自作のセックステクニックビデオのシリーズの主演男優）だ。

店内にはこれほどの有力者たちがいるにもかかわらず、俺には競争相手などいなかった。俺がクラブ中で最高の男だったからだ。俺はとびきりハデに着飾っていた。胸のあたりにボタンが一つついただけの黒のロングジャケットに、袖に着いたフリルが手首からのぞくクリーム色のシャツを着て、そして女に囲まれていた。セックスフレンド、友だち、初対面の女。ひっきりなしに誰かが来ては話の腰を折るので、俺は会話を二分以上続けることができなかった。ゲームを始める時間すらなかった。

女たちは俺の装い、体、ときには尻ですら褒めた。その晩は四人の女たちが俺に電話番号を手渡してきた。ある女は恋人と会わなくてはならないと言いながら、俺とパーティを抜け出したがる。別の女は電話番号だけでなくアパートの住所と部屋番号まで渡してくる。彼女たちとはパーティで初めて会ったが、しかもそのうちのふたりはこれが俺のバースデーパーティだとすら知らなかった。俺にはルーティーンも、ボーイフレンドデストロイヤーもギミックもウイングも必要なかった。俺に必要なのは、紙くずをしまい込めるでかいポケットだけだった。

加えて、友だちが連れてきたふたりのポルノスターにも紹介された。一人はデヴォンだかデヴェンだかという名前で、もう一人は歯が大きかった。俺たちは三十分ほど話をしたが、その間中彼女たちは俺に媚び続けた。

その晩はトロントでモービーに間違われたときと同じように感じられた。ただし今回、彼女たちは俺をスタイルだと知っている。

ミステリーは最近、社会的相互作用についての新しいセオリーを開発した。その基本的な主張は、女は、生き残りと複製という男たちの生きる目的を手伝うかどうかを決めるために、彼らの価値を絶えず審査しているというものだった。その夜、ハイランドに俺たちが作り出した小宇宙では、俺こそが店中でもっとも高い社会的な価値を手にしていた。そして多くの男が細い体つきで胸の大きなブロンド女に条件反射で惹きつけられるのと同じで、女は男たちが持つ社会的な実績と地位とに反応する傾向があるのだ。

最終的に俺は、ジョアンナという小柄で大きな丸い目をした茶目っ気のあるストリッパーを家に連れ帰った。彼女は俺のベッドの上で、服越しに俺を愛撫しながら聞いてきた。「どんなお仕事してるの?」

「何だって?」俺は聞き返した。

俺は彼女がそんなことを聞くだなんて信じられなかったが、彼女はなぜ俺があんなにパーティでちやほやされ、自分も惹かれたのかを理解するため、なにか情報が欲しかったのだろう。

「仕事は何？」彼女はまた聞いてきた。

そしてこの瞬間、ひらめきが降ってきたのだ。ナンパは敗者のためのものだ。いつのまにか、女を連れ出すのがナンパのゴールだと思われていた。だが、ゲームのポイントは連れ出す技術に秀でることではない。女を連れ出したなら、どんな夜も初めての夜なのだ。君は技以外の何も作り上げていない。俺が誕生日に手にしたのは、女ではなくライフスタイルだった。そしてライフスタイルの構築は積み重ねられるものだ。自分の行為はすべて勘定されて、ゴールへとさらに一歩近づけてくれる。

正しいライフスタイルは議論されるのではなくやってみるものだ。金、名声、それに外見は、役には立つだろうが必要じゃない。それよりむしろ、こう叫びたい。

「女たちよ、君たちのつまらない、俗世での満たされない生活を捨て去って、面白い人々や新しい体験や楽しい時間、気楽な生きかたや満たされた夢があふれるエキサイティングな世界に入ってこい」

ナンパはもう、自分たちプレイヤーのためではなく、生徒たちのためにするものになっていた。兄弟たちを次のレベルへと連れ出す時間だ。俺たちの資源をプールして、女たちから俺たちのところへやって来るライフスタイルをデザインする時間だった。プロジェクトハリウッドの時間がきたのだ。

3 今だ、動き出せ

ミステリーが俺に会いに街まで飛んできた。彼が求めていたのは「行こう」という言葉だけだ。彼は、夢を追いかけるために賭けに出ることや変化を受け入れることを恐れない、俺が話すことのできる唯一の人間だった。俺の知るかぎり、ほかの連中はいつも「そのうちな」と言う。ミステリーは「今だ」と言った。その言葉は俺を昂ぶらせる。なぜなら「そのうちな」という言葉は、実現しないことを意味しているからだ。

「スタイル、今しかないぞ」サンタモニカの俺のアパートに着くなり、ミステリーは言った。「始めようぜ。ナンパこそ敗者のため、さ。もちろん、俺が言いたいのは、セックスしないよりもセックスする敗者のほうがいいってことだよ。つまり、その中でどんなレベルを目指すのかってことさ」

彼は分かっていると俺は感じた。

俺が読んだコールドリーディングの本によれば、人間の悩みはすべて、次の三つのうちのどれかに当てはまる。つまり、健康、財産、そして人間関係。このどれもが内面と外面のどちらの要素も持っている。この一年半、俺たちは人間関係にばかり焦点を合わせていた。とうとう、俺たちの人生のすべての弾倉に火をつけるときがきたのだ。コデインで混乱したミステリーのたわ言を成し遂げるとき。最高のいい女たちだけじゃなく、それ以上を狙うために力を合わせて動くときがきたのだ。

プロジェクトハリウッドを実現するための第一歩は、ハリウッドヒルズにマンションを探すことだった。できることなら客用寝室とホットタブ（大型のバスタブ）があり、サンセットブールヴァードのクラブにほど近い場所に。それから次には、コミュニティの中から俺たちと一緒に住むのに適した連中を選ばなければならなかった。

おそらく、もう二度とミステリーを信用するわけにはいかない。今回、俺は自分を彼に依存させなかった。彼の名前を賃貸契約には使わなかった。さらに言えば俺の名前もだ。俺たちは、別の誰かに危険と責任を負わせるつもりだった。

俺たちはフラマホテルに暮らす、第三の人物を見つけ出した。彼の名前はパパ。彼は成績不振でロースクールを退学になり、代わりにロサンゼルスにあるロヨラ・メリーマウント大学でビジネスを学んでいた。ウィスコンシンからロスへと渡ってきたその日、彼は空港にほど近いホテルの部屋に荷物を置くと、タクシーで俺たちのアパートへとやって来た。そこでは百九十センチを超す長身のミステリーが、百八十センチほどしかない俺のソファで眠っていた。

「ぼくの人生に大きな影響を与えた三人っていうのは」パパは、ミステリーの足元に腰掛けると話し出した。「君たちふたりと父親だ」

パパの今の髪型は逆立ててジェルで固めてあり、体つきは鍛え続けてきたようにたくましくなっている。俺は彼をミステリーと話すようにリビングに残して、みんなの晩メシを買いにカリブ料理の屋台へ行くため、階段を降りた。

俺が戻ると、パパはミステリーのマネージャーになっていた。

「自分が何をしているのかきちんと分かっているのか？」俺はミステリーに聞いた。

ライバルになった子分に自分のマネージメントをさせるだなんて、信じられなかった。ミステリーは革新者だった。ロス・ジェフリーズがナンパ界のエルヴィスだとしたら、ミステリーはビートルズだった。タイラーとパパは単にニューヨークドールズくらいのレベルだった。彼らは図々しく、やかましくて、みんなにゲイだと思われている。

「パパはビジネスが好きだし、彼なら毎週末、講座を満員にできる」ミステリーが答えた。「だから、俺は姿を見せるだけでいいんだ」

ネットワークオタクのパパは、メジャーなＰＵＡ《ナンパアーティスト》のほとんど全員と、こまめに連絡を取り合っていた。彼は目立った代表者たちは全員知っていて、さらに、すべてのナンパメーリングリストにも参加していた。Ｅメールと電話を何度か使うだけで、彼はほとんど世界中のどこからでも十人以上の生徒たちを調達できたのだった。

「お互いにメリットがあるよ」パパは主張した。

ナンパビジネスに参入してからというもの、このセリフはパパの十八番《おはこ》となっていた。俺が思っていたよりも賢い男だった。彼はコミュニティ内の、偉大なナンパアーティストたちの仲介業者になろうとしていたのだ。そして彼らもパパにまかせようとした。なぜならほとんどのアーティストたちは同じ致命的欠点を抱えていたからだ。彼らは、自分に関わる実務的なことをこなすのが、からっきしダメだったのだ。

実際には俺たちは、パパをプロジェクトハリウッドに参加しないかと誘ったりはしなかった。そうなったのは、彼が仕事をしたがったからだ。ホテルから通りを渡ったところにコールドウエルバンカー（アメリカでもっとも歴史のある不動産会社）のオフィスがある。パパはそこに入ると、俺たちにジョーという名の不動産業者を見つけてくれた。不動産業者は賃貸ではたいした金が稼げないが、パパは彼にゲームを教える約束と引き替えに口利きを説得したのだった。

「明日、彼が物件を見に連れて行ってくれるよ」ある日の午後、フラマホテルのロビーで落ち合うと、パパはそう切り出してきた。「お勧めが三軒あるんだ。一軒はマルホランドドライブに建っているマンション。サンセットブールヴァードを少しそれたところには、昔のラットパック（シナトラ一家）の家もある。もう一軒は大豪邸で、ベッドルームが十もあって、テニスコートや備えつけのナイトクラブまであるんだぜ」

「その大豪邸がいいな」俺は彼に言った。「いくらだ？」

「月五万ドルかな」

「忘れよう」

パパの表情が曇った。「ノー」という言葉が嫌いなのだ。彼はまだ子供だった。

彼はホテルの部屋に姿を消すと、三十分後に何かの紙切れを手に現れた。そこには、月に五万ドルを稼ぎ出す計画が大まかに記されていた。俺たちは毎週クラブでパーティを開き、毎月、入場料として八千ドル、飲み物で五千ドルを稼ぐ。そしてナンパやライフスタイルの各種セミナーで二万ドル。テニスのレッスンも開催すれば二千ドル。そして家には十人の住居人を入れて各自から月千五百ドルずつ取る。

こんなことはまるっきり、実現不可能だった。収入をすべて経費に費やすだなんてバカげている。だが感嘆した。パパは、たとえ何が必要になろうとも、このプロジェクトハリウッドを実現させようとしていたのだ。どうしてミステリーがパパと一緒に働こうとしたのか俺にも分かり始めた。彼は俺たちの一人だった。前に進む男だった。彼にはイニシアチブがあり、それに、ミステリーと違って、彼は完投できた。

ナンパアーティストとしても、パパはプロジェクトハリウッドの名士に見えた。俺たちがトロントで出会って以来、彼は何度もフィールドで、怖いもの知らずなところを証明してきた。そして彼はその翌日に、もう一度それを見せつけることになる。タコスの屋台でパリス・ヒルトンをナンパしたのだ。

4

パリス・ヒルトンを転がす

MSNグループ：ミステリーズラウンジ
タイトル：フィールドレポート「パリス・ヒルトンをナンパする」
投稿者：パパ

今日俺はミステリー、スタイル、それに不動産業者と一緒に、俺たちの未来の豪邸を見に出かけた。ハリウッドヒルズに建つ、俳優ディーン・マーティンのかつての邸宅だ。俺はそこが気に入ったし、契約を結ぶのが待ち切れなかった。俺たちは文字どおりにも、比喩的にも、世界の頂点にいる。もし君たちが俺たちのこの邸宅にいたら、すべてが完璧だと思うことだろう。

メキシカンの有名なファーストフードレストランがすぐそばにあったので、俺たちはそこで遅めのランチをとろうと移動した。注文してから、俺は表のテーブルを見つけた。突然、連れの不動産業者が俺のほうへと体を寄せて、小声でささやいた。

不動産業者「ねえ、パリス・ヒルトンが店に入って行くのを見ちゃいましたよ。ブリトーでも頼んでるんでしょうかね。彼女をナンパしてみませんか?」
パパ「マジかよ」
スタイル「おい。もし向こうに行く気なら、彼女のほうを見るんじゃないぞ」
パパ「分かったよ、プレイタイムの始まりだ」

俺は立ち上がって、店の中に入り、サルサソースを手に取るブロンドのイカした女を見た。そこで俺は「サルサとは俺に都合がいいな」と考えた。この瞬間、俺はゲームのギアを上げた。そしてとうとう、俺にふさわしいものを得る時がきた。俺は彼女のそばに歩いて行き、まったく偶然にこのサルサバーにやって来たかのようにに装った。俺はサルサをいくらか自分の皿にも取り、右の肩越しに彼女を見てから、スタイルの嫉妬深い彼女のオープナーを使うことにした。

パパ「ねえ、ちょっと女性の意見を聞きたいんだけど、いいかな」
パリス「(ほほ笑んで俺を見上げ)いいわよ」
パパ「君は、まだ前の彼女と友だちでいる男と、付き合うかい?」
パリス「ええ。そうすると思うわ。きっと」

俺は歩き出し、だが振り返るとまた会話を続けた。

パパ「そうか。実はこれ、二つセットの質問なんだ」
パリス（ほほ笑んでくすくす笑う）
パパ「まだ前の彼女と友だちだっていう男と付き合っていると想像してみてくれる？　そして君は彼のところへ引っ越すつもりなのに、彼はまだ引き出しに前の彼女の写真――と言ってもヌードのたぐいじゃないよ、普通のスナップとそれに手紙とか――を持っていた」
パリス「まあ。私ならそれは取り上げちゃうでしょうね。箱にでもしまっちゃうわ」

俺は彼女の言葉をさえぎって、続けた。

パパ「彼女がその写真を捨ててほしいと思うのは理不尽だって思う？」
パリス「そうね、たしかに。でも私もそんなことがあったけど、さっさと捨てちゃったわ」
パパ「マジか！　俺がこの質問をしたわけはね、おんなじシチュエーションにいる友だちがいるからなんだ。彼女は写真を燃やしちゃったんだけど」
パリス「そうなの。私もそうするべきだったわね（笑顔を見せる）」
パパ「言ってくれるね」

パリスはサルサソースをかけ終えると、皿を持ってその場を離れようとした。

パパ「ねえ、あのさあ、君ってブリトニー・スピアーズを可愛くした似顔絵みたいだね。おっと、ただ歯並びだけかもしれないな」

パリスはもう一度テーブルに皿を戻すと、俺を見つめ、そしてほほ笑んだ。そこで俺はスタイルのCラインとUラインのルーティーンを話し始めた。

パパ「ほら！　ブリトニーと同じ歯だ。これはね、俺の元カノが言っていたんだ。つまりね、彼女のセオリーによると、ブリトニーみたいなCラインの歯並びを持つ女の子は、何人の男と付き合っていようと、いい子に見られるっていうんだ。君も同じCラインの歯並びだよね」

パリス「（興味津々でほほ笑みながら）それ、本当？」

パパ「おいおい、雑誌の表紙に載る女の子たちを見てくれよ。みんな同じCラインの歯並びだろ？　まあ少なくとも彼女はそう言ってたんだ。その子は歯の矯正手術すら受けたんだ。というのも彼女はUラインの歯並びだったから。クリスティーナ・アギレラみたいにね。彼女はUラインだと無愛想に見られるって言ってた。だからクリスティーナ・アギレラにはバッドガールの評判が立って、ブリトニー・スピアーズには立たないんだってさ」

パリス「（笑って）へーえ」

俺たちはカウンターに移動し、彼女は食事を始めた。俺は立ち去ろうとする素振りを見せたが、心の中では適当なゲームもせずにパリスの元を離れるつもりはなかった。彼女は皿を持ってレストランの出口へと向かおうとしていた。彼女をとどまらせなくてはならなかった。俺は肩越しにまた会話を続けた。

パパ「ちょっと待って。ピンと来たんだ」

パリス「なにが？」

彼女は皿を下ろし、俺を見つめた。

パパ「あのね、三つの質問で、君を分析してあげるよ」

パリス「本当？」

パパ「もちろん。ほら、こっちのテーブルにおいでよ」

パリス「オーケー、分かったわ」

俺は近くのテーブルに腰を下ろし、彼女は皿ごと移動して、俺の正面の席に座った。彼女は腰を下ろすと笑顔になった。俺は自分がポジションについたこと、本物のゲームを始めるときがきたことを分かっていた。それから十五分間、俺たちはハリウッドのことをあれこれ話し、共通の話題をいくつかした。俺はいくらか自分を飾りたて「スピードナンパ」のパターンを披露し、社会的な裏付けのある、ちゃんとした話をした。

パパ「俺の友だちがキューブっていう、面白い視覚化テクニックを教えてくれたんだ。彼は今あっちのほうに座ってる。俺たちはついさっき、あのあたりの（と言いながらハリウッドヒルズの方角を指さす）家を買ったところなんだ。俺はこのところ十週間もホテル住まいだったんだぜ」

パリス「そうなの！　どのホテルに？」

パパ「フラマさ」

パリス「（うなずいて）そう、私はキングスロードのすぐそばに住んでいるのよ」
パパ「そいつはいいや。俺は君のご近所になるってわけだ。俺はロンドンデリーの家に引っ越すつもりなんだ。あそこはいいところだし、もうすっかり気に入ったよ。友だちのスタイルと俺は、そこをアフターパーティの場所にしたらどうかって話していたんだ」
パリス「素敵ね！」
パパ「よし、キューブの準備はいいかい？」
パリス「ええ、もちろん（笑顔）」
パパ「（「イエスの梯子」を登っていく）始める前に、いくつか質問しなくちゃならない。君には知性があるかい？」
パリス「イエス」
パパ「直感力はある？」
パリス「イエス」
パパ「想像力は豊か？」
パリス「イエス」
パパ「オーケー。いいね！　続けるとしよう。君が砂漠をドライブしているときに、キューブを発見したとするよ。そのキューブってどのくらいの大きさだと思う？」
パリス「すっごく大きいわね！」
パパ「どのくらい？」
パリス「ホテルくらいかしら」

俺は彼女が誰なのか分かっていたが、それを明かさなかったし、彼女がヒルトンだとも思わないようにした。

パパ「うーん、面白いね。よし、じゃあ色は何色だい？」

パリス「ピンクね」

パパ「クールだ。中に何か見えるかい？　それともべた塗りで見えない？」

パリス「中まで丸見えよ」

パパ「いいね！　そうしたら、梯子をかけるとしよう。キューブのどのあたりまで届きそうだい？」

パリス「キューブに立てかけたら、真ん中ぐらいまでは届きそうね」

パパ「うん！　そう言うと思ってたよ」

パリス「本当？（笑顔とクスクス笑い）」

パパ「本当さ。さて、もう一つ想像の中に加えてくれるかな。馬だ。君の頭の中では、馬はどのへんにいる？」

パリス「寝てるわ」

パパ「どこで？」

パリス「キューブの正面ね」

パパ「そいつは面白いね。（間）オーケー。この全部が意味することを聞く覚悟はできた？（間）意味することはなし！　いや、からかっているんじゃないよ。キューブは君が自分自身をどう思っているかを表すんだ。君のうぬぼれさ。そして、君のキューブは特大だ。君はすごく自信を持っている。バカみたいに大きいって意味じゃないよ。俺が言いたいのは、君が巨大なうぬぼれを持っているってことじゃなくて、自分にさまざまな自信を持っているってことなんだ。それから、キューブはピンク色だね？」

パリス「ええ、一番好きな色よ」
パパ「うん。ピンクっていうのは、陽気で明るい色だよね。君がこの色を選んだってことは、君にも同じようなエネルギーがあふれているってことなんだ。君は本当に楽しいことやパーティが大好きってタイプの人だね。それに、知らない人の集まりの中にいてもただ楽しんでいられるタイプの人だ」
パリス「そうね」
パパ「それから、君のキューブは中まで丸見えだったよね。それは人々が君とどんなふうに付き合うかを表しているんだ。つまり、たとえ初対面でも彼らは君の中身まで透かし見ることができるってことさ。君は本当に人を大事にするんだな、すごい」
パリス「あなた、名前は？」
パパ「パパだ。君は？」
パリス「パリスよ」
パパ「よしきた。話ができて楽しかったよ」
パリス「ええ」
パパ「いつかきっとパーティをしなくちゃね」
パリス「ええ、もちろん」
パパ「ほら、これ」

俺は彼女に紙とペンを渡した。彼女はそこにファーストネームもラストネームも書いて、俺がびっくりして声をあげるのを期待しながら手渡してきた。だが俺は、彼女がどこの誰なのかまったく分かっていないかのように、何の反応もしなかった。それから俺はそれを彼女に返した。

パパ「ほら」
パリス「オーケー。ここで書くの？」
パパ「ああ」
パリス「私の携帯の番号よ」
パパ「クールだ」
パリス「本当？　また会いましょう」
パパ「ああ、よしきた。また会おうぜ」

俺は表のテーブルに陣取った男たちのもとへと戻った。

スタイル「なかなかよかったよ。まだ彼女が見てるから、ハイタッチも祝杯もなしだけどな。よくやったよ」
不動産業者「ハイタッチ！」

俺は彼らに一部始終を話して聞かせた。でかいヤマだ。俺にはこれが、なるようにしてなったのだと分かっていた。俺がプロジェクトハリウッドにいるかぎり、パリス・ヒルトンを転がすなんて当然だと思えた。
ミステリー、これは俺のセットだ。だからパリスがパパに会いに家にやってきても、手を出さないでくれ。
じゃあまた。パパより。

5 ハリウッドに臨む大邸宅

パパがパリス・ヒルトンに使ったセリフのオリジナルはすべて、俺だった。やきもち焼きの恋人でのオープナー、CラインとUラインの笑顔のルーティーン。キューブの人格診断ですら、初めてミステリーと俺の講座を受けたとき、彼が書き留めたまんまだった。彼の言った「面白いね」「クールだ」に至るまですべてだ。彼は素晴らしいロボットだった。彼は今、自身のプログラマーをも上回ったのだ。

俺たちは物件へと戻り、オーナーと会い、契約書にサインをした。ディーン・マーティンのかつての邸宅（最後の持ち主はコメディアンのエディ・グリフィンだった）、ラットパックの館はサンセットブールヴァードのメルズダイナーのすぐ上にあった。ここは例のスーパーマンションよりはひと月当たり三万六千ドル安く、サンセットブールヴァードのクラブまで歩ける距離だった。

リビングルームはさながらスキーロッジのようだった。暖炉があり、一段下がったダンスフロアがあり、天井の高さは九メートル、がっしりとした象嵌《ぞうがん》細工の木の壁、それにコーナーには大きなバーカウンターまで。このスペースなら数百人を集めてセミナーでもパーティでも開けそうだった。一階にはリビングルームに続いて、ベッドルームが二つ。これらの部屋の外には、上階のベッドルームへとつながる階段があり、それから、台所とつながっている、メイド用の小さな部屋もあった。

そしてこの家の目玉は、何と言っても多層仕立ての裏庭だった。一段目は、レモンとヤシの木が影を落とす二つの中庭《パティオ》。二段目は、ピーナッツ型のプールに、ジャクジー、食事のできるスペース、それにバーベキュー用のキットと冷蔵庫が使えた。そしてその上には美しく手入れされた丘が広がり、その中を曲がりくねった小径が、敷地の最上部の小さな、人目につかないデッキへと通じていた。そこからは、ハリウッドの映画のビルボード広告十枚と、きらきらと輝くライトを見渡すことができた。この場所はいい女を引きつける磁石だ。ここでなら俺たちは失敗しようがない。

賃貸契約書には、パパが名前を書いた。このことで彼は、巨額の賃料を払う義務に加えて、主寝室を使う権利を得た。そこには一段高いところに設置されたベッドと、見晴らし窓、暖炉が標準に備えつけられていた。バスルームにはガラスで覆われた円形のシャワースペースと、ウォークインクローゼットが二つ、それに三人が入れる大きさの泡風呂で飾り立てられている。

可能性は無限だった。パパはここを、グラミー賞授賞式後のパーティや、映画のプレミアや、企業のイベントに貸し出す計画を立てていた。今や、彼が出かけるのは女をナンパに行くためではなかった。プロモーターやセレブたちをひっかけて、プロジェクトハリウッドでのアフターパーティへとつなげるためだった。彼はこの家に招くための暗示を彼らにかけるために、スピードナンパやＮＬＰの手法を使ってさえいたのだ。

空いた時間には日焼けマシーンや、映写機、ビリヤード台、ストリッパーのためのポールを、イーベイで入札していた。彼はプロジェクトハリウッドを、パリス・ヒルトンが毎週末にでも遊びに来たくなるような場所にしたかったのだ。

まだベッドルームに二つ、空きがあった。そこで俺たちはミステリーズラウンジにルームメイト募集の告知を出した。その反応はゾッとするほどだった。全員が応募してきたのだ。

Step 8

購買意欲を刺激せよ

こっち側にずらり並んだ女の子。

あっち側にずらり並んだ男の子。

あなたは人気急上昇中のようだけど、

私は遠く及ばない。

アーニー・ディフランコ

『The story』よりChapter1

1 コミュニティのセレブたち

初日の夜、俺たちはみんなで夜通しジャクジーにつかり、体がふやけきってしまうまで、この新居に生えるヤシの木や、近々繰り出すであろうハリウッドの夜を彩るクラブが放つ無数の明かりをながめていた。ミステリーは夜空に向けて『ジーザス・クライスト・スーパースター』のサントラを片っ端から歌っている。パパはこの家でハリウッドの大物たちを招いたパーティを開く計画を語り、それからハーバルは手作りのスイカジュースを振る舞った。女はいなかった。わざわざ女に俺たちの価値を証明してもらう必要もなかった。今宵は男たちだけでいい。俺らはついにやり遂げたのだから。〝プロジェクトハリウッド〟はもはや夢などではなくなったのだ。

「俺たちの活動で、この家は一躍有名になるだろう」

ミステリーはそう未来を見つめた。その場の誰もがにんまりと笑みを浮かべている。

「人はここを通り過ぎるときこう言う。『ここにはかつてスタイル、ミステリー、パパ、ハーバルというハリウッドのセレブたちが住んでいたんだ。彼らはこの家で数々の偉業を成し遂げ、世界もうらやむようなパーティを繰り広げていたんだよ』ってね」

ハーバルは四人目のルームメイトだ。背が高く色白で穏やかなオースティン出身の二十二歳のＰＵＡ《ナンパアーティスト》で、爪を銀に塗り、全身に白を身につけることでピーコックしていた。ほかのヤツらと同様、彼もまた元オタクだ。しかしテキサスに家を所有し、加えてメルセデスベンツＳ６００、ロレックス、一度も行ったことがないというサンセットブールヴァードのオフィス、それから掃除用ロボットまで持っていた。彼の年頃にしてはたいした財産だ。すべて、かつてギャンブラーを雇い、いかがわしいカジノの経営まがいをしていたころのものだという。そして暇なときには——基本的には常に暇なのだが——洞窟探検に出かけたり、誰でも知っていそうなラップソングをつなげてテープを作ったり、ネットサーフィンで珍しい商品を探しては永遠に使われることのなさそうなものを買ったりしていた。

ミステリーは、この家の誰もがそれぞれアイデンティティを持っていると力説した。つまり、マジシャンがいて、物書きがいて、ギャンブラーがいて、ビジネスマンがいる。どんな話題のリアリティショーよりも数段ドラマになりそうな組み合わせだった。

数日後に、パパが五人目のルームメイト〝プレイボーイ〟を使用人部屋に連れて来た。彼はニューヨークから来たパーティのプロモーターで、あのマース・カニングハム・ダンス・カンパニー（音楽や美術の巨匠とコラボレーションすることで有名）とも仕事をしたこともあるという話には、俺も舌を巻いた。彼は素材としては見栄えのする男だった。細身の長身にふさふさとした黒髪。しかしよくないことに、常に芸術家気取りのスカーフを首に巻き、ズボンをへそのあたりではくという癖があった。ここに越してくるにあたって仕事を辞めていたので、パパは家賃の代わりに「リアルソーシャルダイナミクス」の従業員として彼を雇った。

それから〝ザネウス〟がいた。彼は裏庭のテントに住んでいた。

ザネウスは背が低くずんぐりした体型ながら、大学でサッカーをしていたという爽やかな顔つきをしたコロラド出身の男で、どうしてもこの家に住みたいと懇願してきたのだ。どこでも眠れるし、何でもするから、と。そこでパパはテントを張ってやり、公共料金を払うこと、家の掃除をすることを条件に、リアルソーシャルダイナミクスの研修生として彼を招き入れたのだった。

初めの二週間は、みんなただひたすらこの家に驚いていた。ついにやり遂げた。世界がたまげるようなことをやってのけたのだ。俺たちはウエストハリウッドでもっとも魅力的な場所にいる。そして素晴らしいメンバーにも恵まれた。ハーバルは早くもひと月後には第一年次ナンパアーティストサミットをこの家で開く計画を立てている。

最初のハウスミーティングでは、プロジェクトハリウッドのための組織図を定めた。社会事業の責任者をパパに、財政管理をハーバルに。それからみんなでいくつかルールを決めた。ゲストは承認なしに一カ月以上滞在することはできない。リビングルームでセミナーを行う場合は、誰でも十パーセントの使用料を家の財政に還元しなくてはならない。そしてもう一つ、ほかのＰＵＡが家に連れて来た女をサージしてはならない。どれもがすぐ破られそうなルールばかりだった。

初めのうちはルームメイトたちと暮らすことが楽しくてたまらなかった。引きこもりのライター生活を忘れ、一人ではとうてい手の届かないような大きな価値ある存在の一員となる。毎朝目覚めると、ハーバルとミステリーがリビングルームの真ん中に置いたアイスバケットに二十五セント硬貨を投げ合いっこしていたり、上階へ続く梯子からクッションの海に向けてダイブしたりしている。ふたりはまるで遊び場を探し求める子供のようだった。

「俺とお前は大親友になるんじゃないかって気がするよ」ある朝ミステリーはハーバルに向かってそんなことを言っていた。

プレイボーイが最初のハウスパーティを開いたときは五百人が詰めかけた。そこらの人間にとってはどうでもいいことかもしれないが、少なくともこのコミュニティのなかで、俺たちは偉大な手本を示しつつある。ひと月もしないうちにフランチャイズ展開が始まった。

とあるＰＵＡのグループはハーバルの以前の家に移り住み、〝プロジェクトオースティン〟と名付けた。

サンフランシスコでは、以前の生徒の一部がチャイナタウンに寝室が五つある家を借り切って、リビングでナンパセミナーを開き、〝プロジェクトサンフランシスコ〟を誕生させた。

オーストラリアのパースの大学生たちは家を見つけて〝プロジェクトパース〟を始動させ、最初の三日間で百人もの女子大生にアプローチした。

それからかつて俺とミステリーが指導したシドニーの四人のＰＵＡは、地下のクラブに直行できるエレベーターを備えたビーチアパートメントを借りた。これが〝プロジェクトシドニー〟だ。

誰も理解していなかった。このナンパコミュニティに秘められた可能性、女を語る男たちの団結力というものを。マニキュアを塗り、豪邸に住み、ゲームをする。俺たちが病原菌のように世界中を感染させる準備は整った。

2 ナンパ界の〝ロゼッタストーン〟

ふとしたきっかけから、プロジェクトハリウッドでの最初のひと月に、俺のセックスにおける新しい世界が突如目の前に開けた。ちょうど初めて参加したミステリーのセミナーが俺のバーにおける能力を開花させてくれたように、その経験は俺のベッドでのさらなる可能性を教えてくれた。

すべてはハーバルが一週間ぶっ通しで眠らせてくれなかったことから始まった。

「睡眠制限《スリープダイエット》について聞いたことは？」ある朝、メルズのドライブインでそう言われた。「インターネットで見つけたんだ」

ハーバルは暇なとき、インターネットでいろんなものを見つけてきた。家のためにと探していたリムジンをイーベイで見つけたり、一〇〇〇スレッドカウント（布の密度）の超高級シーツを格安で見つけたり、あとはシャツの良いたたみ方だとか、ペンギンをペットとして売り出すビジネスの話だとか（しかし家で飼おうとペンギンを注文した直後、そいつはジョークサイトだったと判明した）。

「まあつまり、一日二時間の睡眠で生きていけるように体を慣らすんだ」

「どうやって？」

「科学的に検証済みでね、毎晩八時間眠るかわりに、四時間ごとに二十分の睡眠をとればいいっていうんだ」

耳よりな話だった。毎日六時間余計にあれば、もっと書けるし、もっと遊べるし、もっと本が読めるし、エクササイズができるし、デートができるし、それから今まで時間がなくてできなかったさらなるナンパ術を学ぶことだってできる。

「何か裏があるんだろ?」

「まあね」ハーバルは言った。「やり方に体が慣れるまで十日間かかるんだ。けっして楽じゃない。でも一度山を越えてしまえば二十分の睡眠が驚くほど自然にできるようになる。みんな以前よりもエネルギーに満ちてるって言ってるよ。ただどういうわけか大量にジュースを飲みたくなるらしい」

マルコがモルドバ行きを提案したときと同じように、俺は何のためらいもなく話に乗った。たとえ失敗に終わったとしても、俺には十日間の睡眠のほかに失うものなどないのだから。

ビデオゲームやDVDを大量に買い込み、家の人間には俺たちが睡眠時間を守れるように協力するよう念を押した。眠りすぎてしまったり、たった一度眠り忘れただけでもすべてが台なしになるのだ。そうなったら初めからやり直さねばならない。さらに目覚まし代わりの刺激になるようにと、毎日家に女を呼んだ。

俺は当時、十人の女と付き合いがあった。PUA《ナンパアーティスト》は彼女たちのような女をMLTR――複数からなる長期的関係――と呼んだ。AFC《欲求不満のバカ》のヤツらと違い、俺はけっして彼女たちに嘘はつかない。みんな、俺にはほかにも女がいることを知っていた。そして驚いたことに、中には不満を持つ女もいたものの、誰一人として去って行きはしなかった。俺がゲームにおいてもっとも重視している考え方の一つに、ロス・ジェフリーズが勧めてくれたハワイのフナによる自己啓発本『隠された自分を極める』の中の一節がある。それはこう言っている。「世界は考えようで変わるもの」つまり、自分はハーレムを持つべきでハーレムを持つことは当たり前なんだと信じてさえいれば、女もやがてそれに同調するということだ。単に考え方の問題だ。逆にハーレムを望みながらも内心これは浮気だとか不道徳だとか感じていれば、永遠にハーレムは手に入らない。

ただ一人このやり方にあまり納得していないのが、イザベルだった。小柄で丸みを帯びた体が魅力的な生きのいいスペイン人で、彼女にはまるでチーズを探すネズミみたいに鼻をぴくぴくさせる癖があった。

「私は一人としか寝ない」彼女はいつもそう言っていた。「あなたにもそうしてほしいの」

睡眠制限を始めて四日目、俺は眠気覚ましに「ハイランド」で出会ったヒアを呼んだ。彼女はインディーズのロックをやっていて、チワワみたいにちっちゃく、でかい黒のサングラスをかけていた。そんなふうでもたしかにセクシーなところがあり、お姫様にはまだほど遠いガラスの靴みたいな女だった。美しさを秘めているというのは、男にとっては実際に美しいのと同じくらい心惹かれるものなのだ。女が出かけるとき髪型や化粧や爪や服装をすみずみまで整えて着飾れば、同時にほかの女たちの目も楽しませることができる。しかし男はたしかにそれを楽しみはしても、別に街でファッション雑誌から抜け出したようなおしゃれを目にしたいとは思っていない。俺たちは想像力が豊かだ。女が理想に見合うかどうか、常に頭の中で好みの服を着せたり裸にしたりしている。そういう意味で、ヒアは女には見向きもされないながら男好きのする女だった。俺たちには彼女の中の可能性が見えるのだ。

ヒアがやってくると、俺とハーバルは充血した目と無精ひげで脚を引きずりながら彼女を出迎えた。睡眠制限の悪影響が出てきていた。まず初めにマナーや大人の振る舞いといったものに影響が出た。俺たちは彼女をハーバルの部屋に連れて行くと床に座らせ、一時間ほどＸｂｏｘでゲームをしながら眠らないようにしていた。

再び呼び鈴が鳴り、のそのそと玄関口に向かうとそこにはイザベルがいた。

「ちょっと『バーフライ』で友だちと踊ってたの」鼻をぴくつかせながら言う。「近くだからちょっと寄っていこうと思って」

「ちょっと寄られるのが嫌いなの知ってるだろ」

ＭＬＴＲにはいつも来る前に電話するよう言ってあった。こんなことが起こらないようにするためだ。俺はため息をつき、彼女を招き入れる。追い返すのはぶしつけだと思ったからだ。

「まあ、とりあえず会えてうれしいよ」

彼女をハーバルの部屋に連れていき、みんなに紹介した。イザベルはヒアのとなりに座った。そこで彼女の勘がうずいたらしい。ヒアを上から下まで眺め回すと、尋ねた。

「で、スタイルとはどんな関係なわけ?」

これは気軽に立ち寄ったというよりは奇襲攻撃に近い。俺はふたりを部屋に残し、ミステリーを探しに行った。こういった展開にはうんざりしていた。

「聞いてくれよ。まずいことになった。イザベルとヒアがいがみ合いを始めたんだ。どうしたら片方だけ帰らせられるかな」

「もっといいアイデアがある」彼は言った。「三人でヤっちまえばいいんだ」

「冗談だろ」

「いや。生徒の一人が以前3Pするために使ったというテクニックを教えてくれた。やってみろよ。純粋に三人でマッサージをやろうって言えばいいんだ。あとは結果を待つだけだ」

「そいつは賭けだな」

さらに面倒になるのだけはごめんだった。ポーセリンツインズのバスタブ事件のような。

「賭けをするわけじゃない。リスクを負うんだよ。賭け事はまったく予測不可能だが、リスクは計算できる。女がふたり家にいて、お前の話に耳を傾け、なおかつIOI《脈ありサイン》をよこしてきたなら、つまりお前には勝ち目があって、きっと何かが起きるってことだ」

ミステリーの言葉には説得力があった。こういったさまざまなナンパのプロセスを通じ、俺は服装だったり、立ち居振る舞いだったり、自分とは関係ないと思ってきたものに挑戦してきた。そのうちうまくいって今も続けているものもあるし、うまくいかずに切り捨てたものもある。俺はいちかばちかやってみることにした。ふたりを失うかもしれないリスクを喜んで受け入れることにしよう。

俺は足を引きずりながらハーバルの部屋に戻った。

「ねえ、ふたりとも」俺はあくびまじりに言った。「俺とミステリーが撮ったホームムービーを見せたいんだ。マジで面白いから」

モントリオールで撮ったカーリーとキャロラインのビデオに刺激されて以来、ミステリーは俺たちの旅や冒険を録画し、十分程度の笑える作品に編集するということを続けていた。

ふたりを俺の部屋に連れていった。いすはなく、もちろんベッドがあるのみだ。だからみんなしてそこに寝そべって、ミステリーが作ったオーストラリア旅行のビデオを観た。

それが終わってしまうと、俺は心を落ち着かせ、ついにリスクに身を投じた。

「本当に最高だったよ」ふたりに向け語った。「サンディエゴへ行って友人のスティーブ・Pと遊んだんだ。彼は教祖のような男でシャーマンでもある。彼はふたりの生徒を使って俺に二重誘導マッサージというのをやってみせたんだ。ふたりの手の動きは俺の背中の上で完全にシンクロしていてね。そしてこれは人の意識がその動きを処理しきれないことから起こるんだが、意識が遮断され、無数の手にマッサージされているような感覚におちいるんだ。まったく驚きだったね」

何であれ熱意を持って的確に話せば、人は試してみたくなるものだ。断る機会を与えなければなおさらのこと。

「うつ伏せになって」俺はイザベルに言った。

彼女は誰よりも嫉妬深い女だったので、先にマッサージをしてやる必要があった。俺は彼女の右側にひざまずくとヒアを左側につかせ、俺の動きを正確にマネするように伝えた。

イザベルの背中をもみ終えると、今度は俺がシャツを脱いでうつ伏せになった。ふたりは自ら俺の両側につき、マッサージを始めた。始めはおそるおそる、だが次第に大胆になっていく。ふたりは俺に覆いかぶさるようにして肩甲骨を円でなぞる。徐々に部屋中にエネルギーが満ちてくるのが分かった。少なくともふたりの中では性的欲求が高まりつつあった。

そして今にも花開きそうになっていた。

ヒアは自分の番がくると、シャツを脱ぎ、うつ伏せになった。今度はさらにエロティックにマッサージしてやった。内ももや乳房の脇までさすってやった。

マッサージが終わってからも、ひざまずいた俺とイザベルの間でヒアはうつ伏せになったままだった。ついに決断のときがきたのだ。次のステップへ進まねばならない。

緊張のあまり手が震えだした。ちょうど高校時代にエリサと過ごしたあの屈辱的なランチタイムの出来事のように。俺はイザベルの顔を引き寄せ、キスを始めた。イザベルと唇を合わせたまま徐々に体を傾けていき、そのまま重なるようにして完全にヒアを押し倒した。それからヒアの顔をこちらに向かせ、今度は彼女にキスをする。ヒアはそれに乗ってきた。うまくいったようだった。

俺はイザベルを、優しくヒアとのキスに招き入れた。一度ヒアとイザベルの唇が触れるなり、マッサージの間部屋中にうっ積していた濃密な性欲みたいなものが、堰《せき》を切ったようにあふれ出した。ふたりはまるで待ち望んでいたかのように、激しく絡み合った。しかしながら待ち望んでいたはずなどあるまい。ほんの一時間前まで、ふたりは憎き恋敵同士だったのだから。俺には理解できなかった。まあそのときは理解する必要などなかったが。

ヒアがイザベルのシャツを脱がせると、俺とヒアで彼女の胸に吸いついた。さらにズボンを脱がせ、ふたりで太ももをなめてやると、イザベルは弓のように背中を反らせた。それからヒアが背後に回り込んで俺のジーンズを脱がそうとごそごそやってるすきに、俺はイザベルのパンティを脱がせた。

ボタンを外すのを手伝いながら、ふと時計に目をやった。午前二時。心臓が凍りついた。前回の睡眠から四時間がたっていた。人生初の３Ｐの最中にまさか眠ってしまうわけにはいかない。しかし今眠らなければ、この四日間必死で眠らずにいた努力がすべて水の泡だ。

「ねえ」俺は言った。「こんなこと嫌なんだけど、二十分だけ今すぐ眠らなきゃならない。よかったら一緒にどうだい」

イザベルとヒアを両脇に、俺はすぐさま眠りに落ちた。水没した街にいて、そこを泳いでいる夢を見た。目覚まし時計が鳴り響くと、俺はふたりを抱きよせ、再びいちゃいちゃし始めた。

しかし今回はイザベルが嫌がった。

「こんなのって変よ」

「まあな、俺もそう思う」俺は言った。「だけどこれは未知なる体験なんだから、一つ試してみなくっちゃ」

彼女はにっこり笑ってうなずくと、俺のボクサーパンツを引きずり下ろした。ふたりが俺のモノをなでまわすのを、身を引いて観察する。次の機会が訪れたときのため、感じを覚えておきたかった。

しかしヒアがフェラチオを始めると、イザベルは身をこわばらせた。

デイヴィッド・デアンジェロのセミナーで、リック・Ｈが３Ｐについて言っていたことを思い出した。つまり、その経験は男のためでなく、あくまで女の欲求を満たすものでなくてはならない。彼の表現によれば、女はそり犬のリーダーでなくてはならないのだ。そして男は、女が常に心地よく、気持ちよくなるよう努めなくてはならない。

「これはあんまりよくないかい？」俺はリーダー犬に問いかけた。

「ちょっとね」

ヒアの頭を起こしてやり、三人で横になってぺちゃくちゃやりながらいちゃつき合ううち、やがて次の睡眠時間がきた。その夜ヒアとはセックスをしなかった。俺がほかの女に挿入する場面はイザベルには耐えられないだろうから。これですら、すでに彼女にとっては大きな一歩なのだ。

次の晩、俺はますます消耗しきっていた。リビングでハーバルと一緒に、眠らないようにと『危険な関係』を観ていた。しかし、ともすると数秒の間意識がふっとび、まるでこま切れの白昼夢を見ているようだった。マイクロ睡眠だ。肉体が休息を求めるあまり、ほんの少し注意がそれた間にも、仮眠を取ろうとしてしまうのだ。

「この睡眠制限ってやつはガチでつらいな」俺は言った。

「もう少しの辛抱だ」ハーバルが言う。「長い努力が報われるはずだ」

肉体的に抵抗力を高めようと、何種類かビタミン剤も買ったが、どれをいつ飲んだのか忘れたままになっていた。

そんなとき幸いにもナディアがやってくるという。彼女もまたＭＬＴＲ《複数の長期的関係》の一人で、俺がまだ出会いを求めて試行錯誤していたころに見つけたセクシーな図書館司書だった。その日彼女は「ニッティングファクトリー」（ライブハウス）でスーサイドガールズ（女性パフォーマンス集団）のショーを観たあと、バーバラというベティ・ペイジによく似た黒髪のおかっぱ女を連れ、家にやって来た。

ドリンクを注ぎ、三人でカウチに腰を下ろした。見たところバーバラはボーイフレンドがいるにもかかわらず、ずいぶんとナディアにべったりだった。どうやら彼女にくびったけらしい。そこで俺はバーバラのために一役買うことにした。

ふたりには俺が今おおいに睡眠を必要としているということを了承してもらい——果てなく続く雪原に素っ裸で取り残される夢を見ていた——俺の部屋でホームムービーを観ないかと誘った。そしてそのあと、二重誘導マッサージを持ちかけた。驚いたことに、今度もうまくいった。唇が触れた瞬間から、ふたりはイザベルとヒアがそうだったように、互いの体をむさぼり合った。つまり前夜のあれも、けっして偶然起きたうれしいハプニングなどではなかったのだ。

ナディアはイザベルと違い、嫉妬などしないリーダー犬だった。俺がナディアに入れている間、バーバラは背後にひざをついて俺のタマをなめていた。もう少しこらえてバーバラともファックしたかったが、もたなそうだった。初めてコミュニティをのぞいたときの密かな期待をはるかにしのぐようなことが起きている。そのことに俺は自制心を失った。もうこれ以上こらえることができない。結局バーバラとのセックスにこぎつけることはできなかった。

これはＰＵＡが言うところのクオリティ問題にあたる。

この一年半を通じ、俺は外見、行動力、心構え、それから振る舞いといった自分のクオリティを磨くべく、たゆまぬ努力を続けてきた。しかしここにきて俺のクオリティはどん底まで落ち、身も心もひどいありさまといえるこの瀬戸際まで来て、俺は人生でかつてないほど性的にデカダンな二日間を経験した。これは一つの教訓だ。

「がんばらないほどうまくいく」

翌日、俺とハーバルはリビングで、ボウルに入れた氷を数分ごとに体にこすりつけ、眠らないよう神経を刺激していた。睡眠方法に慣れるまでの道のりが、予想以上に険しいことが判明しつつあった。時間を無駄にしているのではないか、そんな不安を抱き始める。それに結局、この睡眠制限には科学的根拠などありはしなかった。

「トンネルの向こうに虹はあるのかなあ」俺はぼそぼそと言った。「つまりなあ、俺らは虹の端っこにある金の壷を追っかけてるんだ。どこにあるかさえ分からないし、虹に端っこがあるかなんてのも分からないのになあ」

ハーバルがびくっとする。ぴしゃりとはたいてマイクロ睡眠から起こしてやる。

「ぐにょぐにょしたミミズの夢を見たよ」ろれつの回らない口調で彼が言う。「誰かがぐにょぐにょしたクマをちょん切ってぐにょぐにょしたミミズを作ってるんだ」

それから睡眠サイクルが二度訪れたあと、頭痛が始まり、まぶたがどうにも半分より上がらなくなった。水風呂に入り、自ら頬をビンタし、ほうきを手にリビングで追いかけっこをしたりした。しかしどれもだめだった。

自分の歯が矯正具を探そうとしているのに気づいたとき、ついに理性が崖っぷちまできているのが分かった。矯正具は中学校以来つけていなかった。

「もう寝るよ」ハーバルがついに折れた。

「だめだ」俺は言った。「お前が寝ちまったら、もう俺一人じゃ無理だ」

「その爪楊枝に気をつけろよ」

俺たちは壊れつつあった。ハーバルはマイクロ睡眠の最中だった。夢と現実が混ざり合っている。

「もう一サイクルだけ耐えてみろよ」俺は言った。

しかし次の二十分睡眠のあと、ハーバルを起こすことはできなかった。目を開けようとすらしなかった。俺自身ももう限界だった。そして体を引きずるようにして二階に上がり、そのままずるずるとこの世で一番甘い眠りに落ちた。こうして睡眠制限は失敗に終わったが、俺はゲームの新たな境地にたどり着いた。

二重誘導マッサージのことは、あまり胸を張って言いたくはない。あれはけっして品位のある行為ではない、という態度でいるべきなのも分かっている。しかし3Pの秘訣を見つけたことは、ナンパにおけるロゼッタストーンを発見したようなものだった。一度二重誘導マッサージの手順が確立され広められてしまうと、世界中のPUAが3Pをするようになる。一マイル三分の壁（約一六〇〇メートルを三分で走ること）を破ったようなものだった。この二重誘導マッサージのおかげで、俺は確実にサンダーキャットのランキングにおける二年連続ナンバーワンPUAに選ばれることだろう。プロジェクトハリウッドは早くも大当たりだった。

3 果たせなかった夜

それからタイラー・ダーデンがやって来た。

スプレーで人工的に日焼けしたような色をしていた。

「ロスでの印象が悪かったのは分かってる」彼はそう言って、握手のために手を差し出した。ほんの一瞬だが視線も合う。

モノトーンでコルセットのように胸のあたりからいくつもひもが垂れた今風のシャツを着ていた。ピーコックセオリーというよりも、むしろ俺が持っていそうなシャツだった。

「社会性っていうのはぼくにとってちょいと厄介な代物でね」彼は続けた。どうやら謝っているらしい。「それについては今も勉強中だ。正直言ってあのときは身勝手だったよ。青かった。たぶん、ミステリーがいつも言ってたように、もっと男を惹きつけられるようにならなきゃいけないんだ」

彼は謙虚だった。俺たちと会って以来数々の講座をやっていて、俺はネット上で彼の進歩を見てきた。彼の生徒たちは、タイラーのナンパの腕前は今やミステリーに匹敵するほどだとまで言っている。俺は喜んでもう一度チャンスをやることにした。彼も実際、本気で努力してきたのだろう。そうなのだ。結局それがコミュニティのあるべき姿なのだから。週末にラスベガスでミステリーの講座があったので、そこで一緒にウイングをして、彼の実力をこの目で確かめるのが楽しみだった。

タイラーはかばんをかつぎ、パパの部屋へと歩いて行った。ビジネスへ新たな意気込みを見せるパパと、コミュニティ一のナンパアーティストを目指すタイラー・ダーデンとは、これ以上ない完璧な取り合わせだった。今や「ゲーム」の世界でもっとも賞賛されるPUA《ナンパアーティスト》たちが、この家にはいる。もちろん思い出すかぎり、タイラー・ダーデンが住人として認められたことは一度もなかった。これ以上誰かが住める場所はなかった。しかしながらパパは自らの責任において彼を招き入れることにし、バスルームのクローゼットにじかにマットレスを敷いて即席の部屋に変えてしまった。

この家にはまだあまり家具がない。あるのは一段低くなった踊り場を埋め尽くすために買った五十個ものクッションくらいだ。その夜、プレイボーイが用意したプロジェクターで天井に映画を映し出し、俺らはみんなでクッションの海に身を横たえて『愛の狩人』を観た。

そのあとでタイラー・ダーデンは俺を見てこう言った。

「あんたには本当に影響を受けてきたよ」

ナンパ掲示板での俺の今までの書き込みは、膨大なテキストファイルとして蓄積され、ミステリーやロス・ジェフリーズの功績とともにウェブ上に公開されている。「今までうまくいったネタは、たいていあそこからとったんだ」

タイラー・ダーデンの会話から逃れるのは至難の業だった。実際にゲームに出ているとき以外は、常にその話をしているのだ。

「現場でぼくがあんただって言ってみる実験をしてきたんだ」

「どういう意味だい?」

「みんなに『ぼくがニール・ストラウスだ』って言うんだよ。『ローリングストーン誌に書いたのはぼくだ』って」

「で、効き目はあった?」

この陰気で頭のいかれたチビが俺を名乗ってうろちょろしてるというのは実にムカつく話だが、ここは努めて何でもないように振る舞った。

「場合によるね。あるときは嘘だと思われるし、またあるときはすぐさまこう言う女の子もいる。『ほんとなのっ？　絶対遊ばなきゃ』って。それから、わざわざ名乗るのは調子に乗ってるみたいで気に入らない、となってしまうこともある」

「ひとこと言わせてくれ。俺は十年以上物書きをやってきたが、そのおかげでヤれたことは一度もない。ライターなんてクールでもセクシーでもないんだ。ライターとつるんだって何の社会的地位も得られない。少なくとも俺の経験ではね。俺がどうしてこのコミュニティに入ったと思ってるんだ？　まあ、お前の試みは光栄に思うが」

その週末、俺はタイラー・ダーデンとミステリーとともにラスベガスに行った。ミステリーの代わりにパパが十人もの生徒の予約を取りつけていたのだ。六人用講座にしてはなかなかの数字だ。俺たちは彼らを「ハードロックカジノ」へと連れて行った。通常初日の夜は、生徒にインストラクターの仕事を観察してもらう。

最後にロサンゼルスで会って以来、タイラー・ダーデンはPUAとしてめざましい成長を遂げてきた。あのときは女とひとこともしゃべらなかった彼がだ。俺はタイラーが独身女性のグループに誘いをかけているのを見つけ、近寄って耳をそばだてた。彼はミステリーのことを話していた。

「上の席に背の高い男がいるだろ？　あいつは目立ちたがり屋なんだ。人が自分を好きになるよう仕向けるために、何かひどいことを言ってくる。そしたら調子を合わせてやってくれないかな。あいつにはそれが必要なんだ」

彼はなんとミステリーのゲームを暴露してしまっていた。ミステリーのネグをつぶしにかかっている。

「それから、あいつはみんなに受け入れてもらうためによく手品をする」彼は続けた。「だから君たちには優しい気持ちで、盛り上がった感じにしてほしい。あいつは子供たちの誕生日会にもよく呼ばれるんだよ」

ミステリーの価値証明の手札までをもつぶしにかかる。

タイラー・ダーデンがグループのもとを去ったあと、俺は何をしていたのかと尋ねた。

「ミステリーとあんたに対抗するために、パパとぼくで新しいテクニックをたくさん考案したんだ」

「じゃあ俺のはどんなだい？」動揺を隠しつつ聞いてみた。

するとタイラー・ダーデンは声をあげて笑い出した。

「こう言うんだ。『スタイルがいるよ。彼はほんとは四十五なんだ。俺にはけっこう若く見えるけどね。かわいいよね。エルマー・ファッド（アニメ『ルーニー・テューンズ』のキャラクター）みたいだ』ってね」

俺は信じられない思いで彼を見つめた。彼は仲間であるＰＵＡたちをＡＭＯＧｉｎｇ《頂点に立つ男の排除》している。まるで悪魔のような男だ。

「あんたもやりなよ」タイラーが言った。「俺のことドゥボーイ（製粉会社ピルスベリーのキャラクター）みたいだって言えばいい」

俺はこみ上げる嫌悪感をぐっと飲み干し、一つ考えた。

〝こんなとき、トム・クルーズならどうする？〟

「だけどなあ、俺はそんなことはしたくないよ」そう言って、この発言を援護するべく、まったく笑える話だとでも思っているかのような満面の笑みを返してやった。「ここにお前と俺との違いがある。俺は自分よりも優れた人たちに囲まれていたいんだ。なぜならプレッシャーを与えられたり、意欲をかきたててもらうのは楽しいからね。逆にお前の場合、自分より上のヤツをすべてつぶして、部屋の中で一番になりたいんだ」

「そうだね、たぶん当たってる」

後々、それは半分しか当たっていなかったことが分かった。確かにタイラー・ダーデンは競争相手を排除したがる。しかしそれは相手から使える情報をすべて引き出したあとのことだった。

　残りの週末の間、俺が誰かと話していると、それが男でも女であっても必ず、彼は背後をうろつき、一語一語に聞き耳を立てていた。どうやら俺の発言から、グループを支配下におく法則やパターンみたいなものを探り出そうとしているようだった。彼は俺の業績を研究してきた。そして今は俺の人間性を研究しているのだ。近いうち、彼は間違いなく俺以上に俺のことを知るようになるのだろう。そして今にロンドンのレスタースクエアあたりで、AMOGを気取りながら俺のセリフや癖といったものをやり玉にあげているのだろう。

　その夜の終わりに、「ピーコックラウンジ」のバーでふたり連れの女を見かけた。片方は背が高くメガネをかけ、偽物っぽい巨乳が不釣合いな、うす気味悪いブルネットの女で、もう片方は金髪に白いベレー帽をかぶり、小さいけれどもたっぷりとして丸みのある体つきをした少しやんちゃそうな女だった。

「あの金髪の女はポルノ女優だ」ミステリーが言った。彼はその道のエキスパートだ。「名前はフェイス。お前の出番だ」

　このコミュニティで一年半を過ごし、おそらくは最高の男だと言われているにもかかわらず、美しい女を見たときはいまだにたじろいでしまう。AFC《欲求不満のバカ》だったころの俺自身が、常に過去をちらつかせながら脅しをかけてくる。そして耳元でささやくのだ。今まで学んできたことはすべてが誤りで、俺は間違った神につきしたがっており、ゲームなどただの精神的自慰行為にすぎないのだと。

　けれども俺は自らを奮い立たせ、ふたり組に向かっていった。遠くに聞こえるAFCの声が真実でないと証明するために。俺は開口一番、自動制御に身を任せた。

　手始めは嫉妬深い女友だちの話。

　制限時間の設定。

ターゲットのしわがれ声を指摘することによるネグ。

親友テスト。

C型笑顔対U型笑顔。

ESP実験。

「あなたっていろんなこと知ってるのね」フェイスが言った。

「一緒にいるとけっこう楽しいかも」うす気味悪い友人が、夢中な様子で言った。

ふたりは俺の思うがままだった。俺は口からでまかせのくだらない手製のテストをまくしたてるオタク野郎のエルマー・ファッド。そして今、ふたり合わせたら俺の体重を軽く上回るであろう乳房を持った女たちは、俺にうっとり見入っている。恐れる必要などないのだ。そこらの男が知らないものを、俺たちは持っているのだから。

俺は内なるAFCを滅ぼさねばならない。そいつはいつ死ぬのだろうか?

俺は障害物を処置してくれるよう、ミステリーに合図を送った。彼が気味悪女の横につくのを見届け、再び自動制御に身を任せた。

フェイズシフトを展開させる。

においをかぐ。

髪を引っぱる。

腕を噛む。

首元を噛む。

「君のキスは一から十だと何点くらい?」

すると突然、フェイスは席から飛びのいた。

「あたしアツくなりすぎちゃってる」彼女は言った。「もう行かなきゃ」

彼女がそんなことを言うのは俺がどこかでしくじったのか、それとも本当に俺がよすぎたのか、そのときは分からなかった。

俺はすぐそばで酔って騒いでいたふたりのヒッピー風の女に声をかけ、すぐさま意気投合した。しかし十分ほど会話を続けたところでフェイスが戻ってきた。そして俺の手を取り、言った。

「バスルームへ行かない?」

俺たちはピーコックラウンジの脇にあるレストルームに入った。彼女は便座を下げ、その上に俺を座らせた。そして俺のズボンのボタンを外しながら言った。

「あなたって知性があって、セクシーで、あたしほんとにアツくなってる」

「そうだろうね」

「分かる?」

「ずっとそんな気がしてたよ。俺があのふたりとしゃべっている間だって、君はこっちを見てたじゃないか」

彼女は床にひざをつくと、俺のぐんにゃりしたちんこをなで回し、ぱっくりと口でくわえた。しかしどうにも勃《た》たなかった。俺は圧倒されていた。

俺は立ち上がり、彼女を壁に荒々しく押しつけた。そして両手でノドのあたりをまさぐりながら激しいキスをした。まだ俺がAFCだったころ、シンが彼の家で女とこうやっているのを見たことがあった。それから彼女のズボンを下ろして便座に座らせ、指でいじくりながらなめてやる。彼女は背中を大きく反らせ、目をしばたたかせながらうめいている。今にもイキそうになっていた。しかしそうする代わりに突然ポジションを入れ替え、また俺のモノをしゃぶりだした。

「口でイってほしいの」彼女が言った。それでもやはり勃たなかった。こんなことは一度もなかった。これを書いている今現在でさえ、思い出すだけで勃ってくるというのに。

「挿《い》れたいよ」

そう言いながら、俺は自分の血液があるべきところへ流れ込むよう、決死の努力を試みた。

彼女は立ち上がってくるりと背を向けた。俺はポケットからコンドームを取り出しながら、今夜声をかけたいい女たちのことを考える。すると少し硬くなってきた。彼女は俺の腹に背中をあてるようにしてひざに腰を下ろしてくる。半勃ちの状態では奥まで突くのがもっとも難しい体勢だ。先っぽだけ挿れたところですぐにまたふにゃふにゃになってしまった。いったいこれは今夜二杯飲んだジャックアンドコークのせいなのか、前戯が足りないせいなのか、もしくはポルノ女優相手に萎縮してしまっているのか、はたまたここへ来る前にオナニーしてしまったためなのか、俺にはまったく分からなかった。

俺たちがバスルームを出ていくと、講座の生徒の半数が報告を聞こうと待ち構えている。さっきしゃべっていたヒッピーの一人がバスルームへ入っていき、ほどなくしてクリネックスでつまんだコンドームの包装紙を手に現れた。そういえば床に置き忘れてきた。これはみんなに見せて回らなくちゃと感じたのだろう。みんなは実際には果たせなかった俺の快挙を褒め称えた。

そのあとはフェイスの目を見られなかった。俺は自分自身をミステリアスで魅力的でセクシーでタフな男に仕立て上げてきた。そして土壇場で数々の嘘は音を立てて崩れ落ち、やせっぽちでハゲ頭のふにゃちん男の姿が暴き出されたのだ。

4 スタイルが破った倫理規定

ラスベガス講座の最後の夜、タイラー・ダーデンはハードロックカフェでステイシーという名のウェイトレスをナンパした。吸血鬼みたいな金髪で、ニューメタルを聴くそうだ。仕事のあとカジノで合流し、一緒にタミーというルームメイトを連れて来た。おとなしめだが美しく、赤ん坊のようにむっちりとしてグレープの風船ガムみたいな香りがする。

俺はバカみたいな蛇皮のスーツを着ていて、ミステリーはというとシルクハットにフライトゴーグル、六インチの厚底ブーツに黒いラテックス素材のパンツ、それから黒いＴシャツには電光掲示板がついていて、赤いデジタル文字で「ミステリー」と流れてくるようになっていた。彼はこのベガスにおいてさえ、変人に見える。

まもなくタイラー・ダーデンがステイシーの前でミステリーをＡＭＯＧｉｎｇ《頂点に立つ男の排除》し始めた。

「あんな変な看板ぶら下げてると人に笑われるだろ」彼は言った。「俺はいつも言ってるんだ。そこまでしてウケ狙うのかよって」

女に話しかけようと部屋をうろつき回る生徒たちを、俺はバーに寄りかかって観察した。しばらくすると、ステイシーが俺の横ににじり寄ってきた。彼女は俺が講座を指揮するのを見ているうちに、女よりもむしろ男を制している俺に、興味を抱いたのだった。会話をしながら、俺に視線を絡ませてきた。

自分の髪をいじっている。俺の腕に触れるきっかけを探している。俺が後ろに寄りかかると、こちらに身を乗り出してくる。ＩＯＩ《脈ありサイン》がすべて出そろっていた。キスの予感がエネルギーを高めるそのときと同じく、俺たちを取り巻く空気がぴりぴりと震えだしているのが分かった。

まずいことなのは分かっていた。彼女はタイラー・ダーデンの女だ。ＰＵＡ《ナンパアーティスト》には倫理規定がある。つまり最初にアプローチした者が、ターゲットにゲームを仕掛ける。それは女が受け入れるか、もしくは男があきらめるまで続くのだ。しかしながらＰＵＡはウイングをＡＭＯＧｉｎｇ《頂点に立つ男の排除》しない、という決まりもある。要はタイラー・ダーデンが女に向かって俺をエルマー・ファッドだと言うならば、エルマー・ファッドがタイラーのウサギちゃんを撃ち殺すのもありってことだ。

彼女の髪をなでてやった。彼女はほほ笑んだ。

彼女は俺にキスをしたいのか?

彼女はしたがってる。

だからした。

突然オレンジのような金髪頭が俺の視界に入ってきた。ミスターヒートマイザーのお出ましだ。かなりご立腹である。

「こっちに来いよ」そう言ってタイラー・ダーデンは彼女の腕をぐいっと引っぱった。

俺はすぐさま後悔した。俺がしたことは間違いだ。理屈ではそれを分かっていた。だが密接な感情の波がふたりに押し寄せてしまったら最後、理屈は消え去り、本能のみが姿を現す。俺はとんでもないことをしてしまった。確かに彼は俺をＡＭＯＧｉｎｇした。しかしだからといって俺のしたことが正当化されるわけじゃない。最悪の気分だ。

しかしながら敗者復活がすぐそばにあった。タイラーはホテルの部屋にステイシーを連れて行き、ルームメイトのタミーが一人取り残されたのだ。俺たちは五分足らずで仲良くなった。簡単すぎて信じられないほどだった。その週末に引っかけた女は、彼女で六人目だった。

一方ミステリーはエンジェラという名の裸同然の服を着たストリッパーをナンパしていた。彼の評価ではレベル十・五だという。そこで俺たちは講座を投げ出すことにして――すでに午前二時、十分に元が取れているはずだ――「ドレーズ」というクラブのアフター営業に向かった。

タクシー乗り場に向かう途中、ミステリーはカジノの鏡の前でポーズを取り、自分を見て言った。

「勝利ってのはいいもんだ」

鏡に向かってにやっと笑うと、向こうも中からにやりと返した。

タクシーの中、エンジェラはスカートを広げ、ミステリーに向き合うようにひざにまたがっていた。乗り場からまだ出ないうちに、ふたりはいちゃいちゃし始めた。彼女はキスの前に唇を噛んでみせたり、唇が離れるたびに小さくうめき声を上げてみたり、彼の人差し指をしゃぶりつつ口から入れたり出したりしてみせる。彼女はミステリーや俺たちや外のさえない連中や、はたまた天国の住人にまで見せつけているのだ。俺たちが通り過ぎると誰もが絡み合うふたりに歓声を上げ、口笛を吹いた。彼女はそれにこたえて背中をのけぞらせ、パンティをずらして完璧なしずく型に刈り込んだ陰毛を見せてくれるのだった。そこにミステリーは指を入れた。彼は輝いていた。彼女も輝いていた。ふたりで引き立て合っていた。彼らは最高の取り合わせだ。完全にふたりの世界だった。

午前五時、エンジェラがロサンゼルスに戻ると言って去ってしまうと、俺とタミーとミステリーはタクシーに乗り、ルクソールホテルに取ったタイラー・ダーデンと一緒の部屋まで帰った。俺はタミーとベッドに倒れ込むようにして、いちゃいちゃし始めた。ミステリーはもう一つのベッドにいた。タイラーはいすに座り、ステイシーをひざにのっけていた。

タミーはシャツとブラを脱ぎ、俺のズボンとパンツを下ろした。それから俺のモノを片手で包み、ひねりを加えながら上下にこすり始めた。やがて口も加わった。今回は何の問題もなく男性機能が働いた。おそらくウイスキー、ポルノ女優、公衆便所というのはいくら俺でも陳腐すぎる組み合わせだったのだ。

タミーはパンツを脱ぎ、俺はジーンズのポケットからコンドームを取り出して装着した。しかしヤり始めてすぐにやめた。男がそこにいるのだ。ふたりが見ている。もしくは見ないようにしているかもしれないが。どうすればいいか分からなかった。俺はビビってふたりを見ることができない。ほかの男がいる部屋でセックスをしたことはなかった。ましてやあいつらはＰＵＡだ。

タミーには何の抵抗もないようだった。それにはすっかり舌を巻いた。とはいえ俺は彼女を起こし、シャワールームへ連れて行き、湯を出した。彼女を扉に押しつけ、乳房をぱんぱんとガラスに打ちつけながら背後から責めた。やがて五分ほど突きまくったところで突然バスルームの扉が開き、フラッシュがたかれた。そこにはミステリーとタイラー・ダーデンとステイシーが、カメラを手に立っていた。

そのとき俺の頭にあったのは「弱みを握られちまった」ということだけ。ヤツらが単にラスベガスでのちょっとした思い出を残そうとしただけだったってことが分かったのは、あとになってからだった。

あの『ニューヨークタイムズ』のときと同様、俺ばかりが暴露されることに過敏になっていた。ほかの連中は友人をネタに面白がっているだけなのだ。誰もライター、ニール・ストラウスのことなど気にしちゃいないってことを、心にとめておく必要があった。

彼らはコミュニティに深く心酔するあまり、外の世界のことなど問題にしないばかりか、現実感まで欠けているのだ。そのレーダーが新聞に反応するのは、動物の交尾習性に関する科学記事が載っているときくらいのものだろう。世界のどこかで大災害が起きたって、彼らにとっては一夜の会話をはずませるためのネタにすぎない。なぜなら、明日何が起きるかは誰にも分からないのだから。

そのあと、女の子たちは朝食を食べようと家に誘ってくれた。俺たちは荷物をまとめ、ふたりのアパートへ行き、そこで人生で一番うまいベーコンエッグを食べた。タイラー・ダーデンとミステリーはカウチでナンパビジネスについて大声で語り合っていた。ずいぶんとけんか腰のようだ。ミステリーはタイラーを相変わらず元生徒だと言い続け、タイラーはすでに師匠を越えた気になり、まったく新しい独自のナンパ論を展開していた。

日も昇り、俺は目の前にこの手で抱ける生身の女がいながらナンパについて語り合う気にはなれなかった。そこでタミーは俺を寝室に連れて行き、フェラチオをしてくれた。それから帰りの飛行機の時間まで二時間ほど眠った。

彼女のベッドはちょっと言葉では言い表せない。その配置や、清潔な白さや、シーツの柔らかさ、羽根布団の厚み、きっちりとほどこされたベッドメイクに至るまでがとろけるくらいに最高だった。常に女の寝室というのは愛すべきものだ。柔らかく、甘い香りに満ちている。きっと天国がそうであるように。

5

夢のテストの意味を知る

ミステリーとタイラー・ダーデンは夕方までベガスにいると言って彼女たちの家に残り、俺は一人空港へとタクシーを走らせた。帰りの飛行機の中、こんな夢を見た。

女をナンパし、彼女の家へ行く。寝室へと連れて行かれ、俺は彼女のＬＭＲ《ラスト1分の抵抗》を打破するべく何時間も奮闘する。一晩中押し引きを続け、行きつ戻りつ。そしてとうとう、俺はあきらめて眠りにつく。

そして朝、リビングのカウチにいると、彼女のルームメイトでまっ赤な口紅をしたラテン系の女がふらりとやって来て俺に言う。

「ルームメイトが困らせちゃったみたいで悪かったわね。だけどよかったら代わりにあたしとしてもいいわよ」

彼女はカウチに座ると宙に向けて脚を広げる。腰から下は何も着けていない。そして先ほどの申し出を繰り返す。

俺はそれを受け入れる。

吸いつき合いながら口紅が顔中につきまくる。しかしいざセックスをしようとすると、勃起したように見えるにもかかわらず、軟らかいままなのだ。まるでスポンジケーキでも突っ込んでいるような気分だ。

そのあとで、本来のターゲットがやって来る。俺は夢の中で彼女のことをターゲットと呼ぶ。しゃべりながら、俺は口紅の跡を隠そうとする。どこか背後でルームメイトが笑っているのが聞こえる。俺はここへ連れて来てくれた女を欺くことで、あらかじめ仕組まれたテストに見事失敗したのだ。彼女は二度と俺のほうなど見向きもしないだろう。俺が本当はどんな男か知ってしまったのだから。

その夜、ふたりとパーティに行く。そこではミステリーが俺のターゲットを口説いている。彼女にガレージのドアのリモコンをプレゼントしている。俺は誰も見ていないすきにそいつを引っつかみ表に出る。ボタンを押しまくりながら、どこかで彼女のためのとんでもないプレゼントを隠したドアが開かれるのではと考える。

俺が突き止めようとしていると、女を捜してミステリーが外に出てくる。つまりこのプレゼントは、俺に隠れて彼女を連れ出すための、ルーティーンの一つだったのだ。俺はボタンを押すことで、ミステリーを呼び出してしまったのだった。俺は必死になって街を走る。しかし数秒たたずにミステリーが追いつく。彼の脚はあまりに長く、そんなの朝飯前なのだ。

「お前が俺のターゲットに手を出すからいけないんだ」俺は言う。

「ちゃんとチャンスがあったのに何も起きなかったじゃないか」彼は言う。「お前の役目は終わって、次は俺の出番だ」

目覚めたとき、夢の前半、テストの意味はすぐに分かった。タイラー・ダーデンのターゲットに手を出したのと、同じようなことをやらかしている。そしてあのポルノ女優との失態を考えると、インポは自明のことだ。しかしミステリーが俺のターゲットに手を出す部分はよく分からなかった。まあそれは家に着いて彼から電話を受けたときに判明することとなったのだが。

「お前が気にしないといいんだが」彼は言った。「さっきタミーがフェラチオしてくれたんだ。全部飲んじまった」

彼女の腹の中では、俺の精液がミステリーのと混ざり合っていることだろう。

「別にいいさ」俺は言った。本当だった。友人ってのはこういうこともある。PUA《ナンパアーティスト》同士のふざけた競い合いってやつだ。「ただ俺が先だったっていうのは覚えておけよ」

しかしながらタイラー・ダーデンの場合、そんなふうには考えない。彼にとってはふざけた競い合いなどではない。彼の人生そのものなのだ。

俺が彼の女に手を出したことを、けっして許しはしないだろう。

6 ミステリーとパパの対立

目指すところは女だが、現実にいるのは男だ。

プロジェクトハリウッドには、プールサイドで一日中寝そべるビキニ姿のモデルたちの代わりに、いろんな男が訪れた。ニキビ面のティーンエイジャーだとかメガネをかけたビジネスマンだとか、太った学生や独り身の億万長者や売れない俳優や欲求不満のタクシー運転手やそれからコンピュータプログラマーなどだ。コンピュータプログラマーは特に多い。彼らはＡＦＣ《欲求不満のバカ》として門を叩き、プレイヤーとなって帰っていく。

毎週金曜に彼らがやって来ると、ミステリーもしくはタイラー・ダーデンがクッションエリアの前に立ち、毎度同じような話のネタや、ボディランゲージの秘訣、価値を見せつける手順についてひととおり教える。そして土曜の午後、彼らは群れをなしてメルローズに買い物に行く。そしてみんなしてニューロックの四インチ厚底ブーツと横にひもの垂れたモノトーンのストライプシャツを買う。それからみんなして同じ指輪を買い、帽子を買い、サングラスを買う。そしてそのあと日焼けサロンへ行く。

俺たちは一つの軍隊を養成しつつあった。

夜になると、彼らはプレイヤーの働き蜂みたいに一群となってサンセットストリップに押し寄せた。セミナーや講座以降も、生徒たちはサンセットブールヴァードのクラブに居座り続け、数カ月たってもなお、そこでゲームを続けているのだった。ブーツとシャツにぶら下がるひもの組み合わせさえ見れば、後ろからだって彼らを見分けられる。グループを組んでうろつき回り、獲物を見つけると使者を送り込み、こう言わせるのだ。

「ねえ、ちょっと女の子の意見を聞きたいんだけど」

講座がないときでさえ、ひどく着飾った男たちが半径百マイル以内からリビングに集まってきて、そこから夜の街に繰り出すのだ。そして午前二時半、ふたたびこの家に集まってくる。ある者は酔って楽しそうに笑うオレンジカウンティあたりの田舎から来た女とともに現れて、彼女たちをジャクジーやテラスやクローゼットやクッションエリアへ連れて行く。またある者は手ぶらでやって来て、夜が明けるまで、自らのゲームを分析するのだ。この件に関してはいつまでだって話していられる。

「なぜ俺のやり方がほかのヤツらよりも優れているか分かるかい？」ある昼下がり、タイラーはメルズで俺の横にどすんと腰を下ろすなり言った。「すっげえ理由が一つある」

「お前が感性豊かだからとか？」俺は言った。

「違う、俺は押しまくるんだよ」そう勝ち誇ったように言ってみせる。〝押しまくる〟とはセリフにつぐセリフ、ルーティーンにつぐルーティーンで相手に答えさせるスキも与えず攻め続けるということだ。

「この間女の子が逃げちゃったんだ。そこで俺はその子に向かってルーティーンを叫んだ。そしたら彼女、レーザービームみたいに戻ってきたよ。世間のお決まり事なんて俺には関係ないね。そんなの叩きのめしてやるさ。あんたも押しまくったほうがいい。どんなときも押しまくるべきだ」

「俺は押しまくらないよ」俺は言った。

世の中には女が折れて受け入れるまで追いかけ回すヤツもいる。しかし俺は追いかけたりしない。押しもしない。俺はただ女に俺を好きになる機会を提供するだけだ。彼女が好きになろうとなるまいと。そしてたいていの場合、好きになる。

「ただ押して押して押すだけだ。うまくいかないはずはない」タイラー・ダーデンは続ける。「女が怒り出した場合は声色を変え、謝ってからこう言うんだ。自分には社会性が足りないんだって」

俺はタイラー・ダーデンが話すのを眺めていた。彼は女のことしか話さないわりに、女を連れてきたことはほとんどなかった。

「たぶん俺があまり付き合いがないのは」食堂を出るとき彼は言った。「オーラルセックスが好きじゃないからだ」

「するのが？　されるのが？」

「どっちも」

俺はそのとき気づいた。タイラー・ダーデンは女と寝るためにコミュニティにいるのではない。セックスが目的じゃない。彼の目的はパワーなのだ。

一方パパの動機はさらに判断しづらい。そもそもは女が目的でゲームを始めた。プロジェクトハリウッドに越して来たときには、自分の部屋をハイテク君主の隠れ家のようにして、電話一本で女を呼び出せるハーレムにする計画を立てていた。王様のようなベッドや高性能のエンターテインメント装置や暖炉やバーカウンターを手に入れ、天井からは掛け布を垂らすのだと語っていた。

しかしそんな部屋にはならなかった。タイラーとともにメルズから戻ると、ミステリーがパパの部屋にいた。何やらモメている。

「俺に回すより、タイラー・ダーデンのほうに生徒をたくさんやってるだろう」ミステリーが言う。

「みんながトントンになるようやってるつもりだ」パパは言い張る。

彼の口を出るたびに、その言い回しは意味を失っていく気がした。

俺は彼の部屋を見渡し、ぞっとする思いだった。家具はほとんどなく、床に寝袋と枕が転がっているだけだった。

女はこんなベッドルームのことを「契約破壊者《ディールブレイカー》」と呼ぶ。

「ここには誰が住んでいる？」俺は尋ねた。

「ＲＳＤ《リアルソーシャルダイナミクス》のヤツらが何人か」

「何人だ？」

「ええと、今はタイラー・ダーデンとシックボーイがバスルームのクローゼットに。それから三人の研修生がこの部屋に」

「一カ月以上滞在する場合は承認が必要なはずだ。ハウスミーティングで決めただろう。見てのとおりこの家はすでにいっぱいなんだ」

「ご立派なことだな」

「彼らが家の資材を使っているなら、ちゃんと払うべきだ」ミステリーが言った。

パパはうつろな表情で彼を見る。

「こいつとは話にならない」ミステリーがぼやく。「ただそこに座って、こっちを見て『ご立派なことだ』って言うだけだ。こいつはちっともやる気がない」

「そうじゃないね」パパが言う。「君はぼくが以前生徒だったからって好きなようにできると思ってるんだ」

パパが憤慨しているのを見たことはなかった。たいていの人間のように声を荒らげたりせず、代わりに押し殺したような声になる。彼の奥深くには呼吸をし感情を持つ生きた人間が、解放されるのを待っているのだ。

その日以降、パパは正面玄関から家に入るのをやめた。かわりにミステリーを避けるため、わざわざ裏のパティオへ回り、自分の部屋のバスルームへと続く階段をのぼって入った。彼のゲストもみな同じだった。

7　解体――スタイルタッギング

俺が四十のときに親父は死んだ
泣き方さえも分からなかった
愛してなかったからじゃない
愛そうとしてくれなかったからでもない
どうでもいいものに涙を流してきた
ウイスキー、痛み、美しい女に
だけどあいつにはもっとましな涙がふさわしい
準備なんかできちゃいなかった

歌がリビングに爆音で鳴り響く。ミステリーは胸の上にパソコンをのっけてクッションエリアに横たわっている。ガイ・クラークの『ランドールナイフ』を繰り返し何度も何度も聴いていた。

彼は声をかけてほしそうに見える。そこで俺は歩いていって声をかけてやった。

「親父が死んだんだ」彼は言った。その声は平らで落ち着いていて、悲しんでいるのかどうかを見分けるのは難しかった。

「そろそろだったんだ。あっという間の出来事だった。例の発作だよ。今日の朝十時に死んだ」

俺はとなりに腰を下ろし、話に耳を傾けた。彼は自らを傍観するように、その感情を分析してみせた。

「心の準備はできてたのに、何かがおかしい。まるでジョニー・キャッシュが死んだときみたいなんだ。こうなることは分かっていた。なのにやっぱりショックだよ」

ミステリーは生きている間ずっと父親を憎んでいて、死を願ったことも数え切れないほどだった。しかし実際にこうなってしまうと、どう感じていいのかが分からなかったのだ。彼は思いのほか悲しみを抱えてしまい、混乱しているようだった。

「俺たちの気持ちが通じ合うのは、テレビにいい女が出てきたときだけだった」彼は言った。

「親父は俺に目をやり、俺は親父に目をやり、声に出さず、お互い納得し合うんだ」

数日後、俺たちはこの家で第一年次ナンパアーティストサミットを開催した。世界中のＰＵＡ《ナンパアーティスト》たちが講演するために飛行機で訪れ、それを聞くために数百人ものＡＦＣ《欲求不満のバカ》たちがリビングルームに集結した。我らがプレイボーイとザネウスはすでにタイラー・ダーデンからインストラクターになるための訓練を受けていて、ふたりが進行役を務める。

プレイボーイがボディランゲージを論じている間、俺はベオグラードのこと、ミステリーとやった初めての講座のことを考えていた。カッコつけすぎのエキゾチックオプションや、初めて手に入れた女のメールアドレスとともにスキップしてくるサーシャの姿や、ジェリーのユーモアのセンスを思い出していた。俺は彼らが好きだった。彼らのことを気にかけていた。女とうまくやっていてほしかった。あれから数カ月後もメールをやり取りし、彼らの進歩を見守っていた。

今リビングルームを見渡すと、そこには欲望や飢えや絶望が見てとれる。あごひげを生やしたスキンヘッドの男たち――俺の縮小もしくは特大版――が一緒に写真を撮ってくれと言ってくる。モデルにだってなれそうなルックスの男たちが髪型やファッションについてやかましく助言を求め、一緒に写真を撮ってくれと言ってくる。

集会にやってきたのっぽの兄弟――どちらも童貞――は妹を連れてきていた。彼女はおとなしい十九歳の小娘で、大きな瞳にガムドロップのような胸、そしてヒップホップ風の格好をしていた。兄弟のおかげで、彼女はゲームのことをすべて知っていた。男たちが気取った文句で近づいていくと、彼女はこう言うのだった。

「デイヴィッド・デアンジェロのやつをあたしで試さないでちょうだい。もう全部読んだから」彼女はミンと名乗り、俺に一緒に写真を撮ってくれと言ってきた。「あなたの投稿の大ファンなの」

「あれを読んだの?」俺は動揺しつつ尋ねた。

「うん」そう言って彼女は唇を噛んだ。

俺は自分のプレゼンテーションのために、付き合っている女の中から五人を呼んでいた。彼女たちに向けてルーティーンを実演し、そのあとで彼女たちは経験豊富なパネリストとして、聴衆の中の多種多様なプレイヤー志願者たちに、服装やボディランゲージに関する批評をしてやるのだ。俺はスタンディングオベーションを受けた。

そのあと、俺は買ったばかりの赤いカウチに腰を下ろした。そばにはパパとタイラー・ダーデン、それから彼らの生徒が数人いる。彼らはキャロラインとカーリーのビデオを取り上げ、俺とミステリーの作品について議論していた。どういうわけかガンウィッチがあれを手に入れ、インターネットに載せていたのだ。まったく匿名性のかけらもない。

「天才だよ」パパは言った。「タイラー・ダーデンはスタイルのすることすべてを解体して科学にしちゃったんだ。そしてそれを〝スタイルタッギング《スタイルのタグづけ》〟と呼んでいる」

「どんなだい?」生徒の一人が尋ねた。

「一種のフレーム操作だよ」タイラー・ダーデンは言った。

フレームとはNLP用語の一つで、それぞれの個人が持つ世界の受け止め方のことだ。誰のフレームにおいても――もしくはどんな主観的事実においても――もっとも強い者が関係を支配する傾向があるのだという。

「スタイルはこういったフレームを操作して他人を自分に適合させてしまうための、極めて微妙な方法を知ってるんだ。そしていつでも自分が焦点となるようにしてしまう。今これに関する投稿を書いているところだ」

「そいつはすごい」俺は言った。

すると突然パパとタイラー・ダーデン、それから生徒たちまでもが声をあげて笑った。「それがあんたのやり方の一つさ」パパが言った。

「それをタイラーは書いてるんだ」

「何だって？　俺は『すごい』って言っただけだ。ほんとに愉快な話だって思ったからさ。マジで読むのが待ちきれないよ」

すると彼らはふたたび笑った。どうやら俺は〝スタイルタッギング〟していたらしい。

「ほらね」タイラー・ダーデンは言う。「あんたは親密になって他人の社会的価値を崩すため、好奇心というフレームを使うんだ。そういうふうに同意をしてみせることでその場の権限を持ち、他人にあんたの承認を得たいと思わせてしまうってわけ。ぼくたちはそれを教えている」

「まいったな」俺は言った。「今や俺が何か口にするたび、俺がリアルソーシャルダイナミクスのルーティーンを言ってると思われちまう」

そして彼らはまた笑った。本気でやられたと感じた瞬間だった。タイラー・ダーデンが書いていることは俺がコミュニティで学んだことなんかじゃない。俺自身の一部で、俺そのものだった。そして彼が俺の強さを誤ったふうにとらえているにもかかわらず——それが彼のフレームであり、世界に対する見方なのであり、確実に俺のやり方をぶち壊している。やつは俺を構成するものを一つ一つ取り除き、名前を与え、ルーティーンに変えているのだ。俺の魂《ソウル》を抜き取り、サンセットストリップ一帯にばらまくつもりなのだ。

8

コミュニティにあふれる「ミニ・ミー」

サミットの最終日、ミステリーは突拍子もないことを言い出した。講座の料金を六百ドルから千五百ドルに値上げするというのだ。そこで彼はパパにウエブサイトを更新するよう頼んだ。

「そりゃ無理だね」パパは断言した。「相場に見合わない」

近ごろパパはめったに外へ出ない。その代わりに毎晩、リアルソーシャルダイナミクスのウエブサイトの運営や、ネットで広告収入を得る仕事をしているのだ。俺たちがここに越してきて以来、彼が女といるのを見たのは間違いなく一度きりだ。

「こいつは俺のやり方だ」ミステリーは言った。「人は払うはずさ。俺は全力でやってきたんだから」

「現実的じゃない」

パパはミステリーの胸のあたりをじっと見ていた。彼はもめごとが好きではないのだ。

「まったく気に入らないヤツだ!」

ミステリーはエクストラマスクがリビングルームでプレゼンをしているところをずかずか通って行ってしまった。エクストラマスクはセミナーの一週間前には街に来ていて、この家のどこかで寝泊まりしていた。それがどこなのかはパパのクローゼットがすでに人間でいっぱいになって以来、不明だった。彼とは到着してから、ほとんど口をきいていない。彼は常にパパの部屋でリアルソーシャルダイナミクスの仕事をし、タイラー・ダーデンの講座でウイングを務めているか、もしくはトレーニングをしていた。

俺はしばらく彼を観察した。今や筋骨隆々となり、裂け目のあるTシャツにタイを緩く締めている。生徒たちに向け、自分は二十六歳まで童貞で女の子の手を握ったことさえなかったのだと語る。しかしこれはでたらめで、男たちに向けたルーティーンの一つなのだ。彼もまた教祖の一人になっていた。それに応じて、初めて出会ったときに彼が持ち合わせていた純粋さは、すでに失われてしまっていた。

「ぼくはこの携帯でいろんなことをする。こいつは電源が入ってすらいないんだが」そう言って電話を掲げる。「ただこいつに向かってしゃべる。男らしさを装ってね。特にクラブで居心地が悪いときには使える手だ。携帯は何よりいいウイングになってくれる」

人前に立つ彼は非常に存在感があり、妙なユーモアのセンスがあった。彼にはナンパ術を教えるより、もっとスタンダップコメディのほうをがんばってほしかった。ミステリーやタイラー・ダーデンと違って、彼は根っからのナンパ師ではないのだから。

俺はミステリーを追ってキッチンへ行った。彼はカウンターに寄りかかって俺を待っていた。

「パパは俺に隠れて講座をやっている」彼はいら立たしげに言う。「あるヤツが先週ハイランズで男六人と一緒にいるのを見たって教えてくれた」

俺はカウンターに飛び乗り、彼と同じ目の高さにして座った。

「ついていけるように教えてくれ。いったい俺の知らないところで何が起きてるんだ?」彼は言った。

パパのことを言っているのだろうが、むしろパトリシアのことを話したそうだった。彼女はストリップクラブで出会ったアフロアメリカンと付き合いだし、彼の子供を身ごもっていた。結婚の予定はないものの、赤ん坊を産みたがっていた。彼女の女としての焦りは今だ収まっていないようだった。

「俺はこのことを客観的に見ようと努めてる」ミステリーは言った。誰も使わない朝食用テーブルのいすにまたがっている。「怒ってはいない。でも傷ついている。赤ん坊とあの男を殺したくなってしまう」

すべてのPUA《ナンパアーティスト》の必読書に、進化論についてのものがあげられる。マット・リドレーの『赤の女王――性とヒトの進化』、リチャード・ドーキンスの『利己的な遺伝子』、ロビン・ベイカーの『精子戦争――性行動の謎を解く』だ。これを読みさえすれば、なぜ女はバカな男を好きになってしまうのか、なぜ男は複数の性的交渉相手を求めるのか、またなぜこんなにも多くの人々がパートナーを欺き浮気してしまうのかが理解できる。しかし同時に、ほとんどの人間が首尾よく抑え込んでいる暴力的衝動というものが、実は正常で自然な働きなのだということが分かるだろう。根っからのダーウィン論者であるミステリーにとって、こうした本は、彼の反社会的な感情や、自分の女と交渉を持つ人間を傷つけたいと思う欲望を理知的に正当化してくれる存在なのだった。これはけっして健康的とは言えない。

タイラー・ダーデンがキッチンにやって来て、ふさぎ込んでいるミステリーを見つけた。

「何をすればいいか分かるかい?」ミステリーに向けて言った。「ナンパすりゃいいんだ」

ナンパはタイラー・ダーデンにとってすべてにおける解決方法だった。そう信じきっている。ナンパはすべての悩みを救済してくれる。憂うつや無気力や憎悪や腸炎やシラミまでも。俺がある種のライフスタイルを構築するためにこの家へやって来たのに対し、タイラー・ダーデンの場合、ナンパは生きる唯一の手段だった。彼はけっして女と出かけたりはしなかった。代わりにサンセットのクラブに連れて行き、そのあとで彼女を見捨ててさらなる女をナンパするのだ。

「家から出たほうがいい」タイラーは続けた。「今夜はスタイルと出かけてきなよ。あんたたちなら最高のゲームができるさ。パトリシアの二倍もいい女がきっと見つかるよ」

次に童貞兄弟がキッチンにやって来た。妹のミンと坊主頭のＰＵＡを連れている。この集会の間中、俺の行く場所どこにでも人が集まってきた。俺はちやほやされるのに飽き飽きしていた。

「君のプレゼンは最高だった」つるつる頭のＰＵＡが言った。「女たちに対して実に優しく優雅だった。美しく演出されたダンスを見ているようだったよ」

「それはありがとう。名前は？」

「〝スタイルチャイルド〟だ」

ここ最近でここまで言葉を失ったことがあっただろうか。

「あんたにちなんで名付けた」

彼が自分のツイていない人生や、このコミュニティや俺の書き込みを発見したときのことを語っている間、ミンがそのいたずらな瞳でこちらを見ていることに気づいた。俺は彼女をゲームの対象にするのはやめようと思った。セミナーに参加した男の誰もがやっていることだったからだ。プレゼン用に使った女を除き、週末ずっとこの家にいる女は彼女だけだった。

その夜行った例のバー『サドルランチ』でも、ミンは俺の顔を穴があくほど見つめてきた。何か言わねばならない。しかし彼女がどこかで読んだ言葉だったり、兄弟から聞き及んでいるものであってはまずい。

「さてと」ついに俺は言った。「ロデオマシンに乗ろうと思うんだけど、一緒にどう？」

これは決まり文句などではない。俺は今だにこのロデオマシンというものに野心を抱いていた。いろんな意味で俺にゲームを思い起こさせるからだ。十一段階のレベルが設定できた。死ぬほど楽勝なものから殺人的に難しいものまで。そしてこのマシンに目をつけて以来、ずっと最高レベルをこなすことが俺の目標だった。つまり伝説のレベル十一だ。それまでのところ、俺は十までしか成功していなかった。

これは明らかに意味のない情熱だった。何の実践的な意味もない。しかし普通の男ならば、目の前にちょっと面白そうなものが置かれ、これにはランキング機能があって「お前もやがていい記録を出せるようになる」と説明されたら、おそらくはそいつにハマってしまう。つまりこれが、ビデオゲームや格闘技や『ダンジョンズ&ドラゴンズ』、そしてナンパコミュニティの人気の秘密なのだ。

俺はカウボーイ姿の店員にマシンをレベル十一に設定するよう頼み、手加減するようにと五ドルのチップを手渡してからゲートをくぐってよじのぼり、雄牛の背にまたがった。俺はレザーのパンツをはいていた。ピーコックセオリーにのっとっているわけじゃない。マシンからずり落ちないようにするためだ。初めてこれに乗った翌日、太腿が青黒く変色し、歩くことすらままならなかった。俺はそのとき百貫デブとセックスしたあとの女の気持ちを知った。俺は股ぐらを鞍の前のほうにしっかりと押しつけ、雄牛の脇腹を両脚で締めつけると、顔を上げ、準備完了の合図を送った。

マシンはまたたくまに息を吹きこまれたように震え出し、あまりの揺れの激しさに焦点を失った。今でもあの感覚は覚えている。脳味噌が頭蓋骨から飛び出しそうになり、腰が未体験の速さで振り動かされ、両脚は無抵抗にさまよい、雄牛の動きに合わせて股ぐらが削岩機《ジャックハンマー》のようにものすごい高速で鞍の取っ手部分へと押しあてられる。しかし脇からずり落ちそうになったその瞬間、雄牛は動きを止めた。俺は七秒間を耐え抜いたのだ。

始め、俺はおおいに盛り上がった。何かすごいことをやり遂げた気分だった。とは言っても、こんなのはまったく無意味なのだ。このことが俺の人生、もしくは周りの人間の人生を変えることなどこれっぽっちもない。俺はなぜこんなにもアツくなったのか考え始めた。ほどなくして、下手な買い物をしたような後悔が訪れた。

そのあとでミンは疲れたからプロジェクトハリウッドまで送ってほしいと言ってきた。

俺にはその意味するところが分かった。

腕を絡ませながら家に向かってぶらぶらと歩きつつ、彼女は兄たちのゲームを学ぶにあたっての問題点を語った。

「ふたりは異常に過保護で、あたしがデートすると怒るの」彼女は言った。「でもきっと自分たちがデートできないからって妬《や》いてるのよ」

プロジェクトハリウッドに戻ると、俺は彼女をジャクジーへと連れて行った。

「最近まで付き合ってた男の子はほんとにいい人だった。あたしのためならなんだってしてくれた」彼女は続けた。「でもあたしは好きじゃなかった。いらいらするのよね。それから兄貴たちのナンパ本を読み始めて、なんであいつや学校の男の子たちに惹かれなかったかが分かったわ。みんな退屈なの。シャレっ気《コッキーファニー》ってのを分かってないのよね」

俺はボクサーパンツ一枚になり、湯の中に飛び込んだ。牛にやられた痛みがいくらか和らぐ。彼女はブラとパンティをつけた姿で入ってくる。ほっそりとして壊れてしまいそうなマリオネットのようだった。彼女の手を取り、こちらへ引き寄せる。彼女が俺の太腿にまたがり、俺たちはキスを始めた。ブラを外し、彼女のガムドロップを口に含む。それから裸の彼女を抱き上げ、水の滴るままにベッドルームへと運び、コンドームをつけ、ゆっくりと彼女の中に入った。LMR《ラスト1分の抵抗》はなかった。俺を見上げるあまり、あの兄弟たちは自らの妹を俺の腕に抱かせてしまったのだ。

彼女は、俺の最初のグルーピーだった。しかし、唯一というわけではなかった。PUAのすべてが今やデカくなりすぎていた。新手のナンパビジネスが数多く出回り、積極的にオンラインでのサービスを展開させているなか、このコミュニティは飛躍的な成長を続けていた。特に南カリフォルニアでは著しく、その変貌を俺たちは目のあたりにしていたのだった。どんな女も安心していられない。十五人連れの講座の連中がギャングみたいに通りを徘徊《はいかい》していた。以前の生徒の一団が「スタンダード」「ダブリンズ」「サドルランチ」「ミヤギズ」といったクラブを巡回していた。そして午前二時にバーが閉まると、彼らは「メルズドライブイン」に押し寄せ、通路を行ったり来たりしながら、女がいると見るやそのテーブルに腰を下ろす。そして女を満載してこの家にやってくるのだ。

　そしてヤツらが使うのは俺の手だ。蝿のように群がってスタイルタッギングをし、親友テストをやってみせる。どこのクラブに行っても、坊主頭と悪魔みたいなあごひげや、一週間前に俺がビバリーセンターで買ったような靴を見かけた。ちいさな俺《ミニ・ミー》はどこにでもいた。そして俺にできることは何一つなかった。

9

〝千人斬り〟アドニス

MSNグループ：ミステリーズラウンジ
タイトル：ナンパの予定
投稿者：アドニス

仕事をクビになったあと（ここにいすぎたからなw）、このゲームに本腰入れて専念するため、先週ロサンゼルスに越してきた。ずっと自分がおかしいんじゃないかって感じてた。いまだに童貞だし、キーボードばかり叩いているから。そこで俺は土曜日に封印を解き、一日で百人ナンパしてやることに決めた。メルローズのラ・ブレア通りからフェアファックス通りまでのあたりで、午後から始めようと思ってる。一時間に十人は声をかけられるはずだ。それを五時間で計五十人稼げる（誰かニューロックのブーツを売ってる店の名前を知っていたら情報求む）。それからシャワーを浴びて、サンセットブールヴァードに繰り出し、バーを四軒回るんだ（ダブリンズ、ミヤギズ、サドルランチ、スタンダード）。そしてそれぞれで十五人から二十人に声をかける。

百人斬りはきっと成功する。たとえ毎度玉砕と赤っ恥の連続だったとしても、少なくとも拒否されることへの恐怖感は克服できるだろうしね。

——アドニス

MSNグループ：ミステリーズラウンジ
タイトル：百二十五人をナンパ！
投稿者：アドニス

おまえら、この間の土曜はやばかったよ。通算百二十五人に声をかけてやったんだ。記録的快挙だ。出かける前にロス・ジェフリーズの「湧き出る自信」のテープを聞いたんだ。これはマジで役立ったよ。自分は四十フィート（約十二メートル）もあってダイアモンドでできてるって想像するんだ。誰も俺を傷つけられない、ってね。

俺が使ったオピニオンオープナーはＲＳＤ《リアルソーシャルダイナミクス》の定番のやつだ。「男と女、どっちが嘘つきだと思う？」始めのうちはＨＢ《いい女》たちに変な顔をされたよ。何かの調査かと思ったらしい。サドルランチあたりで要領が分かってきた。たぶんあそこにいた女の子全員に声をかけたんじゃないかな。あるレベル八《エイト》のＨＢなんかは俺にメールアドレスを教えようとした。だけど欲張ってナンバークローズを狙ったところ、見事失敗した。チクショー！　ベンキョウになりました。それからスタンダードへ行ったら、すでに二つの講座をやっていた。事実、全部のセットが「どっちが嘘つき?」をやられていたので、俺は外の通りで声をかけ始めた。

みんなどんどんやってみたほうがいい（ただし、まず始めにニューロックを履き慣らしておけよ！ｗｗ）。

新たな目標ができた。今月末までに千人に声をかけて経験値を上げるんだ。俺の最初のゲームはマジでヤバいものになりそうだ。俺はもはや女に腹を立てたり、俺に無力感を抱かせるその力を恐れることはないだろう。

――アドニス

ＭＳＮグループ：ミステリーズラウンジ
タイトル：千人目のナンパ
投稿者：アドニス

俺はナンパするたびにそのスコアを記録し続け、そして約束したように、ついに千人目のナンパを達成した。

さらに月末まであと四日もある！

千人目を終えて俺が言えるのは、そこには単に無数の拒み方、無視の仕方があるだけだってこと。今じゃ傷ついたりなんかしない。だってまったくの赤の他人に、自尊心を傷つけられる必要なんかないだろ？

もう一つ学んだのは、理屈を並べて現実的になるよりも、さっさとHBたちに挑んで攻略してみろってこと。今じゃ十分か十五分そこらはセットにいられるようになった。スタイルタッギングもやってる。最初は難しかったけどね。だけど今ならもっと楽にセットを操れるようになったよ。この身長にもかかわらずね（約百六十五センチ）。それから孤立化やキューブの話までやってるし、怪しげな電話番号も手に入れた。俺は生まれ変わったみたいに感じる。より自信の持てる、社会を恐れぬ人間に。以前の俺は臆病で自意識過剰で、いつもみんなから避けられていた。だけど今じゃ街を歩くと、俺は発信してるんだ。ＨＢはそれをかぎつけるってわけ。みんな絶対にやってみたほうがいい。その価値はあるさ。

来月は電話ゲームを極めようと思う。電話を千本かけるんだｗ。これを続けていれば、年末までにはきっと女と寝ることができるだろう。

——アドニス

10

「社会のロボット」チェックリスト

MSNグループ：ミステリーズラウンジ
件名：君は社会のロボットか？
投稿者：スタイル

このコミュニティの多くの人間に、何かおかしなところがあるのに気づかないだろうか？

彼らを見ていると、まるで何かが失われているようだってのが分かるはずだ。完全に人間じゃなくなってる。

こういうヤツらの中には現場でうまくやるヤツもいる。彼らはときに電話番号を手に入れるなり女と寝るなり、なかなかの収穫を収めてはいる。しかしどうやら女と付き合ったことは一度もないようだ。

君はこんなヤツらの一人じゃないか？

それを知るために、次の質問に答えてみるといい。

- ●あなたは女と話しているとき〝ネタ〟が尽きてしまったらパニックになりますか?
- ●あなたは女があまり肯定的でないことを言ってきたらすべて〝くそテスト〟だと考えますか?
- ●あなたは女と交流のある男はすべて打ちのめすべきAMOG《グループの頭の男》であると考えますか?
- ●あなたはまず「彼女のレベルは?」と尋ねることなく、女について語り合うことができますか?
- ●あなたは周囲にいる肉体関係のない女を〝友人〟と言うかわりに〝ピヴォット〟と呼んでいますか?
- ●あなたは社交場以外、例えば仕事の会議のような場所で女が近くにいるとき、妙なアドレナリンが出たり、ナンパしなくてはという気になったりしますか?
- ●あなたはナンパに関係ないもの、例えば本、映画、友人、家族、仕事、学校、それから食べ物や水などに価値を見出さなくなっていますか?
- ●あなたの自尊心は常に女の態度に翻弄されていますか?

その結果、君は社会のロボットかもしれない。

俺の知るナンパ師の大半は社会のロボットだ。これは特に十代から二十代前半の間にコミュニティを知ってしまった者に多い。なぜなら彼らは現実社会において十分な経験がなく、社会性を得るきっかけはもっぱら、ネット上で読んだり講座で学んだりした決まりごとや理論に限られているからだ。もう二度と元には戻れないだろう。社会のロボットたちに目もくらむような二十分を見せられたあと、女は彼らにそれ以上の魅力はないということに気づき始める。そして彼らはネット上に、あの女は頭がおかしいと愚痴を書き込むのだ。

インターネットの掲示板やナンパ生活は君に多くをもたらしてくれる。もちろん、俺もそうだった。しかし、同時に多くを奪い去ってしまう。一面的な人間になるのはもうやめよう。周りの人間がすべて社会のロボットだという目で見てみるといい。そして彼らの行きすぎた行動を見抜くんだ。

解決するには、次のことを心に留めておくこと。女をナンパする一番の道は、ナンパよりももっといいものを持つことだ。男たちの中にはすべてを投げ出してしまった者もいる。ゲームのために、学校、仕事、ガールフレンドまでもだ。しかしそれらはすべて必要不可欠なもので、異性に対する魅力を高めてくれるものなんだ。だからもう一度バランスを取り戻すんだ。自分を最大限に生かせれば、女たちは集まってくる。そのときはきっとここで学んだことが役立つはずだ。

――スタイル

11

コートニーとの出会い、そしてアマゾネス

「生徒たちに講座に来るななんて言えないよ」

ミステリーとパパがまた言い争いをしている。

「お前は予約を取りすぎだ」ミステリーはイラついたように両腕を上げてみせる。「そんなにいたら面白くない。それに生徒に失礼だ」

「君はぼくのビジネスを印象悪くしてる」パパが堅苦しい欲求不満みたいな声を出す。

「上等だ」ミステリーが怒鳴った。「それならウエブサイトから俺の名前を消しちまいな。お前との仕事関係は解消だ。リアルソーシャルダイナミクスとは何の関わりも持ちたくない」

ハナからこうなる運命のふたりだったのだ。

翌日、ハーバルがミステリーのビジネスパートナーになろうと申し出た。それはまるで今までずっと身を隠し、ナンパビジネスに参入する機会をうかがっていたかのようだった。彼はこの家に来て以来、もっぱら〝シマ〟とばかりいる。シマはトロントからロサンゼルスに移ってきていたミステリーの元MLTRで、この街に来てすぐにミステリーとぴりぴりし始め、ハーバルにIOI《脈ありサイン》を見せるようになったのだ。ミステリーはそれに腹を立てるかわりに、ハーバルを呼び出し、彼女を口説くために必要なすべてを教えてやった。そしてその夜のうちにシマとハーバルはできてしまった。結局、その出来事は単にミステリーとハーバルの仲を深めただけ。しかし今ふたりは、ほか

の誰もが感じていたある重大な事柄に気づいていないようだった。ここで一つのよくない例が作られようとしていたのだ。

ハーバルがミステリーの仕事をしだすと、俺たちの家は完全に二分されてしまった。パパの部屋を陣営とする〝リアルソーシャルダイナミクス〟と、家の残りの部分を擁する〝ミステリーメソッド〟とに。

この屋根の下で唯一、俺だけがどちらの要員でもない。それでもパパはミステリーやハーバルに対するのと同様、俺にもかたくなな態度を崩すことはなかった。俺も同罪なのだ。こそこそと家の裏手を回ってくるところに出くわしてしまったときなどは、パパはそっけなく挨拶をし、ぼんやりと遠くを見るような目で俺を見る。

彼は怒っているわけではなかった。ただ俺とは関係ないある種のプログラムにしたがって行動しているだけなのだ。一つ気になるのは、たいていロボットは自らをプログラムしないということだ。

一方、ハウスミーティングで定められたすべてのルール――ゲストへの承認、セミナーのハウス使用料、ほかのＰＵＡ《ナンパアーティスト》の女を口説かない――が破られ、無視されているのが現状だった。パパが自分の部屋にどれだけたくさんの生徒や、ナンパ師や、インストラクターを詰め込んでいるのか、見当もつかない。彼らは着飾ったネズミみたいに家の中をちょろちょろ動き回っている。もはやわざわざドアに鍵を掛ける必要もなかった。

パパが新しく採用したのはふたりの研修生で、どちらもパパをもう少し若くしたような感じだった。誰もふたりの名前を知らず、単に「ミニパパズ」で通っていた。ミニパパズはパパと同じくらい俺に対してよそよそしかった。それなのに常に俺の近くにいた。俺の一挙一動を観察するのが、まるで彼らに課せられた任務であるかのように。ときどき『メルズ』の食堂でふたりがタイラー・ダーデンといるのを見かけた。三人はよく俺の話をしていた。

「彼は会話を自分に引き戻すため、体の向きを再配置する」

「彼は希少性を高めるために、ときどき持ち場を離れる」

「人がジョークを言うと、彼は手柄を自分のものにするため必要以上に褒め称える」

「人がルーティーンをやってくれと頼むと、彼は『そのときがきたらね』と言う。するとその場はもう彼のものになり、人々の評価はさらに上がる」

彼らは批判しているのではない。俺をモデルにしようとしているのだ。しかし奇妙なことに、友人として付き合おうとはしない。ただ聞き耳を立て、吸収し、役立つことを覚えたいだけなのだ。これは人間性を奪う行為だ。しかしよくよく考えれば、はなからこの家にはまともな人間などいないのだ。

少し外へ出たほうがいいだろう。

幸いなことに、ローリングストーン誌からもう一つ手強い仕事を依頼されていた。そのお相手の名は、コートニー・ラブ（ミュージシャン、女優。ニルヴァーナのボーカルであった故カート・コバーンの妻としても有名）。

インタビューはニューヨークのヴァージンレコードのオフィスにて、一時間の予定だった。ちょうどそのころ、コートニーはスキャンダルの真っ只中にいた。その週にＣＢＳのレイトショーで司会のデイヴィッド・レターマンに向かって胸をさらけ出したり、はたまたウェンディーズ前で買い物に来た男に片乳を吸わせているところをパパラッチされていたり（コートニー本人はニューヨークポストの一面で写真を見たと言っている）、さらにコンサート中、ファンにマイクスタンドを投げつけたとして逮捕されたりしていたのだ。そのうえ、ドラッグ使用疑惑により、娘の親権を失ったばかりだった。ローリングストーン誌の仕事は、この一連の事件後に彼女が初めて承諾したインタビューだった。

ヴァージン社で会ったとき、コートニーは胴をベルトで締めた品のよい黒のドレスを着ていた。ぽってりとした唇は赤く塗られていた。その名前を冠した数々のスキャンダル記事には似つかわしくないことだが、コートニーは透き通るようで、か弱く、そして優雅さを兼ね備えた素敵な女性に見えた。しかしほどなくして、ベルトは緩みきって尻尾のようにぶら下がり、赤い口紅は単なる染みとなった。まるで彼女の人生そのものを表しているかのようだった。常に破綻してきた人生を。

「もしあたしが死ぬのを心待ちにしてるんなら、あんたたちはかなり長い間待たなきゃならないわよ」そう始めた。俺は記者であり、彼女にとっては敵なのだ。「うちのばあちゃんなんて百二歳まで死ななかった」

PUAはこれを「ビッチの盾」と呼ぶ。人となりを示すものなどではなく、単なる自己防衛なのだ。ここで気遅れしてはいけない。調和を生み、俺が一人の人間であって、血を吸いにくるほかの記者たちとは違うということを示さねばならない。

「今でもばあちゃんの夢にうなされることがあるわ」彼女は語った。「最後に会うチャンスがあったとき、一緒にシカゴ美術館に行く予定だった。でもあたしはもっと寝ていたくて、すっぽかした」

それからしばらく家族について話を膨らませた。彼女は自分の家族があまり好きではないようだった。

そしていよいよ、話は本題へと入っていく。

インタビューは進み、俺はついに核心をついた。彼女は俺を見つめ、その表情から壁のようなものが崩れ落ちていった。顔は紅潮し、硬直した頬の筋肉の上を、涙が伝った。

「救われたいのよ」むせび泣くように言った。「あたしを救ってよ」

ここに調和《ラポール》が生まれた。

調和とは信頼プラス安らぎ。

一時間が終わると、コートニーは電話番号を交換しようと言ってきた。夜にまたかけるからインタビューの続きをしよう、と。俺はほっと胸をなで下ろした。なにしろ、レコード会社のオフィスでたった一時間話すだけではたいして面白い記事にならないだろうから。少なくともトム・クルーズはモーターサイクルやサイエントロジー見学に連れて行ってくれたのだ。

その夜、俺はマンハッタンのミートパッキング地区（元来精肉工場があり商業施設が多く進出している）にある「ソーホーハウス」という会員制クラブで大学時代の友人と会っていた。コミュニティに入って以来顔を合わせておらず、彼らはなかなか俺を見分けられなかった。みんなして半時間ほど、いかにかつての俺が不恰好で内気だったか話した。それから仕事や映画の話題になった。俺はなるべく話に加わろうとしたが、なかなか的を射た言葉が見つからない。彼らの話すことはただふわふわと耳の中に入ってきて耳垢《みみあか》のようにたまっていくだけだった。もはや彼らとは合わないようだ。幸い、すぐそばを木の幹みたいな太腿に、恐ろしいほど人工的なデカ乳をしたアマゾネスのような女がふらふらと通り過ぎていった。女は俺より三十センチは背が高く、少し酔っているようだった。

「黒いカウボーイハットの子を見なかった？」弾むようなドイツなまりで彼女が言った。「俺らと遊ぼうよ」俺は言った。「君の友だちよりも面白いよ」

デイヴィッド・デアンジェロに教わったセリフだった。そしてうまいことといった。呆然とする友人たちの前に彼女は腰を下ろし、タバコをねだった。

その夜の残りを、ずっとアマゾネスと話して過ごした。彼女は時折、俺をバスルームへ引っぱっていき、目の前で人間バキュームのようにコカインを吸った。

「『セックス・アンド・ザ・シティ』は見てる？」三度目にバスルームから戻るとき彼女は言った。

「たまにね」

「パールを買ったの」誇り高きゲルマン民族調の口ぶりだった。

「そりゃすごい」俺にはパールが何だか分からなかった。

「すごくいいの」彼女は言った。

「ちっちゃなビーズがついててね」

「ほう、ビーズか。そいつはすごい」

俺はすっかり混乱した。だけど彼女が話すのを聞いているのは面白く、その柔らかそうな唇から放たれるごつごつとした口調を俺は楽しんでいた。おそらくアナルビーズのことを言っているのだろう。彼女にぴったりだ。

俺は廊下で歩みを止め、壁にもたれかかった。

「君のキスは一から十で点をつけるとしたらどれくらい？」

「十よ」彼女は言った。「優しく、ゆっくりと、焦らすようなキスが好き。ノドの奥まで舌をねじ込むようなのは嫌い」

「そうだね、そんなことする女もいたよ。雌牛とやってるような気分だった」

「フェラもすごいわよ」彼女は言った。

「いい子だ」

このひとことにたどりつくまで、何カ月もかかった。ある種の女は出会いのあと、極めて性的な発言をしたがる。これは〝くそテスト〟だ。これに引いてしまうと、男は負けだ。しかしながらまんまと餌に食らいつき、盛り上がって性的なことを返してしまっても、負けとなる。しかしイギリスのテレビの人気キャラ、アリ・Gを見て、解決策を見つけた。ただ女の目を見つめて満足げにうなずき、それからわずかに笑みを浮かべつつ、すかした声で「いい子だ」と言うのである。今では女が投げかけてくるほぼすべての挑戦に、正しい答えを返すことができる。しかし今回は挑戦などではない。フールズメイトだ。俺の仕事は単に間違えないようにするだけだ。

俺は黙り込むと、ＰＵＡが「三点凝視」と呼ぶものをやった。ゆっくりと彼女の左目から右目に視線を移し、それから唇に移り、性的緊張感をギリギリまで高めてやるのだ。

彼女は俺に身を投げ出した。そしてなんと、ノドの奥まで舌をねじ込んできた。雌牛のように。そして身を引くとこう言った。

「キスの話は興奮しちゃう」

「ここを出よう」そう言って俺は壁から体を離した。

エレベーターで降りて、タクシーを拾った。彼女は運転手にイーストヴィレッジの住所を伝えた。どうやら彼女の家に行くらしい。

彼女は後部座席で俺にまたがると、タンクトップからでかい乳房を引きずり出した。どうやら吸えという意味らしい。

彼女のアパートに着き、階段を昇り部屋へと向かった。間接照明をつけると、茶色くぼんやりとした部屋が浮かび上がった。そして彼女はステレオにローリングストーンズの「山羊の頭のスープ（Goat's Head Soup）」を入れた。

「パールをつけてくるわ」彼女は言った。

「待てないよ」俺は言った。

本心だった。

身を横たえながら、友人たちに別れの挨拶をするのを忘れたことに気づいた。それどころか、一晩中相手もしなかった。ナンパの道は、過去と現在の俺との間に防水製のカーテンを引いてしまったのだ。しかし新たなる友人がパールをつけて登場すると、その場の勢いで気を取り直し、これはそれだけの価値があることだと一人納得した。

パールとはアナルビーズなどではなかった。それはパンティで、股の部分に布がなく、かわりに前から後ろまで、アソコに沿うかたちで真珠のチェーンがついているのだった。

おそらく彼女は今夜、これを見せびらかす相手を見つけようという期待を胸に、家を出たに違いない。俺はよしとばかりに、びらびらやクリトリスに向かって優しく珠をこすりつけてやった。そのためのものだと思ったのだ。

しかし確信はできない。なぜならほどなくしてチェーンはぷつりと外れてしまったからだ。彼女の股の間でタンポンのひものようにぶら下がっていた。

おニューのパールも形なしだ。

「着替えてくるわ」彼女は言った。

怒ってはいないようだった。エイトボール《三・五グラム》のコカインがそうさせているのだろう。

ひざの上まである黒いレザーのブーツでふたたび登場すると、ベッドに横になり、もう一発ワイン色の小瓶からコカインをバキューム吸いした。それから小瓶を持ち、指でとんとんやって左胸のてっぺんに小さな粉の山を作った。

俺はドラッグ好きじゃない。自らを律することを学ぶのもＰＵＡ活動の一環であり、いい時間を過ごすためにはアルコールやドラッグは必要なかったのだ。しかしいつかコカインをキメるときがくるのなら、おそらく今がそれなのだろう。

女は一人ひとり、ベッドの中で違うものだ。それぞれの味わいがあり、趣向があり、ファンタジーがある。そしてふだんの姿というものは、けっしてその根底にある荒くれし奔流《ほんりゅう》や絶対的平和といったものを正しく指し示すものではないのだ。さらけ出し、ありのままに解き放つ。そういった境地に達する瞬間をともにするのは、ゲームの中でもとても好きな部分だった。俺はベッドの中で相手が生まれ変わるのを目の当たりにし、互いにオーガズムを得たあとで新しい彼女と話をするのが何よりも好きだった。ただ人間が好きなんだと思う。

彼女の胸に顔を寄せ、左の鼻孔を近づけた。本気でビビっていた。一晩中キマっていたくなかったし、ジェントルマンではいられなくなってしまうんじゃないかと、すこし怖くもあった。

とにもかくにも俺はジェントルマンだ。

と、そこで電話が鳴った。俺の携帯だ。

「出なきゃ」俺は言った。

跳び上がってシーツ一面に妖精の粉をばらまきながら携帯電話を引っつかんだ。誰がかけてきたか分かる気がした。

「ねえ、ちょっと来れない?」コートニー・ラブだ。「できたらチャイナタウンの店で鍼《はり》治療の針をいくつか買ってきて。一番痛くてでっかいやつ。あとアルコールと脱脂綿も」

12

PUA《ナンパアーティスト》の流儀

「ここは胆のうに効くの」コートニーは俺の脚に針をぶっ刺しながら言った。

「うーん、これって免許のあるプロじゃなくてもやっていいのかい？」

「若いころからずっとやってる。でも人にやるのはここ最近じゃあなただけね」彼女はそう言って小刻みに針を動かした。「感じたら言ってちょうだい」

そこだ。脚を電流が駆け抜ける。分かったよ。もうおなか一杯だ。

一時間の予定だったコートニー・ラブのインタビューは、シュールでとりとめのないパーティへと変貌を遂げていた。食料を調達しに行く以外、この七十二時間、チャイナタウンの彼女のロフトから出ていなかった。四百五十平米以上もある部屋にはただベッド、テレビ、カウチがあるのみ。

Tシャツとスウェットパンツの普段着になり、彼女は身を隠していた。パパラッチから、自分のマネージャーから、政府から、銀行から、男から、そして彼女自身から。俺はカウチでボクサーパンツ一枚になり、体じゅう針だらけにされていた。いつの間にか彼女のベッド周りの床はパンくずや吸殻や服や食べ物の包みや針やルートビアの空き瓶にまみれていた。一方で、彼女の手足の爪の色は肌色から濃い灰色に変わっていた。電話に対して非常に怯えていた。誰かが「何か胸クソ悪くなるようなバカげたたわごと」を知らせるためにかけてくるかもしれないからだ。

ふたりだけだった。ジャーナリストとロックスター、プレイする側とされる側。彼女はＤＶＤプレイヤーに「ブギーナイツ」を入れると、ベッドによじのぼって染みのついた毛布をかぶった。

「デートすると男にいつも聞くの。『一番怖いものは何？』って」彼女は言った。「最後に付き合ってた男は、流されることだって言った。そして今あいつはそうなってる。今あたしが好きなビデオディレクターは、失敗だって言った。それからあたしが目下怖れてるのは、パワーを失うこと」

数ある問題のなかで、何より彼女を食い尽くしているのは、よりにもよって恋愛のようだった。ディレクターは彼女に電話を返さなかった。それは多くの女にとってでかい問題だ。たとえどんなにルックスがよかろうと、どれだけ有名だろうと、それは同じことなのだ。

「あたしには持論がある」彼女は言った。「男が恋に落ちるには三回寝なくちゃいけない。そして、あいつとはまだ二回しか寝てない。落とすにはもうひと晩必要なの」

このディレクターは押し引き《Push-Pull》を演じることで彼女の心をとらえてしまった。彼は彼女を家まで送っていき、キスをし、そのあとで「中には入らない」と言うのだろう。偶然にしろ意図的にしろ、彼はデイヴィッド・デアンジェロの、二歩進んで一歩下がる法則にのっとっていた。

「彼を落としたいのなら」俺は言った。「ロバート・グリーンの『ナンパの技術』を読むといい。何か方策が見つかるはずだよ」

彼女は床でタバコをもみ消し、言った。

「助けなら何でもほしいわ」

『ナンパの技術』はＰＵＡにとって、同じくグリーンの『権力《パワー》に翻弄されないための四十八の法則』と並んで定番の読み物だ。『ナンパの技術』でグリーンは、歴史上の偉大なナンパの数々や、共通するテーマのもとに文学作品などを考察している。本はナンパ者をいくつかに分類し（例えば道楽者、理想的恋人、天才など）、またターゲットをも分類し（劇中の女王、救済者、打ちひしがれたスターなど）、またすべて共同体の理念に照らし合わせたテクニックをも紹介している（等しく接近する、混在する信号を送る、欲望の対象になる、獲物を隔離するなど）。

「どうやってその本を知ったわけ？」彼女は言った。

「これまでの一年間半、世界有数のナンパアーティストとつるんできたんだ」

彼女はベッドに身を起こした。

「教えて教えて教えて」女子高生のように、彼女は黄色い声をあげた。

ナンパについて話すのはほかよりもマシだった。話題が自分の法的問題や、メディアや、親権にそれるたびに、彼女の目には涙があふれてしまうのだ。

俺がコミュニティやプロジェクトハリウッドについて語るのを、彼女は夢中になって聞いていた。体中に針をぶっ刺したまま真剣な会話をするのはけっして楽じゃなかった。「みんなに会ってみたい」彼女は興奮したように言った。「ウォーレン・ベイティ（映画監督、俳優、演出家。共演女優キラーとして有名だった）よりうまいのかしら？」

「分からない。彼には会ったことないから」

コートニーはベッドから這い出てきて俺のつま先や脚や胸に刺さった針の周りにパチョリ油（アロマテラピーなどに使うエッセンシャルオイル）を擦り込んだ。

「教えてあげる、彼って口がうまいの」

「ぜひとも彼の手を聞きたいな」

「彼はすごいわ。あるとき電話してきてこう言ったの。『やあ、ぼくだよ』って。それが誰だか分かって当たり前とでもいうように。それからその夜、家に来るようにあたしを説得し始めるわけ。それでとうとうあたしがイエスって言ったとき、彼は笑い声をあげながらパリにいる、って言ったの。完全に彼の思うつぼなのよ。それからデート中に鼻をかんだティッシュを渡してくることもよくある」

それはネグだ。ウォーレン・ベイティは女をネグしている。すべてのＰＵＡは、それが意図的であろうとなかろうと、この法則を使うのだ。ウォーレン・ベイティ（独身時代限定）やブレット・ラトナー、デヴィッド・ブレインなどの一匹狼たちとコミュニティが違っているのは、俺たちはテクニックに名称を付け、情報を共有するということにほかならない。

「あのディレクターは何が問題なのか分からない」コートニーは言う。「あたしには魔法のおまんこがあるのよ。あたしとファックしたらキングになれる。キングメーカーなのよ」

彼女は俺の体から針を引き抜き始めた。しばし解放感。

「頭に一本やったほうがいいわ。一番効くのよ」

床をごそごそやりながら、コートニーは汚い針を手に取った。そいつで目のすぐ上に狙いを定めてくる。

「けっこうけっこう。今日はもう十分だよ」

「やったほうがいいってば。肝臓にすごくいいんだから」

「肝臓は調子いい、ありがとう」

彼女は再び針を床に落とす。

「分かった。そしたら外へ行ってライスクリスピートリートでも買ってくる」

彼女はもごもごとピンクのシャツを脱ぐと、上半身裸のまま俺の前に立った。

「本物だけどシリコンで吊り上げてる」そう言って俺に身を寄せ、左の乳房の下にある傷痕を見せた。「あたしのおっぱい写真一枚がどれくらいか知ってる？　九千ドルよ」

「そしたら君の問題も解決ってわけだ」俺はそれとなく言った。

「ヤツらあたしを弁護士事務所にさえ入れようとしない」そう言い放ってモノトーンのベビードール風ドレスに彼女は身をくぐらせた。

彼女が店から戻ってくると、その顔は興奮で紅くなっていた。バッグからコーヒーケーキを取り出し半分に割る。無事ベッドにたどりつくまで、背後に点々とパンくずの小道をつくりながら。

「賭けようよ」彼女は言った。

「え?」

「ディレクターを取り戻せるってあんたに賭けるわ」

「うまくいくとは思えないね。君に電話を返さなかったなら、興味がないってことだ」

「あいつはポスト誌であたしと寝たことさえ否定した」黒く塗られた指でコーヒーケーキの半分をよこしてきた。

「でもあたしは挑戦するのが好き」

「そうだな、もし彼を取り戻せたら、君は俺よりも優秀なナンパアーティストだ」

「ほら、賭けよう」彼女はせがんだ。

「何を賭ける?」

「もし彼を取り戻せたら、一週間だけあたしを好きにしていいわ。どこでもオーケーよ」俺は唖然として彼女を見た。呆気に取られるあまり、うまく言葉を紡《つむ》ぎ出すことができない。「それかもしくは次の子供のミドルネームを決めさせてあげる。あんた次第」

「分かった」

「ただし条件がある。あんたが一緒に住んでるナンパアーティストたちから、一人あたり一時間のアドバイスをもらうからね」

飛行機のために立ち去る時間が来ると、彼女はベッドから這い出し、さよならのキスをしてくれた。

「ファックしてほしいだけなの」俺が外界へと続くエレベーターを待っていると、彼女は言った。「偉そうな男にここへ来てファックしてほしいだけなの」

俺は自分がそいつになり得たのを分かっていた。ＩＯＩ《脈ありサイン》はあったのだ。しかし世の中には、ＰＵＡの流儀があり、ギャンブラーの流儀があり、ジャーナリストの流儀がある。そして彼女とセックスをすることは、三つすべてに反していた。

あの朝アパートの部屋でダスティンに向かって俺が言ったことはまさに真実だった。ナンパを学ぶことは、俺の性生活以上のものを豊かにしてくれた。コミュニティで蓄えたスキルは、俺をかつてないほど素晴らしいインタビュアーに変えてくれた。それがどれほどのものであるか、判明したのはブリトニー・スピアーズへのインタビューを依頼されたときだった。

13

ブリトニー・スピアーズとの番号関係《ナンバークローズ》

今回のアルバム制作中、プレッシャーは大きかったですか?

えっ、何?

自分自身、もしくはレーベル側から、今回もヒットを飛ばさなくてはというたくさんのプレッシャーがありましたか?

よく分かんない。

よく分からない?

よく分かんない。

DFAとやった曲があるらしいけど、今回のアルバムには入ってないよね。どうしてかな?

DFAって?

ジェームズ・マーフィーとティム・ゴールズワージーからなるニューヨークのプロデューサーだよ。自分たちのことをＤＦＡと言っている。思い出した？

ええ、よくやってくれたわ。


ブリトニー・スピアーズへのインタビューはらちが明かなかった。俺は彼女のほうを見た。ホテルの部屋で、俺と並んでカウチに座り、脚を組んで散漫な様子だ。ちっとも意に介さない。俺は単にスケジュールを埋めるだけの存在で、彼女はそれをどうにかやり過ごしているだけなのだ。なんと惨めな。

白いカンゴールのハットに髪をたくし込み、太ももに張りつくような色あせたブルージーンズをはいていた。彼女は世界でも有数のいい女だ。しかし実態は、やぼったい南部の女学生のように見えた。顔立ちは美しく、メイクアップによって快活に、完璧に仕上げられている。しかし彼女にはどこか男っぽいところがあった。人々のセクシャルアイコンとして怖いもの知らずなところがあり、俺が思うに、孤独なのだ。

頭の中で歯車が音を立てて動きだす。

このインタビューを何とかするには一つしかない。彼女を口説かなくては。たとえどこの国にいようと、どんな年代、階級、人種であろうと、俺が話しかければゲームは必ず成功する。それにブリトニー・スピアーズにゲームを仕掛けたところで俺には何ら失うものはない。これ以上くだらないインタビューにはできない。このままではそれなりに記事にできそうな言葉をどこかから引っぱってこなきゃならないはめになる。

俺は質問のリストを折り畳み、尻のポケットにしまい込んだ。クラブで注意欠陥の女を扱うときのようにしなくてはならない。

手始めは注意をこちらに向けることだ。

「君のことで、ほかのヤツらがおそらく知らないことを教えてあげよう」そう始める。「人々はときに舞台裏の君を内気だとか不機嫌なヤツだと見ているよね。実際はそうじゃないのに」

「そのとおり」彼女は言った。

「なぜだか知りたい？」

「ええ」

俺は〝イエスの梯子〟を作ろうとしていた。確実に肯定的な答えが返るような質問を繰り返すことで、相手の注意を手に入れるのだ。

「君がしゃべるときの瞳を見ていたんだけど、君は何か考えるたびに視線が下がり、左に行く。これは君が運動感覚的な人物ってことだ。感情で生きるタイプの人間だ」

「驚いた」彼女は言った。「そのとおりよ」

もちろんだ。これは俺が発展させた価値証明のルーティーンの一つだった。人が考えるとき、瞳は七つの方向に動く。それぞれの向きから、人が脳のどの部分を働かせているかが分かるのだ。

さまざまなタイプの視線の読み方を教えてやると、言うことすべてに食いついてきた。いつの間にか彼女は組んだ脚をほどき、こちらに身を乗り出している。

ゲームの始まりだ。

「そんなの知らなかった」彼女は言った。「誰に教わったの？」

「国際的ナンパアーティストの秘密組織」と言ってやりたい気分だった。

「こいつはたくさんのインタビューを通じて観察してきたことなんだ」そう答えておく。「実際、人が話すときの視線の方向を観察することで、真実か嘘かも見分けられる」

「じゃあ私が嘘をついてたら分かるわけ？」

彼女はさっきとは別人みたいな目でこちらを見ている。俺はもはや記者などではない。彼女に何かを教えることのできる、価値を提供する存在。俺は彼女の世界で権限を振るってみせたのだ。

「君の瞳の動きやアイコンタクトや話し方、ボディランゲージなどから見分けられる。見分け方にもたくさんあるんだ」

「心理学の授業を受けなくちゃ」何ともかわいい熱心さでそう言ってくる。「きっと面白いに違いないわ。人を研究するのって」

うまくいっていた。彼女は打ち解けつつあった。よどみなくしゃべり続ける。

「それじゃああなたは誰かに会ったり、デートするとこんな感じなのね。『こいつ今嘘ついてるな？　まったく！』みたいな」

大砲をぶっ放すときがきた。

「マジで面白いこと教えるから、そしたらインタビューに戻ろう」そう言ってほどよい目安となるよう時間制限を設ける。「これは一種の実験だ。君の頭にあることを推測してみよう」

そこで俺は単純な心理作戦を使い、彼女が今も精神的つながりのある古い友人の頭文字を推測してみせた。俺が知るはずも、聞いたこともないはずの名前をだ。そいつの頭文字はG・C。そして二つのうち一つが当たっていた。これはまだ研究中の新たなルーティーンだったが、それでも彼女には十分効果があった。

「まったく信じらんない！　たぶん、私に壁がありすぎるから両方は分からなかったのね」彼女は言った。「ほかにもやってみて」

「次は君がやってみるかい？」

「怖い」そう言って丸めた指の関節あたりをかじる。とてもいい歯をしていた。実に完璧なC型だ。「できっこないわ」

彼女はもはやブリトニー・スピアーズではない。単なる一セットであり、独り身のターゲットだった。もしくはロバート・グリーンの『ナンパ者の獲物』の法則にしたがえば、おそらく彼女は「孤独なリーダー」と分類される。

「単純なことさ」俺は言った。「俺が数字を一つ書き留める。一から十までのどれかだ。君にしてほしいのは、何も考えるなってこと。直感を信じるんだ。心を読むのに何も特別な能力はいらない。ただ体内の雑音を静めて、じっと心に耳を傾けるんだ」

俺は紙切れに数字を一つ書き、彼女の目の前に差し出した。

「さあ、言って」俺は言った。「最初に感じた数字だ」

「間違いだったら？」彼女は言う。「たぶん間違ってる」

これは俺たちが現場でＬＳＥガールと呼ぶものだ。つまり自尊心が低い（Low Self Esteem）。

「何だと思う？」

「七」彼女は言った。

「じゃあ、紙をめくってごらん」俺は言った。

彼女はそろそろとめくる。見るのを怖がっているかのように。そして目の高さまで持ってきて、自分を見返すでかでかとした数字の七を見た。

彼女は叫び声を上げ、弾けるようにカウチから飛び上がると、鏡に向かって走って行った。映った自分に目を合わせながら、ぽかんと口を開けている。

「信じられない」鏡の中の自分に言った。「やったわ」

まるで目の前で起きたことが真実であると確信するために、鏡で自分を確認しなければならないかのようだった。

「わぉ」息巻いて言った。「やったわ」

彼女はまるでブリトニー・スピアーズに初めて会えた少女のようだった。彼女は自分自身のファンなのだ。

「ただ七だって分かったの！」飛ぶようにしてカウチに戻りながらそう告げた。

そのとおり、彼女は分かっていたのだ。これはミステリーから初めて教わったトリックだった。一から十までの数字を適当に選ばせた場合、七十パーセントの確率で——決断を急かした場合は特に——数字は七となるのだ。

そう、つまりはひっかけだ。しかしながら彼女の自尊心にはいい刺激が必要だったのだ。

「ほらね」俺は言った。「答えはすべて内側にあるってことが分かったろう。君は考えすぎなんだっていう教訓さ」

これはたしかに真実だと思う。

「イカしたインタビューだわ！」声を張り上げて言った。「このインタビュー、気に入った！　今までで一番のインタビューになった！」

そしてこちらに顔を向け、俺の目を見て言った。

「テープレコーダーを止めてくれない？」

そのあとの十五分間、俺たちは魂について、書くことについて、それから人生について語り合った。

彼女は、遅い思春期を通り過ぎようとしている一人の途方に暮れた少女だった。揺るぎない足場となってくれる何かを、ポップスターとしての名声や周囲のおべっか以上に奥深い何かを、彼女は探し求めているのだ。

彼女の価値を証明してやり、今や俺たちはナンパ術でいう調和段階に入りつつあった。おそらくミステリーの言うことは正しい。人間関係はすべて一定の法則にしたがって成り立っているのだ。

調和とは、信頼プラス安らぎ。

しかしながら、俺にはやらなきゃいけない仕事がある。テープレコーダーのスイッチを入れ、インタビューの始めにした質問を繰り返した。加えてほかの質問も。今回はまじめな答えをくれた。記事になるような答えだ。

一時間が過ぎ、俺はテープレコーダーを止めた。

「ねえ」ブリトニーは言った。「どんなことにだって、それなりの意味があるのよね」

「まったくそのとおりだと思うよ」俺は言った。

「私も」そう言って俺の肩に触れ、顔一面に笑みを浮かべた。

「番号を交換したいんだけど」

14

どうしてもかけられない

俺のインタビューを終え、ブリトニーは次なるＭＴＶ（音楽専門チャンネル）の取材のため着替えに行った。十分後、広報とともに部屋に戻ってきた。

彼女がカメラの前に腰を下ろすと、広報は不思議な目で俺を見た。

「ねえ、彼女が今までに記者とあんな感じだったことなんて一度もないの」広報が言った。

「そうなの？」

「『まるであなたと会うのは運命だったんじゃないか』だって」

俺は広報の横に立ち、ＭＴＶのインタビューが始まるのを静かに見守っていた。

「この間の夜はほんとクレイジーなことになってたみたいだね」インタビュアーが言った。

「ええ、そうなの」ブリトニーが言った。

「クラブで驚くみんなの前に出て行ったとき、会場はどんな盛り上がりだった？」

「ただクレイジーってだけよ」

「君はどれくらい楽しんだ？」

突然、ブリトニーが立ち上がった。

「ダメだわ」クルーに向かって言った。「気分がのらない」

そう言うと、きびすを返し、戸惑うクルーとアシスタントをよそにドアへと歩いて行ってしまった。俺のそばを通るとき、口の端を上げて共犯者の笑みを浮かべていった。伝わったようだった。ポップスターとして求められているブリトニー・スピアーズ以上に、何か深いものがそこにはあった。

そう、ゲームは一般人よりも有名人によく効くのだ。スターは隔離されすぎ、付き合いも制限されているため、価値証明やある程度のネグが十倍の力を発揮する。

それから後日、俺はあの日起きたことについてしばしば思いをめぐらせた。思い違いなどではない。ブリトニー・スピアーズは俺に惹かれたわけではなかった。俺を男として見てはいない。しかし彼女の興味を引いた。それは正しい方向への第一歩だ。ナンパは直線状の道のりだ。始めに想像力、次に関心をとらえる。興味プラス出し物プラスナンパ術、それがすなわちセックスだ。

もちろん、こんなのは自己催眠にすぎないのかもしれない。彼女はすべてのジャーナリストと電話番号を交換していて、特別待遇することでよりよい記事を書かせようとしているのかもしれない。たぶんこの番号には、言うなれば自らをナンパアーティストだと思い込む単細胞のライター向けの、伝言サービスが設定してあるんじゃないか。あるいはジャーナリストたちにアーティストと特別な関係があると思い込ませるための、広報側の企みかもしれない。一本取られたのは彼女ではなく、俺のほうなのかもしれない。

真実はけっして分からない。

俺は毎日のようにその番号を見つめた。しかし電話をかけるまでには至らなかった。俺は独りごちた。ためらうのは、これが公の問題に関わってくるからなのだ。つまり、もし彼女が俺の記事を気に入らなかった場合（おおいにあり得る）、悪い記事になったのは彼女が電話を返さなかったからだ、などと公の場で言ってほしくはないのだ。

「とりあえず電話しろ」ミステリーは四六時中せっついてくる。「何を失うっていうんだ？　彼女にこう言ってやれ。『ブリトニー・スピアーズっぽくなくしてくれない？　ちょっとばかしクレイジーなことをやらかすんだ。見つかるわけにはいかない。カツラをかぶって、ハリウッドサイン（あの有名なロゴ）によじのぼって、幸運を招くというそいつに触ってくるんだよ』」

「そこらで会ったっていうならいい。でもこいつは仕事の関係なんだよ」

「お前は一歩進んだゲームをやってるんだ。記事が出ちまったら、仕事の関係も何もなくなる。だから電話しろ」

しかしできなかった。これがプレイメイト・オブ・ザ・イヤーのダレーン・カーティスだったら、ものの一秒で電話をかけていただろう。もうそういった女に怖気《おじけ》づいたりはしない。今の自分はそれに見合うと思う。あの日彼女に会って以来、何度となくそれを証明してきたのだから。しかしブリトニー・スピアーズは？

人の自尊心とは、一年半でこうも膨らんでしまうものなのだ。

Step 9

肉体関係を持て

愛そのものが

このような醜い家において、

花を咲かせ続けることなどできるのでしょうか？

エドナ・セント・ヴィンセント・ミレー

"And do you think love itself"

（愛そのものをあなたはどう思うか）

1 破滅を招く一人の女

プロジェクトハリウッドは、たった一人の女のために破滅した。

見たかぎりでは、カチャは標準仕様のパーティガールだった。飲んで、踊って、セックスして、ハイにキメる。その順番はどうでもいい。しかしどうやらカチャは――おそらく純真さも、心の傷も、真の愛への欲求もほとんど持ち合わせておらず――この家のすべてのＰＵＡ《ナンパアーティスト》を上回っていた。すべてを研究しつくしても、身につけたルーティーンと立ち居振る舞いすべてを投入しても、はたまたニューロックの厚底ブーツすべてをもってしても、やけになった女には太刀打ちできはしない。

ニューヨークから戻ると、ミステリーはロサンゼルスで講座に行った。現在の料金は千五百ドルだったが、人々はそれを払っていた。生徒は五人。週末のおしゃべりとナンパという充実の内容が保証されている。カチャは、そういった講座で彼がゲームの実演がてら手に入れたいくつかの番号の一つにすぎなかった。「スターシューズ」と呼ばれるハリウッドのバーでふたりは出会った。当時彼女はかなり酔っていて、おそらくは何かをキメていた。

月曜はプロジェクトハリウッドにおける電話の日だ。誰もが週末に集めた番号に電話をかけ、どの番号がホカホカで、どの番号がすでに腐っているのかを調べるのだ。その日ミステリーが電話をかけたとき、出たのはカチャだけ。もしカチャが家にいなくて、代わりにほかの番号の女が出ていてくれたら、俺たちみんなの運命は違うものになっていただろう。

いくらスキルを身につけていようとも、出会いそのものはおおむねチャンスによるところが大きい。出会ったとき、その女が今人生でどのような位置にいるかというのはそれぞれ違うものだ。探しているのはボーイフレンドかもしれないし、一夜の相手かもしれないし、夫かもしれないし、腹いせのファックかもしれない。もしくはすでにいい男がいるか、めちゃくちゃな恋愛から立ち直ったばかりで、何も探してなんかいないかもしれない。

カチャが探していたのは、おそらく住む家だった。

ミステリーが電話したとき、カチャは彼に会ったのを覚えていなかった。にもかかわらず、三十分ほど会話（ミステリーの表現によれば「安らぎづくり」）したあとで、ここにやって来ることを快諾した。

「普段着でいいよ」ミステリーは告げた。「一～二時間しか付き合えないし」

普段着や付き合いといった言葉を使ったり時間制約を設けたりするのは、すべて訪問を気楽なものに思わせるための作戦の一部だった。これは見知らぬ人間に時間を割かせようとする場合、片腹痛いＡＦＣ《欲求不満のバカ》風のディナーデートよりも数段いい。そうでなければ何の共通点もない人間同士が一晩中気まずい会話を繰り広げるだけの退屈な出来事になってしまいかねないからだ。

その晩、カチャはピンクのスウェットスーツ姿で、リリーというやたらとけんか腰の小さなテリア犬を連れて来た。

カチャとリリーはすぐさまくつろいだ。カチャはクッションエリアに身を投げ、リリーは絨毯《じゅうたん》に糞をした。

ミステリーはジーンズに黒のＴシャツ、髪をポニーテールにした格好で部屋から登場した。

「今プロジェクターにパソコンをつなげて、俺が作ったムービーを見せるよ」彼は言った。

「大丈夫、おかまいなく」陽気なロシアなまりでカチャは答えた。

ぴくぴくする団子っ鼻に、すぐ赤くなる膨れたほっぺた、そして彼女をぐんと魅力的に見せているブロンド。

ミステリーは明かりを落とし、彼女に俺たちのホームムービーを見せた。これはこの家では定番のルーティーンになりつつあった。会話をすることなく、自分や仲間たちのいい面を女に伝えることができるからだ。ムービーが終わると、ミステリーとカチャは互いにマッサージをし始め、それからキスを始めた。ふたりは二度目で、会ってから三日目で、多くのＬＭＲ《ラスト1分の抵抗》の例に漏れず、取引完了となった。

「アパートを出てきたの」あとになって彼女はミステリーに言った。「だからこの週末ラスベガスに行ってる間、リリーをここに置いていってもいい？」

リリーをこの家に残していくのは巧妙な戦術だった。なぜならカチャがいない間、俺らはみんなこの悪趣味だが憎めない犬っころに愛着が湧いてしまい、ひいてはその飼い主にも同様の念を抱くようになったからだ。ふたりの性格はよく似ていた。どちらも活発でエネルギッシュで、ミステリーの顔をなめるのが好きだった。

カチャがラスベガスから戻ったとき、ミステリーは彼女が以前の家から引っ越してくるのを手伝ってやった。

「新しい部屋を借りるなんてまったくバカげてると思うんだ。どうせほとんどの時間俺と一緒なのは分かってるんだから」彼は言った。「だから俺の部屋に越してくれば？」

彼女の所有物はズックのかばん二つに化粧道具一式、リリー、それから服や靴を詰め込んだマツダＳＵＶですべてだった。誰もが知るかぎりでは彼女は無職で収入もなく、ただビールを買うともらえる安っぽい水着カレンダーのモデルはいくつかやったことがあるらしい。そして夜には特殊メイクの学校に通っていた。授業のあとは毎回、首に偽のロープ痕をつけていたり、額の生々しい傷痕から人工の脳味噌を飛び散らせていたり、はたまた染みとしわだらけの九十歳の姿のまま家中を闊歩《かっぽ》したりするのだった。

カチャは素早くこの家の網目模様の中に溶け込んでいった。パパの講座ではピヴォット役を自ら買って出たし、ハーバルが夜遊びに行くときはアイライナーを引いてやり、不精な俺たちではどうにもできないキッチンを掃除し、ザネウスとは買い出しに行き、プレイボーイのパーティではホステス役を務めた。彼女には誰とでも仲良くなれるという驚くべき才能があった。ただ、その動機はあいまいなままだった。純粋に人間好きな人物なのかもしれないし、居候を楽しんでいるのかもしれない。どちらにしろ、彼女はこの家に温もりと友愛の光をもたらしていた。それはこの家に越してきた日、ジャクジーにつかりながら未来を夢見ていたあの夜以来、初めてのことだった。俺は彼女が好きだった。誰もが彼女を好きだった。ぼさぼさ頭の十六歳でトゥレット症候群（重いチック症で、自分の意志とは無関係に、音声や運動の症状を起こす神経疾患）を患う彼女の弟が数週間の間クッションエリアで寝泊まりすることになったときでさえ、俺たちは文句を言わなかった。

ことにミステリーはそんな自分に満足していた。パトリシア以来、誰ともまじめに付き合っていなかったのだ。「マジで自分の女に惚れちまってる」ある晩、そこらにいた男たちに手当たりしだいにカチャの水着カレンダーを見せつけながら、誇らしげに言った。「いつも彼女のことを考えている。まるで赤ん坊ができたときみたいにね。非常に強い父性本能を感じる。俺はこの子を世話し、守ってやらなきゃならない」

その夜、ハーバルがステーキを焼いている間、カチャと俺はジャクジーに座ってワインを分け合っていた。

「すごく怖い」彼女は言った。

「なんで？」俺には分かっていたが、あえて尋ねた。

「ミステリーと恋に落ちそうなの」

「いいじゃないか。ヤツは才能があるし、すごい男だ」

「ええ」彼女は言った。「でもこんなふうに恋に落ちたことはないの。彼のこともまだよく知らないし。不安なの」

そして黙りこくった。俺に何か言ってほしいのだ。自分は間違ったことをしているのではないのかと。

俺は何も言わなかった。

数日後、俺はミステリーとカチャとともにラスベガスへ行った。夜遊び用に服を着替えながら、ミステリーはお得意の話題をまくしたてていた。

「あの子にぞっこんだよ」アイライナーをぼかし、目の下に白のコンシーラーを叩き込む。「さらに彼女はバイなんだ。ニューオーリンズに彼女が寝ているカップルがいる」そう言ってオーストラリアで買った黒いカウボーイハットを頭にのっけて、鏡に映った自分に見入る。「一生の相手だって気がするよ」

ハードロックカジノで食事をし、そこでカチャはシャンパンをグラス二杯、それから通りを渡ってクラブパラダイスというストリップクラブに行き、そこでもさらに二杯、シャンパンを片づけた。

ウェイトレスがテーブルに来たとき、カチャはミステリーに向かってひとこと言った。

「彼女かわいいじゃない」

ミステリーはウェイトレスを見つめた。陽気なラテン系の女で、長い黒髪が照明を受けて輝き、きゅっと引き締まった体は、服がはちきれんばかりだった。

「『ポルターガイスト』は観た？」ミステリーが尋ねた。

彼女は手にしたストローをいじりながら、あれは流行らない、と言った。そして「あなたはなんで有名なの？」と尋ねた。

「誰でも何かしらで有名だろ」彼が答えた。

そしてすぐに、ウェイトレスは数分おきでミステリーのもとにぺちゃくちゃやりにくるようになった。

「すごく見てみたい」ミステリーはカチャに言った。「あの子が君とヤってるところを」

「あなたがヤりたいだけでしょ」カチャは眉をしかめた。

どんな女にとっても、酔っているならなおさら、自分をナンパしたのと同じルーティーンがほかの女にも使われているのを目の当たりにするのはきついことだろう。しかも効果を上げている場合は特に。

カチャはすくっと立ち上がり、どすどすとバーに向かっていった。なだめようとしてミステリーがあとを追う。しかし彼女が拒むと、ミステリーは怒った子供のように憤然とクラブを飛び出していってしまった。カチャがバイセクシャルだというのに、ミステリーはいまだに3Pができていなかった。いつも同じ失敗を繰り返した。押しすぎるのだ。彼はリック・Hの助言にしたがい、この経験を自分ではなく、彼女が楽しめるものにしなくちゃいけなかった。

次の日の夕方、ふたりをホテルの部屋に残し、俺は一人飛行機で家路についた。

数時間後、電話があった。

「ねえ、カチャなんだけど」

「やあ。何かあったの?」

「うん……。ミステリーが結婚したいって。ハードロックホテルのプールでひざまずいて、プロポーズしてきたの。みんな拍手喝采だった。素敵だった。どうしたらいいと思う?」ミステリーが結婚したがる理由として俺に思い当たるのは、合衆国市民権がもらえるからということくらいだった。しかしカチャは合衆国市民ではない。彼女が持っているのはロシアのパスポートだ。

「何ごとも急がないことだ」俺は言った。「婚約だけにしたらいい。もしくは君がやりたいなら、チャペルで誓約式ってのをやってる。それをやればいい。それからもう少し一緒に過ごして、本当にふたりが望むことなのか見極めればいい」

ミステリーが受話器を奪った。

「よう、びっくりさせたかもしれないが、俺ら結婚するんだ。この子を愛してる。彼女はやばいね。今チャペルに行く途中なんだ。それじゃあ、またな」

この男は大バカ者だ。

その晩、ミステリーは『ほら、花嫁がやって来た』の鼻歌交じりにカチャを抱いて、プロジェクトハリウッドの敷居をまたいだ。

ふたりは知り合って三週間だ。

「この指輪見て」カチャはうっとりとしている。「きれいじゃない？」

「俺たちの指輪は八千ドルもしたんだ」ミステリーが誇らしげに言った。

要するに彼の全財産だ。講座で荒稼ぎしていながら、彼は男の玩具の大ファンだったのだ。コンピュータ、デジタルカメラ、電子手帳、おおむね半導体のあるものなら何でも。「この結婚におけるすべてが」カチャがバスルームにいる間に、ミステリーが言う。「今までで最高のルーティーンだ。彼女は俺を愛している。俺を夫と呼ぶことにおおいに胸をときめかせているんだ」

「なあ、こいつは今までで最悪のルーティーンだよ」俺は言った。「なぜってこれは一度きりしかできない」

ミステリーは一歩進み出て、指輪を外した。

「こっそり教えてやろう」そうささやき、指輪を俺の手の中に入れる。「本当は結婚してないんだ」

もしミステリーが会ったばかりの女とベガスで結婚したと、ほかのPUAから聞いていたなら、そいつはジョークだと気づいただろう。しかしミステリーはひどく頑固で予測不可能なため、俺は結局、疑わしきは罰せずの原則にしたがったのだった（結婚自体が罰かもしれないが）。

「そう。お前が去ったあとハードロックの宝石店を通りかかって、結婚を偽装しようと決めたんだ。そこで百ドルで指輪を二つ買った。彼女はたいした役者だよ。お前を完全にかついじまった」

「……ふたりとも、大したイリュージョニスト《奇術師》だよ」

「俺が教えたってカチャには言うなよ。彼女はマジでこの「ごっこ」を楽しんでいるようだ。あいつの気持ち的には、本当に結婚したようなものなんだ」

ミステリーは正しかった。認識すなわち現実だ。その後の日々で、ふたりの関係はがらりと変わってしまった。いざふたを開けると彼らは、まるで老年の夫婦のように振る舞いだしたのである。

女と暮らすようになったミステリーは、カチャにとっては、遊びに行く必要性を感じなくなってしまった。彼にとってクラブとは、ナンパのためのものだった。しかしカチャにとっては、踊るためのものなのだ。そこで彼女は彼抜きで夜遊びを始めた。しばらくするとミステリーは、めったなことでは自分の部屋から、さらにはベッドからも出てこなくなった。単に怠惰なだけか、もしくはふさぎ込みつつあったのか、見極めるのは難しかった。

ナンパアーティストたちが「宝石対金」と呼ぶあるパターンがある。これはデートしている女がセックスをしなくなったとき、男が相手にする話だ。男はこう言う。女は関係において宝石（もしくはダイヤモンド）を求め、一方で男は金を求める。女にとって宝石とは素敵な夜のお出かけだったり、ロマンティックな心づかいだったり、感情面の結びつきだったりする。

そして男の金とはセックスを言う。もし女に金しか与えなかったり男に宝石しか与えなかったりすれば、どちらも満たされることはない。交換が不可欠なのだ。カチャはミステリーに金を与えていたが、彼のほうは宝石を与えてはいなかった。どこにも連れて行ってやっていなかった。

互いに不満を抱き始めるまで、そう長くはかからなかった。

「あいつは毎晩飲んだくれている。まったくおかしくなりそうだ」ミステリーはぼやいた。

「出会ったとき、あの人には計画や野心がいくらでもあった。今じゃベッドからまったく出てこない。どういうこと？」カチャはぼやいた。

「あいつはけっして口を閉じない。四六時中わけの分からんことをまくしたててイカレちまってる」ミステリーはぼやいた。

「毎晩べろべろになるまで飲むわ。悲しすぎる現実に耐えられないから」カチャはぼやいた。

ミステリーにはもっとおとなしい女じゃなくてはいけなかったのだ。そしてカチャにはもっと活動的な男が。そのことは俺たちみんなを悲しませた。長い間男ばかりの家にいて、みんな彼女の前向きなエネルギーや陽気さを慕っていたのだ。

ミステリーはナンパに必要なすべてを独学で学んできたが、関係を維持することについてはからっきしだった。彼はこの、輝きと生命力に満ちた美しい創造物を手にしながら、今にも投げ捨ててしまおうとしていたのだ。

そしてまもなくまた別の、まったく違った輝きを放つ女性が、プロジェクトハリウッドにやってこようとしていた。

午後十一時三十九分、携帯電話にメールの着信があった。

「そっちの家にしばらくいられる？　車を差し押さえられてひどいことになってる。どうでもいいかもしれないけど。独りでいたくない」

コートニー・ラブだった。

2

悪名高きアーティストの侵入

ウエストロサンゼルスにあるコートニーのコーポレートアパートメントの扉を叩く。

「入って。開いてるから」

床に広がるアメリカンエキスプレスの請求書や銀行の明細書の海の中、コートニーは黄色いマーカーを手に座り込んでいた。脇にボタンの並んだマーク・ジェイコブスの黒いドレスを着ていた。ボタンが一つなくなっていた。

「もうやだ」うめくように言った。「見たくもないわ。同意もしちゃいないローンが山のようにある」

彼女は立ち上がり、アメリカンエキスプレスの請求書をテーブルに叩きつけた。項目の半分はマーカーを引かれ、余白には黒のインクで走り書きがしてあった。

「ここにいたら、たぶんまたドラッグをやっちゃう」彼女は泣いていた。

彼女にはマネージャーがおらず、これらの件は彼女の手には負えないものになりつつあった。

「独りでいたくないの」彼女が請うように言った。「何日間かどこかにいたい。面倒はかけないから。約束する」

「かまわないさ」

どうやらローリングストーン誌に俺が書いた記事については問題なかったようだ。

「ハーバルが、自分の部屋でも寝ていいって言ってた。ただしこれだけは忠告しておく。君が行こうとしているのは、普通の家じゃない」

「分かってる。ナンパアーティストたちに会いたい。たぶん助けになってくれると思う」

一緒に階下まで行き、三十キロ近くもある彼女のスーツケースをコルベットの後部座席にある荷物棚にくくりつけた。

「それからカチャの弟がいることも心に留めておいてほしい」俺は言った。「もし彼が多少無礼なことをしても、そいつはトゥレット症候群のせいなんだ」

「つまり、思わず『てめえ！　クソ野郎！』って言いたくなるってことね？」

「ああ。そんなところだ」

ガレージに車を入れ、彼女のスーツケースを家へ引っ張っていった。最初に顔を見せたのはキッチンから出てきたハーバルだった。

「ハーイ、クソ野郎」コートニーは言った。

「違う」俺は言った。「これはカチャの弟じゃないよ」

すぐにカチャの弟がコーラをすすりながらキッチンから出てきた。

「ハーイ、クソ野郎」コートニーが言った。

一歩下がった彼女がリリーを踏みつけ、キャンキャン吠えられた。コートニーが振り向いたのを見て、俺は彼女が謝るのかと思った。

「消えな」彼女は犬に向かってそう言った。

数日間、退屈しなくて済みそうだ。

俺は彼女に家の中を案内し、おやすみを告げた。そして二分後、ずかずかと俺の部屋へ入ってきた。

「歯ブラシ持ってない？」そう言ってさっそうとバスルームに消えていく。

「戸棚に新しいのがあるよ」俺は彼女に向かって叫んだ。

「これでいい」彼女はそう返すと、流し台から俺の使い古しを手に取った。

彼女にはどこか愛すべきところがあった。すべてのナンパアーティストが望みながらも持ち合わせていない、ある特色があった。頓着しない、ということだ。

翌朝リビングに下りていくと彼女は、高価な日本製のシルクのパンティ一枚でタバコを吸っていた。その体はまるで炭の上を転げ回ったみたいに黒い跡で覆われていた。

そんなしどけない状態で、彼女は残りの連中と顔を合わせた。

「君のお父さん(作家ハンク・ハリソン)と乗馬したことあるよ」みんなに紹介したとき、パパが彼女に向かって言った。

するとコートニーは顔をしかめて言った。

「あいつをあと一度でもあたしの父親だって言ったら、ぶん殴ってやる!」

彼女は本気で言ったんじゃない。単に板についていて、反射的に返してしまったのだ。しかしパパにはこういったちょっとばかり血の気の多いセリフが通じない。プロジェクトハリウッドの賃貸契約をして以来、パパが望んできたのはただ有名人とつるむことだった。しかし今やその一人、それも今現在この国でもっとも悪名高い女と住むことになり、彼は身がすくんでしまっていた。その日以降、自分のナンパビジネスに関係のない人間にそうするのと同じように、コートニーを避けるようになった。

次にコートニーはカチャに会った。

「妊娠検査をしたところなの」カチャはそう言って自らを哀れむような子供じみたしぐさで口をすぼませた。「陽性だったわ」

「産んだらいいじゃない」コートニーは言った。「世界で一番美しいものよ」

俺は今『シュールリアルライフ』（かつてのスターを一つの家に集めて、十日間共同生活をさせる番組）を地でいっている。

3 ミステリー、妊娠騒ぎに巻き込まれる

ミステリーはカチャの前にひざまずき、下っ腹に口づけた。

「もし産みたいなら、俺らが生涯一緒であろうとなかろうと、君の決断を応援する。きっと素晴らしい子供になるよ」

パティオからキッチンに太陽が降り注いでいた。外のレンガからあふれかえったゴミ箱へと続く、太く、整然とした蟻の列を照らし出す。ミステリーは腰を上げる前に、指をなめると、列の中ほどにこすりつけてツバをぬぐった。

蟻は鎖の途切れた場所から、四方八方に散らばった。

「あなたが子供を産むことを考えてるなんて、絶対どうかしてるわ」カチャは言った。

声は元気だが、軽蔑の念がこもっていた。

「変な人。まるであたしたちが結婚してるみたいに振る舞っちゃって」

蟻はふたたび隊列を組み始めた。あっというまに秩序が戻った。大惨事があったなどとは思えない。

「君を愛してるんだ」抑揚のない声でミステリーが言う。「俺の人生における使命は知っているだろう。自らを存続させ、複製を作ることだ。だから子供を持つことは何の痛手だとも思わない。喜んで責任の半分を負うよ」

俺たちの家は蟻の列みたいに自己組織化されていなかった。統制する鎖も、暗黙のシステムもなかった。俺たち

がたどっている化学物質でできた道は、男性ホルモンのようなにおいを放つ。そしてその状態は混乱を極めていた。

午後の間ずっと、ミステリーとカチャは中絶手術をするべきか、またその費用は誰が払うかをめぐって争っていた。しかしながらこの問題は、ほかの人間が決められることではない。三日後、カチャはミステリーとともに中絶するため病院へ向かった。

「聞いてくれる?」戻ってくるなりカチャが甲高い声で言った。

「妊娠してなかったの」彼女は飛び跳ねて手を叩きながら、本当に嬉しそうに言った。背後でミステリーが彼女に向かって中指を立てていた。

その表情には混じりけのない憎悪が浮かんでいた。俺はかつてミステリーが女に対してこんなにも憎悪を見せたのを、目にしたことがなかった。

数時間後、カチャはバーでグラスにシャルドネを注いでいた。そしてもう一杯。さらにもう一杯。

「ミステリーは部屋から出てこないし、セックスもしようとしないのよ」彼女はぼやいた。「だから今夜は彼抜きで楽しむの」

「そうする権利はあるね」

「来て、一緒に飲もう」彼女は甘えるように言った。

「おかまいなく」

「大丈夫、心配ないから」

そう言ってゆっくりとワインをすすり、カウチの俺のとなりに腰を下ろした。

「すごい」彼女は言った。「ずいぶん鍛えてるのね。腕がいい感じ」

「ありがとう」この一年半で学んだことの一つが、褒め言葉の返し方だ。ただ「ありがとう」とだけ言う。これは自信のある人間だけが口にできる言葉だ。

彼女は俺ににじり寄り、二頭筋を強く握った。

「この家で話ができるのはあなただけだわ」

彼女の顔は俺から数インチのところにあった。

ピリピリするようなエネルギーを感じた。「ハードロック」でタイラー・ダーデンがナンパしたウェイトレスと、キスをしてしまう直前のような感じだ。

「これを見て」そう言って上着をずり上げる。「引っかかれたの」

「そりゃ大変だったな」

「ここよ、触って」

そう言って俺の手を取り、自分の乳房に押しあてた。本気でどうにかしなければならない。

「さて、楽しかったよ。でももう部屋へ戻って猫の歯を掃除してやらなくちゃな」

「でも猫なんて飼ってないじゃない」彼女はそう言ってごねた。

俺は家の裏手を回ってパティオからミステリーの部屋に入った。ジーンズをはいたままベッドに横たわり、裸の腹の上にノート型パソコンを乗っけていた。『バック・トゥ・ザ・フューチャー』を観ている。

「高校生のとき、何も生きる理由がなくて自殺したかった」彼は言った。「そのとき二十三日後に『バック・トゥ・ザ・フューチャー』が公開されるって聞いた。カレンダーがあって、映画を観られる日まで一日ずつ印を付けていった。唯一それが俺を自殺から引き留めたんだ」彼は映画を一時停止し、パソコンを腹から下ろした。「なあ、それを観に行ってオープニングの曲を聴いたとき、俺は泣いたんだよ。生きる理由だったんだ。こいつだけが支えなんだ」そう言ってDVDの箱を持ち上げ、俺にジャケットを見せた。「ぞくりと来ちまったんだよ」

俺は彼のベッドに腰を下ろした。誰も悪い知らせを聞かされるはめにはなりたくない。俺は素直にＤＶＤの箱を手に取り、眺めた。ミステリーは『天才アカデミー』や『ヤング・アインシュタイン』、それから『ベスト・キッド』のような映画を観ては楽しんでいた。俺はといえばヴェルナー・ヘルツォークやラース・フォン・トリアーやピクサーのものが好きだった。べつに俺のほうがいい趣味だと言っているわけではない。単に趣向の異なるオタクなのだ。

「なあ」俺は言った。「あんたのかみさんが誘ってきたよ」

「別に驚かないね。さっきはプレイボーイを誘ってた」

「放っておくつもりか？」

「関係ないね。好きなようにすりゃあいいさ」

「うーん、少なくとも妊娠はしていないわけだしな……」

「いいか」彼は言った。「あいつはそういう大バカ者なんだ。あれは妊娠検査なんかじゃなかった。排卵検査だったんだよ。間違って買ったんだ。三回検査して全部陽性だった。つまり二十三ドル払って判明したのは、まだ排卵がある、ってことだ」

「お前なあ」

俺は彼の腕に引っかき傷があるのに気づいた。

「彼女に寂しい思いをさせるなよ。彼女が誰彼構わず誘ってるのは、ただお前に復讐するためだ。宝石対金だ。お前は彼女に宝石をやってこなかったんだ」

「そうだな。あいつは脳なしのアル中だよ」そう言うと彼は動きを止め、一瞬目を閉じて切なげにうなずいてみせた。

「だけど体はなあ、あいつのアレはレベル十《テン》だ」

ミステリーの部屋を出たとき、すでにカチャはリビングにはいなかった。パパの部屋のドアが開いていて、ベッドの上では彼のとなりにカチャが寄り添っていた。上半身裸だった。

俺は自分の部屋に撤収し、待機した。一時間後に嵐がやってきた。怒鳴り声がし、ドアが叩きつけられ、ガラスが砕け散った。

俺の部屋にノックの音がした。

コートニーだった。

「あんたのルームメイトはいつもこんなにうるさいの？」

彼女もとやかく言える身ではないが。

コートニーについてハーバルの部屋へ向かう。コートニーが部屋を占領している間、ハーバルはクッションエリアで眠っていた。洋服や本やタバコの灰が床に散らばっていた。キャンドルがベッドの上で燃えていて、ちろちろした炎があと数インチで羽根布団に移りそうになっていた。明かりをムーディにするため、白熱したむき出しの電球にはドレスが一枚かぶせられていた。家にあった四冊の電話帳すべてがベッドの上に広げられ、それぞれページが破り取られていた。破られたページをよく見てみると、それは弁護士の一覧だった。

ミステリーの部屋から聞こえる騒音はさらに大きくなっていた。

「やれやれ、何が起きているやら」彼女は言った。

巻き込まれるのはごめんだった。誰の尻ぬぐいもしたくなかった。こんなの俺の責任でも何でもない。

俺たちはミステリーの部屋のバスルームへ入った。カチャが床にひざをつき、窒息しそうになっているみたいに両手で首を押さえつけている。彼女の弟がかがみ込み、彼女の口に喘息《ぜんそく》の吸入器をあてている。ミステリーは少し離れて、カチャを敵意を込めた目で見つめていた。

「救急車を呼んだほうがいいか？」俺は聞いた。

「薬物反応が出て逮捕されるさ」ミステリーは軽蔑したように言った。

カチャが顔を上げ、彼を睨みつけた。

ミステリーを睨みつけるだけの余裕があるなら、死にそうでないことだけは確かだ。

ようやくミステリーの部屋から出てきたカチャの顔はまっ赤になり、憔悴《しょうすい》しきっていた。コートニーが手を取り、リビングのソファに座らせた。カチャのとなりに腰を下ろし、手を握ったまま自分が体験した堕胎のことや、出産の素晴らしさについて語った。俺はそこに座る奇妙な取り合わせのふたりを見つめた。コートニーはプロジェクトハリウッドの子であり、母でもあった。

またおそらく、彼女はこの家でもっともまともな人間でもあった。恐ろしいことではあるが。

4 「ストリッパー作戦」失敗

次の朝、異様に早い時刻にコートニーが部屋から飛び出てきた。エージェント・プロヴォケーターのネグリジェを着ている。

「何？　どうなってるの？」そう言って彼女は、眠そうな目をこすった。「悪い夢を見たわ。どこにいるのか分かんなくなった」

彼女はあたりを見まわした。俺がいて、ソファで眠るカチャがいて、カチャの弟とハーバルはクッションエリアで寄り添っていびきをかいている。

「みんないい子ね」ほっとしたようにそう言った。「悪いやつはいないわね。よし」

彼女は部屋へ戻り、ドアを閉めた。数分後に誰かが車でやってきた。

「コートニーはいるかい？」彼が聞いてきた。

「寝てる」俺は言った。

「一時間以内に公判に行かなくちゃならないんだ」

彼はコートニーの部屋のドアを叩くと、中に入っていった。まもなく部屋の中からおびただしい数のドレスが宙を舞い飛んできて、それから持ち主が現れた。

「裁判所に着ていく服を見つけなきゃ」そう言いながらいくつも服を着てみては、その都度バスルームに出たり入ったりして確かめた。そして結局、肩ひものないカチャの黒いカクテルドレスにハーバルの八ドルのサングラスを身につけ、右腕にはロバート・グリーンの『権力《パワー》に翻弄されないための四十八の法則』を抱えて家を出て行った。

「バカげた訴訟だから、バカげたドレスなの」その日、彼女は法廷記者にそう語った。

彼女が出かけている間、俺たちは被害のほどを点検した。ハーバルのベッドカバーにはタバコの焦げ跡があり、ドアの裏の壁はいつも叩きつけられるせいで破損していた。床の一部は正体不明の液体でてかっており、キャンドルは燃え続け、照明の類にはすべて服がかぶせられていた。

キッチンでは冷蔵庫と食器棚の扉が開けっ放しになっていた。カウンターの上に置かれたピーナッツバターのビン二つとジャムのビンがあり、そのふたは取れて床に転がっていた。ピーナッツバターのねばねばがカウンターから食器棚から、冷蔵庫の棚からも垂れていた。パンの袋は、針金の留め具を無視し、獣の仕業のようにてっぺんから引き裂かれていた。彼女は頓着しないのだ。腹が減ったから、食う。これもまたナンパアーティストが賞賛する一つの特性だ。彼女は〝石器人〟級だ。

コートニーは裁判所から戻ると、我らがナンパアーティストの徒党と腰をすえ、その晩のジェイ・レノの『ザ・トゥナイト・ショー』への出演について作戦を練った。ミステリーとハーバルが社会的証明の概念や、フレーミングのようなNLPの考え方を教えた。彼女のフレームを再構成する必要があった。人々は今現在、彼女を「イカレた女」というフレームを通して見ている。しかし俺たちは二週間一緒に過ごしてみて、彼女は単に悪い時期にさしかかっているだけだということが分かった。彼女は変わり者ではあるが、イカレてはいない。むしろ非常に頭が切れる。ふたりが説明するさまざまな概念を、彼女はよく理解し、吸収していた。

「ということは、あたしの新たなフレームは悲劇の乙女ってとこね」彼女は言った。

その晩『ザ・トゥナイト・ショー』に出た彼女は輝いていた。タブロイド紙の見出し的体裁のレターマンのショーのときとはうって変わって、彼女はカメラの前で冷静に、行儀よく振る舞った。チェルシーというガールズバンドとのパフォーマンスは、彼女が単なる有名人ではなく、ロックスターであることを思い出させるいい薬となった。

俺はカチャの車にハーバル、ミステリー、カチャ、それから数日前にバーで出会ったカーラを乗っけて、スタジオまで行った。ショーのあとコートニーの控え室まで行くと、そこで彼女はチェルシーのメンバーに囲まれて丸いすに座っていた。俺はギタリストの女に度肝を抜かれていた。背が高く、脱色されたゴージャスな金髪からはロックンローラーのオーラがにじみ出ている。今までなぜクラブではこんな女に出会えなかったのだろう？

「あと二週間あんたの部屋にいてもいい？」コートニーがハーバルに尋ねた。

「もちろん」彼はそう答えた。

彼はどんなことにも、誰に対しても、難色を示したことはなかった。ミステリーが部屋でふさぎ込んでいる間は、よくカチャの弟の相手をしてやっていた。

「もしかしたら一カ月かも」俺たちが立ち去ろうとすると、コートニーが背後でそう言った。

駐車場で、ミステリーはカチャの車の運転席に乗り込んだ。彼はこの日、カチャとひとこともしゃべっていない。

彼女は助手席に座ると、CDプレイヤーにカール・コックスのダンスミックスCDを差し込んだ。彼女の音楽の趣味はハウスとテクノに限られていた。一方ミステリーが聴くのはほぼ例外なくトゥールや、パール・ジャム、それから生音のものばかり。これは間違いなく危険信号だ。

駐車場を出ようとしたときミステリーの電話が鳴った。彼は電話に出るため、音を消した。

カチャが手を伸ばし、無言で音を上げた。

ミステリーが腹立たしげに再び音を消した。

それからこんな調子で、上げる、消す、上げる、消す——音量のつまみをねじるたびに悪意をつのらせ、そしてとうとう、ミステリーは急ブレーキをかけ「ファックユー」と叫んで車から飛び降りた。そしてヴェンチェラブールヴァードのど真ん中で通行妨害をしつつ、右腕を突き出し、カチャの顔に向かってまっすぐ中指を突き立てた。カチャは運転席に這っていき、交差点まで走るとUターンして歩道を歩き出していたミステリーを拾いに行く。横に車が止まると彼は足を止め、彼女に軽蔑したような一瞥を食らわせ、突き立てた親指を思い切り下に向けると、ふたたび歩き出した。

彼女は彼を置いて走り去った。怒っていたんじゃない。単に彼の大人げなさにあきれていたのだ。

その夜、ミステリーは帰ってこなかった。何度か電話したが、出なかった。翌朝になっても、まだ彼は戻っていなかった。彼の番号にかけるたび、すぐに留守電になってしまう。俺は心配になり始めた。

数時間後、ドアをノックする音がした。ミステリーかと期待しつつ出ると、かわりにコートニーの運転手が立っていた。

コートニーの数ある才能の一つが、約九十メートル以内の人間を自分の付き人に変えてしまうことだ。初めてこの家に訪れるナンパ学生たちはいつの間にやら、コートニーが原作に関わっている漫画「プリンセス・アイ物語」の用事でトーキョーポップ社まで走らされたり、彼女のアパートに寝具類を取りに行ったり、はたまた彼女に代わってファイナンシャルプランナーのスーズ・オーマンにメールを送っていたりしたのである。

「クソ野郎!」彼女はカチャの弟を呼びつけた。「運転手とアパートまで行って、DVDを取ってきてくれない?」

彼が出ていったあと、コートニーはカチャに言った。

「あいついい子ね、かわいらしいじゃない」

「でもほら。童貞なのよ」カチャは言った。

「たしかに」そう答えると静かになり、そのことについてしばし思いをめぐらし、それからうなずき、カチャに言った。「あたしが慈悲のファックをしてあげるわ」

その夜ミステリーが戻ってきた。両脇にストリッパーを抱えていた。彼女たちは二十年間真っ暗なクラブで働き続けたような感じで、この家に取りつけられた百ワットの電球も、ものの役にも立っていなかった。

「やあ、みなさん」

彼は今しがた買い物から戻りましたとでも言わんばかりだ。

「どこにいたんだ?」

「ストリップクラブに行ってジーナと夜を過ごしてたんだ」

「ハーイ」彼の左脇にいる馬面のブルネットが言った。顔の横で手をひらひらさせている。

「なあ、あんた電話ぐらいしろよ」俺は文句を言った。「カチャと痴話げんかするのはかまわない。でも俺とハーバルは本気で心配してたんだ。たまったもんじゃない」

彼は家中で女を見せびらかし、カチャにも忘れずに紹介し、それから三人でパティオに落ちついた。

カチャは自分の仕事に専念した。シャワーを浴び、キッチンで毎度のようにこぼれたピーナッツバターを掃除し、ハーバルを土台に特殊メイク学校の宿題をやり、彼にロボトミー手術を施してやった。

ミステリーのストリッパー作戦はカチャを嫉妬させることに失敗し、むしろ、みんなの彼に対する尊敬の念はますます薄れていった。

5 ハーバルに与えた〝許可〟

来るべくして、その時は来た。カチャがとうとう家の人間を射止めてしまったのである。妊娠騒動以来、彼女は俺たち全員に近づいていた。

最終的に落とされたのはハーバルだった。彼はおおらかな男だった。冷静さを失うことなどなかった。聞き上手だった。謙虚で控え目だった。つまり言い換えれば、ミステリーと正反対ということだ。ミステリーがすねたりベッドに気だるげに横たわっていたり、また仕返しのつもりでストリッパーと外泊したりしている間にも、ハーバルはカチャと過ごし、徐々に彼の心は動いていった。カチャへの思いを募らせていた。ミステリーに支配され放置され苦しむ彼女を見ているうち、自分こそが彼女のそばにいるべき男なのだと信じるようになったのだ。

「だんだん拒否する気持ちが薄れてきてるんだ」ハーバルは俺に言った。

「ミステリーに聞いてみろ。おそらくあいつも彼女に見切りをつけるころだろう」

「そうだね。あいつシマとだっていい感じだったものな」（シマはトロントから来たミステリーの元ＭＬＴＲ《複数の長期的関係》で、ハーバルとデキてしまった）

そういうわけでハーバルはミステリーに聞いた。答えは「ノー」だった。しかしその晩カチャとけんかしたあと、ミステリーはリビングにいたハーバルを見つけてこう言った。

「俺たちは終わった」素っ気ない口調だった。「あいつはお前のものだ」

この言葉を彼はすぐに後悔することになった。

数時間もしないうちに、ハーバルは彼女に挿入した。彼のベッドにはコートニーが寝ているため、キッチン横のプレイボーイの部屋でカチャとやっていた。

ミステリーはその夜『スタンダード』から帰るとスプライトを飲みにキッチンへ行った。そのとき彼らの音を耳にした。彼専用の夜ごとのセレナーデだったはずのあえぎ声が、ほかの男のために鳴り響いている。彼は雷に打たれたようにプレイボーイの部屋の前に立ち、ふたりがセックスするのを聞いていた。カチャは楽しんでいるようだった。それもずいぶんと派手に。

ミステリーはリビングまで歩いて行き、床に崩れ落ちた。顔から血が流れた。父の死と同じく、予想以上の衝撃を受けていた。

自分の対処能力というものは、けっして過大評価してはならないのだ。

「あいつを愛してる」頬を涙が伝うままに、彼は言った。「愛してるんだよ」

「いや、違うね」俺は訂正した。「お前はこの間、あの子を憎んでると言ってたろ」数週間の間抑えていた思いが、堰《せき》をきって流れ出す。「お前が好きなのは彼女の体だけだ。お前が腹を立てている理由はただ一つ、拒否されたと感じているからだ」

「違う。同じように俺を愛してくれなかったから怒ってるんだ」

「これまでお前が一緒にいたどの女よりも、あの子お前を愛していたよ。ある夜バスタブに座って、このままお前を心から愛してしまうようになることをどんなに恐れているのか、語ってくれたこともあった。でもあの子が心を決めるなり、お前は冷たくなり、閉じこもり、みっともないろくでなしになっちまったんだ」

「でも愛してるんだ」

「お前は寝た女全員のことをそう言っている。これは本物の愛じゃない。いかさまの愛だ。錯覚だよ」

「そうじゃない」声を限りに彼は叫んだ。「いい加減なことを言うな！」

彼は立ち上がると足を踏み鳴らして部屋に戻り、叩きつけるようにドアを閉めた。塗装がばらばらと絨毯に落ちた。

彼は子供のころあまり愛情を受けずに育ったため、一度手にした愛を撤回されると、それがすべての引き金となり、幼少期の現実逃避によって築き上げられたナルシシズムが暴走してしまうのである。

部屋に戻る途中、『オズの魔法使い』のある場面が突然頭をよぎった。魔法使いがブリキ男にこう言うのだ。「心はあなたがどれだけ愛したかで決まるものじゃない。どれだけ愛されたかによって決まるのです」

俺はもう眠ることにして、「こんな考えも悩みもいら立ちもすべて夢に置き去りにして、翌朝気持ちよく目覚められるようにしよう」と考えた。しかしコートニーが俺を待ち伏せていた。紙の束を手に、俺の部屋の前に立っていた。

「フランク・アバグネイルを電話に呼んでちょうだい」そう要求してきた。「彼ならこれに対処できるから。それからリサに電話してあたしが会いたがってるって伝えて」

「かしこまりました」

俺には彼女の言っていることがよく分からなかった。どうすればフランク・アバグネイル（自伝が映画『キャッチ・ミー・イフ・ユー・キャン』のもととなった元詐欺師）に連絡が取れるのか分からなかったし、ついでに言えばバンドのギタリスト、リサについてもだった。しかし俺はもう、コートニーのあくなき要求と付き合う術を見つけていた。ただ「イエス」と答え、何もしないことだ。二〜三時間たてば、何がしたかったかなど彼女はすっかり忘れてしまう。

朝になって、俺はミステリーの様子を見に行った。バスローブを着たままベッドに座り込み、ぶるぶると身震いしながら体を揺すっていた。顔は紅潮し、目には涙があふれていた。そんな彼は見たことがなかった。トロントで打ちひしがれたときは、単にふさぎ込み、内に閉じこもってしまっただけだった。しかし今回は本気で苦しんでいるように見えた。

実はこの日の朝、カチャが歯ブラシを取りにミステリーの部屋のバスルームにやって来て、こんなことがあったのだ。

「昨夜のことで、何か言いたいことは?」ミステリーは尋ねた。

「なんでそんな必要が? 要するにあんたは私をプレゼントとしてハーバルにあげたんでしょ?」

「あいつとヤったのか?」

「そうね、つまりこういうことかしら」彼女は言った。「人生最高のセックスをした」

これが彼を打ちのめした。

「あの女を殺しちまいたい」そう言って仰向けにひっくり返り、彼は死にかけた野良犬のようにうめいた。「理屈では、感情に支配されてるってことが分かるんだ。でも俺には今、理屈は二パーセントしかない。胸をえぐられたような気分なんだ」そう言ってシーツを握り締めた。

「奇妙で空っぽな感じがする。まるでクソをしたあとみたいだ」うつ伏せになり、彼はまた泣きじゃくりだした。

「クソが抜けた大腸みたいな気分だ」

彼が笑わせようとしていたのなら、俺は笑っていたところだろう。

彼が悲嘆に暮れるなか、俺はずっとコートニーの歌詞を考えていた。〝あたしがベッドの支度をして、あたしがそこに横たわる〟というやつだ。ミステリーは自分のベッドを支度した。だがそこに今横たわっているのは、ハーバルだ。

彼は天井に向かって手を伸ばし、そのアンソニー・ロビンズばりの声で叫んだ。すると突然、コートニーがドアのすき間から顔を出した。

「あたしのこと？　よかったら居間で寝るわよ」

なんと素敵な人なのだろう。

俺はリビングに行き、コートニーに事の次第を教えてやった。カチャはすぐそばのパティオに腰を下ろし、タバコを吸っていた。

「ほんとぉに気の毒だと思ってる」カチャは言った。

「かわいそぉなミステリー」彼女はいちいち語尾を伸ばし、同情しているように言ってみせた。まるで犬のことでも話しているかのようだ。

ハーバルがうなだれたまま重い足取りでテーブルにやって来た。彼は黙り込み、何か言おうと考えていた。ふたりとも、寝たことは後悔していないようだった。ただミステリーがこんなにも重く受け止めようとは思ってもみなかったのだ。みんなそうだった。

コートニーはタバコに火をつけ、ハーバルに語った。彼女が経験した3Pのことや、分かち合うことはどんなに思いやりのいることか、またフェイス・ノー・モアに入るためにどうやってサンフランシスコから逃げてきたか、はたまたスーサイドガールズはどういう点で彼女のアイデアなのか、いったいどのようにしてヨーロッパで一グルーピーからアーティストへと身を転じたのか、などなど。

ちょうどそのとき、ハーバルの電話が鳴った。彼はそれに出ると顔に衝撃の色を浮かべ、電話をコートニーに手渡した。

「フランク・アバグネイルが君にって」彼は言った。「ぼくの留守電を聞いたみたいだ」

俺は三人をパティオに残し、ミステリーの姉、マルチナに電話をかけた。

「あいつがまた壊れてきてる」俺は言った。

「どれくらい悪いの？」

「始めは普通の傷心だったんだ。でも今朝は限界まできている。この状況からすると何らかの化学反応を起こしちまってるみたいなんだ。今は手に負えないくらい泣きじゃくっている」

「そうね、これ以上悪くなるようならトロントに帰るチケットを取るわ。あなたが飛行機に乗っけてくれたら到着後はこっちで面倒見るから」

「分かっているだろうが、トロントに戻れば彼はすべてを失うことになるんだ。彼はこっちでビザが切れているから、もう二度と合衆国に入れないだろう。有名なイリュージョニストになるチャンスがなくなるんだ。それに彼のナンパビジネスも崩壊する」

「分かってるわ。でもどうしたらいいの？」

「俺が何とかしてみるよ」

「家に帰してちょうだい。カナダは医者が無料なの。アメリカでどこかに入れられたら、とてもじゃないけど払えないわ。ましてや施設に入れられたりなんかしたら」

「やらせてくれ。もしこれ以上悪くなるようなら、君らのところに送り返す」

ミステリーのカチャとの関係を思い返してみると、その展開には目を見張るものがあった。彼女に越してくるよう勧めた。彼女と結婚した。彼女が妊娠していないことが判明した。彼女を無視し、彼女に憤慨した。ハーバルに彼女と寝る許可を与えた。彼はまぎれもなく自分自身の犠牲者だった。

そうするうちにも、ニューヨークタイムズの記事以降、五～六人のリアリティショーのテレビ関係者からミステリーに打診があった。その中には『アメリカンアイドル』のプロデューサーまでいた。VH1などは、彼が負け犬からナンパ師へと変貌を遂げる番組企画の契約書まで送ってきた。あれほどまでにミステリーが望んでいたスターの座が、もう手を伸ばせば届くところにあったのだ。しかし彼はどれにも返事をしなかった。

「以前にもこういうことがあったの」俺がテレビ番組の依頼があったことを話すと、マルチナはそう言ってため息をついた。「もう少しでやり遂げようとするたびに、彼はおかしくなって全部投げ捨ててしまうの」

「ということはつまり……」

「そう」彼女は言った。「あんなにも望んでいる成功を、実際は恐れているのよ」

6

引き裂かれゆくプロジェクト

次の夜、カチャは午前二時に帰宅した。ハーバルと、彼女とときどき寝ているというニューオーリンズから来たカップルと一緒だった。ミステリーは自分の部屋のドアを開けると床にクッションを敷いて座り込み、彼らが共有ルームで飲む姿をじっと見ていた。正気を保とうと必死になっているようだった。

カップルの女は百八十センチくらいあり、ジムで鍛えた腹筋に、形のいい尻まで伸びた茶色の髪、手に入れたての偽の乳、それから大きな鼻の横にはプラスチックの外科用メスの痕が並んでいた。カチャが身を乗り出し彼女とキスを始めると、ミステリーの顔がしわくちゃになり、赤くなった。もうしばらくだけカチャをつなぎ止めていれば、彼は夢の3Pをすることができたのだ。彼はクッションで目を覆うこともせず、カチャがカップルと楽しげに笑うのを見つめ、ハーバルがそこに座って自己満足の笑みを浮かべるのを見つめ、女たちがビキニに着替えてバスタブに跳ねていくのを見つめ、ハーバルがそこに加わるのを見つめていた。

カチャはミステリーに愛を与えた。そして今、彼はそれをゴミのように投げ捨ててしまったことへの代償を払っているのだ。意図的であろうとなかろうと、彼女は自分のバイセクシャリティを、若さを、喜びを、彼に見せつけていた。

朝までにミステリーの精神状態はさらに腐敗していった。カウチで泣き叫んでいないときは、家の中をうろつきまわり、カチャとハーバルが一緒にいないことを確かめようとした。ふたりが見つからないときは彼女に電話をした。そして彼女が電話に出ても出なくても、結果はいつも同じだった。ミステリーは頭に血をのぼらせ、腕や脚の届くかぎりのものを破壊しまくった。本棚をいくつも床になぎ倒し、クッションを破壊して部屋中に羽毛をばらまき、はたまた壁に向かって携帯電話を投げつけてまっぷたつにたたき割り、白い壁には大きな黒いへこみが残った。

「カチャはどこだ?」ミステリーがプレイボーイに尋ねる。

「メルローズに服を買いに行ったよ」

「ハーバルはどこだ?」

「彼は、うーん、彼女と一緒じゃないかな」

するとミステリーの心臓はのたうち回り、顔面は崩壊し、眼球は流れ落ち、両脚は足元に投げ出され、すべて妙ちくりんな進化論で片づけようとしだすのだった。

「利己的遺伝子のせいだ」彼はこう言う。「俺を置き去りにして痛めつけているのは実在しない潜在的遺伝子の仕業なんだ」

ハーバルがカチャと一緒にメルローズでの買い物を終えて戻ってくると、俺は警告した。

「お前は利用されている。あの子はミステリーのもとに戻るために、お前をだしにしているんだ」

「違うね」ハーバルは言った。「それは真実じゃない。ぼくたちはお互いのことを本気で想っている」

「じゃあ一つ俺の頼みを聞いて、ミステリーがよくなるまで彼女と会わないでくれないか? 彼女にはしばらく家を出てもらうよう頼むつもりだ」

「いいよ」いくぶん気の進まない様子で彼は言った。「でもそいつは簡単じゃないだろうね」

俺はその夜、カチャと弟を映画に連れて行った。Aプランは彼女を家から出してハーバルから遠ざけ、ミステリーがこれ以上悪くならないようにすること。Bプランは俺が彼女をファックして、ハーバルに彼女との関係は別に特別なものではない、ということを教えてやること。

幸いにしてAプランがうまくいった。

「君はミステリーを崩壊させてる」映画館から戻る途中、カチャに言った。「家を出ていくべきだ。そして俺がいいと言うまで帰ってくるな。もはや君の問題だけじゃなくなっている。ミステリーは深刻な精神的な問題を抱えていて、君がそのスイッチを押してしまったんだ」

「分かった……」彼女はそう答えると、叱られた子供みたいな目で俺を見つめた。

「それからもうハーバルと寝ないと約束してくれ。君は俺のルームメイトを一人傷つけ、もう一人を打ちのめそうとしている。とてもそばで見ていられない」

「約束するわ」彼女は言った。

「お楽しみは終わりだ。君はすでに目的を果たした」

「分かった」彼女は言った。「気がすんだわ」

「約束できるな?」

俺たちは小指をしっかり絡めた。

もっとまじめなものにかけて誓いを立てさせるべきだった。

これに比べたらナンパ術などたやすいものだ。たとえミステリーが信じるように、人間とは進化の過程で組み込まれたプログラムの単なる集積にすぎないといえども、俺たちにとって完全に理解するにはとうてい複雑すぎる。

俺たちが考えていることはすべて、単純な因果関係からできている。つまり女の自尊心を傷つければ、男から確証を得ようと必死になる。女を嫉妬させれば、さらに魅力的になるだろう。しかし魅惑と欲望を超えたところには、なかなか感じることのできない、誰も飼い慣らせていない複雑な感情がある。そしてこれらの感情が――これに思いやりや愛という言葉をあてるのは比喩にすぎない——プロジェクトハリウッドを引き裂き、すでに分断されていた家を、さらにばらばらにしていくのだった。

つまりそういうわけで、ミステリーは家の人間を縮み上がらせ、自殺するなどと言い出し、俺がカチャからザナックスをもらってきて、彼を車に押し込んでハリウッド・メンタルヘルスセンターへ連れて行き、そこで彼は二度逃亡を図り、セラピストを口説こうとして失敗するはめに陥ったのだった。

六時間後にミステリーはセロクエルの袋を手に、ザナックスをさらに投与されてクリニックをあとにした。セロクエルの名は聞いたことがなかったので家に帰ってから一緒にあったパンフレットを読んだ。「統合失調症の治療に」とのこと。

ミステリーは俺の手からパンフレットを取って目を通した。

「ただの睡眠剤さ」彼は言った。「これでよく眠れるようになるだろう」

「そのとおり」俺は言った。「睡眠剤だ」

Step10

最終抵抗を突破せよ

性的なものとはつまり男を勃起させるもの……

もしこの世に不平等や、

暴力や、支配や、権力がなかったら

性的興奮などどこにもない。

キャサリン・マッキノン

"Toward Feminist Theory of State"

(フェミニスト国家理論に向けて)

1 学習することで、女嫌いは深まる

その日はプロジェクトハリウッドの「レモネードの日」だった。少なくとも、コートニーはそう決めていた。ミステリーは治りかけていたし、カチャも六週間ニューオーリンズに行っていたし、いい雰囲気になりつつあった。

タバコを口にくわえ、ベッツィー・ジョンソンのTシャツに灰をこぼしながら、コートニーは食器棚からどでかいボウルをつかみ取った。冷蔵庫を開けて何か液体がないかと見回し、二・五ガロン容器（約九・五リットル）のレモネードとクォート容器（約一リットル）のオレンジジュースをつかみ出した。それをボウルに空け、あふれてしまうとほかの瓶にも注いだ。次に、冷凍室から氷をひと握りつかんで調合した液体の中に放り込んだ。そして最後に一つ一つの容器に真っ黒い指先を突っ込んでかき混ぜた。波立つジュースがカウンターに飛び散り、口元から灰がぱらぱらとボウルの中へと落ちていった。

彼女はカウンターの黄色いタイルでタバコをもみ消し、何かを探すようにあたりを見回すと頭上の棚に目を留めた。扉をぐいっと開け、両手を突っ込み、グラス四個に指を挿して一気にまとめて引っ張り出した。一つ一つグラスをボウルに浸し、ジュースを汲み上げる。それから残りのグラスを引っつかみ、ありったけのコーヒーマグやパイレックスの計量カップまで持ち出してきて、それらすべてにレモネードをなみなみと注いだ。

リビングルームではミステリーがカウチに脚を組んで座り、三週間前にメンタルヘルスセンターから戻って以来初めてのナンパセミナーを行っていた。Tシャツにデニムのオーバーオールを着ている。足元は裸足。あごには無精ひげがまだらに生え、焦点の合わない目にはまぶたが無気力に垂れ下がっている。いまだに欠かさずセロクエルを服用し、憂うつをどうにかやり過ごしていた。彼は今にもあちら側の世界へ飛び去ろうとしていた。

「人間関係には三つの段階がある」気だるい口調で彼が生徒たちに語る。「始まりがあり、途中があり、終わりがある。そして俺は今、終わりに差しかかっている。嘘をつくつもりはない。先週は三回も泣いたんだ」

六人の生徒たちは目くばせした。戸惑っていた。彼らは女と寝る方法を学ぶためにここにいる。しかしミステリーにとってこれは単なるセミナーではなく、治療の一環だった。カチャのことを、すでに二時間も話し続けている。

「これこそ君たちが目指すゴールであり、同時に困難でもある」彼は続けた。「次なる女に関する計画としては、ふたたび偽装結婚をするつもりだ。前回の失敗は、カチャと彼女の母親とに結婚が冗談だってことを知らせてしまったことだった。次回は裏庭で式をあげる。牧師役の俳優も雇って、女の子とその母親を除く全員に、本当は結婚していないことを教える」

生徒の一人、クルーカットにセメントのかたまりみたいなあごをした見栄えのする三十代の男が手をあげた。「だけど今さっき偽装結婚がどんなにひどいものか言ってなかったっけ?」

「実地試験をしただけだ」ミステリーは言った。「あれは壮大なルーティーンだ」

ミステリーはうつから戻るたび、いつも微妙に心理状態が異なる。今は怒りは水面下に身を潜め、女に対する新たな敵対心が現れていた。

「レモネードいる人は?」

突然ものすごい勢いでコートニーがキッチンから出てきた。

生徒たちは彼女の登場に声を失っていた。

「ほら、どうぞ」

そう言ってミステリーにグラスを押しつけ、セメントジョーにも勧める。

「ここで何してんの？」彼女は聞いた。

「あんたかわいいじゃん」

「俺は護身術のインストラクターなんだ」彼は言った。「クラヴマガ（イスラエルの近接格闘術）のレッスンをする代わりにミステリーが講座を受けさせてくれたんだよ」

コートニーはキッチンへすっ飛んでいき、レモネードのグラスをもう二つ持ってきて、またもう二つ、またもう二つとグラスの数が部屋にいる人間よりも多くなるまで持ってきた。

「なんだかレモネードのセットにいるみたいだ」ミステリーは言った。

彼女はコーヒーマグを二つ持ってキッチンから戻ってきた。

「ハーバルはどこ？」彼女は聞いた。

「シャワーを浴びてるんじゃないかな」

コートニーはバスルームへ走って行き、ドアを蹴った。

「ハーバル？　いるの？」

そう言ってさらに激しく蹴とばす。

「シャワー浴びてるよ」彼が叫び返した。

「大切なことなの。入るわよ」

彼女はドアを押し開け、突入し、もぎ取るようにしてシャワーカーテンを開け放った。

「なんなんだ、いったい」ハーバルがうろたえながら尋ねた。裸のまま突っ立ち、頭にはシャンプーが白く筋になっている。「火事にでもなった？」

「あんたにこれを作ったの」コートニーは言った。

彼女はハーバルの左右の濡れた手にそれぞれレモネードのマグを押しつけ、走り去った。ハーバルは無言で立ち尽くしている。

カチャと口をきかないことを約束して以来、家の中で見る彼は常にわびしさと沈黙とを身にまとっていた。たとえそれを認めるのはプライドが許さなくても、彼は確かに心を痛めていた。彼女を愛していたのだ。

ミステリーの生徒たちがランチに出ようとしたとき、横をコートニーが通り過ぎ、レモネードのしずくを絨毯にこぼしながら二階のパパの部屋へと駆け上がっていった。そしてドアをぶち開けた。中ではパパ、シックボーイ、タイラー・ダーデン、プレイボーイ、ザネウス、それからミニ・パパズたちがそれぞれのパソコンの前で仕事をしていた。エクストラマスクはぐちゃぐちゃになったパパのベッドに横たわって『バガヴァッド・ギーター』を読んでいた。この家にいるうち退屈したエクストラマスクは、プレイボーイの東洋宗教についての本を読みだしたのだが、これによって予期せず精神的な自分探しの旅を始めることになったのだった。

〝コートニーレモネード〟を手渡されながらタイラー・ダーデンが尋ねた。

「月曜の『ジョセフズ』のゲストに俺たちを加えておいてくれない？」

コートニーは受話器を取り、タイラーとバスルームへ行ってブレント・ボルトハウスに電話をかけた。彼は月曜の「ジョセフズ」でパーティをやっているプロモーターで、そのパーティはゲストの枠が厳しいことと、派手な有名人志望の人間が集まることで名が知れていた。

「ブレント」彼女は言った。「友だちのタイラー・ダーデンはプロのナンパアーティストなの」

タイラーはぶんぶんと手を振って、コートニーに「そのことは言うな」と、無駄な試みながら合図を送った。

「彼は生活のために女をナンパしてるの。マジでカッコいいんだから」

タイラーは両手を頭に、うなだれた。

「彼がほかのナンパアーティストたちと行ってかわいい子をナンパできるよう、ゲストに入れておいてくれない？」

コートニーは流し台の縁から六個つづりのコンドームをつまみ上げると、それをブレスレットのように腕に巻き、バスルームを物色し始めた。そしてトイレの両脇にあるクローゼット――パパの悪名高きゲストルームだ――をのぞき込んだ。

「ちょっと質問させて」

そう言ってスーツケースやら汚れた服の山やら床のマットレスやらを詰め込んだタイラー・ダーデンのクローゼットから身を引いた。

「あんた女は好き？」

バスルームの細窓の向こう側で、セメントジョーがサンドバッグを引きずりながら、パティオのレンガ敷きの上を歩いていった。

「これを始めたときは女嫌いじゃなかった」タイラーは答えた。「でも上達して、彼氏がいる女とも寝るようになってしまうと、もう女を信じられなくなる」

ナンパの副作用として、異性を見る目が変わってしまうという点があげられる。あまりに多くの裏切りや、嘘や、不貞を目にすることになるからだ。もし女が結婚三年目かそれ以上なら、たいてい独身の女よりも簡単に落とせることが分かるだろう。もし女に彼氏がいたら、あとで電話をもらうよりもその夜のうちにファックできる可能性のほうが高いことが分かるだろう。君も気づき始めているだろう。女とは、男と同じくらいワルなのだ。単に隠すのがうまいだけだ。

「ナンパを始めたころ、ぼくはたくさん傷ついた」彼は続けた。「ほんとに好きになっちゃうような素敵な子に会ったりしてね、一晩中話し込むんだ。彼女はぼくのことを愛してる、会えたのはほんとラッキーだ、なんて言う。だけどぼくがたった一個のくそテストでしくじると、彼女は帰っちまって、もう口をきこうともしてくれない。八時間かけてふたりで築き上げたものがすべてドブに流されるんだ。だからぼくは非情になった」

世の中には女を憎み、女を蔑み、ビッチやカント呼ばわりするやつもいる。こいつらはＰＵＡ《ナンパアーティスト》ではない。ＰＵＡは女を憎まない。女を恐れるのだ。自分をＰＵＡと位置づけると、すべての自尊心とアイデンティティは異性の視線にゆだねられてしまうことになる。ＰＵＡは、女の視線を浴びて初めてＰＵＡでいることができるからだ。

これはコメディアンと聴衆の関係に似ていなくもない。客を笑わせられないコメディアンなど、コメディアンと呼ぶことはできない。そうして自尊心は防衛本能であることからも、ＰＵＡの中には学習していくうちに、女嫌いの傾向を深めていく者が出てくるのである。

ナンパは精神に有害にもなり得る。

窓の外ではセメントジョーがサンドバッグを抱え、ミステリーがリーチの長いへなちょこパンチを連打している。

「もっと強く」ミステリーに檄が飛ぶ。「本気で叩くんだ！」

2

迷走し始めるコミュニティ

プロジェクトハリウッドの枠を越え、コミュニティ全体が危険で不安定な域へと差し掛かっているように思えた。フィールドレポートは女との出会いだけにとどまらず、争いごとに巻き込まれた話やクラブを追い出された話にまで及び、コミュニティのメンバーたちは、プロジェクトハリウッドで起きるドラマを投稿を通じて追体験するようになっていた。そういう意味では、サンフランシスコでタイラー・ダーデンとパパが見つけてきたカラオケ好きでエルヴィスもどきのPUA《ナンパアーティスト》、機関銃野郎ジェイレイクスの抜群に面白い投稿も、またしかりといえた。

MSNグループ：ミステリーズラウンジ
タイトル：現場中継――ジェイレイクス初のストリッパー（おクスリは別売りで）
投稿者：ジェイレイクス

今ちょうどベガスから戻ったところで、マジでくったくただ。昨日の夜ジャーニーの「セパレイトウェイズ

（ワールズアパート）」の間奏で叫びまくって床を転げ回っていたら、カラオケバーから追い出された。だけどこの投稿はカラオケについての話じゃない。ストリッパーをファックする話だ。まあ読んでみてくれ。

俺は水曜の午後、街に出て飲み始めた。仕事仲間と一緒に「ハードロック」に泊まっていた。ちょうど今週の「OC」（ティーンエイジャーの恋愛を描いた、アメリカのテレビドラマ）みたいな人物設定だ。「ハードロックカフェ」ではミートカクテルを作って飲ませ合いをしていたせいで追い出されてしまった。典型的なミートカクテルっていうのはビーフ、ベーコン、ビール、マッシュドポテト、そんでもうちょいビール、リブ肉、氷、オニオン、マスタード、A1ソース、塩、胡椒、ニュートラスイート、それからたぶんウォッカもちょこっと入ってる。同僚の一人がテーブルに吐いちまったあと、俺たちはストリップクラブ「オリンピックガーデンズ」に行った。

俺は機嫌が悪かった。ナンパがしたいのであって、下手クソなラップダンスが見たいわけじゃない。俺は仕事場でいつも自分のナンパアーティストっぷりを話していたから、嘘じゃないってとこを身内に見せてやらなくちゃいけなかった。ちょっとビビってたよ。これまでハードなトレーニングを積んできたが、正直言ってこの旅でキメなかったらただの間抜けだ。そのうえ俺はストリップクラブが好きじゃない。いかなるセックスにも金を払いたくないからだ。だけど楽しんでいる彼らに付き合い、ビールを手に席に着いた。

その女は向かいの席に座った。彼女はこの店で働いているんだが、その日はあまり客がいないうえにかわいい子がもうたくさんシフトに入っていたから、休みを取ったんだそうだ。俺は彼女にルーティーンを使って、猛攻撃を始めた。彼女をイモ呼ばわりしまくる俺を、友人たちはまるで狂人を見るような目で見ていた。

「あんたムカつく！」彼女はそう言いながら、しだいに俺にのめり込んできた。

友人たちはこの一部始終を口をあんぐり開けて見ていた。彼女に、俺たちはホテルに戻るから〝いかした売春婦の友だち〟を呼んで一緒に来いと言った。彼女が売春婦呼ばわりされたことに腹を立てたので、俺はすぐさま話題を変えた。

「こりゃあたまげた、変なヤツだ。彼女レモンを丸ごと食ってるよ、まるでオレンジみたいにさ」

これで彼女はすっかり忘れた。そしてさらなるルーティーン――連続でドーン！　ドーン！　ドーンと、これをしばらく続け、そしてみんなで店をあとにした。

外に出るなり支配人が出てきて彼女を連れ戻して働かせようとした。でも俺は彼女をもぎ取ってタクシーに乗り込んだ。

「あたしストリッパーだけど、頭は空っぽじゃないわ！」彼女は言った。

俺は〝ミステリーの似たもの同士の話〟をしてやり、それから〝スタイルのC型対U型〟をやった。

ホテルに戻ったとき、彼女にムカつくから気分転換しようぜと持ちかけ、キューブの話で追い打ちをかけた。

「タコス屋でこいつをパリス・ヒルトンにやったとき、彼女は自分のキューブはホテルみたいにでかいって言ったんだ。まったく自信過剰な女だよ！」

いつの間にか、彼女は俺がいつも有名人やモデルたちとつるんでるって思いはじめていた。実際にはパパの話だけど。さらにタイラー・ダーデンの基準設定の新作もやってみた。

「ああいったドラッグをやりまくったり整形手術をしてたりする女とのデートは、もうほんとにうんざりだ。つまり誤解しないでほしい。俺はたしかにそこにいる男と同じく、はめを外してクソみたいな女とヤりたくなることだってある。だけどそいつはほんとたまにだけだ！　つまり、君はそんなやつじゃない、だろ？」

これで彼女は自分を適任とみなすわけだ。そこで俺は彼女にキスがうまいかと尋ね、しばらくキスし合った。

それから中断し、下へ行って一杯飲もうと誘った。

カジノにて。俺はゆるめのルーティーンを使った。さまざまなネタで俺の人生のキャンバスを色づけていった。〝スーパーカット〟〝ぐだぐだのアブの夏〟〝公園の風船〟〝ストリッパーのベビーシッター〟それから〝うちの猫のセックス〟。ぜんぶ俺の実体験だ。そしてマジなところ、実際は中身よりもタイトルのほうが面白い。

俺たちはしばらく知り合いを探してカジノを歩き回った。そして俺は「疲れたからもう寝たい。君も一緒に来て俺が眠れるようおとぎ話でもしてくれ」と言った。すると彼女は言った。

「何か変なこと考えてるでしょう? あたしたち、会ってまだ三十分よ!」

俺は言った。

「おいおい! 朝早いからもう寝ないとマジでやばいんだってば! それに俺はインポ《ウィスキーディック》なんだ」

こいつは王道だ。君らも使ってみるといい。

部屋に戻ると、同僚たちはすっかりヘロヘロになっていた。ギャンブルでもしてくるよう言って、さっさと追いだした。女は机を見て言った。

「誰かここでコークやってたわね。分かるのよ。あたしはストリッパーなんだから」

俺はストリッパーにセレナーデを歌ってやった。ジェフリー・オズボーンの「愛の翼」だ。俺は彼女に添い寝してほしいと言い、しばらく抱き合ったままただしゃべっていた。そして一つ手品を見せたいと言った。そして彼女に覆いかぶさり、下へ向かって舌を這わせていった。「なめたい」そう言ってパンティを脱がせた。彼女はクリトリスにピアスをしていた。これには初めて出会った。カチカチと妙な感じに歯にあたる。五分たってから指を入れ、彼女が我慢できなくなるまでなめてやってから、言った。

「まいった、ぜんぜん勃たねえ!」

彼女は言った。

「あたしには問題ないように見えるけど」

そうして彼女とヤりまくった。

ガリガリなのに、見たことないような巨乳だった。マジで。俺がファックした中でもいちばんヤバかった。初のストリッパーにして初のレベル九《ナイン》だ。そのあと彼女を抱き寄せ、添い寝した。彼女は俺のたくさんの傷あとや火傷のあとに驚いてた。俺はこの愛すべきチビストリッパーに、笑えるくらい優しくキスしてから言った。

「俺は倒錯したマニアじゃない。倒錯マニア気取りなのさ。単に矛盾を無理やり押し通すことで、存在することの矛盾をどうにかしているんだ」

彼女は俺に番号を教え、電話してくれと言った。

次の夜は「マイリトルポニー」（子供に人気のあるポニーのキャラクター）のオープナーで声をかけた（ねえ。君たちマイリトルポニーってやつ覚えてるだろ？　そう、今思い出そうとしてるんだけど、あいつらって超能力があったんだっけ？　とか何とか）。カラオケクラブから放り出されたあと、俺は明け方までずっと女の子を追っかけ回し、ろれつの回らない口調で「まあああああありるぽにいいい」とがなり続けた。

そしてとうとうストリップクラブからも追い出された。

最後に覚えているのは、ベッドに座ってテレビを観ていたことだ。俺は混乱しながら誰にともなく叫んだ。

「俺はいったい何を見てるんだ？　『OC』か？　こりゃ何なんだ？」

そのうちに気づいた。やっているのは「パンクト」（MTVで放送されている、ハリウッド女優などセレブを騙すドッキリ番組）で、「OC」の出演者がひっかけられていたのだ。それから意識を失った。

――ジェイレイクス

3

プロジェクトハリウッドの犠牲者

初めて会ったとき、彼女はうんこをしている最中だった。

バスルームのドアを開けると、便器に彼女が座っていたのだ。

「誰？」俺は尋ねた。

「ギャビーよ」

ギャビーは、このあたりをうろつき週末になると誰にも呼ばれてなどいないのにリビングルームに現れる若いＰＵＡ《ナンパアーティスト》の一人、マーヴェリックの友人だった。彼女は美しい女王のような雰囲気を持ち合わせながらも、トマトを詰め込んだ袋のような体つきをしている。俺は一歩下がってドアを閉めようとした。

「ねえ」水を流しながら彼女が言った。「素敵な家じゃない。仕事は何してんの？」

このせりふは即効のディールブレイカー《契約破壊要因》だ。ロサンゼルスでナンパをしていると、これを使う女には敏感になってくる。気の利かない人間は、会話を始めて間もないうちにこういったことを聞いてくるのだ。相手の社会的地位や、自分にとってどれだけ利用価値があるかを見極めるため、どんな車に乗ってるだとか、どんな仕事をしてるだとか、ここにいるどの有名人が友だちかとかを聞いてくる。気の利くやつは尋ねない。腕時計を見たり、誰かと話すときの相手の受け答えを見たり、会話の中にどれだけ不安が表れているかを聞き取ったりしているのだ。こうしたサインを、ＰＵＡは「潜在的情報伝達《サブコミュニケーション》」と呼ぶ。

つまりギャビーはあまり気の利かない分類だった。

彼女は手を洗いながら戸棚を開け、中を物色した。それから俺の部屋に入ってくるとさらに探りを入れてきた。

「あなたライター？」彼女は聞いた。「あたしのこと書きなよ。すごく面白い話があるんだから。あたし女優になりたいの。有名になるべくして生まれてくる人間がいるってのは知ってるでしょ」

そう言うと、ドレッサーのてっぺんから俺のレイバンのサングラスを手にとってかけた。

「そう、それがあたしなの。だけどあたしは特別でも何でもないわ。これってちっちゃなころ、はっと気づくものなのよね。周りの扱いが何か違うぞって」

金持ちは自ら金持ちと言ったりはしない。

彼女はぺちゃくちゃとしゃべり散らしながら机の皿からマフィンをつかみ取った。今日は「マフィンの日」だった。食べきれないほどマフィンの乗った皿をコートニーが家中に配り回っていた。

ギャビーはひと口かじると、マフィンをまた皿にぽろっと置いた。誰が彼女を家に呼んだのか見当がつかない。マーヴェリックは見当たらないし、ほかに友人はいなかった。

「仕事をしなきゃいけないんだ」俺は言った。「でも会えてうれしいよ」

俺は彼女が自力で出ていけるだろうと思っていた。しかしどこかで間違えたに違いない。後にミステリーが、自分の部屋のトイレに座っている彼女を見つけた。

どちらもあのようなナルシシストだから、ふたりは磁石のプラス極同士のように反目し合うだろうと思った。しかしそうはならず、結局ふたりはセックスをした。

翌週、彼女はこの家で過ごした。ミステリーと寝て、勝手に服を拝借したせいでコートニーと大げんかになった。ミステリーと同じく、ギャビーがもっとも恐れているのは、そばに誰もいなくて話を聞いてもらえないこと。だから常に家の中を駆けずり回り、噂話をし、不満を訴え、コートニーをいら立たせた。

ある午後のこと、コートニーがキッチンでスプーンを二つ使ってピーナッツバターを掘り起こしながら、ギャビーに尋ねた。

「あんたまだ帰んないの?」

「帰る?」ギャビーは妙な目で彼女を見つめた。「あたしここに住んでるのよ」

これはコートニーにも、俺にも、ミステリーにも初耳だった。こんなふうに、この家は人々を次から次へと引きずり込んだ。そしていずれは、全部吐き出すのだ。

次なるプロジェクトハリウッドの犠牲者は〝トゥイラ〟だった。彼女が初めてこの家に現れたのは、数年前にミステリーといい関係になったストリッパーが、ひどいうつになって苦しんでいるときのこと。この件に関してちょっとした経験者であるミステリーはある夜、ギャビーがクラブに行っている間に、彼女にアドバイスをしようと申し出た。しかしストリッパーはぐでんぐでんに酔ってトゥイラに引きずられてやって来たのだった。

トゥイラはいい女でも何でもなかった。タトゥーをした三十四歳のハリウッドロックンローラーで、ぱさぱさの肌に、顔と同様ごつい体、黒い髪には鳥の巣のようなドレッドがくっつき、そして素晴らしい心を持ち合わせていた。彼女は俺に、今にもエンストしそうな古いスポーツタイプのポンティアック・フィエロを連想させた。

ミステリーとトゥイラがいちゃつき出すと、突然酔ったうつの友人が泣き出した。彼女はクッションエリアで三十分ほど泣き続け、結局トゥイラとミステリーはそそくさと彼の部屋に避難した。その夜ギャビーは家に戻ると、何の異存も申し立てることなく、ふたりのいるベッドにもぐり込んで即座に眠りについた。ギャビーとミステリーは恋愛関係にあったわけじゃない。ただお互い逃げ場を求めていたのだ。

翌朝、そして次の朝も、トゥイラは家のみんなにパンケーキを焼いた。近いうち出ていくような様子もなかったため、ミステリーは彼女を週給四百ドルで個人秘書に雇った。

ミステリーがトゥイラを放置すればするほど、彼女は彼を愛しているのだと思い込むようになった。彼は次から次へと女を追いかけ回しては繰り返し彼女を傷つけるほどに、彼女はさらに思いを募らせていった。ミステリーは彼女の涙を楽しんでいるようだった。それによって、自分が誰かにとって重要な存在だと感じることができるからだ。この家ではトゥイラが泣いているのでなければ、ギャビーが泣いていた。ギャビーでなければ、ほかの誰かだった。この間のうつ以来、ミステリーは、まるでさなぎが怪物に姿を変えつつあるかのようだった。

プロジェクトハリウッドは本来、よりよい自分、よりよいキャリア、よりよいセックスライフを目指し、健全で有意義な環境の中に自分たちを置くためのものだったはず。しかしそうなる代わりにこの家は、飢えた男とノイローゼの女を吸い込むバキュームへと姿を変えた。精神に問題を抱えた人間ばかりを吸い込み、まともな人間を追い払う。コートニーやミステリーの女たちのような長期の滞在者、そしてパパの回転ドアを通じて訪れる新顔の指導員や従業員や生徒たちもいる中で、実際この家にどれだけの人間が住んでいるのか、もはや把握するのも不可能というありさまだった。

だが、せめて自己弁護させてもらうなら、俺は学習を続けていたし、いまだ成長段階にあった。俺は人生の大半を独りで暮らし、独りで仕事をしてきた。強い社会的つながりや、友人の堅い輪というものを持ったことがなかった。クラブに入ったりチームスポーツをやったりしたこともなく、このコミュニティ以前に集団の一員だったこともなかった。プロジェクトハリウッドは俺を唯我論的な殻の中から連れ出してくれた。俺にリーダーとなるべき資質を与え、集団の力学という危険な橋を渡る方法を教え、個人的資産や孤独や潔癖症や正気、それから睡眠といった取るに足らないことを忘れさせてくれた。そしてこれまでの人生で初めて、俺を責任ある一人の大人へと変えてくれた。

そうならないと、やってこられなかったのだ。俺はたくさんの子供に囲まれていた。毎日のように誰かが、解決すべき問題を抱えて俺のもとへ駆け込んできた。

ギャビー「ミステリーがひどいこと言うの。ここはあたしの家じゃない、あたしは要らないって」

ミステリー「コートニーが俺の部屋から八百ドル取っていった。俺の家賃を払って埋め合わせするって言ったけど、彼女の小切手は不渡りだ」

コートニー「あのズボンを異様に引っぱり上げた男に迷惑してるの。あたしを独りにするよう言ってくれない？」

プレイボーイ「コートニーが冷蔵庫に自分の小便を入れてる。それからトゥイラがぼくのトイレで泣いていて出てこない」

トゥイラ「ミステリーが部屋に女を連れ込んで、私に失せろって言った。そのうえパパが部屋で眠らせてくれない」

パパ「モントリオールからクリフが来てぼくの部屋に泊まってるんだ。コートニーがやってきて彼の本を四冊、それから下着を三枚取っていった」

すべての問題には解決策がある。すべての議論には妥協案がある。すべてのエゴにはなだめる方法がある。俺にはもはやナンパをする時間はほとんどなかった。新たに顔を合わせる女は、もっぱらこの家に訪れた人間だった。プロジェクトハリウッドを内部崩壊から守る作業が、フルタイムの仕事になりつつあった。

4 ナンパ師から精神探究者への変貌

俺は買い出しのため一時間ほど家を離れていた。たった一時間だ。だというのに帰ってみると、家の前では赤いポルシェがうなりを上げ、リビングルームには十三歳くらいの少女が、それからパティオではふたりの脱色した金髪女がいて、イライラした顔でタバコを吸っていた。「いったいありゃあ何だ?」蹴とばすようにドアを閉めつつ俺は尋ねた。

「彼女はマリだ」ミステリーが言った。

「清掃員の娘か?」

これまで俺たちはまったくメイドをつなぎとめておくことができなかった。たくさんの男たちや数え切れないほどのパーティガールたちが出した一週間分の皿やあふれんばかりのゴミ箱やファーストフードの残がいやこぼれた酒や吸殻などの山を片づける作業は、一筋縄ではいかない。結果として次のメイドが来るまでの一カ月かそこらを、プロジェクトハリウッドの中では自らの身から出た汚物にまみれて過ごさなくてはならなかった。そして今のメイドが最長記録。勤続二週間だ。

「メイドが買い物に出てる間、この子を見てるんだ」そう言ってミステリーは、のしのしと近寄ってきた。「なんだか姪っ子たちを思い出しちまうよ」

ミステリーがいくらか調子も良さそうなのがうれしかった。家に若々しい人間がいることが、彼を穏やかにしていた。ポルシェは、ミステリーにリハーサルに連れて行ってもらうため、コートニーが家に呼んだらしかった。しかしミステリーが試しに動かそうとしたところ、困ったことに彼の魔術的直感力をもってしても、マニュアル車を動かす方法は見つからなかった。

「それで彼女たちは？」俺は金髪たちを指して尋ねた。

「コートニーのバンドのメンバーだ」

俺はパティオに行って自己紹介をした。

「サムよ」クイーンズなまりのやんちゃそうな女が言った。「コートニーのバンドでドラムを叩いてる」

「前に会ったね」俺は言った。

「私も前に会ったよ」そう言ってもう一人の女が鼻で笑った。

そのとげとげしいロングアイランドなまりに俺はぎょっとした。彼女は俺より五センチほど背が高く、髪を馬のたてがみのように後ろになでつけ、それから大きな茶色の瞳を縁取る黒くて厚いマスカラを塗っていた。俺がまだティーンエイジャーだったころ、バングルズのミュージックビデオ『ウォーク・ライク・アン・エジプシャン』に出てくるスザンナ・ホフスをおかずにオナニーしたことを思い出させた。この女はロックンロールの権化だ。

「ああ」俺は口ごもりながら言った。「確か『ザ・トゥナイトショー』のとき一瞬会ったね」

「その前。あなたが一晩中あの双子と話してたアーガイルホテルのパーティでね」

「ああ、ポーセリンツインズね」

まさか彼女を覚えていないとは。彼女は非常にカリスマ的だ。秀でた振る舞いというものは、女にとって最大の魅力の一つだ。この女の振る舞いは確固たる自信を主張していた。また「あたしをなめないでよ」とも主張していた。

俺は中に戻ってミステリーに彼女のことを尋ねた。

「リサっていうんだ。コートニーのギタリストだよ」彼は言った。「ありゃあ骨の髄までビッチだ」

彼女たちが訪れたのは、コートニーがイギリスのテレビ用にこの家でアコースティック演奏を録ろうとしていたからだった。しかしコートニーがどこにもいないせいで、サムとリサはいら立っていた。俺は腰を下ろし、ふたりをなだめようとした。横にいると、自分がとてもちっぽけに感じる。

俺はリサのＣＤケースを手に取り、一枚一枚めくっていった。感心した。彼女はカーボベルデ諸島の歌姫、セザリア・エヴォラを持っていた。あの軽快なラテンのリズムに裏打ちされた悲しげな歌は、おそらく地球上でもっとも優れた口説ける音だろう。そのＣＤを見たとたん、俺はもっとよく知りたいと思える人間に出会ったのを感じた。どこか心の片隅で、おぼろげながら思い出す。俺がナンパ産業を見つける以前、女と出会い、交流を可能にしてくれていたものを。それは共通点というものだ。相手が好み尊重するものが、自分も愛着を抱くものだと分かったときは、それだけで相性抜群とでも言いたくなるような奇妙な感情に火がつくものだ。フェロモンを研究する科学者の主張によれば、ふたりの人間が互いに共通点があることを見つけると、フェロモンが放出され、誘引力が生まれるのだという。

それからすぐにミステリーが加わった。彼はいすにすとんと腰掛け、リサと俺が放出したフェロモンすべてを吸い尽くすそうというように、しばらく口を開いていた。

「今日カチャに電話したんだ」彼は言った。「しばらく話したんだ。俺はまだあの子を愛している」

彼はサムとリサを見た。まるでターゲットを選ぶかのように。

「ふたりはカチャとのことは知ってるのか？」

ふたりはあきれた表情をした。ふたりにはふたりなりに、片づけねばならないドラマがあるのだ。

「それじゃ」そう断りを入れる。「ちょっと『ポキート・マス』でブリトーでも食ってくるかな。よかったよ――

また会えて」

俺はすぐに立ち去らなくちゃいけなかった。狂気に付き合うのは――いくら自分がその一部だったとしても――ごめんだった。

『ポキート・マス』まで下りて行くと、外のテーブルにエクストラマスクがいて、頭ほども厚さのある本を読んでいた。短パンにヘッドバンド。ジムにでも行ったのだろうか、破れた白のTシャツには、まだ汗の染みが残っている。

ここひと月の間で、彼が一人で出歩いているのを見たのは初めてだった。ミステリーの最初の講座で会って以来、常にこうした努力を忘れない彼のことを、なんだか弟のように感じていた。しかしリアルソーシャルダイナミクスの一員となってからは、疎遠な感じになっていた。俺は何とかしてふたたび彼とのつながりを取り戻したいと思った。

「何を読んでるんだい?」俺は尋ねた。

「シュリ・ニサルガダッタ・マハラジとの対話『アイアムザット』だよ」彼は言った。「シュリ・ラマナ・マハリシより好きなんだ。彼の教養はより現代的で読みやすい」

「ほほう、感心だな」ほかに言いようがなかった。

インドのヴェーダンタ哲学書にはあまりなじみがなかった。

「ああ、人生には女以上のものがあることが分かってきたよ。あんなのは全部」そう言って丘の上のプロジェクトハリウッドを、彼は指差した。「無意味なんだ。すべて無意味なんだよ」

俺は半ば期待していた。今にも彼が笑い出し、昔のようにペニスの話でも始めるのではないかと。

「それじゃあ、もうナンパはやめるのか?」俺は尋ねた。

「ああ。俺は夢中になってたよ。だけど〝社会のロボット〟についてあんたが書いた投稿を読んだとき、自分もそれになりかけていることに気づいた。だからもう出ていく」

「親元に帰るつもりか？　それとも一人暮らしか？」

「どっちでもない」彼は言った。「インドに行くんだ」

「何だって、それはまた。何のために？」

エクストラマスクがコミュニティにやって来たとき、彼は俺が今まで会った中でももっとも箱入りな男だった。飛行機なんて乗ったこともなかった。

「自分探しをしたいんだ。チェンナイの近くにシュリ・ラマナシュラマムと呼ばれるアシュラムがあるんだ。ヒンドゥーの僧院のことなんだけど、そこに滞在したい」

「どれくらい？」

「半年か一年、もしくはずっとかも。ほんとに分からないんだ。なるようになるってとこかな」

俺は驚いたがショックではなかった。エクストラマスクのナンパアーティストから精神的探求者への変貌は、俺にダスティンのことを思い出させた。自らの魂の穴を埋めようとしながら生きる者もいるのだ。その空虚を女が埋めてくれなかったとき、彼らはより大きな存在に目を向ける。神だ。ダスティンやエクストラマスクは今後、どの時点でまた自分を振り返り、神でさえ心の穴をふさげるほど大きくはなかったことに気づくのだろうか。

「そうだな、旅の幸運を祈ってるよ。寂しくなる、とでも言いたいところだが、この半年間お互いろくに話もしなかったもんな。なんだか奇妙な感じだ」

「そうだね」彼は言った。「俺が悪いんだ」

そこで言葉を止めると、彼は歪んだ笑みを唇に浮かべた。ほんの一瞬、昔のエクストラマスクが戻った。

「あのころは臆病な腰抜けだったよ」

「それは俺もさ」俺は言った。

家に戻るとすでにイギリスの番組プロデューサーが到着していて、コートニーのマネージャーらしき人物やスタイリストも一緒だった。

「もう彼女とは仕事できない」コートニーが時間どおり撮影に姿を現さないことが分かり、スタイリストが言った。「彼女がドラッグやり始めてから、まるで悪夢だわ」

この家でドラッグの痕跡を見たことはなかった。しかしコートニーの異常な行動を考えれば、必ずしもプロジェクトハリウッドは彼女の望んだようにドラッグから遠ざけてくれる存在にはならなかったようである。彼女を気の毒に思った。彼女はこの家の数々の問題に目を向けることで、自らが向き合うべき現実の問題から目をそらしていたのだ。おそらく俺たち誰もがだ。

その夜目を覚ますと、ベッドの足元にプラダの靴を片っぽだけ手にしたコートニーが立っていた。

「家を改装しよう」興奮気味に彼女が言った。「これをハンマーにするのよ」

俺は時計を見た。午前二時二十分だ。

「釘か画鋲はある?」彼女は言った。

そして答えを待つことなく下へ駆けていき、手に釘の箱、俺の部屋の壁用にと額に入った絵、ベッド用にとクッション、それからバレンタインデーのプレゼントみたいなつぶれたピンクの箱をいくつか持ってきた。

「これはハート型ボックスっていうの」彼女は言った。「あんたに持っててほしい」

彼女は俺のギターを手に取り、ベッドの端に腰掛けると俺の好きな彼女の曲「ロング・ブラック・ヴェイル」を歌った。

「明日の夜『フォービドゥンシティ』でやる友だちの誕生日パーティに行くの」ギターを床に落としながら彼女は言った。「あんたも来てくれないかな。一緒に家を出られたらいいんだけど」

「そうしたいけど、向こうで落ち合おう」

彼女の準備がどれだけ長いか、俺は知っていた。

「オーケー。あたしはリサと行くから」

「リサといえば」俺は言った。「今日はここでずいぶんたくさんの人が君を待ってたんだ。君はどこにも見つからない。みんなかなり怒ってると思うよ」

彼女の顔がくもり、唇がしわくちゃになり、目から涙がこぼれた。

「何とかしてもらうから」彼女は言った。「約束する」

5　メソッドの通じない女、リサ

俺は白のブレザーをはおり、中にはメッセージを流せる電光掲示板のくっついた黒いシャツを着た。俺はそいつに『KILL ME』の文字をインプットしておいた。少なくともひと月はナンパに出かけていなかったし、注目を集めたかったのだ。コートニーが「フォービドゥンシティ」に現れるとはあまり期待していなかったので、ウイングとしてハーバルを連れて行った。

ハーバルとはついこの前、彼がイーベイで見つけたリムジンを取りに、一緒にヒューストンへ行ってきた。十人用にストレッチした一九九八年式のキャデラックだ。ハーバルはこの成功に気をよくし、俺たちの大人な説得にもかかわらず、珍種ペットのウエブサイトでワラビー購入の手付金を払っていた。パーティに向かう途中、俺たちは家で赤ん坊の有袋類を飼うことについて実用性や人間性の面から話し合った。

「あれは最高のペットだよ」彼は主張した。「よく慣らされたカンガルーみたいなもんだ。一緒に寝るし、風呂も入るし、しっぽをつかんで散歩だってできる」

もっとも忘れてはならないのは、混乱極まるプロジェクトハリウッドにワラビーがいるということだ。このとんでもない話の唯一ポジティブな面は、これが非常に優れたオープナーになったということだ。俺たちはパーティで、ワラビーをペットとして飼うことについての意見をみんなに聞いて回る。このオープナーないしは俺のシャツ効果で、一時間もしないうちに俺たちは女に囲まれた。またスキルを使うことができ、気分が良かった。俺たちは家のドラマに消耗しすぎていて、越してきたそもそもの理由を忘れていたのだ。

背の高い猫背の自称モデルが俺のシャツをやたらと触っていたとき、不意に人ごみに突出する脱色した金髪のたてがみが目に入った。部屋の反対側にいるにもかかわらず、彼女は輝いて見えた。彫りの深い顔はあごを引き、たっぷりと青いシャドウが塗られたまぶたの下でその瞳をくすぶらせている。コートニーのギタリスト、リサだった。

彼女の前では、さっきまでしゃべっていたモデルや女優の卵たちがすべて色あせて見えた。その見た目と態度で彼女たちを凌駕《りょうが》している。

俺はその場を失敬し、彼女に駆け寄った。

「コートニーは?」俺は聞いた。

「準備に時間かけすぎ。だから一人で来た」

「パーティに一人で行くのを躊躇しない人間は尊敬するよ」

「私自身がパーティみたいなもんだから」

彼女はまばたきもせず、にこりともせずそう言った。大まじめのようだ。

並んで座ったリサと俺は、その夜を通して店で一番派手なカップルだった。パーティが向こうからやって来たみたいだった。あたかも俺たちが引力のようなもので引き寄せたみたいに。俺たちの周りのカウチはすぐさまいっぱいになり、そこにはモデルや、コメディアンや、昔テレビで見かけたような顔や、デニス・ロッドマンまでいた。

その夜言葉を交わした女たちが次から次へとやってきて何か言ってくると、俺はリサと一緒にペンで腕に絵を描いてやったり、ちょっとした催眠術をかけてやったり、たいてい失敗する知能テストをやってやったりした。

これはPUA《ナンパアーティスト》いわく「共謀して『ふたりの世界』を創り上げる」行為にあたる。俺たちはふたりだけの小さなシャボン玉の中にいて、そこでは王様と女王様だった。ほかの人間はすべてこの夜を飾る遊び道具なのだ。

潜んでいたパパラッチの一団がそばにいたデニス・ロッドマンの写真を撮り始めると、俺はフラッシュの光に照らし出されるリサの顔を見た。そして出し抜けにハートが長い冬眠から目を覚まし、俺の胸に体当たりをかました。パーティが終わると、リサは俺に腕を絡ませ言った。「家まで送ってくれない？　飲みすぎで運転できない」

ふたたび心臓が爆発しそうになり、やがて不整脈のような速い鼓動に変わった。彼女は飲みすぎで運転できないかもしれないが、俺は緊張しすぎで運転できそうにない。

答えを待つことなく、彼女は俺の手にメルセデスのキーを落とした。俺はハーバルに電話をかけ、俺の車を家まで運転するよう頼んだ。

「信じられない」俺は言った。「キてるんだ！」

しかしキちゃいなかった。

リサを家まで送る。建物には見覚えがあった。ミステリーを連れて行ったハリウッド・メンタルヘルスセンターと通りを隔てたところにあったのだ。家に着くと、彼女はバスルームへ行き、俺はベッドに横たわり、なるべくリラックスして見えるようにした。

リサはバスルームから出てくると、俺を見てやる気のなさそうな様子で言った。

「何も期待なんてしないでちょうだい」

おいおい、俺はスタイルだぞ。俺に惚れてくれ。俺はＰＵＡなんだ。

彼女が着替えをすますと、俺たちはプロジェクトハリウッドへコートニーを探しに行った。だが、そこで見つけたのはリビングルームで十人の男たち相手にエクササイズのようなものを指揮しているタイラー・ダーデンだけだった。カウチの周りを走ったり、大声で叫んだり、ハイタッチをしたりしている。タイラーは近ごろ、彼らが女と夜遊びできる男になれるよう、生徒たちを物理的に鍛え上げるテクニックを考案中だった。彼の信念によれば、実際に何をしようとしまいと、アドレナリンと仲間意識で味つけしておけば、彼らは楽しい時間を過ごしたと思い込み、それによってナンパ術のニュースグループ内でリアルソーシャルダイナミクスにいい評価を書いてもらえるというわけだ。実に競争の激しい産業になりつつあった。

コートニーはまた姿を消したようだった。おそらく先日言ったことは本気で、本当に助けを求めに行ったのかもしれないし、もしくはさらなる厄介ごとに巻き込まれているのかもしれない。

俺はリサを自分の部屋へ連れて行き、キャンドルを灯し、CDプレイヤーにセザリア・エヴォラを入れ、クローゼットへ行った。

「まあ楽しもうよ」

俺はそう言って仮面やカツラや帽子など、ハロウィンの衣装が詰まったゴミ袋を引っぱり出した。俺たちはそれを全部着てみて、デジタルカメラで写真を撮った。デジタルフォトルーティーンをやってみるつもりだった。最初にふたりで笑顔で撮り、次に真顔で撮る。そして三番目の写真はロマンティックな感じに、見つめ合う。彼女はとてもうれしそうな目をしていた。強そうな外見の向こう側には優しさやもろさがあるのだ。

俺は彼女の視線をとらえ、カメラを構えたまま、キスをしようと身を寄せた。

「キスなんてしないよ」彼女が叫んだ。

熱いコーヒーを顔にぶちまけられたようだった。会って三十分以内にキスできなかった女はいなかった。何かしくじったのだろうか？

彼女を無視してもう一度試みた。無駄だった。

ＰＵＡとして、今までやってきたことに疑問を抱き始める瞬間だった。女が本当の自分を見ているのではないかと不安になり出すのだ。バカげたニックネームがつく前の高校時代、まさにこの状況を詩に書いていたようなやつをだ。

それから俺はフェイズシフトのルーティーンにしたがい、心を打つ、情熱のこもったパフォーマンスをやってのけた。どこか遠くで幾千のＰＵＡたちの拍手が聴こえる。

「そんな話には乗らないよ」彼女は言った。

まだ終わっていない。俺は史上もっとも美しいラブストーリーを話してやった。ハルキ・ムラカミの『四月のある晴れた朝に百パーセントの女の子に出会うことについて』だ。これは運命で結ばれた男女の話だ。しかしふたりはほんの一瞬だけ自分たちの関係を疑ってしまい、運命に従わず、結果として永遠に互いを失う。

彼女は氷のように冷たかった。

俺は断固たる無視を試みた。キャンドルを吹き消し、音楽を止め、明かりをつけてメールをチェックし始める。

彼女は俺のベッドによじのぼると、カバーの下で丸くなり、眠ってしまった。

最終的に俺も加わり、互いにベッドの端と端で眠った。

もう一つ手は残されていた。原始的な方法だ。朝になり、俺は何も言わずに彼女の脚をマッサージし始めた。太ももに向かってゆっくりと手を動かす。肉体的に火をつけてしまえば、理屈は吹っ飛び、きっと投降してくるだろう。

リサをセックスのために求めていたわけではない。たとえ何が起ころうとも、もう一度会いたいことは確かだった。俺はただセックスの何やかんやを終わらせて、普通に付き合いたかったのだ。彼女は何も俺から避けようとせず、俺は何も彼女から奪おうとしない。俺はいつも、セックスは女が与え男が奪うものだという考えを嫌っていた。

分け合うべきものなのだ。

しかしリサは分け合わない。太ももと骨盤がぶつかる温かなくぼみをこすり始めたとき、けたたましい声が目覚まし時計のように鳴り響いた。「何やってんのよ！」そう言って俺の手をぴしゃりと払った。

ふたりで朝食をとり、昼食をとり、夕食をとった。コートニーのことやPUAのことや俺の文筆業のことや彼女の音楽のことやふたりの人生のこと、それからほかにも思い出せないくらいあらゆることを話したが、瞬く間に一日が過ぎた。まぎれもなく楽しい時間だった。彼女は同い年だった。俺が好きなバンドはみんな彼女も好きだった。口を開くたび彼女は何か知的なことを言った。彼女は俺の気の利いた冗談に笑い声をあげ、そうでないものをバカにした。

もう一晩を俺と過ごした。何も起こらなかった。俺は手強い相手に出会ったのだ。

朝食のあと、俺は玄関口に立って彼女が帰るのを見ていた。坂を上っていき、メルセデスに乗り込み、コンバーチブルの幌を下ろして走り出す。俺は背中を向けて階段をのぼろうとした。振り向きたくはなかった。クールに見せたかったし、これ以上ＩＯＩ《脈ありサイン》を見せたくなかった。

「ねえ、ちょっと来て」彼女が車から叫んだ。

俺は頭を横に振った。彼女は敷地の外へ出ていくところだった。

「ねえ、冗談抜きに、来て。大切なことなの」

俺はため息をつき、彼女のほうへと歩いていった。

「ほんとにごめん、怒らないで」彼女は言った。「出るときに思わずリムジンにぶつけちゃったみたい」

体が凍りついた。あれは俺たちのもっとも新しくもっとも高価な所有物だ。

「なんちゃって」そう言うとアクセルを踏み込み粉塵を舞い上げ去っていった。爆音をあげながらサンセットブールヴァードを曲がる車に、彼女の金髪がなびくのが見えた。

またもや彼女に遊ばれた。

6 初めてのオンリーワン中毒

ある夜バスタブに腰を下ろしながら、ミステリーに、リサへの不満を話した。彼には過去に何度も女についての助言を求めたが、彼の目が間違っていたことは滅多にない。関係維持は彼の得意分野ではなかったが、最終抵抗を突破することにかけては完璧だった。

「オナニーしてみろよ」彼はいった。

「今？　ここでか？」

「違う、次に一緒にベッドに入ったときは、ちんこを外に出して自分でしごいてみろ」

「それから？」

「それから彼女の手を取ってタマに置いてやるんだ。そうすりゃ彼女は手でやり始める」

「本気か？」

「ああ。それからちんこの先っちょを触って我慢汁をちょっとつけて彼女の口に持っていけ」

「ありえないね。そりゃ映画に出てくる嘘っぱちだ。言うとおりにやってみて女の子が引いてしまうと、アドバイスした友人はこう言うんだ。『てっきり冗談だって分かってると思ってたよ』ってね」

「俺は本気だぞ。そうすりゃあとはセックスするだけだ」

三日後、午前二時にバーが閉まったあと、リサはコートニーのドラマー、サムとともにやって来た。べろんべろんに酔っていた。

俺たちはベッドに入り、数時間ほど無駄口を叩き合った。

「自分の何がいけないのか分かんない」ろれつの回らない口調で彼女は言った。「あんたの部屋からずっと出たくない。あんたがしゃべってるのを永遠に聴いてるだけだっていい」

そして俺のほうへ転がってくる。

「今言ったことは忘れて」吐き捨てるように言った。「本気じゃないから。アルコールって自白剤みたい」

今がチャンスだった。ミステリーの言葉が頭をよぎった。俺は自らしごいて彼女の手を置くことの二つの面を考慮した。

できなかった。怖かったからではなく、うまくいくはずがなかったからだ。きっとリサは面と向かって俺を笑い飛ばし、こんな傷つくようなことを言ってくるだろう。

「勝手に自分で触ってな。こっちにする気はまったくないんだから」

そして友人全員に言いふらすのだろう。目の前でちんこをしごき出した悪趣味な男のことを。

ミステリーだって常に正しいわけじゃない。

そうして俺たちはまたプラトニックな夜を過ごした。俺はおかしくなりそうだった。彼女が俺を好きなことは分かっていた。なのに、それ以上の関係にはなろうとしない。俺は今にもＬＪＢＦ《脈ナシ》されそうな窮地に立たされていたのだった。

たぶん俺は彼女の好みじゃないんだろう。俺は彼女が、ナンパ講座に行かねばならないような貧相なメトロセクシャルの男ではなく、タトゥーが入った筋骨隆々の革ジャンを着たダンチヒ（バルト海の南部、ポーランドの湾岸都市。造船・化学工業が盛ん）風の男といるところを想像した。たまらない気分だった。

オンリーワン中毒（One-itis）という言葉を知って以来初めて、彼女は俺のそれになっていた。絶望的な状況であることも分かっていた。オンリーワンを射止めることはけっしてできない。あまりにしつこく食いつきすぎるため、駄目にしてしまうのだ。そして俺は事実、駄目にしてしまった。

次の夜、リサはコートニーとともにアトランタのフェスティバルに出演するため街を去っていった。向こうにいる間、彼女は三回電話をかけてきた。

「帰ったらディナーに行く時間ある？」彼女が聞いた。

「どうだろう」俺が言った。「君がいい子にしててくれれば考えるよ」

「分かった、それなら」彼女は言った。「あなたがそういうつもりなら、私は行く必要ないわね」

俺はただデイヴィッド・デアンジェロに教わったように、彼女をじらして鼻をあかしてやりたかっただけなのだ。しかしそれによって俺は肝心なところをぶち壊そうとしている。自分が最低な人間に思えた。

「困らせないでくれよ」俺は言った。体勢を立て直さなくては。「君が戻ったら会いたいよ。そのあと二週間街を空ける予定だから、たぶんそのときしか会えないと思う」

電話の向こうで、サムの声がした。「あんた彼氏と話すみたいにしゃべってんのね」そうリサに言った。

「たぶん彼氏にしたいのよ」リサがサムに言った。

つまり俺はまだＬＪＢＦされていないわけだ。彼女が戻るのが待ちきれなかった。俺もリサを、自分の彼女にしたかった。

彼女が戻ってくる日は、一日中完璧に彼女をモノにする計画を練って過ごした。空港までリムジンで彼女を迎えに行く。ハーバルに運転させて、俺は後部座席で待つ。それからサンセットマーキスホテルのウイスキーバーに連れて行く。プロジェクトハリウッドから歩ける距離だ。

女は男におごられるのをよく思わないが、同時にケチな男にもしらけてしまう。だから俺はあらかじめウイスキーバーに出向いて支配人に百ドル渡しておき、何を注文しても会計なしにできるよう頼んでおいた。そしてそのあとは家へ連れて行く予定だった。俺はパソコンに、彼女のＬＭＲ《ラスト1分の抵抗》に対抗するための手順やルーティーンを書きつづった。今や、彼女が俺を好きなことは分かっているのだ。最後までやり通す自信はあった。

それでも彼女が拒むなら、そのときはやはり肉体関係を持つことに何らかの問題があるということで、俺は彼女のＬＪＢＦにならざるを得ないだろう。彼女の飛行機は午後六時半に到着予定だった。ハーバルが彼女を探してデルタ航空のターミナル付近を走り回っている間、俺は後部座席のバーでコスモポリタンを作った。

だが、到着した飛行機に彼女は乗っていなかった。

俺は困惑したが、気を落としはしなかった。ＰＵＡ《ナンパアーティスト》たるもの、混乱や現実の危機に瀕したときは、どんなプランをも放棄し変更することを厭わないのだ。俺は家へ戻り、リサに留守電を入れた。

返事が来ないと、もう一度メッセージを残し、そのまま一晩中彼女からかかってくるのをむなしく待った。

その朝五時に、携帯が鳴って起こされた。

「起こしてすまない。誰かと話したかったんだ」相手は男の声だった。

このオーストラリアなまり。セーターだ。

最後にセーターに会ってから彼はコミュニティを去り、結婚していた。彼のことはしばしば思い出していた。誰かに「コミュニティの人間は単にできるかぎりたくさんの女とセックスすることを目的に技術を学んでいるのか」と聞かれたときは、セーターを例にあげ、ちゃんとした目的のためにゲームをする者もいると答えたものだ。

「今日、死のうとしたんだ」彼は言った。

「何があった？」

「かみさんにあと十日で初めての赤ん坊が産まれる。私は憂うつでね。彼女のために何でもしてやってる。だけどそれでも足りない。あれは俺を友人たちから遠ざけてしまった。仕事仲間はみんな去っていったよ。あれは俺の全財産を使って、やることといえば不満を言うだけだ」彼は涙をこらえるように言葉を止めた。「そして今度は赤ん坊を産もうとしてる。私はもう逃げられない」

「でも君たちは愛し合ってたじゃないか。どんなふうに彼女は変わっちまったんだ？」

「違う。問題は俺が変わったってことなんだ。ミステリーやデイヴィッド・デアンジェロが言ってたような人間になるのは難しすぎる。彼らが言っているのは、けっしていい男じゃない。それは私が目指しているような人間でもない。私は人によくしてやるのが好きなんだ。だから彼女の欲しがるものは何でも与えた。週に三度は花を贈った。彼女の望むようにやったんだ。だけどだめだった」

いい年の男がこれほど泣くのを、ここ二年ほど聞いたことがなかった。

「今日、エンジンをかけたまま窓を閉めきってガレージに座っていた」彼は続けた。「一九八六年以来、自殺を考えたことなんてなかった。でもくるとこまできたんだ。最悪さ。人生に何の目的も見出せなかった」

セーターは救いを必要としているわけじゃなかった。ただ話し相手が欲しかったのだ。以前の彼は、女をナンパすることだけが目的じゃないという態度を決め込んでいたが、今になってその結末に苦しんでいるのだった。

「初めてコミュニティに参加したとき、私はあらゆる望みを書きつづった」彼は言った。「そして今、想像どおりの暮らしをしている。金があって、大きい家があって、美しい女がいる。だけど美しい女だけじゃ満足できないんだ。敬意と優しさで私に接してほしいだなんて、あのときは思いつきもしなかったよ」

その朝しばらくして、コートニーが家に帰ってきた。リビングでギャビーに向かって大声を上げているのが聴こえた。

下へ降りていくとコートニーがギャビーの荷物を外に出そうとしているところで、俺は無意識に、リビングルームに足を踏み入れるときの口ぐせを言った。

「何かあったか?」

「ギャビーがミステリーとけんかして、この家から出て行くんだって」コートニーが言った。「だから手伝ってあげてるの」

コートニーはうれしさのあまり笑いを噛み殺すのがやっとだった。

「バンドのみんなはもうアトランタから戻ったかい?」俺はさり気ないふりで尋ねた。

「うん。あたしよりも早い飛行機で帰ったよ」

俺は即座にその場を立ち去った。何か言い返せば、この落胆ぶりが声に出てしまう。

ギャビーが出て行ったあと、コートニーはコーヒーテーブルの上にセージの束を投げた。

「ここの空気をきれいにしましょう」そしてキッチンへとスキップして行った。「米を供えなきゃ」しかし米はどこにも見つからず、ジャンバラヤミックスのパックとボウルに張った水を持ってきた。水にジャンバラヤミックスを入れ、真ん中にセージを立てると部屋に駆けて行った。そして青と白のチェック柄のネルシャツを持って現れた。

「これが使える」彼女は言った。「カート・コバーンのシャツなの。もう三枚しかないんだけど」

彼女は注意深く、傷つかないようテーブルの下にシャツを敷き、家によいエネルギーが満ちるようにした。それからセージに火をつけ、ミステリー、ハーバル、それから俺を間に合わせの祭壇に向かって座らせ、みんなで手を組んだ。彼女の手には強い力がこもっていた。

「今日一日と神の恵みに感謝します」彼女は祈りを捧げた。「この家の空気から邪悪を消し去りたまえ。そしてこの屋根の下に平和と調和と友情をもたらしください。もう涙はたくさん! それからニューヨークの裁判で勝てますよう。それと、ほかの問題もすべて片づきますようお力をください。神よ、あなたにしたがいます。本当です。強さをください。アーメン」

そしてみんなで。

「アーメン」

翌日、運転手がやってくると、ニューヨークへ行くためコートニーを空港へとさらっていった。彼女自身の祈りは向こうで徐々に叶えられていくことだろう。しかしこの家の空気は、彼女の不在によってただひたすら暗くなっていくだけだった。間もなく判明したのは、コートニーもギャビーも、何ら問題の原因ではなかったということだ。彼女たちは単に、俺たちを食い尽くそうとしているさらに巨大な何かの、兆候にすぎなかったのだ。

7 アドバイスは正しくない

その午後、リサから短い伝言があった。

「ハーイ、リサよ。帰ってきた。早い飛行機に乗ったの」

それだけだ。何の謝罪も、何の心づかいもなく、約束を完全にすっぽかしたことに対してひとこともない。

彼女にかけ直した。しかし出なかった。

「あと二〜三時間でビジョンとマイアミに行くよ」俺は留守電にそう残した。「発つ前にどうしても君と話したい」

かなりＡＦＣ《欲求不満のバカ》的なメッセージだった。やっぱり、彼女からの電話はなかった。マイアミにいる間毎日、留守電を確認した。無駄だった。

俺はタイラー・ダーデンのように押しまくるタイプじゃない。もし彼女に関心があれば、電話してくるはずだった。俺はフラれたのだ。それも初めて何かを感じた女に、あっという間に。おそらく彼女はもうほかの誰かと付き合っているのだろう。ＬＭＲ《最終抵抗》を打破することのできた誰かと。

始めは彼女に腹が立ち、それから自分に腹が立ち、それからただ悲しみだけが残った。ＰＵＡ《ナンパアーティスト》ならいつもこうアドバイスする。「オンリーワン中毒に打ち勝つ最良の方法は、たくさんの女をファックすること」。そして俺は荒れまくった。

セーターのような結末は迎えたくなかった。絶対に。俺は危うく自ら足かせをはめてしまうところだったのだ。

マイアミでは毎晩ナンパに出かけた。かつてない意欲と情熱を持ち、かつてないほどの成功を収めた。今まで一夜限りの関係はけっして好きじゃなかった。一度誰かに近づきながら、そのあとでわざわざ手放すなんてまともじゃない。俺はむしろ十夜の関係が好きなのだ。十夜の素晴らしいセックス。ふたりの人間が体を馴染ませ、互いの感じる部分を知っていくなかで、一夜ごとにいやらしさを増し、さらにワイルドに、経験を積んでいくのだ。だから俺は寝た女一人ひとりを、ジェリービーンズのように混ぜ合わせ、比べては楽しむ。

それが俺の現実だ。

俺が会うのをもっとも楽しみにしているのが、ふたりのジェシカだった。一人はロサンゼルスで何度か寝たことのあるタトゥーだらけの二十一歳、それからもう一人のジェシカとは「クローバー」で出会った。彼女も二十一歳だったが、一人目のジェシカとは正反対だった。純情そうな見た目で、赤ん坊のようにふっくらしている。ふたりともポルノが好きらしく、どうやら面白くなりそうだった。

ホテルのバーで飲んだあと、ルーン文字を読んでやると言ってふたりを部屋に連れて行き、それから数分間、馴染ませるため部屋にふたりだけにした。俺は戻ると、ふたりにノートパソコンでホームムービーを見せ、それから信頼性は確認済みの二重誘導マッサージを始めた。これは今では嫉妬する女友だちのオープナーや親友テストと同様、あくまでルーティーンの一つだった。そしてやはり、うまくいった。

その唇が触れるなり、ふたりは他人同士から恋人たちへと姿を変えた。ふたりの女がこんなおかしな状況であんなにも簡単に関係を持ってしまうのを目にするたび、俺は衝撃を受ける。

期待どおり、いやらしい夜だった。さらにさらにと快感を追い求め、絡めるかぎりの体位を試した。ジェシカが口の中に出すよう言ったとき、俺はそれにしたがった。彼女は中身をジェシカの口に吐き出し、ふたりで激しく唇を絡め合った。俺の人生でもっともエロい瞬間だった。

しかしそのあとで空っぽで孤独な気分に襲われた。ふたりのことなんてどうでもよかった。残るのは単なる記憶と事実だけだ。今までの女がすべて去り、二度と俺に電話をかけてこなかったとしても、俺は気にすることなどないだろう。

この世のすべての〝十夜の関係〟と3Pを経験しても、オンリーワンを忘れることはできそうにない。

PUAは、正しくなかった。

8 夢想はときに現実に勝る

男の性欲は、一見すると社会に蔓延しているように見える。ストリップクラブがあり、ポルノサイトがあり、『マキシム』のような男性誌があり、それからそこら中に刺激的な広告があふれている。しかしそれにもかかわらず、男の真の欲望というのはたいてい抑圧されたままである。

男は女の目に映るよりも、あるいは互いに認識し合うよりもはるかにセックスのことを考えている。教師は生徒をファックすることを考え、父親は娘の友人をファックすることを考え、医者は患者をファックすることを考える。

そしてあらゆる女性が少なからず性的魅力を持ち合わせているのにもかかわらず、今この瞬間にも、おそらく世界のどこかであの女とのファックはどういうものかと想像しながらちんこをしごいている男が存在する。彼女はそんな男の存在すら知らない。その男は街ですれ違ったビジネスマンかもしれないし、地下鉄で向かいに座った大学生かもしれない。そしておそらくは、むしろそういうことを女に言ってしまえる人間が、女とうまくヤれるのだ。なぜなら彼は、はばかることなく彼女や、ほかの女のパンツを脱がそうとするからだ。現代の恋愛における大きな嘘とは、女と寝るために男はまず、そんな期待などしていないかのような顔をしなければならないということだ。

女にとってもっともおぞましいものは、彼らのストリッパーやポルノ女優や少女に対する妄想だ。なぜならそれは忌まわしく、女の現実を脅かすものだからだ。もし男が現実にそんな女を望むなら、彼女たちの結婚やハッピーエンドの夢はどこへ行ってしまうだろう？

彼女たちは運命づけられている。本当はヴィクトリアズ・シークレットのモデルや、隣人の娘や、物置に隠したSMビデオの女王様を望む男たちと暮らすことを。女たちが年を重ねていく一方で、十八歳の少女は永遠に十八歳なのだ。男が望むのは体だけなのかもしれないという疑念の前に、愛は無残に打ち砕かれる。

幸い、これで終了というわけじゃない。男は視覚で考える。よってしばしば自らの目に欺かれる。しかし真相を言えば、夢想はときに現実に勝るということだ。俺はその教訓を今知った。たいていの男がゆくゆくは知ることになる教訓だ。ミステリーは自分と同じくらい互いを愛し合うふたりの女と暮らすことを望んでいたかもしれない。しかし機会がくるたび、女たちは彼を悩ませ、協力して彼に対抗し、やがてカチャのときのように彼を惨めな状態に突き落としたのだった。

男は裏切り者ではない。単にそう考えがちなだけで、ときにそうであるかのように振る舞ってしまうだけなのだ。しかし女は驚くべき力で、俺たちに「期待に沿わなければ」という気を起こさせてしまう。これが男が深入りを恐れる理由の一つだ。そしてときには、ミステリーのように、わざわざ女の短所を引き出してまで、それに対抗するのだ。

9 キープレイヤーは語る

俺がマイアミにいる間に、カチャが戻ってきていた。

俺は来るべきその日を、この家に巻き起こるであろう恐怖を思い、いつもビクついていた。しかしミステリーはまるで誕生日を待ちわびる子供みたいに楽しみにしていた。彼にはすべて計画済みだった。

俺はしばらく離れていたため、関係者の証言から、この災難に至るまでの一部始終を再現しておく。

プロジェクトハリウッドは新たなどん底に到達していた。

ミステリー「家のアフターパーティで、ジェンっていう名前の十九歳の最高にセクシーな子に会った。ひんむいてみたところ、それは見事なもんだった。『ナインハーフ』のシャワーシーンみたいだったね。俺が知る中でも最高に柔らかくてきれいな肌をしてて、たまらないケツをしてた。俺は突っ立ってそのケツと肌をただ眺めていた。『俺にこそふさわしい』って思いながらね」

カチャ「ミステリーはあたしがニューオーリンズにいる間、一日にいっぺんは電話してきて、甘い言葉であたしにささやいた。こう言ったわ。『君が好きになるような美しい十九歳の女の子がいるんだ』あたしはその子をくれるのかって聞いた。そしたら彼は言った。『違う、シェアするんだ』」

ミステリー「つまりはカチャともう一度付き合うってことじゃなく、カチャにジェンと俺の遊び相手になってもらうつもりだったんだ。俺の計画は彼女を空港までリムジンで迎えに行き、『ファーマーズマーケット』で食べ物でも買って、それから家へ帰って二重誘導マッサージをすることだったんだ」

ハーバル「カチャがいないほぼ一カ月半、ずっと彼女を無視していた。彼女からのメールはひっきりなしに届いてたけどね。ミステリーは四六時中どうやって彼女と3Pするつもりかを吹聴していて、ぼくは心臓をナイフでえぐられるような気分だった。ミステリーには彼女に関わるな、トラブルになるから家には入れるなと、繰り返し言った。だけどあいつにそんな気はなかった」

カチャ「実は前日にはロサンゼルスに着いていて、これはミステリーは知らないんだけど、ワンルームのアパートを借りてニューオーリンズの友だちと遊ぶつもりだった。あたしはホテルに泊まって、ハーバルに電話をかけた。そのときは本当に彼と付き合いたかった。次の朝そのまま家に行って、ミステリーには飛行機が早く着いたからタクシーを拾ったって伝えた」

ハーバル「用事を終えて帰るとカチャのスーツケースが目に入り、ぼくは干渉しないよう自分の部屋へ行った。だけどミステリーとカチャがやってきてぼくに話しかけてきた。それからみんなでミステリーの部屋のバスルームへ行って、カチャがぼくらの爪を塗ってくれた。彼女はセーターを取りにミステリーの部屋のウォークインクローゼットに消えていって、それからミステリーも入って行った。五分後、ふたりはまだ中にいた」

ミステリー「彼女は俺をクローゼットに呼んで『ハーバルと付き合いたい』と言った。俺は彼女が本当にあいつといたくて言ってるんじゃないと思った。ただ俺を困らせたいだけだってね。俺がジェンとあまりにアツアツだったから、彼女の嫉妬心に火をつけちまったんだって確信したよ。だから俺はハーバルをクローゼットに呼んで、カチャに『こいつに言ったらどうなんだ？』って言ったのさ」

カチャ「ほんとにハーバルが好きだった。ニューオーリンズにいる間ずっと電話で話して、やっぱり好きだって思った。おおらかな人だし、頭ごなしに人を否定したりもしないもの」

ミステリー「ハーバルとカチャは顔を見合わせ、ハグをして、それから気まずそうにしていた。だから俺は『キスでもしてさっさと終わらせちまえよ』って言った。ふたりとも、そのとおりにした。俺は一瞬にして狂いそうになった。あれからずいぶんたったのに、こんなことになろうとは思いもしなかった。しかし、デイヴィッド・デアンジェロが言うように『魅力は選ばれた者の側につく』もんじゃない。魅力があるから選ばれるんだ」

ハーバル「その夜、ぼくたちはダブルデートをした。ミステリーはトゥイラに、サンタモニカ埠頭までリムジンを運転するよう頼んだ。ぼくは甘すぎたと思う。だけどそのときは本当に何もかもうまくいくと思ってた」

トゥイラ「私に運転しろだなんて、そんなめちゃくちゃなこと頼む根性がミステリーにあるのが信じられなかった。彼は、人を操る優れた能力が自分にあるって思ってた。そして私は、そんな人間をそれでも好きな自分に嫌気がさした」

ミステリー「その夜ジェンとカチャは結局リムジンの中でいちゃつき始めた。ふたりが桟橋の電話ボックスで乳首を吸い合ってる写真がある。でもだんだんややこしくなってきた。カチャがハーバルの女になった瞬間、俺は3Pのことはどうでもよくなって、ジェンがこれ以上カチャに触れるのが嫌になったんだ。だけどカチャはジェンに惹かれてて、彼女の前で俺の陰口をたたきはじめたのさ」

カチャ「ミステリーはずっと、ジェンのことはほんとに好きなんだから彼女の前で俺をコケにするなって言ってた。『あなたたちはお似合いよ。あんたみたいなのに耐えられる人間がいるとしたら、あの子くらいね』ってあたしは答えた。あたしはハーバルが欲しかったから、ミステリーに誰かができて、ほっとしたわ」

ミステリー「そのあと、ジェンは一週間ほどサンディエゴに帰っていて、カチャは毎日のように彼女に電話していた。ジェンがいない間のある夜、俺は身長百八十センチのモデルの最終抵抗をどうにかしようと、ベッドの上でがんばってた。指でいじったり触らせたりしていたが、なかなか手強かった。だからしばらく放置を決め込み、スプライトを取りにキッチンへ行った。そしてまたカチャがハーバルとセックスをしてるのが聞こえた。そのあえぎ声に嫉妬して、俺は泣きだした。止められなかった。ベッドに帰りゃあ別の女がいるのにだ。俺は部屋に戻り、俺の人生がいかにひどいものかをモデルに話した。すると彼女は帰りたいと言い出した。俺は彼女を送っていこうとした。だけどそのときトゥイラが俺を笑ったんだ」

トゥイラ「私はクッションエリアで寝ていて、そこを不機嫌なミステリーが通りがかった。それがあまりにおかしくて私はクスっと笑った。あのときは滑稽だと思わずにはいられなかった。そうしなければ、また自分が傷つくことなるだろうから。そのことにあいつはカッとなり、私に当たり散らした。一緒にいた女はタクシーで帰るはめになった」

カチャ「次の週、ミステリーはサンディエゴにジェンを迎えに行くためにあたしの車を使いたいって言った。家まで帰る途中、ジェンとあたしは世間話をしながら楽しい時間を過ごした。するとミステリーはのけ者にされたと感じたらしく、あたしを無視し始めた」

ミステリー「カチャが俺からジェンを奪ってハーバルとシェアしようとしているんじゃないかと思った。だから俺はカチャにむかついて、車の中で激しくやり合った。ジェンはそれを見て、家に帰せと言った。そのあと、二度と電話しないでくれと俺に言ってきた」

ミステリー【ミステリーズラウンジに寄せた投稿】

「ハーバル、カチャ、それからジェンに気をつけろ。誰かハーバル（やたら着飾っているからすぐ見つかる）、もしくはあいつの女カチャ（バイのロシア人、九・五、目立つからすぐ分かる）がジェン（十九歳のメキシコ人、九・五、これも見つけやすい）といるのを見たら、ミステリーに電話してほしい。問答無用でハーバルに文句を言ってやる」

カチャ「彼は、あたしがジェンを彼と仲違いさせようとしてると思ってる。でもあの車の出来事以来、彼女はあたしとも関わりたがらない。彼女はあたしがミステリーをフォローしたのを、嘘ついたと思ってるんだ。まるであたしがひどいやつみたい」

ミステリー「ハーバルと俺とはいまだに仕事の関係がある。だから講座のため一緒にシカゴへ行った。俺はヤツの能力を買っていたから、俺の感じた嫉妬をちゃんと説明し、俺の元彼女との関係についていろいろけじめをつけるつもりだった」

ハーバル「シカゴの講座の最終日、ミステリーと一緒に食事に行った。ミステリーはとなりにいた四人組をナンパし始めた。口説きながら彼は言った。『信じられるかい？　この男はなんと俺の元彼女を奪ったんだ』ってね。彼は女の子たちに事の顛末を語った。ぼくは折に触れ自分の見解を述べたが、そのうちに彼は怒り出し、いきなり『カチャは二度と家に入れない』って言った。ぼくは『あれはぼくの家でもある。あんたが招いた事態だろう』と答えた。ミステリーは『あと一度でも彼女を家で見かけたら、お前とは終わりだ』と返してきた。だから僕は『自分のやるべきことをしなよ』と答えた」

ミステリー「俺たちが戻ってみると、トゥイラはプロジェクトハリウッドを離れて、俺の個人秘書をやめ、カチャのところに引っ越していた」

トゥイラ「カチャと私は友だちになった。ミステリーがどんな男かを語り合っているうちに、絆が深まったんだ。彼女はルームメイトになるかと聞いてきた。私は、そうしようって答えた」

ハーバル「最終的に、ミステリーとぼくは妥協案に落ち着いた。週の半分以上、カチャを家には置かないと、ぼくが申し出た。ぼくらは握手をし、合意した。シカゴから戻った日から家族の集まりでボストンに帰る日まで、ロスで一週間あった。その間ずっとカチャのアパートにいた。最高だった」

カチャ「ハーバルがいない間はパパの講座を手伝っていた。金曜の夜遅くに終わってからメルズへ行って、それからプロジェクトハリウッドへ行ってバスタブにいた。あたしは午後に起きなくちゃいけなくて、困ったように見えたらしく、パパはハーバルの部屋で寝るようにあたしに言った。目が覚めると、ミステリーがいた。彼があたしにこの家で何をしているのかと聞いて、あたしは『昨夜パパと一緒だったの。楽しかったわ』って答えた。それから『二日前、あなたのお友だちに会ったけど』って言った。誰に会ったのか、彼が聞いてきた。あたしがシマに会ったって言ったら、彼はおかしくなった」

ミステリー「カチャは俺のトロントの元彼女と遊んだなどといきなり話し始め、俺はめちゃくちゃ腹が立った。あいつのせいでジェンを失い、あいつのせいでトゥイラを失い、そして今あいつはシマまでも奪おうとしている。あいつはまだ選択肢の一つだったのに」

カチャ「彼はあたしの横を素通りして、ハーバルの部屋のドアを外れるくらい強く蹴飛ばしながらハーバルの名前を叫んだ。それからまた自分の部屋に走っていくと額に入れたシマの写真を持ってきて、ハーバルのベッド脇の壁に投げつけた。そして、自分の男もいないのにこの家に来るなってあたしに言った」

ミステリー「あいつには何を言っても無駄だし、触れちゃいけないことも分かっていた。だからあいつをびびらせようとした。ドアを蹴飛ばし、家から出て行くように言った。『ここはお前の家じゃない。俺は家賃を払って、ここに住んでるんだ。お前はゲストで、今は彼氏も留守だ。出てけ』ってね」

カチャ「ミステリーは、あと一度でも家であたしを見かけたらハーバルをただじゃおかないって脅してきた。キャンドルを投げ散らかし、マットレスをひっくり返し、壁に花瓶を投げつけ、それからバルコニーのドアを開けてあたしの持ち物を外に向かって投げ始めた。あたしのカーマスートラオイルの瓶まで駄目にした。めちゃくちゃ頭にきた」

ミステリー「俺は、また来たらただじゃおかないと言った。彼女は、ただじゃおかないっていうのは殺す気でもあるのかって答えた。俺は言った。俺は、お前のことが好きでたまらないから、顔をみたらハーバルをボコボコにぶん殴っちまいそうだって言った」

カチャ「あたしはパパを探して二階に行ったけど、そこにはいなかった。だから車に乗り込んで自分のアパートメントへ向かった。五分後にパパから電話があった。パパは『ここはミステリーの家じゃない。契約名義はぼくだし、君はぼくのお客さんと同じだよ。すぐ迎えに行く』って言った。そして、こっそり連れ戻してくれた」

ミステリー「パパは基本的ルールを破ろうとしていた。俺が仕込んだ俺の元彼女を自分の講座のために雇っていた。あれは俺から盗んだアイデアだ」

ハーバル【ミステリーへ、メールにて】

「カチャが家にいたためにぼくの寝室と個人的所有物が〝破壊〟されたと聞いた。破壊の意味するところが正確には分からないが、今ぼくは自分の家で身の危険を感じる。君は世界が自分中心に回っていて、誰もが君の望みにしたがうべきだと信じているようだ」

ミステリー【ハーバルへ、メールにて】

「俺はカチャにここにいてほしくない、そしてこれを言うのももう最後だし、このメールにももう返事をする必要はまったくない。それともまた蒸し返して俺を怒らせようっていうんなら、窓をぶち割ってお前を突き落としてやる。警告はこれが最後だ。お前が戻った後にまたあの女が来るようなことがあったら、俺はおとなしくしてるつもりはない。繰り返し繰り返し、何度でもやってやる。もしお前が戻ってきてもあの女が顔を見せないのならば、俺たちは同じ屋根の下で安心して平和に暮らすことができる。まあ、いずれにしろ俺たちの仕事の関係は、言うまでもなく解消だ」

タイラー・ダーデン【ミステリーへ、メールにて】

「君がカチャを失った理由はたくさんある。しかしぼくにはまるで君が精神的に彼女に寄生していたように見える。君は飢えて注目を集めようとするブラックホールのようだ。たとえ一分でさえ、人々の中心じゃなくなるのが耐えられない。何とも悲惨な欠点だ。友人に自分の女なんて提供するな。パーティ好きの女を自分の女にしようとするな。そして変身したてのＡＦＣたちをぼくらの生活に持ち込んだことの重大さを、けっして甘く見るな」

10

揺らぐ信頼

マイアミにいる間、毎日のように電話が鳴った。出てみると、ミステリーだったり、ハーバルだったり、カチャだったり、トゥイラだったり、タイラー・ダーデンだったりした。さらにプロジェクトオースティンについての電話まであった。そこもまた、崩壊しつつあったのだ。料金未払いのためにガスと電気が止められ、ベッドルームにはキャンドルや汚れた衣服やポルノ写真が散乱していた。しかし俺が本当に連絡してほしいのは、リサただ一人だった。プロジェクトハリウッドに戻ると、ハーバルの部屋はずたずたにされていた。壁に穴が開き、ドアは下のほうのちょうつがいにかろうじて支えられ、マットレスはテレビの上にかぶさり、フローリングの床にはガラスや泥が散らばっていた。

ナンパアーティストとして考えてみると、ミステリーのしたことというのはすべて「ドラマを作り共通の敵を生んだ」という点で、カチャとハーバルの結びつきをより強める結果になっていた。しかしミステリーはナンパアーティスト的には考えていない。彼は自分を制御できなくなっていた。

その夜、呼び鈴が鳴った。ミステリーが出てみると、そこには二十代の筋肉質な男が雨に打たれ、怒りの表情を浮かべながら立っていた。家の前にはカチャの車が停まっていた。

「俺はカチャの弟だ」男はミステリーにそう言った。

「嘘つくな。俺はカチャの弟を知っている」

「まあいい」男はそう言うと、ミステリーの脇を通って家の中に入ってきた。「お前、カチャを殺すって脅したんだってな。ふざけてんのか?」

「カチャを脅したことなんて一度もない」

そう言ってミステリーはカチャの友人を眺め回した。ミステリーよりも背は低いが、間違いなく強そうだった。

「俺が脅したのはハーバルだ」

「まあ、お前がカチャに何かするようなことがあれば、この手で頭をかち割ってやる」

ミステリーはこの手の挑発をスルーすることができない。ちょうどドニエストルの国境でもめたときのように、ミステリーはぶちりとキレてしまった。首にくっきりと青筋を立て、顔を紅潮させ、わずかに伸び上がった。

「やんのか?」ミステリーは怒鳴った。「それならやれよ、いつでも準備はできてるんだ」

「ようし」カチャの友人は言った。「それじゃあ外に出ろ。絨毯を血で汚したくない」

「だめだ、ここでやるんだ。絨毯を血で染めたい。印を付けなくっちゃな」

ミステリーは視界の隅っこに、ルーン文字を描こうと浜から拾ってきた大ぶりな石の山があるのに気づいた。彼は一つに手を伸ばし、敵の頭を打ち砕こうと構えたがすぐに考え直した。大股三歩でハーバルの部屋の壊れかけたドアに近づき、床に蹴り倒した。

「ほら、来いよ!」ミステリーは叫んだ。「どうなっても俺は知らねえからな!」

そう言うと本棚をつかんでなぎ倒した。

カチャの友人はミステリーの瞳に狂気が光るのを目にしたことだろう。そして闘いというのはおおむね正気でないほうが優勢なのだ。

「ドアなんか蹴飛ばす必要なんてないぜ、あんた」彼は撤収しながら言った。「俺が欲しいのは犬だけだ。カチャが犬を取りに俺を寄こしたんだ」

男がリリーを抱き上げるのを、ミステリーは動きを止めて見守った。危険は去った。コルチゾール、アドレナリン、テストステロン、彼の体中からほとばしっていたホルモンが引き始めた。

「なんでそれを早く言わねえんだよ」

ドアの横に立った男は腕の中でリリーをあやしながら、まごついた様子だった。

「リリーの餌はいるか?」ミステリーは言った。

「ああ、そうだな。いるかな」

ミステリーはキッチンへ行き、リリーのドライフードの袋と缶詰の餌をつかみ、襲撃者気取りの男に手渡した。外へ出るとき、男が階段に缶詰を落とした。ミステリーはかがみ込んで拾い上げ、彼に手渡し背中を叩いた。

「いい子だ」そうカチャの友人に言った。

現場用にアリ・Gから拝借したセリフだ。

俺は二階へ上がるとベッドに倒れ込んで天井を見上げた。

俺はなぜここに? これはもはやダスティンへの憧れだけじゃない。ここに至るまでの俺は社会の網目に巻き込まれ、コミュニティの慣習に縛られてきた。「俺たちは未来のスーパーマンであり、世界の次期権力を担うであろうもっとも洗練された男たちであり、唯一女の心を掌握する見えない鍵を持つ者である」という考えのもとにだ。俺たちなら結果を出せると思ったから、俺はヤツらとここへ来た。俺は自分たちの生活をあらゆる面で、女だけではない新たな次元へと導くため、彼らとともに進んでいくことを思い描いていた。個々を合わせたよりもさらに大きなものが生まれることを望んでいた。

しかし支え合う構造を築くよりはむしろ、『蝿の王』(ウィリアム・ゴールディング著。南太平洋の孤島に飛行機で不時着した少年たちが野性に目覚め、殺りくを繰り返すという小説）のような状況を生み出してしまったのだ。

これを解決するため、何か考えなくちゃいけなかった。彼ら、そしてコミュニティへの信頼は、俺の中で風前の灯火だった。

Step11

期待感を運用せよ

それは美しかった、というのではなく
つまり結局のところ、
たしかな秩序があったのです。
この狭い、心の日記に刻みつけるだけの
価値を持った何かが。

アン・セクストン
"For John, Who Begs Me Not to Enquire Further"
（これ以上何も聞くなと懇願するジョンのために）

1

去るのはミステリーか、それともハーバルか

ミステリーとハーバルは向かい合ったカウチに座り、互いをにらみつけていた。ふたりとも胸の前で腕を組んでいる。これは防御姿勢というだけではなく、断固たる意志の表れでもある。ふたりの間にはミステリーのクラヴマガの指導者であり、ボディガードとして働くＰＵＡ《ナンパアーティスト》の〝ロードキング〟が立っていた。ハーバルは、ミステリーから自分を守ってくれる人間がいないときに家へ足を踏み入れることを拒んでいた。

それからほかの住人、つまりパパ、ザネウス、プレイボーイ、そして俺が、ふたりと直角に並んだ三つ目のカウチに座った。タイラーは、自分はゲストだからと言い張って参加しなかった。すでにパパの部屋の物置にひと月住んでいるにもかかわらずだ。

俺たちはミステリーとハーバルの論争をこれで最後にさせるため、ハウスミーティングを招集したのだった。それぞれの言い分を、あらいざらい聞き出すつもりだった。ミステリーは、自分の元彼女が家に再び足を踏み入れることを認めないと言った。一方ハーバルは、自分の彼女が来られないのなら家を出て行くと言った。問題がここまでシンプルになるのに、三十分もかかった。

「さて、本来なら俺はこう言うところだ。ハーバルがどうしてもミステリーの元彼女といたいなら、彼は出て行くべきだ、と」俺は自分に課された仲裁人の役割を演じつつ言った。「しかしミステリー、君は家そのものを傷つけ、住人の快適な暮らしを脅かした。君は自分の行為を謝罪してもいなければ、損害の修理もしていない」

いまだにハーバルの部屋のドアは床に倒れたままで、壁には穴が開いたまま、まるで竜巻にやられたような状態だった。

「そして俺たちは非常に不本意ながら、君に好き勝手やらせてしまったことへのツケを払うことになった」俺は言葉を続けた。

「もしカチャがふたたびこの家に来れば俺が何をするか、ああやって分からせるしかなかったんだ」ミステリーは不機嫌に言った。「あれは俺が自らのルールでやらせてもらうってことを見せつけるためのデモンストレーションさ」

ＰＵＡコミュニティの問題の一つは、男たちは女を勝ち取るべくして行動する、という確たる前提が存在する点である。そしてその中のチーフがアルファメールになるという考えだ。結果として、常につまはじきにされてきた多くの男たちは以前自分がされたようなことを誰かにやり返すようになり、ミステリーみたいに子供じみた行動に走るのである。

「ちょっといいかい？」ロードキングが不意に言った。「ここにいるハーバルは重要なルールを破った」

「で、何？」ハーバルが尋ねた。その声には怒りも敵意もなかった。ただ目の周りの赤みだけが、彼の気持ちを表していた。

「『女よりもまず仲間』っていうルールだ」ロードキングが言った。

「いや」ミステリーは言った。「賛成と言いたいところだが、ときに『仲間よりもまず女』なんだよ」

その午後初めて、ハーバルが決まり悪そうな笑みを漏らし、ミステリーと何か共通する思いに視線を合わせた。

コミュニティの結束、それからみんなを結びつけていたナンパビジネスの利益を取っ払ったら何が残る？　六人の男が限られた女たちを追い求めているのだ。異性の所有権をめぐってはいくつもの戦争がなされ、世界の指導者たちが命を狙われ、数々の悲劇が引き起こされてきた。おそらく俺たちは気づいていなかったのだ。プロジェクトハリウッドは最初っから、まさにそういったことをいっぺんに引き起こす運命にあったということを。

出口の見えない議論が三時間続いた後――おかしなことにパパは一度も発言しなかった――ミステリーとハーバルに、俺たちだけで別に話し合い、家のことを決めていいかと尋ねた。

ふたりとも、俺たちのいかなる決定にもしたがうことに同意した。

俺たちがパパの部屋に入っていくと、何やらばたばたと動きがあった。いくつかの人影がバスルームに突進し、ドアが閉まる。もう一カ月近くこの部屋を見ていなかった。黒いソファベッドが六台広げられ、カーペットがほとんど見えない状態で、そしてそれぞれにクッションと寝具一式がそろっていた。

ここに寝泊まりする人間は今どこに？　それにいったい誰がいるんだ？

俺たちはベッドをソファの形に戻して腰を下ろし、結論へと話を進めた。そこでパパが初めて口を開いた。

「ぼくはあの男と同じ家には住みたくない」彼が言った。

「誰と？」俺は聞いた。

「ミステリーさ！」

パパの手は憎しみと高揚で震えている。よく分からないやつだった。何カ月もナンパをしていないし、自らを磨くためにあんなにも努力して築き上げた彼の進歩は、すっかり姿を消している。彼は初めてトロントで会ったときのように、空っぽで、殻に閉じこもった男に成り下がっていた。彼の情熱はもはやナンパではなく、リアルソーシャルダイナミクスに向けられていて、女を引っかけるためのセミナーには行かず、全国を飛び回って市場調査とビジネスセミナーに参加することに多くの時間を費やしていた。

「ミステリーはぼくの講座を台なしにした」パパは続けた。その声はよそよそしく単調で、彼の頭の奥で反響しているような感じだった。「彼はこの家を傷つけた。そしてぼくに危害を加えるんじゃないかって不安でたまらないよ」

「何の話をしてるんだ？　あいつはお前には何もしないよ」

「ミステリーがナイフを手に部屋に入ってくる夢を見たんだ。彼が侵入してくるのが怖くて、ドアに鍵をかけてる」

「バカげてる」俺は言った。「あいつはお前を傷つけはしない。それはお前自身の問題だ。ただみんなを避けて追い出そうとするよりも、言われなき攻撃や対立に対処しようとすることを学んだほうがいい」

しかし俺が何を忠告しても、パパは同じ言葉を繰り返すだけだった。

「ぼくはあの男と同じ家には住まない」機械的な声で、あたかもそれをプログラムされているかのようだった。

「一度でも考えたことあるかな」とうとうプレイボーイが俺に言った。「あんたがミステリーを擁護する唯一の理由は、彼があんたの友だちだからなんだって」

おそらくプレイボーイの言うとおりだ。俺はミステリーを特別待遇していた。それは彼が俺をコミュニティに導いてくれたからであり、この家が彼のアイデアだったからでもある。彼なしでは、俺たちの誰一人としてここにはいないのだ。しかし彼はぶち壊した。彼が自ら招いたのだ。俺はこの家にとってベストな道を考えなくてはならない。

「けれども」俺は言った。「俺はやはり、誰も家を去らずに済む解決方法を見つけたい」

「何であれ、あんたの決断を信用するよ」パパは言った。「あんたがこの家のリーダーなんだ。みんな頼りにしてる」

不思議だった。ミステリーが去るべきだと言って譲らないこのパパが、俺の手に判断を委ねるとは。それから二時間半、考えられる妥協案について話し合った。話し合えば話し合うほど、ジレンマは複雑さを増した。全員の希望を満たす解決方法など、見つかりはしなかった。

パパはミステリーのいる家には住まない。

ミステリーはカチャのいる家には住まない。

そしてハーバルはカチャのいない家には住まない。

誰かが出て行かねばならない。

「この家のすべての問題は、ある一つの原因に根付いてる」プレイボーイがきっぱりと言った。「つまり、ミステリーだ」

俺はザネウスを見た。

「プレイボーイとパパに賛成するか？」彼にそう尋ねた。

「賛成だ」彼は言った。

彼もまた頭蓋骨の奥で話しているようだった。あたかもそこにいないかのように。ほかのヤツらと同様、ロボットみたいになりつつあった。

「ミステリーが出て行くべきだと思う」

2

二カ月間の猶予

俺たちの決定を告げるために、ミステリーとハーバルを部屋に呼んだ。ふたりは、パパのベッドにのぼる踏み台の端っこに腰掛けた。複雑なジレンマの中で考えられるたった一つの妥協案に達し、俺はソロモン王みたいに新たなリーダーシップを発揮できたことに――やがてこれは間違いだと明らかになるのだが――自分でもかなり満足していた。

「ハーバル」俺は切り出した。「二カ月間、カチャがこの家に入ることを認めない。それでもまだお前が彼女と付き合っていたなら、彼女はこの家に戻ることができる」

ハーバルはうなずいた。

「ミステリー、カチャを忘れて新しい女を見つけるまで、お前には二カ月の猶予が与えられる。それに加え、家の中ではいかなる暴力も容認しないこととする。もし誰かの生活を脅かしたり、誰かを攻撃したり、物を壊したりすることがあれば、即刻この家を出て行ってもらう」

ミステリーはうなずかなかった。

「ということは要するに、お前は俺を家から追い出し、こいつとビッチを残したいってわけだな」そうののしるように言った。

「でも、ハーバルとカチャが期限内に終わってしまう可能性も常にある」プレイボーイが言った。

「それはないさ」ハーバルは言った。

ミステリーは両腕を宙に放った。

「やっぱり、俺を追い出そうってわけだ」

「そうじゃない」俺は言った。「お前が感情を制御できるようになるまで二カ月待つって言ってるんだ」

俺は彼を助けようとしていた。しかし彼は助けを拒んだ。

「あんたが出て行く少なくとも二週間前までに教えてもらえれば、積立金の全額をあんたに返して、新しい住人を見つけてくるよ」パパが言った。

パパは浮かれていた。彼らしいやり方だ。

ミステリーは額にしわを寄せ、無意識に頭を震わせていた。

「分かってるか」彼は言った。「パパは俺が競争相手だから、俺を追い出そうとしてるんだ。これはミステリー対ハーバルの問題じゃない。ミステリー対リアルソーシャルダイナミクスなんだ。パパのビジネス構想はすべて俺が与えてやったんだ。俺は性欲を抑制し、ビジネスマンになるように言った。今じゃ訓練合宿に千五百ドルも取って俺のネタを使って商売してるんだぞ」

ミステリーはパパを見すえ、パパは遠くを見るような目でミステリーを見返した。

「そしてもう俺を必要としなくなり、俺が出て行った部屋を十二人用のシェアルームにでもしようと思ってるんだろうよ」

俺は、ミステリーが自分のしでかしたことの責任を取るつもりがないんだと思った。

「こんなふうになる必要はなかったのに」俺は彼に言った。「すべての局面で、お前はよくない選択をしてきた。そして、すっかりそういう男になっちまった。俺たちがお前を追い出すんじゃない。お前自身が、出て行こうとしているんだ」

ミステリーは胸の前で腕を組み、軽蔑の視線で俺たちを眺め回した。俺は言葉を続けた。

「お前が問題解決のためのアルファメール的やり方だと思っている行動が、実際にはむしろ望む結果への道を閉ざしているっていうのが分からないのか?」

「カチャをここに来させないためにやったんだ。うまくいった」彼が言い返した。「あれ以来、あの女は来ていないだろ」

俺は頭にきた。彼もいいかげん目を覚まし、自分を見つめ直す時期がきたのだ。

「お前には強い愛が必要だ」俺はこのミーティングで初めて声を荒らげながら言った。「お前は俺が知る中でも最高のイリュージョニストだ。しかし会って以来ずっと、お前は九十分ショーへの道を――ついでに言えばあらゆるショーへの道を、一歩だって踏み出そうとはしなかった。自分のナンパビジネスをダメにし、お前が手にするはずだった金はすべて以前の生徒たちの手の中だ。お前の恋愛にしたって、カチャ以来ずっと、女と寝るなりすぐ追い払ってきた。俺は女たちにお前とデートすることさえ勧めたくない。お前は経済面でも精神面でも情緒の面でもめちゃくちゃだ」言葉を口にするたびに胸のつかえが取れていくようだった。「お前には何もない。健康もなく、財産もなく、人付き合いもない。そしてお前が責めるべきは、ほかでもなくお前自身だ」

ミステリーはがっくりとうなだれた。その肩が震え始めた。大きな涙の粒がミステリーの目から転げ落ちた。

「俺は壊れた人間だ」彼は声を上げて泣いた。「壊れてるんだ」

彼を支えていた屁理屈と自己欺瞞の壁が、音を立てて崩れ始めた。

「俺はどうすればいい?」そう言って俺を見た。「何をすべきか言ってくれ」

俺の目から涙が湧き出した。どうすることもできなかった。俺はハーバルとパパに見えぬよう、壁を向いた。涙は止まらない。ミステリーにいくらいろんな欠点があっても、俺はいまだにこの男を心から案じていた。ナンパコミュニティで二年を過ごし、俺はいまだに彼女がいなく、その代わりどういうわけか、この大きな泣きじゃくっている天才に、深い絆を感じていたのだ。おそらくそれは、心から共通する思いや経験で培ってきた関係があったからで、二時間のセックスを伴うだけの七時間分のルーティーンなどとはわけが違うのだ。

「治療を受けなくちゃだめだ」俺は言った。「ちゃんとした処置やカウンセリングか何か。自分一人でどうこうできることじゃないよ」

「分かってる」彼は言った。その目に水銀のような涙の粒をためていた。片手をぐっと握りしめ、自分を懲らしめるように頭を叩いた。「分かってる。もうめちゃくちゃだ」

3

久しぶりにした申し込み

俺はパパの部屋を出て家をあとにした。頭痛がする。長い一日だった。

ブリトーを食いに「ポキート・マス」まで坂を下っていると、突然曲がり角に黒いメルセデスのコンバーチブルが現れ、丘を登り始めた。中には金髪がふたり乗っていた。

車は俺の前で音を立てて停まり、運転席から俺の名前を叫ぶ声がした。リサだ。胸が高鳴った。

虹色のラインが入った赤いディーゼルのジャケットを着ていて、それが彼女をスーパーモデルのようにもレーサーのようにも見せていた。俺は無精ひげにスウェットパンツで、この一日中のルームメイトたちとの議論でくたくたになっていた。一度にいろんな感情が湧いてきた。困惑、興奮、怒り、恐れ、喜び。まさかまた会うことになるとは思っていなかった。

「一杯飲みに行くんだけど」リサが叫んだ。「一緒にどう？」

「ここで何してるんだ？」

俺はこの突然の再会に、冷静と平然を保とうとした。

「ウイスキーバーに行くの」

「通り過ぎてないかい？」

「うん。あなたが一緒に来ないかちょっと寄ったの。まずかった？」

この感じ。やはり彼女が好きだった。彼女は手強い。どんな皮肉もネグもコッキージョークも一喝してしまう。

「着替えさせてくれ」俺は言った。「向こうで落ち合おう」

俺は前面に引っかき傷の入ったリーバイスレッドとオーストラリアで買ったミリタリー風のボタンダウンシャツをさっと身に着け、丘を駆け下り彼女たちのもとへ向かった。どうやってアトランタのあと連絡が取れなくなった理由を聞こうかと気をもんだ。しかし着いてみると、リサとサムはテーブルで、がっちりとしたタトゥーだらけのロックンローラーふたりと一緒だった。リサはこういう男とデートしてるに違いないと想像したとおりの男だ。俺はそこへ座り、入墨と毛染め剤たちに囲まれ小さくなっていた。

彼らが俺が知りもしないし関心もないような地元のロック野郎の噂話に花を咲かしているのを聞きながら、どうしようもない不安に俺は襲われた。無駄話もしたくないし楽しんでいるふりもしたくない。リサとふたりだけになりたかった。ちゃんと気持ちを通わせたかった。

最初に汗の粒が額を流れ落ちたとき、俺はぱっと立ち上がった。もう耐えられない。

「すぐ戻る」俺は言った。

ナンパがしたかった。女をつかまえたいからではなく、負の状態から抜け出し、ちゃんと話せる気分になりたかったのだ。そうしなければ気まずいままひたすら座っているだけになってしまう。

バーで飲み物を頼んでいると、背後でライラックの香りがした。振り向くとそこに黒いイブニングドレス姿の女がふたりいた。

「ねえ君たち、ちょっと意見を聞かせてよ」俺は口を開く。いつもより少し控え目に。

「当ててあげる」一人が言った。「あなたの友だちの彼女が、彼が大学時代の彼女といまだに電話してることにやきもち妬いているんでしょ」

「そうなの、どの男も同じこと聞いてばっかり」もう一人が言った。「どう？」

俺はジャックアンドコークをつかむと屋外の喫煙エリアに退散した。ハイディ・フライスと一戦交えた場所だ。いくらか不安を抱きつつ、ベンチにいたふたり組に魔法ネタを繰り出す。幸運にも、ふたりには初耳だった。

「ねえ」さらに続けた。

あまり乗り気ではなかったが無理してでも自分をおしゃべりにしたかった。

「ふたりは知り合ってどれくらいなの？」

「十年くらいかな」一人が言った。

「そうだ。君たちに親友テストをしてやらなきゃ」

「あら、それならもう知ってるわ」彼女がご丁寧に言った。

ついにここまできた。サンセットストリップはナンパし尽くされている。

コミュニティは手がつけられないほど大きくなっていた。あまりに多くの競合するビジネスが、同じことを教えていた。そしてロサンゼルス以外も、すでに飽和状態にある。近頃はサンディエゴ、モントリオール、ニューヨーク、サンフランシスコ、それからトロントのPUA《ナンパアーティスト》たちまでもが同じ問題を訴えていた。新たにナンパできる女がもういないというのだ。

俺はリサと友人たちのもとへ戻った。

「少し疲れた」リサに言った。「もう家に帰るよ。明日はサーフィンをしにマリブへ行く。君とサムも来いよ。楽しいよ」

彼女は俺を見上げ、その晩初めて気持ちが通じた。その不思議な三秒間、周りがすべて遠のいた。

「うん、いいよ」彼女は言った。「楽しそうじゃん」

「よし。じゃあ正午に家で」

意志の疎通完了。

ウイスキーバーから帰ると、イザベルが待っていた。今夜も眠れそうにない。

「来る前にまず電話しろって言わなかったか？」俺は聞いた。

「伝言を残したわ」

イザベルは何も間違っていない。五年前はこんなふうに女と寝るためだけに、一年間書くことをやめようとまで考えていた。しかし彼女は何も与えてはくれなかった。彼女は単なる穴だった。話を聞く耳、しゃべりかけてくる口、オーガズムを絞り取るヴァギナ。俺たちはチームではなかった。ただお互いに気晴らしをし合い、この広い無関心な世の中でいっときでも孤独を感じないでいられる存在だったのだ。

俺たちはけっして対話をしなかった。していたのは対話などではなく、単にすき間を言葉で埋めるだけの行為だった。少なくとも、俺はそう考えていた。しかしときに、単にセックスをしたというだけで――特に女が望むよりもわずかに男の側に精神的距離があった場合はなおさら、女は思いを募らせてしまうことがあるのだ。さらに多くを求めだすのである。

「あいかわらずほかの女の子と会ってるの？」

翌朝、俺の上に転がってくると、彼女は攻撃的な瞳で見つめてきた。

この危険な質問に正しい答えは一つしかない。俺はこの質問にあえて間違いの答え、つまり正直な答えを返した。

「うーん、リサっていう子に会ったんだ。彼女を気に入ってるよ」

「それじゃあ、あなたは彼女かあたしか選ばなきゃ」

かつてはこういった最終通告によくだまされたものだ。しかし最終通告は無力さの表れだということを学んで以来、他人の状況を変えようとする口先の脅しは、何の効き目もなくなった。

「俺にその選択を迫ることで、君は自分を負け犬にすることになる」俺は言った。

彼女は俺の肩に顔をうずめて泣いた。彼女を気の毒に思った。ただそれだけだ。

彼女が去った一時間後、サムとリサが到着した。ミステリーはパソコンの前でキーボードを叩きまくっていた。

彼はジューシークチュールのリンネル製プルオーバーのフードをかぶったリサを見上げ、彼女をネグしようとした。

「またおかしな格好してるな」彼は尋ねた。

いい女と関わるために彼ができる唯一の方法だった。

リサはゆっくりとミステリーの身なりを吟味した。バスローブにボクサーショーツ、黒いマニキュア、それにスリッパだ。彼女はあきれたような表情で彼を嘲笑い、言い放った。

「お互いさまね、かわいこちゃん」

リサは防ネグ素材でできている。彼女の前ではほかの女などまともな人間にすら見えない。女はおおむね少女時代に、男性権力者に従ったふりをすることに慣れてしまう。そして成長するとある一定数の者たちは、精神的に未発達で、異性の存在に引け目を感じたまま、世界中——多くがロサンゼルス——に散らばっていくのだ。彼女たちは父親をうまくあしらってきたかつてのテクニックが世に出ても通用すると信じていて、それはしばしば正しいのだ。しかしリサは自分の人生において男の期待や欲望を押しつけられて黙っているような人間ではなかった。彼女はまさに多くの女が偽善ぶって男に言っているアドバイスそのものを地で行っていた。ありのままでいることを恐れないのだ。

このときばかりはミステリーも黙り込んだ。咳払いをすると、少し大きな声で告げた。

「忙しいんだ」

そして後ろを向くとまたキーボードを叩き出した。きっとミステリーズラウンジに書き込みをしているのだ。前日のハウスミーティングのうっ憤をぶちまけているのだろう。

ビーチに向かう前に、リサが初めて泊まったときの写真をふたりに見せた。カツラをかぶって仮装しているやつだ。

「見てよこれ」リサと俺が見つめ合っている写真を見て、サムが言った。「リサがこんなにうれしそうなの見たことないよ」

「うん」そう言ってリサはこぼれるような笑みを見せた。「そう思うよ」

サムが二階にある俺のバスルームへ行っている間、リサと俺でサーフボードをリムジンの座席に積み込んだ。リムジンは俺のサーフカーの二倍はある。マリブへ向かう途中、サムがリサに身を寄せ、何やら耳打ちしているのに気づいた。みるみるうちにリサの顔から笑みが消えた。

「どうした?」俺は聞いた。

ふたりはためらいがちに顔を見合わせた。

「何?」しつこく聞いた。すごく知りたかった。きっと俺のことだし、いい話じゃないのも明らかだった。

「たいしたことじゃない」サムが言った。「女の話よ」

「うーん、分かった」

過去にサーフィンをしたときは、たいてい波打ち際にいて、上級者たちが大きい波を求めて遠くまでパドリングしていくのを横目に、小さい波に乗るだけだった。俺はたくさん波に乗れるほうがいいと思っていた。しかしサムとリサがうまくボードに乗るのを手伝ったあと、俺は達人たちに混じり大きな波をつかまえるため、沖へと漕いでいった。

波待ちしながら浜辺付近のサーファーを羨望の目で見ていた。次から次へと波に乗っている。二十分後、ついに背後で海水が膨れ上がり、俺はパドリングし始めた。青い壁が視界の端で大きさを増していき、体中に緊張が走った。

こんなに大きい波が俺に乗りこなせるのか。波が稲妻のような衝撃とともにボードをとらえ、俺はその上に飛び乗った。頭上まで青が迫っている。俺は背中を押されるようにして最後まで持ちこたえ、やがて波は低くなり、ボードを操りながら海岸までたどりついた。生気がみなぎり、新鮮で恍惚とした気分。まさかやれるとは思っていなかった。こんなふうに波に乗る心得や技術が俺にあるとは思わなかった。中学校以来初めて、詩を書きたい気分になる。ボードを手に意気揚々と浜辺へ戻りつつ、女に関しても、ついにそのときがきたのだと感じた。大波に乗り、浜辺近くのちんけな波で遊ぶのをやめるのだ。量より質を目指す。それだけのことはしてきたはずだ。

家に戻ると、リサを引き寄せて言った。

「日曜日、君とスシを食べに行きたい」

実にAFC《欲求不満のバカ》的だった。彼女にデートを申し込んだのだ。

彼女はしばしためらい、あたかもうまい断り方を探しているかのようだった。唇をすぼめて疑うような目で俺を見ると、しばらくためてから口を開いた。

「いいよ、たぶん」

「たぶん?」

最後に誰かにデートを申し込んだのはいつだったか覚えていなかった。しかし、いったいこんな態度だっただろうか?

「違う、ただ……」そこで彼女は言葉を止めた。「気にしないで。うん、すごく行きたい。いつになったら言ってくれるのかって思ってた」

「よかった。八時に迎えに行くよ」

ふたりは帰り、俺は鶏の胸肉をソテーしようとキッチンへ行った。多数のゲストたちが出した大量の食べ残しがコンロを覆うように黒くこびりついている。焼き上がるのを待っていると、パティオに面したドアからランニングシューズにウォークマン姿のタイラー・ダーデンが入ってきた。Ｔシャツをめくってぽっちゃりとした腹の脂肪を調べ、ヘッドフォンを外す。

「よう、ミステリーのこと聞いたよ」彼は言った。「こんなことになっちゃって実に残念だ。彼を家に引き止めるためにぼくにできることがあったら何でも言ってくれ」

「あいつは本当に頑固だからな。お前にできることがあるとは思えないよ」

「もしあいつが出て行ったら、プロジェクトハリウッドも終わりさ」彼は続けた。「ＲＳＤ《リアルソーシャルダイナミクス》マンションになっちまうんじゃないかな」

「だろうな」

チキンを皿に乗せてナイフとフォークを手に取った。

「ところで。今日メルローズでスタイルシャツを買ったよ。あんたが着そうなやつなんだ。ぜひ見せなきゃ」

「そりゃ何よりだが、ちょっといいかな」俺は言った。タイラー・ダーデンとはかねてから少し話し合いたいことがあったのだ。「お前とは家賃や公共料金の負担について話したかったんだ。お前はもうここに何カ月も住んでいるし、越して来た日に作った規則では長期のゲストは何らかの貢献をしなきゃならないことになってるんだ」

「そうだ、たしかに」彼は言った。「パパに聞いてみてくれよ」

彼の言葉は愛想のいいものだったが、その態度はそうは言っていなかった。彼は話すとき、まるでどこを見たらいいか分からないというように居心地悪そうに頭を動かし、やがてくるりと向きを変えて去っていった。彼は常に不自然な努力をしているように見える。この家の問題やドラマやミーティングに自分は一切関わらないのだと。彼の笑顔の向こうに何かを感じる。ベガスで彼の女とキスしてしまったときとは違う何かを。家賃を催促することで、俺は彼の脅威となった。

料理を持って仕事場に行き、パソコンを立ち上げてミステリーの部屋をチェックした。ミステリーが昼間あんなにも熱心に何を書いていたのか、見てみないと気が済まなかった。

4　これまで寝た女と、未来の妻

MSNグループ：ミステリーズラウンジ
タイトル：ミステリーは出ていきます
投稿者：ミステリー

おそらく来月にはプロジェクトハリウッドを出ていく。ここはもはや俺に合う場所ではないからだ。侵略者たちの手で、ここはすっかり住みづらくなっちまった。

生活の面で言えば、プロジェクトハリウッドはめちゃくちゃだ。誰だってここで生活して自分にプラスの経験なんてできやしない。もし異常に家賃の高い俺の部屋が入居者募集中になったときは、きっと不快極まるルームメイトたち（スタイルは除く）がいつの日か、君の幸福をぶち壊してくれることだろう。これはあいつらが一度ならず、ことあるたびに実際にやってきたことだ。

俺個人の例としては、同じ家から競合するビジネスを発信しているという問題はさておき（パパと俺との間に起きた数々の裏切り行為の一つだ）、この家の人間は俺のプライベートな性生活に干渉することを当然のように思っている。これは俺にとって耐え難いことだ。それに、信じられないことに、なんと元カノがあと二カ月で戻ってくることを許されるという。信用できない人間だということを幾度となく自分で証明してきたあの女がだ。

もし彼女が戻れば（パパはそれを望んでいる）、つまり俺は家を出なければならない。あのような有害な人間を自分や友人のそばに置きたくないからだ。例えばカチャが俺に「出ていかないと告訴する」と脅しをかけてきたり、彼女に禁止命令が出て俺の家に入れなくなったりというようなややこしいことにならないかぎり、こういった個人的な問題に関われば関わるほど、苦しくなるだけだ。

俺に精神科に行けってやつもいるが、うつのもっともよい解決方法は、他人に話を聞いてもらうために金を払ったり薬を飲んだりすることじゃない。そんなのはどん底に陥ったときの短期的処置にすぎない。長期的処置とは耳を傾け、ともに闘ってくれる友人がいる建設的な環境に身を置くことだ。プロジェクトハリウッドは、本来そういう場になるはずだった。この現状や俺がここに住むのをよしとしないことについて腹を割って話したいやつがいれば、電話してほしい。これ以上誰も食い物にされてほしくないし、俺のように傷ついてほしくない。ここに越してくることを決める前に、まず知っておくべきだ。

もう十分だろう。

――ミステリー

追伸　出て行くときはベッドを売るつもりだ。このベッドでは十人としかやってないから。カリフォルニアキングサイズ（およそ縦二百十センチ×横百八十センチ）のベッドだ。キャッシュで九百ドル、羽毛布団とシーツは含まない。

ベッドに寝た女をあげておく。

1. ストリッパーのジョアンヌ
2. 金髪モデルのメアリー
3. スパイダークラブの色っぽいバーテンダー
4. トロントの元カノ、シマ
5. ＊&%！なカチャ
6. おしゃべりギャピー
7. セクシー十九歳、ジュン
8. ビジョンのいとこ（分かってる。でも今でもオカズにしてる）
9. 個人秘書のトゥイラ
10. 俺が追っ払った百八十センチのモデル（ただし三塁《セックス》まで行った）

これで全部だと思う。素晴らしいベッドだ。十一人を満足させた。

MSNグループ：ミステリーズラウンジ
タイトル：現場報告——ミステリーは未来の妻に会いました
投稿者：ミステリー

未来の妻に出会った。だが、お前たちには誰だか黙っておく。それだけ大切でいい女だからだ。俺の理想の女だ（少なくとも俺はそう思ってる）。

この前の女とは違って、彼女を公表しない。今回はゼロから始めて、お前たちと共有することでこの関係を台なしにしたりなどしない。お前たちよりも、まず彼女に対し誠実でいる。〝女よりもまず仲間〟という観念は、女を見下しているときに使うルールだ。

お前たちが知っておくべきことはこれだけだ。彼女とは、シカゴでハーバルと最後の講座をしているときに出会った。七分だけ話してナンバークローズになった。それ以来何時間も何時間も電話でしゃべった。俺は彼女の人柄が好きだ。そしてもちろん、体も顔も間違いない、彼女はレベル十だ。母親とも電話で話して、向こうも俺のことを気に入ってくれた。今度俺に会いに一週間ロスにやって来る。飛行機のチケットを買ってやった。同じ週に俺の家族も来てみんなで会う予定だ。

顔を合わせたのはたった七分だが、俺には分かる。彼女と結婚し、暮らし、おそらく子供はふたりだ。何を根拠にそんなことを言うのかって？　それは俺が世界一のナンパアーティストだからだ。

講座には彼女を連れて行かない。自ら時間を割いてまで手伝いたいと言い出さないかぎり、彼女を利用したくないからだ。つまらないはみ出し者の奴らには指一本触れさせない。彼女は前の五人のようにパーティガールじゃない。そう見えるかもしれないが（うーん）、少なくとも俺にとっては完璧なんだ。親しい仲間には、近いうちに紹介する。

ほかのすべてのＰＵＡは、くれぐれも彼女に近寄らないように。さもないと、どうなるか分からない。

愛を込めて。

――ミステリー

5

問題は自尊心の低さ

ミステリーは不機嫌そうな顔をし、ゴミだらけの家をバスローブ姿で歩き回っては、誰彼かまわず自分のビジネスを盗んだ以前の生徒のことや、人生をめちゃくちゃにしたビッチのことを語った。何度か治療を受けさせようとがんばったのだが、そのたびに彼は自分の感情と行動がいかに進化論的に正当であるかを長々と説明し、受け入れようとしなかった。ハウスミーティングで取り乱していたときには見えたもろさも誠実さも、影を潜めてしまっていた。心がひねくれた壁を再び築き上げ、現実から理屈を隔てていたのだ。

彼は俺には腹を立てていなかったが、それでもやはり罪悪感を抱いた。事実上彼を追い出すことになったあの妥協案は、俺の判断だったのだから。ソロモン王気取りだった自分を思い出すと、胸が締めつけられた。

さらに悪いことに、カチャが彼の傷をえぐるようなことをしでかした。すでに今の家主に六十日後に出ていくと通告しており、プロジェクトハリウッドに入れる期日が来るなり、ハーバルの部屋に越してくるという。そして復讐劇が完結するというわけだ。

その金曜日、ミステリーとともに彼の姉、母、姪っ子を空港へ迎えに行った。彼女たちはリムジンの後部座席に乗り込み、ミステリーはあんなにも切望していた愛情に取り囲まれた。

それからユナイテッド航空のターミナルへ向かった。ミステリーにはもう一人、一週間のゲストがいた。アニアである。彼が「未来のミステリー夫人であり最後の一人だ」と言う、例のシカゴで出会った女だ。彼のナンパの傾向の一つが、バーテンダー、ストリッパー、クラブでテキーラを売る女、それからウェイトレスといった、彼いわく〝臨時雇用〟の女たちだ。アニアは「シカゴクローバー」のクローク係だった。ターミナルの外に停車し、彼女を待つ。

「未来の奥さんに会う覚悟をしておけよ」ミステリーは家族に告げた。

「前の子みたいに追い払っちゃだめよ」彼のママがくすくす笑う。

彼女には分かっていたようだ。夫や子供たちから受けるストレスをやり過ごす秘訣は、何事も真剣に受け止めないことだと。人生とは彼女と神にしか分からないジョークみたいなものなのだ。

自動ドアが開いた瞬間、ひと目でアニアだと分かった。金髪に染めた小柄な女で、体に不釣合いな胸をし、そのハロウィンの干しりんごのような顔つきが、パトリシアやカチャと同様、東欧系の血を表していた。

ミステリーは彼女に挨拶するとかばんを持ち、リムジンに乗せた。彼女は小さく「こんにちは」と言っただけで、家に帰るまで一度も口を開かなかった。その代わり、じっとミステリーの話に耳を傾けていた。まさに彼のタイプだった。

たしかに彼女はカチャのようなパーティガールではないかもしれないが、今回は、思いがけないお荷物を連れて来てしまった。そのお荷物が空港に到着したのは、翌日のこと。彼の名前はシュアンだ。

日曜日、家の外に立つシュアンを見つけた。五分ごとにアニアの携帯に電話をかけている。アニアは自分が婚約中であることは、ミステリーにはひとことも言っていなかった。そして明らかに、仕事中に会ったナンパアーティストに会いにロサンゼルスへ来ることを、自分の婚約者に告げていなかった。どうやらシュアンは彼女の留守電にミステリーの伝言を見つけ、ロサンゼルスへ来てライバルと対決することにしたようだ。

この皮肉がミステリーには分かった。

「シュアンの胸の内が手に取るように分かるぞ」彼は言った。「あの野郎にとって俺はハーバルみたいなものなんだ。俺を殺して彼女を取り返したいんだ」

少し間を置き、彼は決意を口にした。もうすこし胸筋さえあれば、立派なアルファメールに見えたことだろう。

「外へ出て彼と話してくる」

意気揚々と出て行くミステリーを見送り、俺は彼女の姉と母親とリビングルームで待っていた。俺たちはひどい染みのついた汚いカウチに腰を下ろした。このカウチはたくさんの涙や女の尻を受け止め、また数カ月にわたり俺の生活を食い物にしてきた数々のハウスミーティングの舞台となった場所でもある。俺は自分で仕掛けたこのワナから抜け出さなくてはいけない気がした。ミステリー自身が仕掛けたワナでもあり、みんなが絶え間なく仕掛けてきたワナでもある。繰り返し繰り返し、俺たちは何も学んではこなかったのだろう。

「分かってるかい」俺はふたりに言った。「ミステリーはただ彼女と同じ過ちを繰り返そうとしているだけなんだ」

「ええ」ママが言った。「あの子は女の子がすべてだと思っているけど、そうじゃないの。問題はあの子の自尊心の低さにあるのよ」

人の野望と存在理由を、単なる不安であると言ってのけられるのは母親だけだろう。

「心配なのは暴力なんだ」俺は言った。「あいつは暴力でこれを解決できるって考えてるみたいだ。危ないよ」

「他人とぶつかり合ったってうまくいくわけない」ママは言った。「真正面から取り組む必要はないっていつも言ってきたのに。回り道すればいつだって引き返せるんだからって」

「なるほど、ミステリーメソッドがどこから来たかが分かったよ」

無意識のうちに彼の母親は、ミステリーの女へのアプローチを一言に集約していた。〝間接方式〟だ。

マルチナは眉根を寄せ、カウチに身を沈めた。

「うつ、どんどんひどくなってるみたい」そう言って彼女がため息をついた。「前はけっして暴力には走らなかったのに」

「そうね、あの子がひどく怒ってた記憶が一度あるけど。ドアをばたんと開けたとき、飼っていたネズミを殺してしまったのよ」母親は言った。「でもそれ以外で何かに怒り狂っているのは見たことがない。猫が死んだときだって、『これが人生さ』って言っただけ」

「私が思うにこのことは」ミステリーの姉、マルチナが言った。「父さんの死と関係しているんじゃないかな。思っていたほど父さんが悪い人間じゃないって気づき出しているのよ。だから今、自分が父さんみたいに振る舞うことを許しちゃってるのよ」

俺はドニエストルの国境でのミステリーとの会話を思い起こした。彼は父親をまるで怪物のように語っていた。

「じゃあ、君の父親はミステリーがいつも言っていたような悪い人じゃなかったってこと?」

「問題なのはふたりが似すぎてるってこと」マルチナが説明した。「パパは足を踏み入れる部屋すべてを支配してしまうの。すごくカリスマ性があったけど同時に頑固者だった。ふたりはけっしてうまくいかなかった。ミステリーは常に父さんの反感を買うようなことをしていて、そして父さんは大人らしい態度を取る代わりに、いつも彼に腹を立ててた」

「ふたりをテーブルの反対側に座らせなきゃいけなくてね」ミステリーのママが口を挟んだ。「それで間違って目が合っちゃうと、すぐけんかになったものよ」

「そして、父さんがいなくなった」マルチナは言った。「ミステリーは、怒りをすべてぶつけられる誰かが欲しいんだわ。だからカチャが父さんの代わりになったのよ。彼の混乱した感情をすべて背負い込む悪役になってしまったのね」

ミステリーがトロントでうつになって以来、ずっと聞きたかった質問を投げかける絶好のチャンスがきた。きっとそれが、彼を救おうというこの説明し難い義務感から俺を解放してくれるはずだ。

「じゃあ、俺たちはどうすればいい？」

俺たちは三十分間話し合った。最終的にマルチナが出したその答えは、彼に好きにやらせるということだった。そして彼の素質や才能を形にするチャンスを与え、彼を愛するのと同様に愛し合うふたりのレベル十を探し求める時間を与える。それから彼が人生のゴールに向かって前進してくれることを願った。次の撃沈、もしくはまた次の撃沈、もしくはいずれかの破滅的撃沈によって永久に実家に帰らなければならなくなる前に。彼はヘリウム風船を手に流砂の上を歩いているのだ。この点において、彼は俺たち全員と同様、風船の空気なしではあっという間に流されてしまうのだ。

ミステリーがキッチンに入ってきたため、俺たちは話し合いを切り上げた。

「終わった」彼は言った。「メルズでアニアの婚約者とじっくり話してきた。彼女とやり直すのはもう手遅れだって言ってやった。アニアはもう俺の女で互いに愛し合っている。ミステリーメソッドの歴史上、最高のナンパになったってことだ」

マルチナがちらりと視線をよこした。ミステリーの母親は胸の前で腕を組み、一人含み笑いを漏らした。

彼はキッチンカウンターにどすんとテープレコーダーを置いた。

「会話を全部録音したんだ」彼は言った。「聴きたいか？」

「いや」俺は言った。もうドラマは十分いただいた。

それよりも俺はリサとのデートをどうにかしなきゃならないのだ。

6 リサとのキス、女たちへの電話

午後八時にリサを迎えに行き、「カタナ」という日本食レストランに連れて行った。これは人生でもっとも手強いディナーの一つだ。すでに長い時間を一緒に過ごし、文字どおり俺はネタ切れだった。素で行かざるを得ない。

「ずっと気になってることがあるんだ」俺は言った。

レストランのテラスから柔らかい光が降り注ぎ、日本酒がふたりの体を温めていた。数週にもわたって俺を不眠にした問いだ。

「アトランタのあと何があった？　君は約束を破ったろう？」

「電話で無愛想だったじゃない」彼女は言った。「それにちゃんとした約束だとは思わなかった」

つまり彼女式のネコと糸だった。俺の不品行にお仕置きというわけだ。

「あれはコッキージョークだったんだ。俺は会いたかった」

「何であれ、あれは失礼よ。不相応にカッコつけて余裕あるふりして興味ない顔して調子に乗ってたんでしょ。私は思った。『男はほかにもいるし。それにしてもこの人はなんで突然ミスタークールになっちゃったわけ？』ってね」

話しながら考えた。なぜこんなに彼女が好きで、なぜ多くの人間の中で彼女だけが頭から離れなくなったのか。俺の中のひねくれた自分が、ただ実力に見合うだけの女を好きになったのだ、と言っている。誰かに自分を好きにならせるには、相手の頭をいっぱいにしてしまうことだ。そして俺はリサのことで頭がいっぱいになっていた。彼女は俺をその気にさせつつ焦らしながら、同時にはねつけ、肉体関係も拒んだ。

一方で、俺は押しまくるタイプじゃない。もしあまり興味のない女にこんな面倒なことをされたら、とっくにあきらめていたはずだ。もちろん、この気持ちは俺の女嫌いから来ているとも考えられる。それはナンパの副作用として知らずのうちに身についてしまう、アルファメールの特性だ。リサは恐ろしいほど負けん気が強い。それはむしろ尊敬すべき特性だ。だからおそらく俺の中の原始的な部分が彼女と寝たがっていて、それによって彼女を征服したいと感じているのだろう。そしてそこには常にある可能性がちらつく。俺が他人だけでなく自分からも隠し続けていた部分に、リサが触れてしまう可能性だ。それは考えたくもないし、探りたくもないし、人がどう思っているかという心配さえもしたくない部分だ。ただ今はそっとしておいて、何事もなく自由を感じていたいのだ。マリブであのでかい波に乗ったときのように。そして時折、リサと俺がどちらも防御を解いたときには、彼女をとても近くに感じた。ふたりきりだという、深い実感があった。

俺の家に戻った。リサは白いTシャツとボクサーショーツに着替え、何度もそうしたように、ふたりでベッドに横たわった。カバーをかけて別々の枕で、向かい合うけど体は触れずに。

夕食のときの会話の続きをしたかった。これ以上彼女をナンパしようとは思っていない。ただ答えが欲しかった。

「じゃあ、なんでこの前はまた俺に会いにやって来たわけ?」

「あなたがいないとき、どれだけ自分が寂しがっているかに気づいたの」

しゃべるときの彼女の唇を見ているのが大好きだった。

「友だちにからかわれた。あなたが帰ってくる日を指折り数えていたりして。あなたに料理を作ってあげたくて、買い出しにまで行ったりしたのよ。なんでだろう」彼女ははにかみながらほほ笑んだ。打ち明けるつもりはなかったとでもいうように。「生きのいいメカジキを買ったんだけど、傷んだからしょうがなく捨てちゃった」温かな確信の光が俺の胸を満たした。まだチャンスはあるのだ。

「でももう遅いわ」彼女は言った。「私の心は開いていたのに、あなたはそれをはねつけたんだもの」

デイヴィッド・デアンジェロだったら、ここでコッキージョークをかませと言っただろう。ロス・ジェフリーズなら彼女のフレームに引き込まれるなと言っただろう。ミステリーなら懲らしめてやれと言っただろう。しかし俺が言ったのはこうだった。

「どういうふうにはねつけた?」

「まず始めに、マイアミから帰ったときあなたは電話してこなかった。私がそっちに行かなきゃならなかった」

「うーん、君の伝言だと街にいないので電話しないと言っていた。だから俺は留守電を残さなかったんだ」

「うん、でも私は電話するつもりだった。あなたのほうから連絡が欲しかったのに」

「あとはウイスキーバーに来たのにほとんどしゃべらなかった。それから極めつけはサーフィンであなたの家に行ったとき。私がサムに、またあなたを好きになり出してるって打ち明けたら、バスルームの床に使用済みのコンドームがあったから、もうやめたほうがいいって言われたわ」

脳みそが飛び上がって弾けそうになった。不注意だった。イザベルと使ったコンドームを捨てるのを忘れたのだ。つまりそれがマリブに向かう車の中でふたりがささやき合っていたことだった。

「じゃあ、なんで今夜会ってくれたの?」

「ちゃんとしたデートに誘ってくれたから。それにあなたは少し緊張してて、本気なんだって分かったから」

俺はひじを支えに身を起こした。人生でもっともAFC《欲求不満のバカ》的なセリフを言おうとしていた。

「一つ言わせてくれ。ナンパアーティストにはオンリーワン中毒という言葉がある。一人の女の子に夢中になってしまったときにかかる病気みたいなもんだ。そうなってしまった場合、その子とはけっしてうまくいかない。なぜなら意識しすぎて彼女を逃がしてしまうからだ」

「で？」彼女は聞いた。

「だから」俺は言葉を絞り出した。「俺は君のオンリーワン中毒なんだよ」

互いの瞳を見つめ合う。彼女の瞳が輝いた。俺のもきっと輝いている。ついにキスする瞬間がきた。

どんなセリフやルーティーンやフェイズシフトも必要ない。結局どれも失敗だった。俺は身を寄せた。彼女も身を寄せた。彼女の目が閉じた。俺の目も閉じた。そして唇が重なった。ずっと思い描いていたようなキスの始まり方だった。

それから数時間、俺たちは寝転びながら唇を合わせ続け、お互いを確認し、過去数週間のすれ違いを埋めた。

翌朝リサが寝ている間、俺は電話帳を手にこっそり下へ行った。ナディア、ヒア、スザンナ、イザベル、ジェシカ、それからすべてのＦＢ《セックスフレンド》とＭＬＴＲ《彼女たちの一人》とそのほか関係のあった女たちに電話をかけ、本気で尽くしたいと思える人と付き合いだしたと告げた。

「つまりあたしよりも彼女を選んだのね？」イザベルが腹立たしげに言った。

「ああ、賢い選択とは言えないけどね」

「あたしよりもベッドがいいからとか？」

「分からない。キスしただけだ」

「じゃあ、あたし以外の子といちゃいちゃしてたんだ」彼女はそう言って自嘲気味に笑おうとした。「それでもうあたしとは縁を切りたくなったのね」

「縁を切りたいわけじゃない。今だって会いたいと思ってるよ。ただ友人としてだ」

コミュニティに入って以来俺自身が何度も経験したように、この言葉が彼女の胸に短剣のように突き刺さったのが分かった。

「でも愛してるのよ」

どうして愛してるなんて言える？　彼女はオンリーワン中毒を克服するため、あと何人もの男とやらなければならない。

「すまない」俺は言った。

心からそう思った。

手軽なセックスには弱点がある。ときに手軽ではなくなってしまうのだ。人は欲望をさらに高めていく。そして片方の期待にもう片方が添えなくなったとき、高い期待を抱いたほうが苦しむことになる。安いセックスなどどこにもない。常に代価を伴うのである。

俺はロス・ジェフリーズのナンパの基本的原則の一つを犯してしまった。求めるよりも放っておけという原則を。

7 ミステリーの決定と本能

星のないロスの夜空へ上がっていく湯煙に包まれ、ミステリーと俺はジャクジーに向かい合わせに座っていた。彼は白い片腕をバスタブの縁にだらりと乗せ、もう片方の手にはオレンジ色の液体と氷の入ったグラスを持ち、小鳥のようにすすっていた。カクテルのように見えたが、アルコールをまったく飲まないミステリーにしては珍しいことだった。

「パパに通告してやった」彼は言った。「来月、正式に出ていくよ」

彼はトロントで打ちひしがれていたときのように、俺を見捨てようとしていた。俺はこれから、彼を追い出すことになった幸せいっぱいのカップルと、パパの部屋で形成されつつあるクローン部隊と暮らすはめになるのだ。

「でもそうしたら敵の思うつぼだ」俺はそう言うと、吸殻をジャクジーから拾って空のグラスに入れた。「ここに残って堂々としてろよ。お前がいればカチャもわざわざ足を踏み入れないだろう。自分をしっかり持つんだ。あいつらの中に俺を置いていかないでくれ」

「ダメだね。ムカついてムカついて、しょうがないんだよ。もうこんなところにいられるもんか。もう二度とあいつらに会わないよ」

そう言って彼は、グラスからもうひと口飲んだ。

「ところで何を飲んでるんだ?」俺は尋ねた。

「スクリュードライバーさ。ほろ酔いになれると思ってね。ほら、俺は酔っぱらったことがないだろ。親父が嫌いだったから避けてきたんだ。でもあいつが死んだ今となっては、試してみるのも悪くないかと」

「でも、今酒をやり始めるのはどうかと思うぞ。お前はそのままでも十分情緒不安定だ。アルコールは入れないほうがいい」

「楽しんでるんだよ」

例のごとく、無駄な議論だった。

もうひと口すすった。今回は見せびらかすように、まるで魅惑的でクールなことでもしているかのように。

「そういえば昨日の夜、イザベルがお前を探しに立ち寄ったけど」

「彼女は悩みの種だ。リサのことをはっきり伝えようとしたんだけど」

彼は身を乗り出し、グラスの底で水面の泡をかき混ぜた。

「お前はリサとまだセックスさえしていない。それならなぜイザベルを置いておかない？　あの体だぜ？」

「まあ、そう言うなって。今回はちゃんとやりたいんだ。口にできないやましさを抱えながらリサのとなりで寝たくない。信頼関係を壊すことになる」

俺は上半身をジャクジーの外に伸ばし、隣接するプールに手を入れた。こっちのバスタブと同じくらい温かい。また誰かが熱を入れっ放しにしたのだ。家のガス代は桁外れな金額になっていた。

「カエルとサソリの話は知ってるか？」ミステリーが言った。

「いや、でもたとえ話は大好きだ」

俺はプールに飛び込んで水の中を歩きながら、ミステリーがバスタブのふちに身を寄せて語るのを聞いた。

「ある日、川岸にいたサソリが、カエルに向こう岸まで運んでくれないかと聞いた。するとカエルは尋ねた。『ぼくを刺さないって証明できる？』サソリはこう答えた。『だって君を刺したらぼくは溺れてしまうだろ』カエルはよく考えて、サソリが正しいことに気づいた。だからサソリを背に乗せ、向こう岸へ渡り始めた。しかし川の中ごろにきて、サソリはカエルの背中に針を突き立てた。両者ともども溺れながら、カエルはかろうじて『どうして?』と尋ねた。サソリは『本能だから』って答えたんだ」

ミステリーは得意げにスクリュードライバーをすってみせ、ぷかぷか浮いている俺をじっと見つめた。彼はゆっくりと、一語一語に力を込めて語った。それは最初に俺にはっぱをかけ、つまらないニール・ストラウスの皮を脱ぐように言ったミステリーの姿だった。

「これはお前の本能だ」彼は続けた。「もはやお前はナンパアーティストなんだ。スタイルだ。知識のりんごを口にしてしまったんだ。昔みたいには戻れない」

「まったく……」俺はそう言って、少し水をかいた。「会ったばかりの女と結婚やら子供やらの話をする男から、そんなことを言われるとは皮肉なもんだ」

「俺たちは恋多き男なんだよ」彼が笑った。「結果として、俺たちは自分の女を騙さなくちゃいけなくなる。そしてそのことが俺たちの関係を脅かすなら、そのときは、なるようになれだ」

彼はグラスを空にすると、目まいをこらえるようにこめかみを押さえた。

「否定の力をけっして甘く見ちゃいけない」

「もういい」俺は、彼を見ていることができなかった。彼に邪魔をさせる気はなかった。「もうアドバイスは結構」

俺はプールから上がり、肩にタオルをかけ、リビングルームへ歩いて行った。そこにはザネウス、プレイボーイ、タイラー・ダーデンがいた。俺が入るなり、こちらの存在に目を向けることなく、みんなパパの部屋へと入っていった。

変な空気だったが、これだけ長くプロジェクトハリウッドにいれば、どうなったって不思議じゃない。

自分の部屋へ上がってシャワーを浴びたあと、最近買った中世の伝説『パルジファル』のページをめくった。人はしばしば自分自身を求めたり自分に同調してくれる誰かを求めて本を読む。そして今、このパルジファルの本能はサソリの本能よりもはるかに俺に同調してくれるのだ。

伝説を説明しよう。保守的な母親を持つ息子が、何人かの騎士に出会い、彼らのようになりたいと心に決めるところから始まる物語だ。彼は世界に飛び出し、数々の冒険を乗り越え、伝説的愚か者から伝説的騎士へと変貌を遂げていく。

当時、聖杯王（聖杯を守護している）が傷つけられたことによって、国は荒れ果てていた。そんなとき偶然パルジファルは城に連れて行かれ、そこで苦しみにもがいている王を目にする。心優しい人間だった彼は、「どうされたのですか?」と尋ねたい気持ちに駆られた。伝説によれば、誰か純粋な心の持ち主がその問いかけを王にすれば、王は救われ、その地に輝きが訪れる、というのだった。

だが、パルジファルはその伝説を知らなかった。彼は騎士として、厳しい戒律を守るよう訓練されていた。そしてその中には、先に話しかけられないかぎり自ら質問したりしゃべったりしてはいけないという決まりもあったのだ。よって彼は王に話しかけることなく、その夜眠りについた。そして翌朝目を覚まし、城が消えているのを見つけた。

本心よりも訓練にしたがったことで、王と国を救う機会を逃してしまったのだ。サソリとは違い、彼には選択の余地があった。間違ったほうを選んでしまっただけなのだ。

キッチンから飲み物を取ろうとしてリビングを通ると、テレビの前でミステリーが二杯目のカクテルをちびちびやっていた。「ベストキッド」のビデオを観ながら泣いている。酔っぱらっていた。

「俺の親父は何も教えちゃくれなかった。俺はただミスターミヤギにいてほしかったんだ」

おそらく俺たちはみんな、人生で勝つために必要な手段や、騎士の戒律や、アルファメールになる方法を教えてくれる誰かを探しているのだろう。だから俺たちは出会った。しかしいくら技術や手法を尽くしても、内側から壊れてしまったものを直すことはできない。内側が壊れてしまったものを直せるものは何もない。できるのは、ただ傷を受け入れることだけだ。

8 お楽しみでない、真実の愛

次の日はリサと過ごした。そして次の日も、そのまた次の日も。俺はすべて台なしにしてしまわないかと心配していた。あまりに長く一緒にいすぎて、彼女が俺に飽きてしまうのではないかと。リック・Hはいつも言っていた。

「彼女を寂しがらせてやれ」

しかし俺たちが離れる気配はなかった。

「あなたは私にとって完璧なの」四日目の夜にベッドに並んで横たわりながら、彼女が言った。「こんなに好きになった人とセックスしたことがないなんてね。好きになりすぎちゃうのが怖い」

強そうな見た目とは裏腹に、彼女は怖がっていた。彼女の押して引いての駆け引きはあらかじめ計画された心理作戦などではなかった。頭と戦う彼女の心そのものだったのだ。彼女がなかなか心を開かなかったのは、おそらく内にある壊れやすい何かを守るためだったんだろう。俺と同じように、他人に対して実際に想いを抱いてしまうのが怖かったのだ。愛するようになったり、傷つきやすくなったり、誰かに自分の幸福や安らぎを左右されてしまうということが。

ほかの女たちと寝るときは、一晩に一回きりしかセックスをしなかった。したいと思った時だけ、朝にもう一回した。しかしリサと初めてセックスをしたとき、驚くようなことが起きた。絶頂に達したあと、それがなかなか引かなかったのだ。かつてのエクストラマスクが言っていたように、固いまま、昂ぶったままなのだ。

それから二回目をした。

「ほら」終わってから俺は言った。まだいける状態だった。

その夜、三回目も四回目もした。一向に萎えない。理解を超えていた。今までは穴という穴に突っ込みたくてうずうずしているだけの完全に能なしの生き物だと思っていた俺のちんこが、現に俺の気持ちに応えてくれていた。こいつにも感情があるのだ。それも一度だけじゃなく、そのあともリサと愛し合うたび、三回、四回とオーガズムを持続した。車の中で、路地裏で、レストランのバスルームでヤりまくり、ホテルの廊下の自販機エリアでは警備員に見つかり、二十ドルをせびられた。

ポルノ女優とバスルームにいたとき勃たなくなったのは、きっとウイスキーのせいなんかじゃない。俺の体が、気持ちの前戯が足りないと言っていたのだ。彼女に関心もなければ、心底ヤりたいわけでもなかった。彼女も同じ気持ちだったと断言できる。ただのお楽しみだったのだ。だが、リサとのセックスはお楽しみなんかじゃない。俺が今まで誇ってきた数々のナンパのような自己確認や自己満足でもない。俺たちの情熱以外は何も存在しない真空状態を創り出す行為なのだ。残りすべての存在をどうでもいいものに変えてしまうような。

そしてある午後、ちょうどすっかり忘れてしまったころにコートニーが戻って来た。家の前にリムジンが停まるなり飛び出してきた彼女は、青いドレスに白いショールをはおり、光り輝いて見えた。

「またあそこがアツくなっちゃう！」

これが開口一番叫んだ言葉だ。

「追っかけてた監督をゲットしたのかい？」俺は尋ねた。

「違う。ニューヨークで新しい男を見つけたの。あたしが濡れ濡れなのはあいつのせいよ。もういつでも欲しくてたまんないんだから」

そう言って彼女は、バレリーナみたいに軽やかに俺の周りで踊った。

「そうだ」俺は言った。「片思いの監督で賭けをしたよね」

「そのとおり。あたしの負けみたいね」

「つまり俺が君の次の子供のミドルネームを付けるってことだ」

彼女はほほ笑み、期待を込めて俺を見つめた。まるでその場で決めろと言わんばかりに。俺は頭の中で候補となる名前に思いを巡らせた。

「スタイルはどう？」ついに決心して言った。「どうせこの名前は引退するつもりだから、誰かにやっちまってもいい」

言いながら、その名前についてふと思いを巡らせた。実にバカげた名前だ。やはり、彼女の娘のミドルネームはビーンにしよう。

彼女は歓声を上げ、怪力で俺に抱きついてきた。

「ねえ、あたしここ数カ月、あんたとヤってみたかったのよ」彼女は言った。

俺はつばを飲み込み、リサのことを告げる体勢を整えた。しかし俺が口を開くよりも早く、彼女がこう続けた。

「でもあんたとリサのこと全部聞いた。すごくいいことだと思うわ。つまり結局はあたしが来て、いいこともあったってことでしょ？」

「ああ。君にとってもそうだといいな」

「この家で起こったことについては考えたくもない」

「まあ、元気そうでよかった。セックスが君の様子に驚くべき効用をもたらしたんだね」

「あとそれにリハビリもあったしね」

彼女はウインクするとほほ笑んだ。彼女の願いは叶えられた。また正常に戻れたのだ。

「あんたに厄介になるのをやめて、もうすぐ娘が戻って来るまでアーガイルホテルで暮らすつもり」彼女が言った。「ここにはミステリーに借りたお金を返すために寄ったの」

彼女は小切手を手渡すと、またリムジンに飛び乗った。俺が見守るなか、彼女は走り去る車から窓を開けて叫んだ。

「それは不渡りにならないからね！」

彼女がいなくなり、本当に寂しくなりそうだった。

数日後、俺はリサとサイエントロジーのセレブリティセンターへ行った。サイエントロジストになったわけじゃない。なるには収入が惜しすぎた。トム・クルーズが言葉どおり、年一回のイベントへの招待状を送ってくれたのだ。俺がこのロサンゼルスで参加した中でも、もっともスターにあふれたイベントだった。

ディナーのあと、ひげをそって完璧にプレスされた黒のタキシードに身を包んだクルーズがテーブルに向かって歩いてきた。その身のこなしは催眠術的だった。疑念のない歩き方、無理を感じさせないその笑顔、そして何の迷いもない意思が見える。俺が立ち上がって握手をすると、彼は俺の肩を力強く叩いた。俺はよろめきそうになりながら体を支えた。どうにか。

「君の彼女かい？」彼はそう言うとリサを、いやらしさを込めることなく上から下まで見回した。エロいトムなど想像もできない。

「こんなに素敵な子だなんて、聞いてないぞ」

「ありがとう。こんなに誰かに満たされてるのは初めてなんだ」

「じゃあ、ナンパするのはもう飽きたのかい？」

「ああ、なんだか穴の開いたバケツを満たそうとしているだけのように感じてね」

「まさしく」彼は大声で言った。

「前に『バニラ・スカイ』を撮ってたとき、キャメロン・クロウとぼくは一夜限りの関係やセックスフレンドがどんなものかについてよく話し合ったものだよ。それに本気になるようなときは、そいつは見せかけの愛情なんだ。満足することはない。本当の関係では、セックスはさらなる意味を持つ。ただひたすら関係を続けたくて、いつも一緒にいて人生を語り合いたいと願う。とてもクールなことじゃないか」

「まったくだ。ただ問題は、このサブカルチャーの探求をここで終わりにしたくはないってことだ。このまんまじゃまるで、一夫一婦制についての世論だとか、すべてに打ち勝つ真実の愛だとか、ハリウッド流のハッピーエンドだとかをあえて肯定しているみたいな気分だよ。すごく悪趣味に思える」

「誰が悪趣味だって？」クルーズは言った。目を細め、俺を殴ってやろうとふざけて構えてみせる。「いいかい、そんなことはどうでもいいんだよ。恋することが悪趣味だなんて、どうかしてるぜ」

またAMOGing《頂点に立つ男の排除》されてしまった。

9

シックボーイとの別れ

幽霊だ。

俺たちはただの幻影となり、見えない姿で、数カ月メイドも修理人も来ていないこの腐敗した家を漂っている。ミステリーはハーバルに話しかけない。ハーバルはミステリーに話しかけない。パパはほとんど誰ともしゃべらない。そしてどういうわけかシックボーイ、プレイボーイ、ザネウス、そのほかリアルソーシャルダイナミクスの働き蜂たちは、ミステリーや俺と関わり合うのをやめてしまった。ドリームウィーバーやマーヴェリック、そのほか以前の生徒たちのような、家にたむろするジュニアPUA《ナンパアーティスト》たちまで、俺が通り過ぎても挨拶すらしなかった。無理に会話に引き込もうとしても、そっけない受け答えをするばかり。俺の目を見ようとさえしない。唯一誰にでもしゃべりかけるのがタイラー・ダーデンだった。しかし彼との交流は会話と呼べる代物ではなく、まるで自分の映画に出たがる俳優にするような質疑応答に終始した。

「ぜひ聞きたいことがあるんだ」

ある午後、彼はキッチンからシックボーイとともに現れた。俺はいつもシックボーイが好きだった。その名前に似合わず、育ちがよく物腰の柔らかなニューヨーカーだ。

「どうやってリサをものにしたんだい?」タイラー・ダーデンが尋ねた。「こっちは毎晩出かけて自分なりに一生懸命やってても、彼女ができるような気がしないんだ」

リサの驚くべきは、その強さにもかかわらず、俺の知る中でもっとも気立てのいい女だということだ。毎朝俺のベッドを整え、俺が仕事をしているときには食事を作って部屋まで運び、訪れるときにはちょっとした手土産――オリジンズの洗顔料だったり、ジョン・バルバトスのコロンだったり、俺が探していた「ヘンリー四世」の第一部だったり――を持ってくるのを忘れなかった。おそらく俺は愛すべき人を見つけたのだ。

「人生経験じゃないかな」俺は言った。「お前がしてるのはただ毎晩ナンパするだけだろ。自分の観点からしかやっていないんだ。毎日ジムに通って二頭筋を曲げ伸ばししてるようなものだ」

彼の眉間にしわが寄り、気持ちが目まぐるしく変化しているようだった。一瞬、彼はこの助言をしっかり受け止めたように見えた。それからはねつけ、目が怒りに燃えだした。憎しみでないのなら、少なくともそこには敵意があった。俺がいまだに彼を対等に見ていないからムカついたのだ。それは俺の目に彼がクールに映らないからであり、クールとはモノマネみたいにして振りをすることができるものだと勘違いしていたからだった。リサが俺と付き合ったのは、彼女にとって、俺がクールだったからだ。タイラー・ダーデンはけっしてクールにはなれないだろう。

それから彼は自分が今現場でいかに優れているか、いかにＩＯＩ《脈ありサイン》を得るためのルーティーンが必要なくなったか、またいかに有名人たちが日ごろパーティに誘ってくるか、などを十分ほどねちねちと語った。そして言いたいことを全部言い終わると、くるりと背を向けてパパの部屋へと歩いていってしまった。シックボーイが一人、俺のそばに残された。

「来ないのか？」タイラーがシックボーイに声をかけた。

まるでそこで何か重要なことが行われるのだというように二階をあごで示す。

「ちょっとスタイルにお別れを言いたくて」シックボーイが言った。

「出ていくのか？」俺は聞いた。

彼が俺の存在を認めたことに、驚きを感じた。

頭上でパパの部屋のドアが音を立てて閉まった。シックボーイは落ちつかない様子で見上げた。

「全部やめるんだ」彼は言った。

「全部って何を?」

「この家は毒だ」

言葉があふれ出した。まるで水ぶくれみたいに、彼の内側で時間をかけて形成された言葉のようだった。

「ロスには楽しみがあふれているのに、彼らがするのはナンパばかり。ここへ来て一度も太平洋を見てないんだ。みんな負け犬だよ。ニューヨークに戻ったって、誰一人として自分の友だちに紹介したくない」

「言ってることは分かるよ。リサもあいつらが気に入らないって」

「冗談だよ」彼は続けた。

ひと息ついて彼は肩の緊張を緩めた。理解してくれる、完全に洗脳されていない人間を見つけて安心したようだ。

「みんな年がら年中女の子を家に連れ帰るけど、女の子はみんな気味悪がって出ていってしまう。タイラー・ダーデンはめったに電話を返してもらえないんだ。二カ月は誰とも寝てないんじゃないかな。パパはたぶん去年一人としか寝ていない。ミステリーは女をしっかりつかまえて傍にいてもらうことができない。それからザネウスはここへ来たときはいい男だった。でも今じゃ見せかけだけさ。あいつが話すのはもっぱらナンパのことばかり。俺が手本にしたいのはあんただけだよ。素晴らしい生き方をして、いい仕事を持ち、いかした彼女がいる」

お世辞というのは何でもさせてしまう。

「こうしよう。明日リサにサーフィンを教えるんだ。一緒に来ないか? 外に出て海を見るいい機会だ」

10

一度も女に声をかけない一日

MSNグループ：ミステリーズラウンジ
タイトル：現場報告――プロジェクトハリウッドの生活
投稿者：シックボーイ

知らない人のために言っておくと、ぼくはずっとプロジェクトハリウッドのパパの部屋のクローゼットに寝泊まりしていた。これまでイカレたドラマがたくさんあったけど、今日はここへ来て最高にいい日になった。ふだんよりも早起きして、スタイルとその彼女と一緒にマリブへサーフィンをしに行った。この彼女というのがほんとに素晴らしい人なんだ。最高にいい感じのふたりを見てるとこっちまで元気になってくる。スタイルはぼくが出会ったなかでも、もっともゲームに貢献したと言える実力を持つ、数少ない人間の一人だ。

波乗りはめちゃくちゃ楽しかった。今年の夏はまだ行ってなかったから、すごくうれしかったよ。こいつをやったことがない人はみんな始めたほうがいい。波にぶちあたる瞬間、頭がまっ白になり、ほかのことは何も考えられなくなる。本当に心が安らぐんだ。

そのあと、太平洋に面したフィッシュスタンドで食事をし、三人で音楽、友人、旅、人生、それから仕事についてたくさん語り合った。

家に帰ると、少し仕事をした。それからプレイボーイと『ラストドラゴン』を観た。彼とは最近仲良くなったんだ。映画の間にハーバルとミステリーは外で話をして和解していた。ミステリーはまだカチャには腹を立てているけど、ハーバルが彼女を好きになるのは別にかまわないって言った。そしてハーバルはミステリーが家の損害を弁償すれば、やったことを許すと言った。やれやれ。健全な結末を迎えられたのはいいことだ。しかしそれでもミステリーは明日家を出て行く。残念で仕方ない。

午前二時ごろ、プレイボーイとミステリーと一緒にメインルームで音楽をかけて水パイプをふかしながら人生のゴールについて語り合った。

ぼくは今日、一度もナンパやコミュニティの話をしなかった。本物の友人と交わす本物の会話に満ちた一日だった。「サドルランチ」あたりでひっかけたヤリマンとファックして自己確認する必要もない。事実、今日一日一度も女に声をかけなかった。

こんな日々が生きる価値を教えてくれる。そしてぼくがプロジェクトハリウッドを出るときは、きっとこんな日々を懐かしく思うんだろう。

――シックボーイ

11

ミステリーが去り、攻撃が始まる

俺は何もせずリビングに座って、ミステリーが残りの持ち物を詰めるのをただ見ていた。厚底ブーツ、ド派手な帽子、もはや着ることのないピンストライプのスーツ、ふたに自分で絵を描いたランチボックス、レズビアンのポルノと『70ショー』の入ったハードディスクドライブ。本当にこれを持っていくのかと思うものばかりだった。

「で、どこに行くつもりだ?」俺は聞いた。

「ラスベガスへ行く。プロジェクトベガスを始めるんだ。ここでの失敗から学んだし、プロジェクトはもっとデカくていいものになるはずだ。ベガスにはもっといい女がいるし、カジノでマジックをやるチャンスも山ほどある。

それから義理の弟を呼んで一緒に歌を録る。想像してみろ」

彼はキーボードを叩くように手を動かしてみせた。

「世界最高のナンパアーティストがラブソングのアルバムを出すんだ。売れないわけがないだろ?」

かつての荒唐無稽な計画性が戻ってきていた。

「アニアとはそこで一緒に暮らす。それからお前はやはりいちばんの親友だから、俺が落ちついたらぜひ来てほしい。今度はうまくできる。俺たちで仕切って、越して来る人間を慎重に選ぶんだ」

「すまない」

彼が何かやらかすたびに、ついていくわけにはいかない。

「ミステリーアンドスタイルでやるんだ。昔のようにな」

ミステリーは俺を無視して言った。彼は家の正面玄関を開けると、踊り場にスーツケースを運び、かつて挫折から成功へと導いた名言の一つを口にした。

「問題があるところには、つまりチャンスがあるということだ」

「俺にはもう無理だ」

謝罪のつもりが、非難のように聞こえてしまう。

「分かるよ」彼は言った。「人生ではうまくいかずに、ひどい道をたどるはめになることもある。忘れないでほしいのは、たとえ今は意見が合わなくなっていたとしても、いつだって、お前はずっと友だちだってことさ。無理して俺に付き合う必要はない。彼女と楽しくやってほしいし、俺たちはいつでも会える。お前は俺の人生でもっとも大切な人間だよ」

顔が熱くなり、涙がにじんで視界がぼやけた。

「いいか、ぶち壊しにするんじゃないぞ」

彼はそう言って弱々しくほほ笑み、湧き起こる感情をぐっとこらえた。

家の前にやってきたタクシーがクラクションを鳴らし、ミステリーはプロジェクトハリウッドの扉を音を立てて閉めた。かすんだ視界に無表情なドアの白さが漂う。自分の一部を失ったような気分だった。一瞬、大バカ者はどちらなのか分からなくなった。

一週間もしないうち、カチャがハーバルの部屋に越して来て、パパはふたりのPUA《ナンパアーティスト》をかつてのミステリーの部屋に入れた。その一人は以前俺の生徒だったドリームウィーバーで、もう一人は会ったことのない男だった。パパは三人目をミステリーの部屋のクローゼットに入れようと考えていた。この新たな若い住人の到来によって、プロジェクトハリウッドは以前にもまして男子寮のようになっていた。いや、世間の男子寮だってこんなに汚くはないだろう。

以前のように、誰彼問わずに捕まえて自分の身に起こったドラマを聞かせていたミステリーの姿が消え、この家でのコミュニケーションの欠如はいっそう気詰まりなものになっていた。俺がリビングを通るたびに、新しいルームメイトが絨毯に腹ばいになってビデオゲームをしている姿を見かけた。彼らはけっしてこちらを向かず、二言も口にしない。たとえ俺が挨拶してもだ。あいつらはＰＵＡなんかじゃない。ただの無気力人間だ。

もし二年前に誰かが、これこそが俺が目指すライフスタイルなのだと教えてくれていたら、俺はけっしてコミュニティには入らなかっただろう。きっと気づいていたはずだ。コントローラーに頼って生きるようなやつらは、コントローラーによって死ぬんだと。

パパの二十四歳の誕生日パーティには、一人の女も現れなかった。もちろん、プロジェクトハリウッドのパーティに一度も姿を見せなかった、パパの望み、パリス・ヒルトンが来なかったのは言うまでもない。彼の友人はＰＵＡたちだけだった。そして、どういうわけか彼らはみんな俺を無視した。まったく理解できなかった。

次の週、一度も正面から対立したことのなかったタイラー・ダーデンが、ネット上で俺を攻撃する書き込みをするようになった。俺はついに、みんなのおかしな態度について彼と話し合うときが来たと決心した。俺はキッチンにあふれたゴミ袋をかき分け、うっすらと泥のたまった裏庭のバスタブの横を通り、パパの部屋の裏口のドアを叩いた。

タイラー・ダーデンはパソコンの前に座って、ナンパ術の掲示板に書き込みをしているところだった。

「最近起きていることについて話があるんだ」俺は言った。「この家の人間はみんな様子がおかしい。ふだんよりもずっと変だ。それにお前はずいぶんけんか腰だ。俺がリサといてばかりでナンパに行かないからみんな気に入らないのか？」

「それもある」彼が言った。「だがもっと大きいのは、あんたが誰にも好かれてないってことだよ。みんなあんたはお高くとまっていて、この家のトラブルの多くはあんたが原因だって思ってる。みんなの陰口を叩くからってね」

タイラー・ダーデンが俺に面と向かってきつい言葉をぶつけたことはない。そんな彼の口から出てきた言葉にしては強烈だったが、悪意で言っているような様子でもなかった。彼は俺の顔色をうかがいながら、あたかもＰＵＡ同士として前向きな助言をしようとしているかのようだった。

「あんたが友人だから言うんだ。それにミステリーのようなことがあんたに起きるのを見たくないしね」

驚きのあまり返す言葉が見つからなかった。この家のみんながそんなふうに考えているとは夢にも思わなかった。

「そうなんだ」彼は続けた。「気づいていたかい？　エクストラマスクは以前はあんたと仲がよかったのに、いつからか避けるようになった。あんたを信用できなかったんだよ。ドリームウィーバーはあんたの根性が嫌いだと言っていた。マーヴェリックもあんたを嫌ってる」

俺は彼の言葉をよく考えた。たぶん彼は正しいんだろう。共有されるべきルーティーンが金で売られ、まったく正常だった人間が気味の悪い社会の寄生虫へと姿を変えていくのを目にするうち、俺の中で初めてナンパ師たちに出くわしたときのような情熱はすっかりなくなってしまっていた。だから、俺はみんなに対していつもフレンドリーだったにもかかわらず、おそらくみんなはコミュニティに幻滅をもたらす俺を横目に、ナンパを続けていたのだろう。

そして一方では、ジャグラーが指摘したように、みんな俺のそばにいるとなぜか落ちつくのだ。いつでもフレンドリーですぐに仲良くなれる。コミュニティに入る前でさえそうだった。俺には敵がいなかった。もしくはそうだと思っていた。一時間ほど話して部屋を出ると、目まいがした。この二年間の大半をともに過ごしてきた彼らが、なぜ俺の根性を忌み嫌うのかが分からなかった。俺がいったい何をした？

そしてすぐに気づいた。俺は何もしなかったのだ。

12 プレイされるプレイヤー

プレイボーイがリビングで本を箱に詰めているのを見て、俺はいつものせりふを口にした。

「何してるんだ？」

「出ていくんだ」

初めにエクストラマスク、それからミステリー、シックボーイ、そして今回はプレイボーイ。これではまるで、沈みかけの船みたいだ。

「ちょっと時間あるかな？」彼は言った。「出て行く前に打ち明けたいことがあるんだ」

プレイボーイは俺を自分の部屋へ連れて行き、ドアを閉めた。

「あいつらはあんたを締め出そうとしてる」彼は言った。

「誰のことだ？」

「パパとタイラー・ダーデンだよ。君をハメようとしてるんだ」

「何の話だ？　ハメるっていうのはどういうことだ？」

「なんてこった。君はパパの部屋で着々と行われていることに何も気づいていないんだね。タイラー・ダーデンはみんなに君を無視するように言いつけている。みんなが君を嫌っているって君に思わせたいんだ。君がこの家で居心地悪くなるようにしたいんだよ」

「なんでまたそんなことを」

「支配したいんだよ。そのためには脅威となる君が邪魔なんだ」

先日のタイラー・ダーデンが仕掛けてきた心理戦にも納得がいった。みんなが敵対していると俺に思わせようとしていたのだ。俺を追い出すために、ゲームを仕掛けてきたのだ。

「騙すことのできない君を、あいつは自分の権力に対する脅威だと考えている。君はザネウスのように弱くはないからね」プレイボーイは続けた。「それに家賃を要求してくる君は財政的にも脅威である。そしてもう一つ、ベガスで自分がナンパした女に手を出した君を、自分の女に対する脅威だとも考えている。女を君に近づければ、自分への興味が失われてしまうってね」

「まだあのことを根に持っているのか?」

「ああ。でもぼくが思うにいちばんの問題は、タイラーとパパが君をミステリーと結びつけて考えてるってことだ。ミステリーはライバルだからね。まるでギャングみたいだよ。同盟みたいなものを大事にしてさ。だからミステリーを追い出して、次は君を追い出そうというわけだ。彼らはこの家全体をリアルソーシャルダイナミクスのオフィスと寮に変えてしまいたいんだ」

「分からないな。連中がミステリーを追い出したわけじゃないだろう? あいつは自ら墓穴を掘ったんだ」

「でもどうやってあいつらが拍車をかけたか見てただろ? パパがどうやってカチャを家に招き寄せ、ミステリーが追い出したあとでまた呼び寄せたりしたか。彼を悩ますためにわざとやっていたんだよ」

プレイボーイの紡ぎ出す言葉の一つ一つが、俺の目から薄いガーゼを一枚ずつはがしていくような感じだった。

「ハウスミーティングのときパパが自分の部屋で言っていたことはすべて、タイラー・ダーデンに指示された内容だった。彼はタイラーの信奉者だ。そしてそれについていこうとしたぼくが間違ってた。もう一度全部やり直せたら、ぼくはミステリーが残るほうに票を投じるよ。この家は彼のプロジェクトだったんだから。いくら彼の行動が突飛だったとしても、彼には自分の元彼女をここに置きたくないと言う権利がある」

俺が彼らの思うつぼにさせてしまったのだ。彼らはミーティングをてっきり俺が仕切っていると思わせてしまうほど、状況操作に長けていた。何しろパパはずっと俺のことをリーダーだと言っていたのだから。そうすることで、ミステリーを追い出したのは俺の判断ということにしてしまったのだ。けんか両成敗のつもりが、このざまとは……。

「やれやれ、俺は操り人形だったってわけか……」俺は信じられない思いで頭を振った。

「ぼくのことも操ってた。出て行くことにしたのは、それもでかいんだよ。タイラー・ダーデンは人を好きなだけ操れる。彼は女が目的じゃない。戦力を集めて権力を握ることが目的なんだ」

なぜこんなにも見えなくなっていたのだろう。俺はラスベガスで、タイラー・ダーデンは相手を抹殺することでのぼりつめていくタイプの人間だと、本人に向かって単刀直入に言ったことさえあったのに。そして彼はそれを認めていたというのに。

「彼らがパパの部屋ですることといったら、バスルームにたむろして何かを企むことばかりだ」プレイボーイは言葉を続けた。「タイラー・ダーデンの口から出る言葉はすべて計算ずくさ。そして彼の書き込みにはすべて隠された意図がある。ヤツの頭はくるくる回る歯車だ。世の中すべてをゲームの対象だと思ってる。近ごろじゃパパの部屋で〝男のセット〟についても話し合ったりしてるんだ。生徒たちが講座にいい評価をするように仕向けるためのルーティーンや、この家の男たちを操作するためのルーティーンまである。新しい人間があの部屋にやってくるたび、君に背くように吹き込んでいるんだ」

俺たちはクラブでの状況操作を学ぶことによって、危険な例を生み出してしまった。それによって人生のすべてはルーティーン次第で、プレイヤーの思いどおりにできるゲームであると思うに至らせてしまったのだ。

しかし一つだけまだ分からないことがあった。

「それがぜんぶ本当なら、なぜパパは追い出すと決める前から俺とミステリーを避けていたんだ？」俺は尋ねた。

「それもタイラー・ダーデンさ」プレイボーイは言った。「彼は自分の仕事と同様、ミステリーのビジネスにまでパパが幅をきかせるようになるのが嫌だったんだよ。だからここに越してくるなり、パパがミステリーと対立するように仕向けたんだ。そしてミステリーとパパが言い争いをしたあと、彼はパパに君たちふたりを完全に避けて裏口から家に入るように言ったんだ」

プレイボーイの話を聞きながら、関連するさまざまな事柄が頭の中で弾けた。初日から家の中で起きていた奇妙なことはすべて、クローゼットに潜んだ一人の男、プロジェクトハリウッドの魔法使いによって練り上げられていたのだった。俺はなんてバカだったんだ。

「君とミステリーが犯した最大の過ちは」プレイボーイはこう括《くく》った。「パパをこの家に呼んだことだよ」

ここに教訓があった。おそらくこのコミュニティから学ぶのもこれが最後になるだろう。それはつまり「常に直感や第一印象にしたがえ」ということだ。初めて会ったとき、俺はパパもタイラー・ダーデンも信用なんてしてなかった。パパを世間知らずのロボットみたいな人間だと思ったし、タイラー・ダーデンを無情で機械のように人を操る男だと思ったものだ。そしてたしかにファッションやゲームにかけては飛躍的な前進を見せたが、やはりミステリーは正しかった。サソリの本能は否定しようがないのである。しかし同時に、ミステリーと俺にもまったく責任がないとは言いきれなかった。俺たちはパパをうまいこと利用し、家の賃貸契約にサインさせ、いちばん高い部屋を割り当てた。それにけっして友になろうとも、対等に扱おうとすらしなかった。

そのあとオフィスエリアに行ってパソコンでメールをチェックしていると、ふと「ファミリーキーロガー」というプログラムがあることに気づいた。もし俺がプレイボーイとの話によってあれこれ考えていなかったら、気にも留めなかっただろう。そこで俺はプログラムの名前を検索した《ググった》。その結果を見たとき、体中をでかい鉄球で打ちつけられたような怒りの衝撃に襲われた。キーボードで打たれた文字がすべて記録されテキストファイルに保存されるというソフトウェアを、何者かによってインストールされていたのだ。このパソコンは住人やゲストがインターネットを使えるように、共有用に置かれたものだった。つまりこれは、プログラムをインストールした何者かが、今やみんなのパスワードやクレジットカードの番号や私用のメールまでを把握しているということだ。

ここに越してきた瞬間から、俺に気づかれることなく、戦争は始まっていたというわけだ。

しばらくして、ニューヨークにいるシックボーイに電話をかけた。第三者の意見が聞きたかった。

「お前の経験と一致するか?」プレイボーイが言っていたことをすべて話し、彼に尋ねた。

「そのとおりだよ。ミステリーがいたとき、あいつらは今あんたにしてるのとおんなじことを彼にしていた。タイラー・ダーデンとパパはよく言っていた。『ミステリーとしゃべるな。あいつを締め出せ』ってね。あいつらのやることはすべてルーティーンだ。あのミステリーのハウスミーティングだって何日もかけて考え出されたものなんだ。いかにしてミステリーを出ていかせてプロジェクトハリウッドを支配するかを常に話し合っていたのさ。あの家は彼らのビジネスプランの一環なんだ。ぼくは出ていくしかなかった。あんなところにはいられなかった」

後日、俺はマーヴェリックとドリームウィーバーにも話しかけてみた。ふたりとも同じことを言った。ミステリーと俺はコミュニティでもっとも優れたプレイヤーとされながら、その実、プレイされていたのだ。崇拝者たちが自ら偶像を破壊したのである。

13 神話的人物、エリック・ウェバーに会いに

会わなければならないナンパの教祖がまだ一人いた。女をナンパする方法を聞きたいのではない。やめる方法を教えてもらいたかったのだ。

コミュニティの誰もが彼の名前を口にする。彼はナンパ界における、ある種の神的存在だった。オデュッセウスやスタートレックのカーク船長、はたまたレベル十一《イレブン》のＨＢ《いい女》と並ぶ神話的人物なのだ。その名をエリック・ウェバーといい、現代初のＰＵＡ《ナンパアーティスト》であり、一九七〇年にすべての始まりとなった一冊、『現代ギャル攻略法――これだけ知ればパーフェクト！』を書いた人物である。ちなみにこの本には同名の映画もある。

彼に会ったのは、自主制作映画を編集する小さなスタジオでだった。その姿にはまったく派手なところがない。白髪混じりの髪に、上までボタンをとめた、のりのきいたシャツと特徴のない黒いズボンといういでたちは、初老の、広告代理店の役員のようだった。その瞳だけが精力的に輝き、今も若かりしころの大胆不敵な彼が失われていないことを証明していた。

ナンパ術コミュニティの存在には気づいていましたか？

ああ。しかし私は何かマネされたような気分で見ていたよ。あの本のあとに起きたことには気に食わないこともあった。人をゆがませ、変えてしまうような行為は信用できない。私は一度だって力で女を手に入れることに関心を抱いたことはない。関心があったのは愛すべき誰かを見つけることだけだ。でも、私はナンパ術に情熱を持ち続

けることはなかった。やりたいことがほかにたくさんあるような気がしたからだよ。

何が終わらせたのですか？

結婚したら興味がなくなったんだ。より自分に自信がつき、ただ数字を積み重ねていくようなことをしていても、私の存在に対する絶望感は救われないと気づいた。それにふたりの娘を持ったことも影響した。折につけて私を男女差別していると非難するんだ。自分ではそこまでじゃないと思うんだがね。

存在に対する絶望感とは何だったのですか？

私が思うに存在することのジレンマは、我々が社会的動物であり、誰もが不完全と闘っているということだ。しかし自分は思っているほど不完全ではないと気づいたとき、そして他人もまた自分のことを不完全だと思っていることに気づいたとき、痛みは消え去り、自分は価値のない人間だという考えはいくらか和らぐ。

不完全だという意識を取り除けない人々に関してはどう思いますか？

そういう人間はより多くの女と寝ることに取りつかれている。そしてこれは厄介なことだ。そしてセラピーに参加したほうがいいような男が出てくる。こんな男が数えきれないくらいいた。ひどい服を着て、鼻にかかった声で私に言うんだ。「エリック、もうナンパできそうにないよ」私は言ってやった。「お前に必要なのは新しい服、しっかりした意識、それからセラピストだ」これらはすべて、心の奥に傷がある証拠だ。

電話が鳴った。彼は出ると、数分話してから切った。

三十八年半前に私がナンパした女がいる。妻だ。ちょうどあの本の調査をしているころに出会い、彼女に決まり文句を使ってみたんだ。バーで彼女が近くを通ったとき、私は言った。「君みたいにかわいい子をほっとく手はないな」私はこの手強そうなニューヨークのべっぴんさんが怒りだすかと思っていた。しかし彼女は「あらそう」とだけ答えたんだ。それから彼女が忘れられなくなったんだよ。

どのようにしてあの本を思いついたのか、聞かせてください。

ベントン&ボウルズ社で一緒にコピーライターの見習いをしている友人がいた。ある日私たちは窓越しに、となりのエル・アル航空のオフィスで働く女の子に気づいた。地中海的な華やかさを持っていて、まるでボッティチェリの絵画のようだった。翌日、友人は私を見るなり言った。「昼休みに彼女をデリまでつけていったらそこで彼女はサンドイッチを買い、公園に座った。そして彼女に話しかけ、金曜日にディナーに行く約束をとりつけた」と。

翌週、彼は俺を見つけるなり彼女は処女だったと言った。きつすぎて途中でワセリンを買いに行かねばならなかったと。それが私にナンパの本を書くことを思いつかせた。彼の厚かましさと、見ず知らずの人を和ませてしまう会話力に興味を抱いた。彼には日常茶飯事のことだったんだ。私はとても内気で自信を失いかけていた。ナンパについて書いたのは自分にできないからであり、実際、心からうまくなりたいと思っていたからだ。

当時、前例はあったのですか?

六〇年代中ごろ、アメリカ人の生活は急速に変わりつつあった。ちょうど女性がピルを飲み始め、ストーンズとビートルズがヒットを飛ばし、ボブ・ディランが台頭してきていた。カウンターカルチャー全体が形になりつつあったんだ。人生が突如、激しくエロティックになったのさ。

四〇年代、五〇年代には、地元で育つと、出会いはもっぱら教会の集まりか叔母からの紹介だった。しかし六〇年代に入ると、そういった人々は親元を離れ、都会でアパートを借りて暮らすようになった。すると彼らは昔ながらの出会い方がないまま一人暮らしをすることになる。そこで独り者向けのバーが人気になったんだ。そして人々には他人と出会うための新しい手段が必要になった。

生まれながらにできる人間と、私たちのように理論的に学ばなければできない人間との違いは何でしょうか?

思うに、才能のある人間はそれをやるだけの精神力があるんだ。私は独身時代に見切りをつけようと努力するうち、あきれるような大胆さというものに気づいた。一杯のワインのあとで「ファックしたい」と女に言う勇気を手に入れた。君に大胆になってリードしてほしいと思っている女もいるってことだ。それを学ぶまでにずいぶん時間がかかったよ。

会話が才能についてや実際の現場の話になると、エリック・ウェバーに不思議な変化が起きた。生き返ったようになるのだ。瞳の中に生気がきらめく。三十分ほど、ゲームのエピソードや持論についてやりとりをした。結婚やハッピーエンドについて語るにもかかわらず、ひと皮むけば、友人の成功をうらやむ惨めな青年が、いまだに彼の心を燃やしているのだ。

話し終えると、彼が編集中の映画のワンシーンを見せてくれた。失業中のさえないハゲ頭の中年男の話で、彼はひどい映画脚本を書いては、ハンサムな成功組の男と再婚した元妻のすねをかじっているのだった。

「映画の中の脚本家はあなたが見る本当の自分なんですか?」一緒にビルの外へ歩きながら俺は尋ねた。

「あれは隠れた自分だ」彼はうなずいた。「内側ではしばしば、自分は力不足で不恰好で愛されていないと感じるんだよ」

「たとえナンパアーティストとして、夫として、父として自信を確立していてもですか?」

「そうだな」彼は車のドアを開けながら言った。

「ときに自信を装っていくしかない。そのうちにみんな信じ始めるんだよ」そう言って、彼がドアの取っ手に手をかけた。「そして、あとは死ぬだけだ」

ドアが閉まった。

14

男はけっして女を選べない

午前二時、いつものように勢いよく、酔ったリサがやって来た。どすどすと二階に上がってきて、ハンドバッグや服をぼろぼろと落としながらビール片手に素っ裸で俺のベッドに飛び乗った。

「あらゆる面であんたに惚れてる」彼女が口走った。

「ほんとかい？」

「どういう面でか分かる？」

「うーん、たぶん」

「ちゃんと言ってほしい？」

「もちろん」

「気持ちの面で、体の面で、考え方の面で」

「いっぱいあるね」

「解説できるわよ」

「分かった。じゃあ体の面から」おそらくこれがいまだにもっとも自信を必要としている面だろう。

「あなたの歯、それから口が特に好き」

そこにためらいや疑念がないか俺は耳を傾けた。少しもなかった。

「広い肩と、引き締まったおしりが好き。体の毛の生え方が好き。瞳の色が好き。私と同じ色だから。鼻の形が好き。あと頭の横のくぼみが好き」

「驚いた」俺は彼女を組み敷き、肩をつかんだ。「このくぼみを褒めた人なんて一人もいなかった。俺もこいつが好きなんだ」

俺は自分が言ったことのバカさかげんに、大げさに笑った。それから彼女にすべてを告白した。プレイヤーたちに出会い、ゲームを学んだこの二年間のことを話した。ＡＦＣ《欲求不満のバカ》とＰＵＡ《ナンパアーティスト》、それにＦＢ《セックスフレンド》とＭＬＴＲ《彼女たちの一人》、それからＩＯＩ《脈ありサイン》とＡＭＯＧ《グループの頭の男》のことを話した。

「いつか君にめちゃくちゃセクシーな格好をしてほしい」自分で言った言葉に興奮しながら俺は言った。「それでバーに行くんだ。そして君を口説こうとする男たち全員をＡＭＯＧｉｎｇ《頂点に立つ男の排除》してみせるよ」

彼女は俺の下から転がり出ると、横になったまま向き合って顔を近づけた。

「あいつらの言うことなんか聞かなくていい」彼女は言った。吐息がふたりを酔わせた。「私が好きだったりすごいなって思ったりすることは、全部あなたがＰＵＡに会う前から持っていたものよ。バカげた飾りをつけたりコメディアンのピーウィー・ハーマンみたいな靴を履いたりしてほしくない。あんなふうに変身しちゃわないで」

家の外で、男たちが坂をのぼってくる音がした。あと少しで女と寝られたのにと興奮してでもいるのだろう。

「あなたがＰＵＡから学んだことは、むしろ私たちがうまくいくのに邪魔だったのよ」リサは言葉を続けた。「ただのニールでいてほしいの。ハゲ頭でオタクで眼鏡をかけてるね」

彼女は正しいのかもしれない。おそらく本当の俺が好きなのだろう。しかし努力を重ねたこの二年がなかったら、彼女は俺に出会う機会さえなかっただろう。この訓練なしでは、リサのような手強い女性に話しかけ、扱う自信などけっして持てなかっただろう。

俺には必要だったのだ。ミステリーや、ロス・ジェフリーズ、デイヴィッド・デアンジェロ、デイヴィッド・X、ジャグラー、スティーブ・P、ラスプーチン、そのほか多くの偽名の男たちが。まず第一に自分というものを見つけるために、彼らが必要だったのだ。そして俺はそいつを見つけ、殻の外へ連れ出し、認めてやることを学び、ことによると彼ら以上に成長した。

リサは体を起こし、さっき持ってきたビールをすすった。

「今夜はみんなに口説かれたわ」彼女がくすくす笑った。

謙遜など彼女には似合わない。

「あなたがロスで一番いい女とデートしてるってことを自覚してもらいたいわ」

返事代わりに、俺は無言のままドレッサーの下の引き出しを開け、中から大きな茶封筒を二枚取り出してベッドに持っていった。一つ目の封筒を逆さにし、布団の上に中身を空けた。たくさんの紙切れやマッチの箱、名刺、紙ナプキン、それから破れたレシートなどが出てきた。一つ一つに女の書いた文字が躍る。それから二つ目の封筒もベッドの上に空ける。これも中身は同じ。いつのまにかそこに紙切れの山ができた。ミステリーとの運命的な初講座以来、俺が集めてきた電話番号のすべてだ。

「君がどれだけの女か分かってるよ」彼女の問いに、俺はそう答えた。「二年間、ロスのすべての女たちを見てきた。そしてそのたくさんの中から、俺は君を選んだんだ」

長い間、こんないかした言葉を口にしたことはなかった。そしてそれを言ったあとで、その言葉も完全には正しくないと気づいた。俺は何かを学んだとすれば、それはつまり、男にはけっして女を選べないということ。できるのは、ただ自分を選ばせる機会を与えるだけなのだ。

15 ゲームに勝つとき

次に出て行ったのはハーバルだった。

俺はベッドルームの窓から、彼が引っ越し用のバンに掃除ロボットを積み込むのを見つけた。

「オースティンに帰るよ」俺が駆けていくと、弱々しい笑みを浮かべながら彼が言った。

家を去るのではないかと俺が思っていた最後の一人だった。

「どうしてだ？　結局ミステリーのこともすんだのに出ていくのか？」

「この家は失敗だったんじゃないかと思うんだ」彼は言った。「もう誰ともやっていけない。ミステリーの仕事をするようになったときから、ＲＳＤ《リアルソーシャルダイナミクス》のヤツらはぼくとしゃべるのをやめちゃったし、パパは嫌なやつらとばかりつるんでる」

「カチャはどうしている？」

「一緒にオースティンに行くよ」

もしカチャが復讐のために彼を利用しただけなら、とっくに彼を捨てているだろう。

「そうか、ところでお前のワラビーが届いたらどうすればいい？」

「オースティンに送ってもらうように手配してある」

ハーバルが荷物をバンに積み込むのを眺めながら、俺はミステリーが出ていったときよりもずっと深い悲しみに襲われていた。ミステリーのとき、俺は友人でありかつての師である男を失った。しかしあの事件が終われば、家全体が一つになれると思っていた。ところがタイラー・ダーデンの企みとハーバルのこの撤退によって、プロジェクトハリウッドは完全に終わってしまったと思ったからだ。

パパとタイラー・ダーデン以外は、コミュニティにかけられた魔法から徐々に目を覚ましつつあるようだった。ファアレスで童貞を失ったあのプライザーでさえ、ナンパ講座のＤＶＤを売るのをやめ、信仰を新たにした。彼は最後の書き込みでこう警告した。

「早く正気を取り戻して、頭の悪い男しか魅了できない負け犬たちに給料をつぎ込むのをやめるんだ。人生にはナンパよりも大切なものがある」

誰よりもナンパに夢中だったヤツらがみんなコミュニティを巣立ってしまったのなら、俺がここに留まる理由が何かあるだろうか？

ハーバルと俺の背後でビール瓶が砕け散り、通り一面にガラスの破片が散らばった。目を上げると、うちの階段に脱色した金髪をエミネム風クルーカットにしたタンクトップ姿のティーンエイジャーが座っていた。

「あれ誰だ？」

「知らない」ハーバルは言った。「パパの部屋に一晩中いる」

今や俺はここで独りだ。家全体が俺を追い出そうとしているなかで、俺は独りベッドルームでボーグ（新スタートレックに出てくる最大の敵、ヒューマノイド、機械生命体）に対抗していたのだ。戦いにももう飽きた。他人を見損なうのももううんざりだ。これ以上ここにいる必要はない。それに俺には彼女がいる。

それでもなお、考えずにはいられなかった。俺にもっと力があればとか、パパはこの家でどうなるのだろうとか。その夜ふたりでベッドに横たわりながら、リサがこの問いに答えてくれた。

「この家が必要なくなったからといって」彼女は言った。「これは人生をかけるほどのものじゃないわ。ちょっと寄っただけのサブカルチャーよ。見せかけの現実やあとから学んだ振る舞いがいいものなわけないじゃない。手を切るのよ。あの人たちはもうあなたのためにはならない。あなたの足を引っ張ってる」

子どものころ『オズの魔法使い』を観ると、俺はいつもがっかりした。いい魔法使いグリンダがドロシーに言うのだ。彼女にはオズに着いたその瞬間から、家に戻る力があったのだと。そして二十年が過ぎた今、俺にはそのメッセージが分かった。俺には初めからコミュニティを去る力があったのだ。だけどここへ来るまで旅の終わりに行き着かなかった。今でもあいつらには俺にないものがあったのだと信じている。けれども達人たちがみんな俺にしがみついて離れなかった理由、もしくはタイラー・ダーデンが憎みながらも俺になりたがった理由は、俺には彼らにないものがあると、彼らが思っていたからだ。

誰もが自らの失われたかけらを探して外側に目を向け、間違った方向を見てしまう。そして自分自身を見つける代わりに、自我を失ってしまう。ミステリーには答えられなかった。「スタンダード」にいた金髪でレベル十のふたり組にも答えられなかった。答えは自分の中で見つけるものなのだ。

ゲームに勝つとは、ゲームを去ること。

エクストラマスクでさえ、その答えにたどり着いた。オーストラリアのヴィパッサナー瞑想センターとインドのアシュラムに滞在したあと帰ってきて、彼のメールいわく「以前のように」戻ったそうだ。

その朝、俺は一階の騒音に目を覚ました。プレイボーイ、シックボーイ、それからハーバルに代わるリアルソーシャルダイナミクスの新しい採用者がイケアの箱をいくつもハーバルの部屋に運び込んでいた。前々からいる男たちと同様、彼らは以前の生徒であり、研修生や従業員となってナンパのレッスンを受けクローゼットで眠る代わりにただで働くのである。これをするために彼らは仕事を辞めたり、学校を退学したり、生まれ育った町を出たりしているのだ。

俺はボクサーパンツ姿でリビングルームに座り、彼らが働く様子を眺めていた。彼らは仕事熱心で、有能だった。機械仕掛けみたいだった。彼らは無言のまま三段式のベッドにそろいのマットレスやシーツやブランケットを配置していった。ハーバルの部屋は、この増え続ける軍隊を収容するための兵舎へと改造されつつあった。そして夜な夜な戦闘部隊がサンセットストリップへと送り込まれるのだ。俺の服や、俺のネタや、俺の手法で武装して。その間にも司令官たちはバスルームでコミュニティ征服への最終局面の構想を練る。そしてミステリーが自ら去ったことによって、ネット上の〝ミステリーズラウンジ〟も彼らのものになるのは時間の問題だろう。

もはやこの場に俺の出る幕はない。

俺は部屋に戻るとクローゼットからダッフルバッグをいくつか引き出し、荷造りを始めた。頭上にかかっているのはずらり並んだド派手な服。毛羽立った紫のベストやぴっちりした黒いビニールパンツやピンクのカウボーイハット。そして床に積み重なっているのは無数の本。ナンパ、NLP、タントラマッサージ、女性の性的幻想、筆跡鑑定、それから愛されるバカになるための本など。これから向かうところに、こんなものは一つも必要ない。

ついにきた。この家を、コミュニティを去り、過去にするときが。現実が俺を呼んでいる。

おわりに
ACKNOWLEDGMENTS

この本を書いたあと、プロジェクトハリウッドにも登場人物たちの人生にも、続編が書けるほどいろいろなことが起こった。だが、あらすじだけを語るくらいでいい。ぼくのストーリーは終わりだ。エンドロールを流すとしよう……。

彼女のアニアと一緒にラスベガスに引っ越す計画を実現させたミステリーに感謝を。今ふたりは、ラスベガスブールヴァードのアパートに住んでいる。ついに彼はちゃんとしたビジネスパートナー、サヴォイと出会い、経済的に立ち直ることができた。今彼は、ほぼ毎週末ワークショップを開いている。値段は二千二百五十ドルと目の玉が飛び出すほどだが、ぼくが見るかぎり、誰もが満足して受講を終えているようだ。ラスベガスで彼が最初に友だちになったデビッド・カッパーフィールドは『ニューヨークタイムズ』でコミュニティの記事を見つけてミステリーにコンタクトを取り、それからほぼ毎日のように連絡を取り合っている。しかしミステリーは、まだアニアに３Ｐをしたいと持ちかけられずにいる。

まもなくプロジェクトハリウッドをあとにしたタイラー・ダーデンとパパに感謝を。何人かのＰＵＡ《ナンパアーティスト》たちが引っ越してきて、やがて挫折感を胸に去っていったあと、ふたりはミステリーの部屋にニューエイジのカップルを引っ越させ、代わりにニューヨークにあるカップルのアパートを借りると、そこをワークショップの拠点とした。ハーレ・クリシュナを熱烈に信奉している新入居者たちふたりは毎晩のようにプロジェクトハリウッドのリビングにひょっこり顔を出し、歌や踊り、そして超能力バトルなどで賑わせてくれた。だがタイラー・ダーデンがマンハッタンで週末のワークショップを開催するようになると、アパートの住人の一人が「ここでは教えるな」と言い出した。プロジェクトハリウッドの住人たちによると、そのころからプロジェクトハリウッドの主導権をめぐっていさかいが起こり始めたということだ。

次に起こったことの真実が明るみに出ることはけっしてないだろう。タイラー・ダーデンとパパが居住区でビジネスを始めると地域の組合がふたりを呼び出そうとしたが、ふたりがそれを無視したのだと、ニューエイジカップルたちが言い出した。タイラー・ダーデンとパパのふたりは、プロジェクトハリウッドの収益のあまりにも多くを家賃に取られすぎるとずっと言い続けていた。ともあれ、十八カ月の契約期間が終わる一カ月半前に、パパ、タイラー・ダーデン、そして残りのナンパアーティストたちはいきなり荷物をまとめると引っ越し用のトラックで去っていってしまった。彼らはリサの家と、ぼくがミステリーを連れて行った精神科から一ブロックのところにある共同住宅に入り、タイラー・ダーデンは新しくできたガールフレンドと住み、パパはパリス・ヒルトンを追い続けた。関係は近づきつつあると彼は思っていたようだ。ふたりは引き続きリアルソーシャルダイナミクスを運営し続け、ただならぬ感謝を生徒たちから集めている。

今はエキセントリックなニューエイジカップルと素晴らしい掃除婦が住んでいるプロジェクトハリウッドに感謝を。彼女は自らを「クリーニングブッダ」と呼び、かつてぼくが過ごした寝室を使っている。

六カ月たってもオースティンで付き合い続けていたハーバルとカチャに感謝を。ハーバルは、当地の自分の家で「シャーニクア」と名づけたワラビーを飼っている。そこで彼は百メートル走の記録を破れるか賭けつつトレーニングを積みながら、無事に睡眠制限《スリープダイエット》をマスターした人に懸賞金を出している。カチャはニューオーリンズに帰り、モデル兼メイクアップアーティストとして暮らしている。彼女の弟は改宗してクリスチャンになり、もう一年以上トゥレット症候群の症状は現れていない。

ニューヨークに戻ってもナンパの世界から足を洗えなかったシックボーイとプレイボーイに感謝を。ふたりは現在、ナンパとデートを専門にしながら、オーディオ教材の販売およびワークショップの開催や電子書籍の販売などを手がける、「カッティング・エッジ・イメージ・コンサルティング」という会社を共同運営している。

まだエルサレムに住んでいる、本物中の本物、ダスティンへ感謝を。ラビの娘と結婚したそうだが、式には出席できなかった。

ベオグラードで婚約しているマルコへ感謝を。彼いわく、ＰＵＡたちのアドバイスはすべて無視して、何カ月にもわたり、自作の詩、花束、デートなどで彼女を口説き落としたという。ふたりはシカゴに移住し、家族として新しい生活を始める予定だ。

ついにミステリーとの対立関係を解消したロス・ジェフリーズに感謝を。彼は少しだけ看護師と付き合ってからナンパ界へと舞い戻り、自分で言うには、男性が恐怖、羞恥心、そして古いものの考え方を乗り越えるための一大革命を起こそうとしているらしい。ＮＬＰの分野を離れ、人の変化に対してさらにスピリチュアルな領域へと踏み込んでいる。

裁判がようやく終わり、ゴシップ誌を遠ざけることができるようになったコートニー・ラブに感謝を。彼女は現在娘とともにロスフェリツ通りに住んでおり、ビリー・コーガン、リンダ・ペリーと一緒にニューアルバムを作っているところだ。もしこの本が映画化されるならカチャを演じたいと言っている。

私利私欲のためではなく、本当に根気強くコミュニティを運営してくれたフォームハンドルに感謝を。彼が最初に立ち上げたナンパウエブサイトは、すべてのナンパアーティストたちがぶつかる諸問題の情報交換所として残されており、彼のリサーチとウエブサイトにはナンパ用語がまとめ上げられている（http://www.pick-up-artistforum.com/）。そしてもう一人のコミュニティの柱であるクリフに。最近彼は、モントリオールで自ら主催したナンパアーティスト会議に、百人を越える生徒たちと何十人ものインストラクターを連れてきた。君は予想だにしていなかっただろうが、最近ぼくは彼女に会うことができた。

これまた結婚したブリトニー・スピアーズに感謝を。二度目だ。そして最近婚約した、自らの愛を屋根のてっぺんからでも声高に堂々と叫べる男、トム・クルーズに感謝を。難しい決断を迫られたとき、ぼくはいつでも自分に〝トム・クルーズだったらどうする？〟と尋ねてみる。そしてぼくはカウチの上で小躍りするのである。

今脚本を書いてくれているドリームウィーバーに感謝を。この本が発売される少し前、彼は脳腫瘍と診断され、マーヴェリックに病院に連れていかれた。ミステリーズラウンジのメンバー、ヴァーシティの父親ががんの専門医で手助けを名乗り出てくれた。ドリームウィーバー、君は才能あふれるクリエイティブな人間であり、ぼくたちの祈りはいつも君とともにある。

ナンパ関連の電子書籍とオーディオ教材を売ることを本業として心血を注いでいるグリンブルに感謝を。ロサンゼルスを離れて大学院に進んだトゥータイマーに。近ごろヴァーシティの子供の名づけ親になったビジョンに。そして現在、妻と離婚しようとしているセーターに感謝を。

コミュニティそのものと、ぼくがここ二年間かけて知り合ってきた何百人という友人たちに感謝を。愛と人生において、君たちが必ずや何かを見つけられますように。たぶんなかには、ぼくがゲームの秘密をこうしてさらしたことにいら立ちを覚える人もいるだろう。だが、心配は無用だ。女と出会い、セックスに至る道は、いつでも用意されている。それがどうやって訪れようと、君たちはけっして逃しはしないだろう。

キャロライン、ナディア、マヤ、ミカ、ヒア、キャリー、ヒラリー、スザンナ、ジェシカ1と2、そしてほかにもぼくの人生の一部となってくれた愛すべき女性たちに感謝を。言ってくれれば、何でも説明しようと思っている。

すべての導師《グル》たちに感謝を。メーリングリストに百万人以上もの登録者を持ち、今は女たちに「いかに男をつかまえキープすればいいか」をアドバイスしているデイヴィッド・デアンジェロに。最近始めた仕事と女を求める冒険のため、ルーマニアに引っ越したリック・Hに。ビデオ教材でそれぞれのテクニックを教えているスティーブ・Pとラスプーチンに。また、スウィングキャットとデイヴィッド・シェイドにも感謝を。

投稿やフィールドレポートを本書に転載することを許してくれたすべての人々に感謝を。ナンパビジネスと電子書籍の執筆のためにコメディアンへの道を棚上げしているジャグラーに。今彼は、フィットネストレーナーでマラソンランナーの恋人と一緒に住んでおり、今でもバリー・マニロウのファンだ。永遠にコミュニティから足を洗ったエクストラマスクに。彼はコメディアンへの道を進み、毎週ライブをやっている。ミステリーが夢見ていたようなバイセクシャルの恋人を手に入れたイレイクスに。彼がものすごいスピードで書き綴るフィールドレポートは、一冊の本に仕上げるだけの価値があるものだ。

『ニューヨークポスト』の六面を見て娘があなたに夢中になってしまったとぼくを責めてきたジュディス・リーガンに感謝を。たぶんふざけていたのだと思うが、もしそうでなくても、こちらは許そうと思う。この狂気じみた冒険の日々を、初日からずっと支えてくれた。出版人としてだけではなく、僕を守ってくれた。

リーガンブックスのスタッフたちに感謝を。特に（ここには最大級の形容詞をなんでも当てはめてほしい）編集者であるカール・モーガンに。この本を編集したあとリサに会った彼はあまりにもエキサイトしすぎて、たったひとことすらつっかえずに話せないほどだった。次に、長い間がんばってくれたバーナード・チャン、ミシェル・イシャイ、リチャード・リョーエン、ポール・クライトン、カシー・ジョーンズ、キラン・キャシディ、そしてアリザ・フォゲルソンに。

エージェントのアイラ・シルバーバーグに。いつでもハイブロウなテーマでぼくが書けるように励ましてくれた。またアナ・スタインをはじめ、ドナディオ・アンド・オルソンのスタッフたちに。デイヴィッド・ラブリナー、アンドリュー・ミアノ、クレイグ・エマニュエル、ポール・ウェイツ、クリス・ウェイツ、アンドレア・ジャネッティ、マット・トルマック、そしてアミ・パスカルに。もう一つのプロジェクトハリウッドへの助力に。

いつもメールのやりとりをしているフェドワード・ハイドに。リサーチの手伝いをしてくれたことと、ジョイスに値する価値のあるいつもの長文メールに。ちなみにジェイムズ・ジョイスではなくドクター・ジョイス・ブラザースのこと。

ミステリーメソッドで生徒に渡す資料を作ってくれたラブドロップに感謝を。そして辛抱強くテープを一本一本文字に起こしてくれたスー・ウッドに。長時間にわたって催眠術や自宅ミーティングのテープを聴き続けるのは、並大抵のことじゃなかっただろう。また、追加のテープを手伝ってくれたローラ・ドーンとデイロン・マーフィに感謝を。

完成前の原稿を読んでくれたすべての人々へ。アニア・マリーナ、マヤ・クロス、MとG、ポーラ・グレースとハゼル・グレース、素晴らしきベビーシッターのマーグ、そしていまや、早く忘れてしまったほうがいいイメージをたっぷり頭に詰め込んだぼくの兄、トッドに。

最後に、そう。リサとぼくは今でもまだ一緒にいる。あの二年間、ナンパ術、誘惑術、口説き術などをあれこれ身につけてきたわけだが、ちゃんと関係を存続させていく術を学んだことはなかった。一緒に過ごすということには、女をナンパする方法を学ぶよりもさらに多くの時間と労力を費やしたが、得られる満足感や歓びは、はかりしれないほど大きかった。たぶんそれは、ゲームなどではないからだろう。

本書に登場するナンパ用語

＊五十音・アルファベット順

各用語は、コミュニティで作られたもの、マーケティング用語からの引用、そしてナンパアーティストがよく使う言葉などが含まれていて、解説は、ナンパという状況においてのみ有効なものである。可能なかぎり、用語の発案者名を記している。

アンカー（発案者　リチャード・バンドラー、ジョン・グリンダー）

1［名詞］特定の精神的作用を引き起こす、光景、音、触れ合いなどの外的刺激のこと。例えば、過去の経験によって、流れていると幸せになってしまう音楽などがそう。ナンパアーティストにとってのアンカーとは、女の中で自分と魅力とを結びつけるために使うもの。

2［動詞］外的刺激と感情とを結びつけるために行動すること。

イエスの梯子［名詞］

答えが全部「イエス」になるように考えられた質問からなる説得テクニック。できるだけ、その狙いを見せず、どう答えても自由という質問に聞こえるように設計されている。例えば「わりと自由きままな性格？」「ちょっとした冒険とか好きでしょ？」「キューブっていうゲーム、やってみたい？」など。

ウイング［名詞］

ナンパの知識を持ち、出会い、誘惑、持ち帰りなどをアシストしてくれる男友だち。例えばターゲットの連れに話しかけて引きつけておいてくれたり、直接ターゲットに話しかけてこちらの魅力を売り込んでくれたりする。

押し引き〔名詞〕（発案者　スタイル）

相手を引きつけたり、興味を増すよう仕向けるテクニック。相手に興味のないふりをし、続けて興味を示したりすること。一連の動作は数秒内に行う。例えば彼女の手を握り、それからまだそれほど信用していないかのようにぱっと離す。もしくは長時間かけて行う。この場合、電話でかなりいい感じに振る舞い、次の電話ではよそよそしく振る舞ったりする。

オープナー〔名詞〕

他人、もしくは他人のグループとの会話のきっかけを作るためのセリフ、質問、ストーリーなどを指す。臨機応変なもの、あらかじめ用意されているものに分類され、さらに、恋愛やセックスを直接表に出すダイレクトオープナーと、それを隠すインダイレクトオープナーがある。

オンリーワン中毒〔名詞〕

1〔動詞〕まだデートもしていない女にすっかり執心していること。ナンパアーティストの間では、特定の女に過剰に熱を上げることとは、デートやセックスの機会を失うことだとされている。

2〔名詞〕すっかり自分に熱を上げている男を持つ女のこと。

キーボードジョッキー
自分の経験談を語って参考にしてもらうため、フォーラムに頻繁に投稿を続けているPUAのこと。

キスクローズ（発案者　ミステリー）
1［動詞］情熱的にキスをすること、キスまでこぎつけること。
2［名詞］熱烈なキス、およびその関係。

キノ［動詞］（発案者　ロス・ジェフリーズ）
「kinesthesia（運動感覚）」にもとづく造語。触ったり、触られたりすること。通常、例えば髪の毛をなでたり、手を握ったり、尻をつかんだりするという、気分を高める目的でのボディタッチを指す。セックスを予感させるボディコンタクト。

くそテスト［名詞］
男が彼氏もしくはセックスの相手として適切かどうかを見極めるために女が使う、質問や要求、もしくは一見冷たく取れるコメントなどを指す。もしそれらの意味を額面どおりに受け取った場合は、普通男は失格となり、それ以上先へと進む機会を失うことになる。例をあげるとすれば、例えば相手を若すぎる、もしくは年上すぎると伝えることや、取り立てて必要ではない用事を頼んだりすることなどがある。

グループセオリー［名詞］（発案者　ミステリー）
女は普通、友人と連れ立っているもの、という前提に基づく概念。彼女をゲットするためには、彼女に興味がないふりを装いつつ、友人からの支持を獲得しなければならない。

三秒ルール［名詞］（発案者　ミステリー）
女を見つけたら三秒以内に接近することを謳ったガイドライン。アプローチに対して考えすぎてしまうことや、ナーバスになってしまうことを防いだり、じろじろ見つめすぎて女に避けられるのを防止することが、このルールの目的。

時間制限［名詞］（発案者　スタイル）
女、もしくはグループに、すぐ立ち去らなくてはいけない旨を伝える行為。時間制限の目的は、女の「今来たこの男は一晩中つきまとう気かしら」だとか「家に上げたらセックスまで期待されるのでは……」といった不安を軽減させることにある。

ショットガンネグ［名詞］（発案者　ミステリー）
グループ内にいる女に対して使うネグ。彼女をネタにしてグループの笑いをとる。

スナイパーネグ［名詞］（発案者　ミステリー）
一対一で話しているときに女を困惑させるために使うネグ。

石器人［動詞］

すでに合意に達した女性への肉体的接触、もしくは彼女とのセックスに対して、直接的かつアグレッシブであること。石器人たちはセックスをするために知性や言葉などを使うことはなく、意欲と無理やりさによって、それをしていたであろうことから生まれた言葉。

セット［名詞］（発案者　ミステリー）

公共の場にいる人のグループのこと。「2セット」という場合はふたり組を指し、「3セット」の場合は三人組を指す。セットは女である場合も、男である場合も、両者混合である場合もある。

ターゲット［名詞］

グループの中にいる標的の女を指す。彼女に対してゲームは行われることになる。

チッククラック［名詞］（発案者　タイラー・ダーデン）

ほとんどの女たちの心をくすぐるが、ほとんどの男たちにとってはそうでない、精神性のある話題。占星術、タロットカード、心理テストなど。

ナンバークローズ（発案者　ミステリー）

1［動詞］女から正しい電話番号をゲットする行為。こちらの番号を渡すだけではナンバークローズとはいえない。

２［名詞］ナンパの過程で手に入れた女の電話番号。

ネグ（発案者　ミステリー）

１［名詞］ナンパアーティストがまだ会ったばかりのいい女に対して用いる、偶発事故的な侮辱、およびあいまいな態度のこと。彼女に興味がないことを、彼女、もしくはその友人に示す行為。「爪きれいだね。それ、つけ爪でしょ？」など。

２［動詞］あいまいな態度を取ったり、うっかりを装って侮辱的なことを言ったりして、いい女に興味がないふりを装うこと。積極的に批判したりも。

パターン［名詞］

女を魅了し気分を盛り上げるためにあらかじめ用意された、ＮＬＰを応用したセリフ。

ピヴォット［名詞］

ナンパの手助けをしてくれる女で、通常は友だち。ピヴォットの役割は多く、男の立場を証明すること、ターゲットに嫉妬させることや、困難なセットを和らげることや、ナンパアーティストのことをターゲットに向けて自慢することなど。

ビッチの盾［名詞］

近づいてくる見知らぬ男を阻むために女が用いる否定的反応のこと。最初の一言に対する女の反応が無礼なものであったとしても、必ずしも彼女が無礼な女だということではないし、会話を続けるのが無理だというわけでもない。

ピーコック〔動詞〕（発案者　ミステリー）
派手な洋服やピカピカと目立つ物を身につけ、女たちの目を引く行為。明るい色をしたテカテカのシャツや、ライトアップジュエリー、ボア、カラフルなカウボーイハットなど、人混みの中でも目立つことができるものならば何でもよし。

フィールド〔名詞〕
ナンパアーティストが女を漁る公共の場所のこと。

フィールドレポート〔名詞〕
ナンパや夜間のナンパ行脚などに関するレポートで、通常、インターネット上に投稿される。FRともいわれる。

フェイズシフト〔動詞〕（発案者　ミステリー）
女との会話中、ごく普通の会話からセックスに関連する内容やスキンシップ、ボディランゲージなどへステージを移行する行為。キスの機会を得るきっかけを作ることが目的。

フレーム〔名詞〕（発案者　リチャード・バンドラー、ジョン・グリンダー）
人、物、出来事、周囲などなどを含めた状況そのもののこと。

ボーイフレンド・デストロイヤー〔名詞〕
彼氏持ちの女をナンパするときにナンパアーティストが用いるパターン、ルーティーン、セリフなどのこと。

ポーン（発案者　ミステリー）
1〔動詞〕目標の女やグループそのものに近づくために、話しかけていく行為。
2〔名詞〕女もしくはグループに近づく人のこと。知り合いの場合も、赤の他人の場合もある。

ミステリーズラウンジ〔名詞〕（発案者　ミステリー）
会員制のオンラインフォーラムであり、旬のナンパアーティストたちの多くがここでテクニックや写真、フィールドレポートなどを交換し合っている。

ルーティーン〔名詞〕
ストーリーや、筋書き通りの会話、スキルのデモンストレーションなどをはじめ、女とそのグループを惹きつけて関係を発展させていくためにあらかじめ用意された素材のこと。親友テスト、ＥＳＰ実験などが、例としてあげられる。

ＡＦＣ〔名詞〕（発案者　ロス・ジェフリーズ）
「Average Frustrated Chump」の略語。女をどうやって誘惑すればいいのか知らず、ナンパのスキルを持っていない、典型的なナイスガイ。まだ寝たことのない女の前では妙にへりくだったり女々しくなったりする。

AMOG

1［名詞］（発案者　オールド・ドッグ）「the alpha male of the group」または「alpha male other guy」の略語。社会的地位のある男。ナンパアーティストと女を奪い合ったり、ゲームの邪魔をしたりする。

2［動詞］（発案者　タイラー・ダーデン）力のある男を女のグループから排除する行為のこと。直接行為、言葉、精神的なかけひきなど、あらゆる手で行われる。「outalpha」とも言う。

BF［名詞］

ボーイフレンドの略語。

EV［動詞］（発案者　リチャード・バンドラー、ジョン・グリンダー）

「elicit values」の略。会話の中で相手が何を重要視しているのかを見定めること。これを通して相手の内面を探り、欲求とモチベーションの根源を見つける。例えば、金持ちと結婚したいと言っている女は、実際は、安心感と安堵感を求めているもの。そういったことを判断する。

FB［名詞］

「Fuck Buddy」の略。精神的な思い入れを持ったり、その後の関係を期待したりすることなく、男たちと遊びのセックスを楽しむ女たちのこと。

ＨＢ〔名詞〕（発案者　アードヴァーク）

「hot babe」の略語。いい女を表すときにナンパコミュニティで使われる用語。ある女について話すときは、しばしば「ＨＢ十《テン》」のように数字によるランキングがつけ足されたり、「ＨＢレッドヘッド」のようにニックネームがつけ足されたりする。

ＩＯＩ〔名詞〕（発案者　ミステリー）

「indicator of interest」の略語。女が男への興味を示す、非直接的なサインのこと。話している男のほうに身を乗り出してきたり、会話を続けるためにありふれた質問などを持ち出してきたり、握った手をキュッと握り返してきたりする。

ＩＶＤ〔名詞〕（発案者　スタイル）

「interactive value demonstration」の略語。知り合ったばかりの女の注意を引きつける短いルーティーン。相手の内面を相手自身に解説してやることで行う。

ＬＪＢＦ〔動詞・形容詞〕

「let's just be friend」の略語。性的にも恋愛対象としても眼中にないというのを女が伝えること。「ＬＪＢＦを言われた」「ＬＪＢＦされた」など。

MLTR［名詞］（発案者　スヴェンガリ）

「multiple long-term relationship」の略語。ナンパアーティストが付き合っている複数の女の中の一人を指す言葉。理想的には、ナンパアーティストはMLTRたちに正直に接し、ほかにも付き合っている女がいることを告知しておくべき。

MPUA［名詞］

「master pickup artist」の略語。ゲームの達人および、ナンパコミュニティでトップ1パーセントのスキルを持つ男のこと。

NLP［名詞］（発案者　リチャード・バンドラー、ジョン・グリンダー）

「neuro-linguistic programming」の略語。一九七〇年代に発展した催眠法の学校で、その多くはミルトン・エリックソンのテクニックに基本が置かれている。対象を眠らせるような伝統的な催眠術とは異なり、会話や身体的なジェスチャーなどを通して、覚醒している相手の無意識下に作用をおよぼす催眠法。

RSD［名詞］（発案者　パパ）

「Real Social Dinamics」の略語。ナンパセミナーやワークショップ、グッズ販売などを手がける会社で、パパとタイラー・ダーデンの手によって立ち上げられた。

■著者紹介
ニール・ストラウス（NEIL STRAUSS）
『ザ・ゲーム』（『ニューヨーク・タイムズ』紙ベストセラー）、『Emergency! This Book Will Save Your Life（エマージェンシー）』の著者。そのほか三冊の『ニューヨーク・タイムズ』紙ベストセラー、ジェンナ・ジェイムソン著『How to Make Love Like a Porn Star: A Cautionary Tale（ポルノスターと寝る方法――取扱注意）』『the dirt モトリークルー自伝』『マリリンマンソン自伝』）と、『ロサンゼルス・タイムズ』紙ベストセラー、デイヴ・ナヴァロ著『Don't Try This at Home（マネするな！）』の共著者。『ローリング・ストーン』誌のライター。ロサンゼルス在住。

■訳者紹介
田内志文（たうち・しもん）
埼玉県出身。文筆家。大学卒業後にフリーライターとして活動した後、渡英。イースト・アングリア大学院にてMA in Literary Translationを修了。現在はスヌーカーの選手としても活動しており、JSAランキング８位。2005年スヌーカー全日本選手権ベスト16。

2012年９月４日 初版第１刷発行
2015年５月２日 第２刷発行
2016年８月２日 第３刷発行
2018年７月２日 第４刷発行
2024年２月１日 第５刷発行

フェニックスシリーズ ③
ザ・ゲーム
――退屈な人生を変える究極のナンパバイブル

著　者　ニール・ストラウス
訳　者　田内志文
発行者　後藤康徳
発行所　パンローリング株式会社
〒160-0023 東京都新宿区西新宿7-9-18-6F
TEL 03-5386-7391 FAX 03-5386-7393
http://www.panrolling.com/
E-mail info@panrolling.com
装　丁　パンローリング装丁室
印刷・製本　株式会社シナノ

ISBN978-4-7759-4104-1